Découvrez des Jeux Gratuits en Ligne

Disponible Ici :

BestActivityBooks.com/FREEGAMES

5 ASTUCES POUR DÉMARRER !

1) COMMENT RÉSOUDRE LES MOTS MÊLÉS

Les puzzles sont dans un format classique :

- Les mots sont cachés sans espaces, tirets, ...
- Orientation : Les mots peuvent être écrits en avant, en arrière, vers le haut, vers le bas ou en diagonale (ils peuvent être inversés).
- Les mots peuvent se chevaucher ou se croiser.

2) DONNEZ PLUS DE PIMENT AU JEU !

Un espace est prévu à côté de chaque mot pour noter de nouveaux termes, des traductions ou des observations.
Cette édition vous offre un **CARNET DE NOTES** très pratique à la fin du livre.

3) MARQUEZ CERTAINS MOTS

Vous pouvez inventer votre propre système de marquage. Peut-être en utilisez-vous déjà un ? Sinon, vous pourriez, par exemple, marquer les mots qui ont été difficiles à trouver d'une croix, ceux que vous avez aimés d'une étoile, les mots nouveaux d'un triangle, les mots rares d'un diamant, etc...

4) FACILE À DÉCOUPER !

Les jeux sont imprimés avec une marge extra large permettant de découper facilement la page du livre. Certaines personnes peuvent trouver plus pratique de les résoudre de cette façon.

5) VOUS AVEZ FINI TOUTES LES GRILLES ?

Allez à la section bonus **CHALLENGE FINAL** pour trouver un jeu gratuit à la fin de cette édition !

Simple et Rapide ! Découvrez notre collection de livres d'activités pour votre prochain moment **de détente** et de plaisir, **à juste un clic de distance !**

Trouvez votre prochain défi sur :

BestActivityBooks.com/MonProchainLivre

À vos marques, prêts... Partez !

Saviez-vous qu'il existe environ 7 000 langues différentes dans le monde ? Les mots sont précieux.

Nous aimons les langues et avons travaillé dur pour créer les livres de la plus haute qualité pour vous. Nos ingrédients ?

Une sélection unique de caractères faciles à lire, trois belles parts de divertissement, puis nous ajoutons une cuillère de mots difficiles et une pincée de mots rares. Nous les servons avec soin et un maximum de plaisir pour vous permettre de résoudre les meilleurs jeux de mots mêlés qui soient !

Votre avis est essentiel. Vous pouvez participer activement au succès de ce livre en nous laissant un commentaire. Nous aimerions vraiment savoir ce que vous avez préféré dans cette édition !

Voici un lien rapide qui vous mènera à la page d'évaluation de vos commandes sur Amazon.fr

BestBooksActivity.com/Avis50

Merci pour votre fidélité et amusez-vous bien !

De la part de toute l'équipe

Puzzle 1

```
P P J E T C E F F E L H P O G P O
A T B N A H O V D K O T N C E Z M
R D W V O U M M Y L W N B S N V E
T Z G I C D G L P Q B Y H H E X A
I J S R D I U T F L W O R G R F L
C N K O S P Z I D S E C N A O G D
I W G N I C N E F W G X H H S X A
P A F M V Y E D A Y T C G I I O T
A H N E G D E Q T L V L R M T I X
T G F N U R D X B T F W G L Y B N
E L L T I A L E O K I P T E V W C
V D E J F C E N O Q K K B S B V P
V O D F L E H S K C I S T A Z A B
Z W J H I D E B N F W E L E D I D
D E M O N S T R A T E G R W V Q F
```

FENCING
NEEDLE
EFFECT
WEASEL
BOOK
SHELF
COMPLEX
GENEROSITY
EDGE
CARD
BAD
DAY
COAT
PARTICIPATE
ENVIRONMENT
SICK
HIDE
DEMONSTRATE
FELT
GROWL

Puzzle 2

CURVE
LESSON
BITE
CAMERA
TRIP
COMMERCIAL
ALTHOUGH
DISTANCE
LIKE
PEN
ROW
SEA
FORGIVE
OPERATE
SUN
STARS
SUNFLOWER
TALLEST
ARCTIC
FLAT

```
Z U D X P R U F J P R W B A G X V
F L A T F L O L K D G S U L W K U
Q Q I D R F K C I T C R A T R O W
L Q N H U S O A I M E A O H S T C
K V C N T J Y M H J C T P O U L O
S J W F A O I E B A N S E U N E M
S U N O L W E R P I A A R G F M M
A Q R R L V G A H Y T R A H L W E
W B R G E V R U C M S E T K O B R
I H G I S S T A T G I K E M W B C
P C A V T E H R Q V D I K T E L I
H K E E K S C Q I J S L P W R H A
E B L E S S O N E P Y Y V P X X L
Z S U D P F E C Q A A L I F F A W
X O E B R B Q Q U K B G I U G N V
```

Puzzle 3

```
D U W H J V C F Z I J L Z I T B F
E I L T R T Y N V N F I A L Y S I
R S S U K I N B T C E J O R P V N
U C T A N F C N M R K Y Z E S O A
O W B T P C S H L E T U N I M H N
P R O F M P H G K A C I P F F E C
O A A X U K O I R S E D S R M A I
Y L T O I G D I R E P O R P E V A
B U I L D I N G N F X O G J E Y L
U G Y I J C R L H T E T I N T M G
D E D A S F W N Q Q E S F A I P I
B R A N W Y E J E B H D T R N B N
R R S O M E W H E R E V S D G X M
N I Q V F A M I L I E S E W O O F
I M S N O W I F L U X U R Y Q I B
```

MINUTE
POURED
SOMEWHERE
BOAT
EXPECT
RICH
MEETING
NAIL
INCREASE
PROJECT
PROPER
BUILDING
GIFTS
LUNCH
FINANCIAL
FAMILIES
LUXURY
IRREGULAR
DISAPPOINTED
HEAVY

Puzzle 4

WEAPON
INSPECT
DRUM
ISLAND
POCKET
HAPPY
RIDE
PAINTING
PINK
NEAR
VEHICLE
MAY
HAMBURGER
OCCUR
BALCONY
STAFF
FEELING
ADVICE
REFER
SOLO

```
G A S C I Q X K Q F T T O Y U V P
K O A Q D S D J F E E L I N G E I
I G R O D X L Y S D K D P O N H N
D N S T A F F A R I C R A C M I K
G U S J P Q A T N R O U I L N C X
N E V P R Q W D V D P M N A F L S
E X E X E U T S V J E E T B S E W
V D X J F C G O Y I T M I T L U Y
G D G W E Q T L F L C A N S H S F
O P Z E R N T O R N L E G E K Y X
S T Q A U E U O R C I L H J Z Y U
O D D P C A T E Z O D Y J U G E B
Z H G O C R H A M B U R G E R J A
I L M N O Z M A Y L W I P Y G X E
Q B Z D K H L H A P P Y G Y I O V
```

Puzzle 5

```
U S S E R P X E N D F R V G M E M
K C P H O V L D O U I O P N N L A
A C N E R C A O T C T M X Z F E T
K J S I L P C W H K P N I P S V U
B R A V E L K Q I L S F V T Q E R
Y T Z M T U I T N I O P P A A N E
I L E W Y Y V N G N R I G I D T C
U W G L T S V B G G C B J Z Z Y E
O A A U X H T C O M M I T T E E X
R B E U U E E T A I T O G E N W
Y E W K T T U Q R I H X X E P T P
P U Z U G I K K Z I Q Y L T A S L
M O S Q U I T O Q O E L I S T E N
Q E D W D E C E I V E S O P R U P
P U B L I C A T I O N M P G E U J
```

SPELLING
PURPOSE
IMITATE
MATURE
PUBLICATION
MYSTERIES
TAPE
EXPRESS
BRAVE
COMMITTEE
APPOINT
DECEIVE
LACK
DUCKLING
NOTHING
ELEVEN
LISTEN
MOSQUITO
NEGOTIATE
RIGID

Puzzle 6

FLOWERS
BLUE
CONCERN
GATE
EXACT
CRASH
CRESS
SERIOUS
WERE
LINE
ROB
LATER
PRIVATE
ACCOMPLISH
IMPORT
TOPIC
DEGREE
SPEAK
SIMPLY
SCARCE

```
L E Q D X I K M W K C I U P I U Q
W M D G G Y M S U N R E T A L S S
N Z J A H C H P N N E X Q Y D C U
M Y D B H Q O G O A S F H B M A J
V G J S K C L A J R S D K C V R D
G M C V W A Y T I I T E U L B C T
S H C I P O T E V K C G R N X E D
R O B O M T C Z H S A R C V S T L
E H E E N F V S K B X E V I E X B
W D M F J C H D D A E E P B R Y N
O A X F H X E T A V I R P S I R A
L V I M A V R R R U C E Q X O S M
F M T L T R H K N V W W R S U J I
Q E I A C C O M P L I S H Q S L N
S I M P L Y K V L I N E M P O C Q
```

Puzzle 7

```
X  H  J  C  Z  W  R  Y  A  Q  M  F  R  C  P  Z  D
Z  E  E  T  H  G  U  A  T  A  O  J  E  A  A  Z  P
A  A  F  H  C  A  E  B  M  I  I  A  G  B  R  W  V
Q  F  G  G  W  H  W  U  P  R  K  T  U  B  T  K  C
Q  E  C  I  T  S  A  L  P  E  B  B  L  A  I  Q  H
K  F  O  R  M  U  L  A  Y  K  A  W  A  G  C  C  L
U  I  A  L  L  E  O  P  A  R  D  S  T  E  U  I  H
I  W  N  A  O  G  I  Y  D  A  D  A  I  S  L  U  V
Z  T  G  R  H  U  N  K  O  M  P  L  O  C  A  V  Y
X  Y  W  Z  D  H  M  I  T  V  B  M  N  E  R  X  D
E  X  A  C  T  L  Y  E  T  T  K  O  W  N  L  X  F
L  E  A  R  N  O  A  O  T  A  X  S  X  A  Y  E  C
D  M  J  F  C  X  A  T  P  H  E  T  S  R  V  Z  J
D  J  W  O  R  R  I  E  D  K  O  I  T  I  R  N  K
U  J  K  Z  C  N  S  Q  S  M  S  D  Q  O  W  T  M
```

EATING
WORRIED
TAUGHT
LEOPARD
HUGE
REGULATION
CABBAGE
EXACTLY
MARKER
LEARN
ALRIGHT
PARTICULARLY
BEACH
METHOD
PEAS
FORMULA
ALMOST
TODAY
SCENARIO
PLASTIC

Puzzle 8

ATHLETICS
SURE
DOLPHIN
SEARCHING
STYLE
CUSTOM
FEDERAL
LOYAL
LOOKING
DESPERATE
SUCCESSFUL
SOCKS
HEN
RASPBERRY
OUTCOME
OPPOSITE
WASTE
MAYBE
SIMPLE
SELECT

```
S  C  I  T  E  L  H  T  A  S  F  M  P  E  I  V  C
K  O  H  P  R  S  X  X  K  E  W  E  U  K  F  Q  Z
C  T  C  E  U  U  N  P  V  A  U  F  D  B  E  D  X
N  M  U  K  S  C  E  T  A  R  E  P  S  E  D  B  R
S  A  V  N  S  C  M  Q  F  C  U  D  R  W  R  O  V
E  Y  W  R  L  E  O  V  M  H  C  P  E  I  V  A  D
L  B  Y  Z  I  S  C  N  N  I  H  P  L  O  D  Q  L
E  E  L  Y  T  S  T  A  F  N  E  H  D  R  J  D  I
C  C  E  Z  X  F  U  O  L  G  L  O  O  K  I  N  G
T  U  E  Y  C  U  O  I  Z  T  S  I  M  P  L  E  Y
D  S  T  W  G  L  S  A  H  L  O  Y  A  L  I  L  G
O  T  W  N  A  O  P  P  O  S  I  T  E  H  S  D  C
M  O  S  W  M  S  T  R  A  S  P  B  E  R  R  Y  I
G  M  V  P  O  E  T  Z  J  S  V  Y  F  K  J  W  U
M  D  K  B  R  B  Q  E  C  J  G  S  B  V  Q  P  D
```

Puzzle 9

```
A W B O U G H T Y R A T E R C E S
U E H U F W M B E E S Y C U P P N
E A C V L I T P R Y S L F C Z C S
A R T Y E J G D M O O R S S A L C
V Y M E S B U O B I R A C L B T O
O Q I W M U C N Q L T E C A V M V
I L R B I P P H Y J M L B C P E V
D U U I H G U P W O E C R I D K M
D I H R E K R E E B N I A T S U S
S O R L D W O Q W R T G F C X M S
E N E E I G E Z L O S W O A O W S
T U Y L S A S T C J J E P R J P B
O Y N S T A N D A R D O K P T C S
E Y L S U O R E G N A D Z E N R U
O V W D O R T E P R E T T I E R U
```

BEER
AVOID
ASSORTMENT
STANDARD
CLASSROOM
WEARY
CLEARLY
SUPPER
ERASER
BOUGHT
PRACTICAL
DANGEROUSLY
HIMSELF
OUTSIDE
CARIBOU
JOB
SECRETARY
PRETTIER
WET
SUSTAIN

Puzzle 10

BESIDES
SPIDER
DOLL
TERROR
EXPENSIVE
VISIT
NORTH
INDEED
MANUAL
TOAD
GIFT
ALERT
FOLKLORE
BETWEEN
COST
PENNIES
BATCH
ASSEMBLY
IMPORTANT
SKIN

```
B S P C E J A R W S V B R M G I X
L E H C T A B N F L K E G U I M V
P I T F I G A W L A P S F R O P V
Y N R W V Y T W K U L I E K Q O C
P N O V E D E E D N I D R F A R O
C E N Y F E O X N A I E K W S T S
P P K U O H N Z P M C S I Y S A T
K L F D L A T Q I E E P D U E N G
W E S Z K A L E R T N Y U T M T M
D A S I L T E R R O R S E Y B I S
A O J K O D M W I C G Z I E L S P
O K L S R S K I N Q M L Q V Y I I
T K Y L E F Q Q S G C H B H E V D
O L J T X Z C J F E R S U R A X E
A I H H I H W Q U D N I R E B E R
```

Puzzle 11

```
C O N C E N T R A T E R E R H H Z M G
C R V I J S W W R D Z S O O N U U
K K Z M W H M Z F F M P X T K Q C
M O Y E I L O Q R D I M M P T Y N
P U R P L E G L A S S E S U N E B
H C R K W M L O N E L Y S P E W N
E T A U D A R G A S A J E P U N A
U E M V D S D I F N G Z Q Y Q O M
H G M W G Z J L T E J V U U E U U
I E C I V R E S J S N U E A R N H
B S L D F N M N U B L E N J F E P
L M L D E I R D W S H Y C W J G Z
B G B Y R B A C O S R W E A E U K
A A T M S S V U R V Z H T K H W M
E O A Z L B H W M L N R I U I I Z
```

GLASSES
SENSE
SEQUENCE
PUPPY
GRADUATE
HUMAN
FREQUENT
DRIED
ITS
CONCENTRATE
LONELY
NOUN
SERVICE
SHY
SAME
PURPLE
WORM
HELD
MARRY
ROTTEN

Puzzle 12

SCARF
BREAKFAST
WORRY
LARGEST
ASSIST
LEAST
THEATRE
EDIT
KNOWN
CATKIN
YELLOW
HOTEL
CUTE
MONKEY
PICKED
ARMY
DISAPPEAR
DARK
SORE
HERSELF

```
P E S Z Z E B O Z X A R S X Y P B
U R H T W E U G B Q S R E K E A O
F T S E G R A L D Q S L E L L V R
V A S T R F I K V V I G I K L Y S
R E M U T S D A R K S E O N O M B
A H N C S F E Y B U T O D M W J W
E T G Y A G N L L K U J Y A R W J
P I C K E D L G F J N I U L W H C
P A O C L K Y D X Q S O U Y O Q E
A X M Y E Z N B X N Y C W G R N W
S Q R C T Z P O S O R E S N R A D
I V K I O H E I M K O E Q E Y C B
D S M Y H H J G X Y J A U B M G I
E D I T S A F K A E R B L U R Q D
C A T K I N B S C A R F Y N A I N
```

Puzzle 13

```
R P P E L H T M K Y Q P H I T K S
W L R C V S D W E Y B L A V Z R C
M B O S P O N G E L S T I U D M H
H K T M V N A D R A T A Q S S L O
A T E O L D B E U J C Y G D O E O
R H C E P P S N S Z V T L S Y S L
D R T K O Z U O S B U E I W W Y B
X O S K M D H T E G H Z S V U H A
N U U O E D N T R X X M Z B I L G
C G Y H W O K E P J A N C I G T W
U H D L G S V R T X D E S I R E Y
F R A G M E N T M A L E Q E Q A U
L A N O I T A E R C E R X G G Z J
E S T R A N G E J U M P Y V G I N
V K T P R E M A I N D E R J U U L
```

MALE
RECREATIONAL
MELT
PAUSE
THROUGH
PROTECT
ACTIVITY
STRANGE
DESIRE
SPONGE
BYE
FRAGMENT
ELF
PRESSURE
REMAINDER
OTTER
HARD
HUSBAND
SCHOOLBAG
JUMP

Puzzle 14

ENTRANCE
FOUR
FUNCTION
FREESIA
PARTICULAR
FIGURE
SHAPE
DIPLOMA
LOVING
THOUGHT
TURN
CONFESSION
RECENT
PRESS
REQUIRED
GREEN
CHOOSE
ARMCHAIR
WHOLE
BECAUSE

```
E N T R A N C E H N O I T C N U F
A R M C H A I R F E P A H S O N A
B P H I F A R S K E R U G I F Y D
E Q O O B Q M X L R Z P S T N I H
C F I W N T H O U G H T H P W G X
A L B G G C W P L L G D Z M D X X
U A K J H Q V U M P L O V I N G T
S H Z D W V F D J H I K R C D Z U
E J R J C Z H M K I V D B H L Z R
N X F O Q B Q P Z G Y A U O G D N
R E Q U I R E D T S C M S O T Y Q
F L T Z E Q O R E C E N T S H C Y
N O I S S E F N O C E C L E E V R
G H U P A R T I C U L A R D S R U
P W M R F R E E S I A K K K K C P
```

Puzzle 15

```
T  I  C  E  G  W  D  Q  L  P  D  F  Z  S  N  D  C
S  J  B  I  S  A  L  B  C  D  Q  L  C  T  J  R  O
I  I  B  H  R  P  P  T  V  M  M  V  L  D  S  A  H
Z  M  K  L  K  C  O  L  X  E  F  W  C  R  P  M  A
A  N  W  A  Q  E  U  T  E  N  E  S  T  O  E  A  V
T  F  A  T  H  E  R  L  T  J  H  X  G  V  N  T  D
R  C  H  T  H  F  X  F  A  E  O  I  U  C  D  I  R
V  A  R  I  A  B  L  E  U  R  D  R  O  W  S  C  E
H  O  Y  N  P  N  L  D  L  T  R  A  N  S  M  I  T
Q  E  I  B  O  T  O  I  A  Q  U  E  S  T  I  O  N
C  Q  R  Y  I  R  C  V  V  T  E  N  N  I  S  B  W
W  K  S  R  S  I  F  O  E  T  A  C  I  D  E  D  O
B  M  O  X  O  U  U  R  D  N  E  M  M  O  C  E  R
L  F  G  N  N  N  J  P  H  V  W  T  L  Q  M  B  B
Y  O  R  R  H  F  D  M  L  J  K  A  V  I  W  B  Z
```

SPEND
DRAMATIC
PROVIDE
RECOMMEND
FATHER
SWORD
VARIABLE
QUESTION
BROWN
DEDICATE
SPOTTED
NEST
HER
TRANSMIT
CIRCULAR
EVALUATE
POISON
HAWK
LOCK
TENNIS

Puzzle 16

HAMSTER
CULTURE
MATTER
INDEX
EVENT
DREAM
NATION
DRESS
LAWN
NICE
PRODUCTION
WEAK
SOLVE
EVER
INTRODUCE
SAYS
CLIMB
CLIMATE
YOU
SILKY

```
K  L  P  D  M  D  S  C  C  I  U  S  H  C  N  I  L
P  S  Z  Y  R  E  V  E  L  I  Y  C  F  L  R  N  S
S  A  Y  S  E  E  W  W  D  I  B  S  N  I  J  D  O
I  J  L  Q  T  C  A  A  X  Y  M  B  O  M  E  E  L
K  N  N  U  T  I  D  M  I  B  U  A  I  B  V  X  V
Y  O  U  E  A  N  R  G  G  W  E  X  T  B  E  I  E
K  W  I  E  M  Q  E  R  U  T  L  U  C  E  N  N  G
L  A  W  N  T  O  S  E  T  I  B  A  U  S  T  T  Z
I  L  G  Q  N  N  S  T  N  Q  R  P  D  K  U  R  E
S  T  D  W  S  A  P  S  W  F  N  L  O  G  N  O  C
L  K  Q  F  M  T  Q  M  F  W  M  T  R  Q  C  D  J
X  Q  T  I  O  I  G  A  L  L  E  N  P  A  W  U  D
W  V  D  L  W  O  M  H  G  S  X  A  E  E  C  C  W
K  F  Z  F  I  N  K  D  B  N  V  Z  K  C  W  E  Z
F  V  C  P  K  N  N  J  Q  N  T  P  H  J  J  L  T
```

Puzzle 17

```
C C V O M Y V H P O M N J C F M P
H O F F V G F I U W O B J X I O R
A E F I A V B L T S D D Y W R I E
K B U H G S T T C Q E Z E D E S V
G A T J H H G U O N E X Z M F T I
T X S V S B T E N U R K H E L U O
Y Z G E U L U V T F F I E I Y R U
K L L Y R A S R E V I N N A B E S
D A T A B O F E N Y C S B D I I T
Y C W W T G A F T B C I Z M C Y T
A I U H N W D F F S H D W B T T N
L T E I I X B O F P A E H C P X U
O I R V A S T Z G O X L J C Y M D
F R T A P Y H H F Y R B A I J U H
T C N D A K O I K J Z D P C E Z J
```

CRITICAL
PAINTBRUSH
STUFF
CONTENT
PREVIOUS
FREEDOM
OFFER
EXHIBIT
MOISTURE
INSIDE
ENOUGH
GOAL
LAST
ANNIVERSARY
OFF
FIREFLY
WAY
AFFORD
CHEAP
DATA

Puzzle 18

ENTER
ADOPT
FLOOD
CONSTANT
OFTEN
EARN
AIR
SHARPENER
IMPACT
NECK
SUBCOMPACT
BOTTLES
NONE
LIVE
HALL
SHOT
MOTIVATION
FEAR
TRAIN
COLLAPSE

```
S H K E V D B I Q J N I Z W X B N
Z A O E G U S M T V O G P I X D E
A L K M G C U P U O N Z M Q W L C
Q L K O O I L A N F E Y H R C R K
A I R T O H S C F E A R B X G U B
S L U I W Y Z T B G C F F B J B M
H X H V E S P A L L O C A D O P T
A U D A A E O F T E N T R A I N I
R E M T R L E L V C D N Y W I I P
P B X I N T N N I T X A B W A N R
E J I O G T G I T V D T O G E E J
N H T N Y O Q P Q E E S S S A D S
E X N E H B O Q D L R N B G H M Y
R S U B C O M P A C T O V G P T A
K P D D F T D P D I K C F L O O D
```

Puzzle 19

```
R E C O V E R Y P O S T M A N W E
O T V G N M V O P Z A H R D D H R
J I V O I N V I T A T I O N Y Z E
J K N Z L L H F E B E Q F K R N X
D F S S N X L T D V O S G V D A A
Z R B Q T O I E C Z H I T J Z P M
F I T A Y P Z V X N G G S L T A I
O K A B F P L A Y F U L D U T Y N
U Y I A T D A W P T W H N P O P A
N F I S H E C E C A R S T Z T V T
T Z J D M F I A V C F I K H A W I
A D D I N I S R H D Q D D T A I O
I Y X K I N Y S E L A H H Z K N N
N B C J H E H I K I G M W L K O K
O U Q E C E P X F W O D N I W H G
```

WINDOW
FORM
DISH
WILDCAT
POSTMAN
PHYSICAL
PLAYFUL
INVITATION
KIDS
DUTY
KITE
EXAMINATION
THANK
DEFINE
WEAR
DIRTY
RECOVERY
FOUNTAIN
LOVE
FISH

Puzzle 20

SENSELESS
COPPER
MEASUREMENT
THEY
MUCH
EAST
BELOW
LETTUCE
SEASON
MODERN
NEITHER
TAX
GOOSEBERRY
STARE
WAS
SEEN
YET
CENTURY
FELL
GLOSSY

```
S T A R E P Y U X M N E E S D S C
E C I D I Q S F X W O L E B I E E
A N M I T X N J Y C S D L O T N N
Q U E H L L E F R L A N E A S S T
M U C H W Z I H O D E R F R M E U
J H E N F A T S A E S G P I N L R
P A F Z R L H O L L N Z B Y H E Y
R W P E N F E T P G E Y M S E S K
F K T Y W Y R R E B E S O O G S S
J W N V T A S E O S C S C S D Y G
L K Z M Q A S Q W S U O K P A E U
A N Z H E F X B T A T L J T P T L
M E A S U R E M E N T G E H B X Z
Z M Q X C Y B I E X E O U E X F H
T C O P P E R W S U L F F Y G O X
```

Puzzle 21

```
U L I I M D O S T W M N B C G A M
L K B Y R E S I M C U D J Z R U X
E O Z T E C N I V N O C M W O T R
P Y J H D N L H K Q I W T A C H P
B B H G D A E F X A S K E D K O G
T M A I A L T Z J O R X K J L R M
L E T E L O N O E G X E C B A N K
X P A R O Y E C V R C E A C F C H
Y R E G H G R Z K H O A J H L D W
Y E R E H L J E X D Q F R U K Q H
J P H C I N V E S T I G A T I O N
R S T U H D N T X H I G M W W H G
K E C P D Q X W R V X K U B A Q M
P U D I A R R T W T K L G A C D R
A H I D E T N A W S E L L E R Z G
```

BANK
MISERY
EIGHTY
RENT
ROCK
JACKET
SELLER
CONVINCE
WANTED
AUTHOR
HAT
INVESTIGATION
LET
MEN
RED
THREAT
ASKED
CUPID
LADDER
ZERO

Puzzle 22

GANDER
BIKE
WHATEVER
REMOVE
RECOGNIZE
EXTINCT
POLICE
KNIFE
ACT
GOAT
DOG
TAUNT
EVIDENCE
IMAGINE
LOCATE
POT
MAJOR
PLANTS
QUALITY
SOIL

```
X Y L K P O T C A E C I L O P X Q
A O M I R X Z N P Z I K P U J Q U
P L A N T S T G J I V M M Z T L A
P I U R D C A B H N V A A R D I L
Q O O C L K U M T G E I J G T U I
B S J W S W N B L O O L Q L I K T
L U V E P W T S R C O A T L L N Y
O G A N D E R T R E V E T A H W E
C E V I D E N C E R B K D Y K Z V
A F E X T I N C T P C I F A W B O
T S F O Z Y D G R S E B E I P F M
E X X L Q V R O J A M A J Q Q V E
O X R L G B I E G T Y D W R D S R
Q N K N I F E U T O W V I F C I D
L K A N L C J Z B H U L Q W Z O R
```

Puzzle 23

```
R W I I E P B X C T Y E J A F N D
T M O M M L C I Y C X W O V K E D
F L E X I B L E T S E N D I N G X
H A G P X I E T R O D G Q T O K N
O G L Q T A X F T J G G C D R A Y
T F O R C E T I G I T D L U O W A
T L T Z Y Y G K R I V O A C U O X
E U N I T N O C U I V O S H O I F
R I O R D L B O S Y N G S K X O D
T W O E R B V N H B R O U G H T K
C X Z A I I N V E N T J H U N Q I
P L O L V A B I Y F Z W C L O S E
X B X L E X I G S J F P O V W D S
H K V Y L Q N I R A T Z M O X F M
R D E X M F Z R C P K H A U T P L
```

FOOD
HOTTER
BROUGHT
WOULD
ONTO
SENDING
YARD
BIT
GOOD
FORCE
RUSH
DRIVE
INVENT
CLASS
COOK
REALLY
TWO
CLOSE
CONTINUE
FLEXIBLE

Puzzle 24

KITCHEN
COMPANY
PARTNER
PHASE
ANYBODY
MERE
GOBLIN
SCIENTIST
RESIST
BREAD
ARTICLES
MOTHER
EXPERIENCE
ANEMONE
POLECAT
CITIZEN
SOON
AMOUNT
SEVERAL
TOOTHBRUSH

```
S O X F P D J S F A W Y R E E G L
T O W D T E U E S A H P E P W B H
Y D O B Y N A V W A G E S A Y E A
N O Q N U N B E P M I N I L B O G
A X S L I L P R A O Y O S M E R E
P O L E C A T A R U C M T X K P H
M C N P L W P L T N I E S M U F Z
O R V X B C S W N T T N I I G W W
C J O K T R I J E L I A T Z R L S
E R Z Q R O E T R E Z N N I H L B
K I T C H E N A R V E O E N J M Z
T L D I B A A B D A N X I J D E X
Y T O O T H B R U S H B C B A I S
F M O T H E R F D S V Y S O L H S
V F A Y Z Y Z E X P E R I E N C E
```

Puzzle 25

```
G M H J H C I S D E F E N S E M A
F B F F R O N N H A F U Z J G I W
Z M D Y B P S K J A M R V P C S F
Q M E E T S E T R V D T C X T E I
C W H I S S R C S B E O Y T J R I
H R R Q S S T R O S L F W Q C A M
Y B I D E N T I C A L I O B W B A
F Q N A R E T T E L A F D K G L F
P T N E G O B E D L C M J D R E T
V O W H O L A B A A R D W H Q W D
V L O H R M M F W F U E I C C O E
D P O L P R E A L I Z E P C D T I
C E N T R A L G I A E U Q O L F A
S P E C I F I C O Z P X K S R P W
C O L O U R P E R F E C T Q A T E
```

PROGRESS
COLOUR
PERFECT
REALIZE
BOIL
IDENTICAL
SPECIFIC
TRUE
INSERT
POOL
LETTER
REPORT
SHADOW
CALLED
CENTRAL
HEAD
DEFENSE
FALL
SORT
MISERABLE

Puzzle 26

OPINION
SEVENTH
INTERNATIONAL
REACTION
EXPERIMENT
LOWER
FAULT
FORMER
JUDGE
FRACTURE
GREY
RESPECT
RABBIT
LOT
HEALTH
CATEGORY
SOCIAL
VAMPIRE
RETURN
PEOPLE

```
R H T U U C N Z R J M M T T I O C
E E C G Z M N D M U U L W B N P A
W V S A T J H J O P D D C I T I Q
O Q W P K K H M N B S B G V E N U
L X Z O E C P T N H W X S E R I T
H N F H E C C I O F E Z A Y N O I
F W R T C M T B I Z J A F H A N U
F O G R E Y Y B T M H V A P T R L
Z Y R O G E T A C V G K U E I U Y
W O H M X E A R A H K W L O O T N
C V T N E M I R E P X E T P N E W
T O L O C R W J R N V W O L A R S
M L A I C O S N H H V X H E L T E
D T E R U T C A R F V A M P I R E
N K H T N E V E S Z C W X M S Y E
```

Puzzle 27

```
F  S  H  M  E  L  B  O  R  P  L  E  K  A  H  S  N
P  U  R  O  I  V  A  H  E  B  O  N  X  L  C  I  C
G  S  S  U  C  S  I  D  C  V  S  V  T  H  E  S  E
P  P  P  N  H  G  N  E  M  O  W  I  A  R  G  U  E
A  Q  H  T  N  E  T  E  A  Z  B  R  J  E  N  Y  M
W  I  V  A  U  V  J  P  T  K  B  O  K  T  O  B  I
O  O  E  I  M  R  H  S  E  K  Y  N  M  S  M  F  T
O  G  R  N  B  E  E  H  R  R  J  M  V  I  A  Z  Y
P  T  Z  K  S  S  Q  M  I  L  G  E  V  S  F  C  N
R  T  X  B  E  E  V  B  A  H  O  N  W  C  H  F  A
I  T  U  C  S  R  A  F  L  R  Q  T  L  O  Z  J  V
C  O  N  T  R  I  B  U  T  E  R  A  H  L  R  J  Y
R  A  B  O  S  J  O  V  I  Z  I  L  G  K  U  S  S
S  K  K  F  X  O  T  K  B  D  P  R  R  J  C  U  T
K  S  I  W  C  G  Q  Q  J  G  G  K  A  W  K  G  Q
```

WOMEN
SPEED
WORST
AMONG
PROBLEM
SISTER
DISCUSS
ANYTIME
TENTH
SHAKE
CONTRIBUTE
RESERVE
ARGUE
THESE
MATERIAL
ARE
WORKER
ENVIRONMENTAL
MOUNTAIN
BEHAVIOR

Puzzle 28

FEVER
FROM
ARTICLE
DEMOCRATIC
MOUTH
MORE
SEVEN
AMBITION
GOOSE
FURIOUS
BALLOONS
TOMATO
COMING
THUMP
WOOL
STARTED
HERD
HALLWAY
AFFECT
LAUGHABLE

```
D  H  P  B  M  P  D  Z  U  K  H  S  E  J  L  H  I
B  B  T  O  R  O  E  L  B  A  H  G  U  A  L  E  T
C  O  M  I  N  G  M  I  Y  R  Y  N  S  N  F  R  B
L  C  A  Z  A  G  O  S  T  A  R  T  E  D  R  D  K
B  M  V  B  D  T  C  E  F  F  A  N  C  P  O  A  R
J  A  N  U  Z  S  R  M  T  O  M  A  T  O  M  J  D
G  N  L  S  J  Y  A  Q  O  J  N  S  C  H  G  J  T
O  A  O  L  W  P  T  D  J  U  K  R  E  V  E  F  H
O  R  O  H  O  C  I  R  O  X  T  M  R  V  O  B  U
S  T  W  A  R  O  C  T  X  Z  P  H  O  Z  E  Y  M
E  I  N  L  I  C  N  O  I  T  I  B  M  A  Y  N  P
N  C  H  L  Q  H  T  S  U  O  I  R  U  F  C  H  Z
V  L  G  W  S  T  K  N  A  D  R  I  E  L  Q  Z  R
S  E  E  A  T  K  Y  C  J  S  B  T  R  Q  B  T  V
X  L  P  Y  N  S  U  Z  A  N  M  P  W  G  F  D  Q
```

Puzzle 29

```
O G M X K C G M I N O R I T Y R Q
J E T R Y S E S H F F Y S V P S M
X F H L L K Y K E L B A T I U S S
A I P T K G K J H V I L K T T N Y
Z Z U D V K A H S O A P Z E E U U
P G F K U B Q Q D K I A T M U W L
R A J C B J H I C M R H R C D Z R
I T Q A T R K C P A P B U P N X P
Z M H J V K E U V Q R E S W I T H
E V R E X R P A N W O E T W K M H
S T O C K I N G K O O Y E I U J X
Z D O R C A L I L Y T Y E R G K K
M M Z W U P Z Y R H M I B R O K E
H J N X L E N U T M E G C Y W V U
F D H M R R P V D K J S S E W X L
```

STOCKING
TRUST
KIND
LILAC
NOTICE
BREAK
BROKE
ITEM
PLAY
CAREER
OWN
WITH
PRIZE
PUT
MINORITY
SUITABLE
REPAIR
ZOO
LUCK
NUTMEG

Puzzle 30

ROBINS
ATTEMPT
SPORTS
AFRAID
BUNS
TAKEN
AROUND
VOLUNTARY
PEAR
MOTORCYCLE
PUBLIC
NEED
TRAGIC
ALLOW
CALCULATE
MODIFY
BAKING
TOWEL
MISTAKE
ACORNS

```
D L M L S P H S L A E R R A G B W
I A E Z P U T W B C L M O V X U W
X N N Z O B U D V O C A O B N N R
T B R W R L V J G R Y A Q D I S F
P E A R T I R M N N C I I N I N Z
M T Q B S C S R I S R X V U J F S
E A N A L L O W K S O G X O V Z Y
T L J F E Y Z L A N T P P R O R M
T U P V W R D J B T O A P A L S F
A C V E P O Y W R M M K H U D F
A L Q Z T L D R N A P L B E N F S
C A S T A K E N R G N B G A T O O
F C A F R A I D R I I K S J A V H
B M E J J P A M E C R Z P T R E Q
A D C X X L V N E E D G G P Y R V
```

Puzzle 31

```
W S N T M B S F Q A P A U T U M N
O R O L E U P A I N C L U D E T E
K S A I E N J M E O Z O H E L O D
E E H F X N X I M I H O E P B L D
M M Z J A Y P L X S E H V M A E U
C B L U R S Y I R S M C U U R R S
O O I M U L T A U A H S L J O A A
G G U K M O E R F P E P E N V T B
G M Y L N O E J A M C X K U A E H
T P N B D P F R N O J O P A F M T
R F O J I T R T I C N F E L N L Q
C O M B I N E G H F I J K Q O N O
W N F Q T I Z F R P R T J B Y R Z
R L Q L T A N K Z P Z L G D G Q E
B D E Q S P W D A A J H N P V R G
```

FAVORABLE
JUMPED
ONLY
INCLUDE
TOLERATE
EXPLORE
COULD
ASK
ROLE
SCHOOL
COMPASSION
COMBINE
WOKE
SUDDEN
FAMILIAR
FAST
BUNNY
FEET
PAINT
AUTUMN

Puzzle 32

TECHNOLOGY
WATERMELON
COMES
OBVIOUS
GOVERNMENT
COMPANION
PORTION
AVAILABLE
EGG
NEWS
BLEND
SIMPLIFY
SAY
SAID
SALT
THINGS
JERKED
BURST
RIVER
STONE

```
A F N E W S D C Y T E J S A T F V
V S A L T I O I D J W A E T F F L
A I O R R F G R A T S A Y R O P J
I T I Z I C O M E S H I F I K N N
L Q K L V F I K T R C X I T Q E E
A S Z V E D S A O U S Q L W U F D
B B Z V R G D V G B L G P A O A G
L L T E C H N O L O G Y M T P S L
E E O B V I O U S O A X I E B P M
U N O I N A P M O C E M S R P Z P
N D P O R T I O N P G P G M Z S P
R S L K Q Y E O M Q G R N E E Q L
J D S E Z Q R B I L N F I L G N I
G O V E R N M E N T Q W H O H V L
P X G A Y C T M C V D H T N Z O F
```

Puzzle 33

```
L G J A P Q Q T P O S D N C M I L
Z X T R D K F B L Y G Y H U V Z F
T B E F I R V L X U J T S Q V U A
F F L E S R U O Y W F I Z T R C O
W G B V K B B S H P R V K J E I Y
T P I Y T A G Z U T E A L W H M X
S T R U K G K S J M B C V G T O D
Y W R E A C H Y R E H J G U O T F
M L E D K T M A R R I A G E M A A
W F T E P R O F E S S O R V D G T
E P G L T E F K L L A T K K N X Q
G Q B R F S Y A I H D N L Z A V J
C S N U J E Y Q M C O U P E R J M
J L A C I D E M S Y E L D N G T V
Q W P N E C E S S A R Y S O A B X
```

DESERT
PROFESSOR
MEDICAL
TALL
CAVITY
COUPE
CURLED
SWEETS
TERRIBLE
GRANDMOTHER
ATOMIC
FAT
PAN
SMILE
SYSTEM
SUM
MARRIAGE
NECESSARY
REACH
YOURSELF

Puzzle 34

WOMAN
CONTACT
KING
CLOUDY
VERDICT
RISE
STAIRS
GALLOP
CRY
SNOWFLAKE
REWIND
NOW
OPERATION
WANTS
LUNAR
VAN
EXCITED
SUPPOSED
DEPEND
GINGER

```
W V X I I R A N U L G A L L O P S
A V Q Z Z X E K A L F W O N S A U
N E R R B H S W I A Z L Z D R L P
T R N M V I I P I H V M I U I W P
S D C R Y F R P Y N A M O W A O O
U I O A D K I N G O D N A V T E S
A C Q W U C O N T A C T O Y S D E
U T E B O N L J O S X J R W J B D
Z S J E L N P F U I D E P E N D M
L I U F C K K K Y K T G I N G E R
E X C I T E D W Q X F A U D T Y W
K D I G H F T P H F A N R B Q D Q
I V H I A Y I Y Z U S E T E Y F K
P T U R D F B O M V C F Y X P V Z
T O M H M Q V M V J G M N O V O J
```

Puzzle 35

```
S E Q C W L G Y K H M M T X A F M
H U L N U S P L K Q E G A S S E M
O Q R F J P T A Z Z N L N G C K C
L K F P K A B C Y H T U O S O O O
I Y Z A R C C O T O A B I E N T M
D X R Q J I V O A Y L U S P F H M
A I R I F H S S W R U I S R L E I
Y N K E G A R E V A D M U I I R T
R F Z K V G J N D N R V C N C S M
P R I V I L E G E I H D S C T V E
E Q U A L L I O Z D U B I E K F N
S S P E E C H Z P R N A D Y F Q T
I L A U G H E D D O G A C R K C N
R L B I B T C L G W R Z Z X I T G
G I P P N U M T Z I Y C S F G V K
```

AVERAGE
DISCUSSION
SURPRISED
COWARD
MESSAGE
CUPBOARD
PRIVILEGE
CRAZY
EQUAL
PRINCE
HOLIDAY
OTHERS
SPEECH
LAUGHED
SOUTH
ORDINARY
HUNGRY
CONFLICT
COMMITMENT
MENTAL

Puzzle 36

MILITARY
SNAKE
STRUCTURE
REVEAL
HIGHWAY
AMERICAN
QUOTIENT
SURFACE
YEAR
POWER
INTEND
AGGRESSIVE
EXAMPLE
MET
ALONE
RUN
BLOUSE
SEAL
ORANGE
WISDOM

```
B L O U S E W V S M I L I T A R Y
G Y A W H G I H P E P O W E R Q E
P M H E H D R A L R A F V M X S X
S O E N V A D U V U G L T J L R P
U A X O O E M C L T N E I T O U Q
R F H L A Q R N A C I R E M A A H
F H A A A I Z T V U R G R Q U W S
A L U K K E G A P R S C U M Y C J
C S K X Y E X S V T U U X T P Q A
E J J G T E K A N S Q K A D L W M
P J Z R P Y X G M W A E G N A R O
R L Z V U E S Q D P W Q Z E M U D
Q Q K P J A T N T I L R J T H N S
O H P E B R F X O B T E Y N E A I
A G G R E S S I V E N P O I C M W
```

Puzzle 37

```
A S U D D E N L Y L E M E R T X E
L B I J Q P O L R M P Z B G V I F
Z Y L Q Q N S S E C C A E O A B S
E L N E T T I K S L D S J B R Z L
D J G R T M P U S E F U L J I M L
V R H E X P E D I T I O N W O F G
G S M E U H E L P F U L L Y U X K
P J P C R F S N E C T A R T S E W
Z O T E F E Y I C U F V C R T G W
D X U A B Q X M W O N F A E X A X
G C A S B N Z R M P Q Q U V V T F
X P G E S H O C K C Z K S O N M P
Q R E T S N O M Z Q N T E P S S Q
I U N I F F U P R S I R Z S S W B
T H T N G Y I K A X L N U K O I Q
```

MONSTER
KITTEN
SUDDENLY
ACCESS
AGENT
VARIOUS
CEASE
SHOCK
HELPFULLY
EXTREMELY
ABLE
EXPEDITION
PUFFIN
WISH
POVERTY
SON
USEFUL
HERE
NECTAR
CAUSE

Puzzle 38

TEETH
PARTICLE
WIDTH
ACCOMPANY
AUTOMOBILE
PHONE
TIDY
GHOST
TOGETHER
DEW
FURNITURE
LAND
DRINK
LIP
HAIR
WINTER
UNIT
EVERYTHING
SOAP
MODEL

```
C W U D K N H T A D I L X S W O P
N P K N I R D E Q C E H N O I T O
J C Z A I B W E A G C W H A D I U
D H W L E T P T G N O O R P T D N
I B X T A W O H X N Z M M K H Y V
J A P E L C I T R A P O E P L T Q
F U R N I T U R E B H P L C A S E
W A I O T Z J Z B Z O T I E N N M
I I A Z F I D S I H N S B M N E Y
N Z H S C U A M T L E D O M Y E P
T E V E R Y T H I N G Z M H U Y E
E Z K L B E S N D G L O O I Y W U
R E H T E G O T L L O B T P Z R W
H Z H L O H H S Z X N E U O I W H
K I R W L Q G F S L I P A N W E S
```

Puzzle 39

```
C C U Z U J Z K L O Q V C F A Y J
O O M B N T X Q M O O R D E B P T
E D L T K T R V O G N I H C T A W
V I T U S V E H V N K K R F D R E
E G H O M G I E E U S R U P R S G
N E E Q R N E I M U X S N E J N O
O S M O A I S G E L C N U T R I B
I T S Y W Y E H N E G A Z S F P S
T Q E W V A T T T A E D I R P V P
C G L D K L E O I N R F C R Z Y V
I R V F H P K H U D D M L L G N Z
F C E F I Q R B J C V C I X X C K
E J S E D R A W E R H W W M E H F
H Z K J T S M F D J J T D H D E P
B H D W M T H F W Y T I P P T J S
```

STEP
FICTION
UNCLE
HEIGHT
BEDROOM
MARKET
DIGEST
PLAYING
IDEA
RANGE
DRAWER
WATCHING
COLUMN
THEMSELVES
WARM
EVEN
PARSNIP
PURSUE
TOUCH
MOVEMENT

Puzzle 40

BUSINESS
LANGUAGE
PLANETS
LEAVES
SHARE
SCRUB
PRECIOUS
BAY
PIECE
WALL
ZEBRA
MAD
COLD
WIND
PIG
TRY
COMFORT
TOTAL
DESPITE
MONITOR

```
T H J L X F U D V Y Z Q C T Y W D
N U V L T Q W X M K B A O C O U R
N K I E Y Q X K N M P Q Q J C J F
Y U R R B A Q N N L U I Z E B R A
B S T E N A L P T D H W G L V T K
U F C N N Z O E X B T R O F M O C
S F E R L A N G U A G E F G D T C
I H R U U Q H W C D L O C Q N A T
N T V R M B V E G E S E V A E L M
E R O T I N O M F S Q C F U Y L X
S Y W I N D V S Y P F E M U A A U
S A S H A R E M I I G I J N B W J
R B O O T U R U R T H P B I S U Z
P R E C I O U S O E Z L D K V B R
B J I Q S H N K D I C X O B Q B E
```

Puzzle 41

```
T F L U I D R E R F A Y H E P G O
T O J J D N E V A R Y C I L O P P
K J V U B M S F C Y J A M L L D O
Y R L D X X P R Z G S Y Z I I A O
S N P E K K O C O F F E E P T G P
G E N F P G N I I K S X Y T I S U
N T E B S W S C R O C U S I C K L
A A M K Y F I R A L C E R C A I L
Q R C D G L B F X K D D V A L R E
C E M Q O J L A M R E H T L P T D
F P Q B X O E I K L V G Y K U P G
K O K N E W P R M U P I Y L L M X
Y O F I V K B E U U L M W M L J Q
K C K H J F Q I N A U M U I D T L
J I E S D W H R W O M T A L K E D
```

TALKED
OPEN
RESPONSIBLE
THERMAL
FLUID
KNEW
POLITICAL
RAVEN
POLICY
ELLIPTICAL
COFFEE
COOPERATE
PLUM
CROCUS
CLARIFY
PULL
SKIING
SKIRT
SEEK
PULLED

Puzzle 42

BABY
BARK
SPINACH
MEAL
ANCIENT
CHALLENGE
HELICOPTER
ARM
CUT
SHOUT
RELATE
LEVEL
EXPORT
EYES
ROOSTER
DONKEY
SITE
CAPTURE
SLIP
STOOD

```
F I R Q H E U N T V L O C L U G U
S H O U T K S N U H R E T S O O R
B A B Y K K J P X O E O Z L C S J
W P K S A N C I E N T B C E A P C
L F Z L T J W L M I P A D V P I C
C D E B P O K S X N O R O E T N C
U V P S Y E O Y G H C K N L U A J
T M E A L P T D G O I E K J R C Y
W E Z J J B V A Y J L X E Q E H I
Y I H E V Z E R L B E P Y W U T U
K D N Y R C T M E E H O Q Y Z E H
C H A L L E N G E Y R R A C F A W
S E L Z J A P Z D N E T I S Q C M
N D C K O G W C D V P S A K Y D A
D T U D F D Q H V A D X Z O O D O
```

Puzzle 43

```
M A N J Q Y L B N T Y Z T B L O U
J X V W C Y R A R B I L R I F V N
K F B K W U O T N G N A A O D C D
Z A L J H J O F W G M E N L K I E
B B D Y Y H D U R Y I D S O G J R
C U C U M B E R N T T S P G B P S
F A C T O R Q G A E U P O Y J L T
J R Z Y A F C O P I Z P R U M I A
E X H T H G I M S C L Y T N M V N
X T O H L H J T P O R R D F C X D
B X L I R K E Z O S X A B R D V Q
S J E R Y Y O G R M I O Y V B E W
P O M D Y N R Q T M L L J O X R R
T P F Q T T M A M V S G J N N B I
V M E A U R G U N S T A B L E S W
```

UNDERSTAND
SPORT
DOOR
VERB
LIBRARY
MIGHT
FACTOR
SOCIETY
BAT
UNSTABLE
THIRD
BIOLOGY
SIGNAL
MAN
CRAYONS
TRANSPORT
CUCUMBER
SOFA
HOLE
DEAL

Puzzle 44

MEMORY
CONFIDENT
ESCAPE
HUNTING
INCLUDING
INCIDENT
RACE
BREATHE
ALREADY
SHOOK
WANT
INVITE
DETECT
POND
RECORD
EMERGENCY
DETAIL
POSSESS
SMARTER
SIDE

```
P O N D I V Z R E U K X E R P Y D
S Y X S T K N W M Y W B Y A U T H
G C V A T Y I I H C S M R T Y B L
U C J I H U N T I N G L I A T E D
M O C E E E M E R G E N C Y C V P
I N C I D E N T H W D Q F T P E O
D X L M D D C N Z T S H O O K P S
Z P K L I I V A Y D A E R L A A S
K T A V Q S E W Y T C E T E D C E
S M A R T E R L L U R Z R R V S S
C O N F I D E N T X C F S B B E S
R E C O R D I D J V M E M O R Y N
I N V I T E O H I N C L U D I N G
R D J S C D T I U C W H Z B U D R
C T N L H B X K R J A R A X N H I
```

Puzzle 45

```
L  B  R  S  P  B  X  Q  Y  S  U  Z  V  Y  L  V  E
R  A  Z  D  E  M  Y  H  R  L  P  I  E  J  C  Q  C
A  S  W  J  L  E  D  N  T  D  H  E  G  U  F  R  R
T  C  H  Y  E  A  M  Q  A  C  C  Z  N  A  E  M  E
H  I  U  T  E  G  A  M  E  Y  A  Y  I  T  O  N  A
E  S  R  I  D  R  C  A  R  E  L  M  T  R  W  V  L
R  S  R  R  A  W  H  I  C  H  C  L  T  E  N  A  I
K  O  Y  U  V  J  T  G  Y  B  U  Y  E  X  O  K  T
P  R  G  C  N  P  U  C  E  Q  L  S  G  E  B  S  Y
U  S  Q  E  I  E  J  D  I  J  A  R  E  F  O  R  M
F  L  P  S  U  G  X  X  C  C  T  K  K  A  W  D  S
S  O  M  E  T  I  M  E  Q  P  O  B  T  M  F  V  T
V  E  U  T  T  J  G  Z  Q  Y  R  P  W  N  Y  P  I
J  S  S  Z  U  G  R  E  O  C  A  O  I  J  V  D  J
R  U  Q  M  E  D  S  W  K  U  B  H  H  E  R  A  S
```

REFORM
SPENT
MEAN
REALITY
GAME
SECURITY
EXERT
RATHER
HURRY
CARE
LAWYER
RHYME
SCISSORS
NOT
INVADE
GETTING
WHICH
SEEM
CALCULATOR
SOMETIME

Puzzle 46

POUNDS
VOLUME
RECEIVE
CINNAMON
TELL
ACCORDING
PASS
THEME
CRIED
PICTURE
THICK
CATTLE
PLAN
NET
PROVE
RESTAURANT
EMOTIONAL
FINE
NARRATOR
PARROT

```
C  C  M  I  U  C  I  I  S  J  J  S  D  T  R  R  R
N  F  H  R  N  E  T  O  R  R  A  P  Y  E  N  I  F
K  I  O  P  B  V  H  G  G  Z  D  N  T  L  D  S  X
F  K  A  T  B  O  G  C  B  S  U  B  P  L  Z  S  D
C  G  N  I  D  R  O  C  C  A  I  E  L  T  T  A  C
A  P  N  R  T  P  Y  K  C  I  H  T  A  T  T  U  B
C  S  G  V  Z  A  Z  U  M  I  S  D  N  U  O  P  C
T  E  M  O  T  I  O  N  A  L  N  E  N  Q  R  I  H
W  H  U  Z  I  O  C  X  C  U  M  N  D  P  A  D  H
R  H  E  R  U  T  C  I  P  R  O  T  A  R  R  A  N
Y  A  E  M  U  L  O  V  E  J  I  V  W  M  V  A  A
Y  Q  S  Z  E  V  I  E  C  E  R  E  D  N  O  Z  V
R  E  S  T  A  U  R  A  N  T  I  M  D  C  Z  N  T
M  N  A  Z  V  L  J  W  K  Y  Q  F  L  X  O  Q  M
Z  M  P  Z  Z  Z  H  Q  L  Y  R  Z  D  T  R  R  F
```

Puzzle 47

```
P T P H Z I R R B E U I G N I H T
V C O R Q W K U M H E P H U Z N U
X E S C T I S S E R P E D M H C O
E R A X C H E T P E N N Y E X R B
T R Z T A T C S O Y S Z F R T L A
H O N O R A B L Y V E A F A R E R
I C S N T A J O N H E A T T E S H
H L L K S Z E O T Y O U R O M S W
R E V Q I J M H Z S A N O R E C X
I A I S D M L Z P S Q N Q H N X P
G H Z E I V D H V J N V F J D Z I
E C O N O M I C A Y E D Y H O D T
L E N G T H M N D T H Y O I U A C
O V E R O K I M S O K T B B S E Y
E Q G Q Q K T F A V O R I T E P O
```

TIMID
DISTRACT
DEPRESS
ABOUT
HONORABLY
OVER
KNOT
NUMERATOR
THING
LENGTH
ECONOMIC
CORRECT
LESS
YOUR
SAT
TREMENDOUS
PENNY
HEART
FAVORITE
STOVE

Puzzle 48

REPLY
ACCEPT
DECLARE
ONCE
TECHNIQUE
ELIGIBLE
YEARS
CAKE
FURTHER
COMMON
FIT
WAGON
ABSORB
CROCODILE
SAND
GREAT
DIVING
CARELESS
MATCH
STOCK

```
S D C Y I D U E X G N I V I D I F
S R A E Y C F U T R G V G R M G U
E B K F N O N C E E R A L C E D R
L F E D V B P B F A X P Q R Q F T
E L I D O C O R C T N J M D Y E H
R L P A I K S T E V O T O Y L J E
A C A B Y U N C P T C O M M O N R
C F D S S K N O D E L B I G I L E
S C A O H W F I I C C X U Y W S C
W T U R N L J R E H H C N F F O M
P Z O B B S B S E N O G A W I V A
W P C C U H W J P I D M I C C T T
B L F K K P H B W Q J V O V S H C
S A N D F H P W B U T A W N U Z H
F O Z B B V F C M E R E P L Y N O
```

Puzzle 49

```
C T E I Y S F N T I J V D M B V E
B I V D O N V X W S Q X E E K G W
T G A E H O A B O D Y K N M D C I
X E C N U Q Y E V I T I S O P T L
O R U T S Q A A W E B O M I C T L
M D A I B R Y L B O U G Z A V U Y
S G T T Y S E N D E B X S G H Y O
T N E Y B E Z T J D C H G R A P H
N I Q X H D I E T O Y O C F F E V
A L T F Y I R Y K U C U E M S B D
N C O L R S A U F H B R Y G I I F
K Y N K E T M Y W U E S G P B V F
P C W U O V M O U O W L O V L H K
P J Y W W Q U P R E S I D E N T U
K N Q D H R S P R O U D O U O L T
```

COYOTE
PRESIDENT
TITLE
BODY
CYCLING
SUMMARIZE
ANT
BED
EMPTY
IDENTITY
BUTTER
WILL
POSITIVE
HOURS
GRAPH
SIDES
PROUD
SEND
EVACUATE
TIGER

Puzzle 50

NURSE
TRIAL
FOOT
DIVISION
MOUNTAINS
ATTACH
LIMIT
TOOTHPASTE
HOCKEY
CHESTNUTS
AGE
LOVELY
WEATHER
NATURAL
CROSS
WIDE
CORN
WON
USUAL
FENCE

```
Y G K A C K Q W Y R U O N Y L N J
T N R Q U Y K T G I W Y E X I U S
O S S O R C T D H N E I I A M R N
F T W E A T H E R A O Z D C I S C
S U M O V S E G N N D I Z E T E N
N N D L O V E L Y E K C O H W S E
F T I L S E C A J G X Q G A U O A
U S U A L T N I A A L Q F Z I Q N
U E T R T D E R L T L A G A Z N O
Q H V U W N F T V B U W U S F W I
I C U T Y D U N N C M C A F W I S
A T T A C H Z O B U Z C S I R P I
H O M N D F W E M K V O J E P L V
T O O T H P A S T E Y R L I N Q I
Y F N E N X N K Y N W N A A X C D
```

Puzzle 51

```
U S I P W X Z Y F R I E H T R L A
B E H A Q T K Q B E Y E S D E I M
G B I U O I J L Y S U B R N G Z O
D J Z I Q X M V N U R Z M U I A R
Y L I H Y L E T E L P M O C O N R
D L O H S A F E L T K V J V N O E
D E T K X B P G E B D M U B B Q A
A S S Q T B F R C V A R T J J H T
D H E C S C R O T S E R H D V O T
U O U L R D G F I A K G C A J E E
L T Q K Q I S N O L L O E P R L E
X R E P I N B G N I X O B M J E Y
M I R V M E P E V F K K K F F W Z
X B K D R J A O E C H G P K C T W
P O I N T S E R O F V G Z L O D N
```

RESULT
COMPLETELY
POINT
FORGET
REST
FOREST
ELECTION
THEIR
BUS
EYE
DESCRIBE
REQUEST
DADDY
CRAB
SAFE
HARE
SELL
REGION
BOXING
HOLD

Puzzle 52

HIGHEST
MEDIUM
INVESTMENT
THERMOMETER
TRIANGLE
WEIGH
BRIEF
PILL
PORTRAIT
HAS
HEY
NINE
POINTY
DITCH
TEN
FLOWER
DOMINANT
SNOW
POINTLESS
LIVING

```
F Q E N P I N V E S T M E N T C B
Q U C M H I E U U X V V D N G O S
T F I A E M L C C M M G D R I S X
A H C T I D T L H T P Z H N K N A
Y G E M R I A Y I R O K R R M B W
T I A R T R O P G I I Y C J Z R Z
N E I D M J P Y H A N E T N H I Q
I W O N S O G E E N T H M B X E X
O B V V S E M R S G L T R S E F N
P S L V Z K A E T L E I T X S P Q
D O M I N A N T T E S S P W S V L
D N X N T P R A J E S H A S F H G
Q L E B F C M R V E R E W O L F E
H Z E L E C L I V I N G D H Z X F
O Q Q E R F H J M E D I U M Q D M
```

Puzzle 53

```
M V F D A B K U A S P E L L I N G
O I N J D O W R G D A O I U V U M
M B E L I E V E A D T W N M K S B
V X Q S K U P O I B F K X C R U P
D C J B R D S T N E I C I F F U S
C A S E E O H S S P R I M A R Y F
P E R U T J H U T S B A R J E R R
N X K M A Q L P O C F T E Y L A O
W N L B E N D P J I X T S R U L S
I D T R W K D L I E O E E I N U T
I L T E S K N I E N X N A L R B N
N M F L G J W E E C R T R A M A O
S F E L W O H S F E G I C W Z C O
T F L A D R O L O C T O H B B O D
A W N R M A M G P L V N K F P V C
```

UMBRELLA
AGAINST
RESEARCH
COLOR
SUPPLIES
CASE
SUFFICIENT
VOCABULARY
LAW
SPELLING
BELIEVE
MOM
WHOM
HORSE
ATTENTION
SHOW
FROST
PRIMARY
SCIENCE
SWEATER

Puzzle 54

INFORMATION
STUDY
VEGETABLE
SWING
MOCK
FOOTBALL
MECHANIC
VOTE
RICHEST
LABOR
LATE
WHEAT
SHE
START
LASSO
WRAP
QUANTITY
CONVERSATION
FILM
ITSELF

```
L X M R X U U G O S S A L S M I F
V C V G H V R N F E T A L H Q N O
E E D M R P T J X A S A D E N F O
G N I W S K Z I B N E M R L O O T
E R B Q N H U F N O H W O T A R B
T O M G C C J O M I C C B A U M A
A I T I Z T C R T T I C A E F A L
B D M F U K I C V A R T L H I T L
L S T U D Y N D A S R W S W L I S
E L B W W R A P I R I O W E M O L
H P U P J R H G Y E S Q T P L N B
D K M O C K C K U V T B E G Z F I
X P K I G W E A R N O F U H U N R
Q L S W X K M K X O G T Q I R M N
Q U A N T I T Y O C M S E E H H X
```

Puzzle 55

```
Z G B L A N O I T A N R S Q E L K
M F I F N N H R E V E R S E N A N
T E L O I V Y L L E J C A G J D O
N Y V G A F B S Y E D G Q D O Y C
A J U I T P U R B T M W M I Y R K
H D S R R F I K T S T K N R H R P
P I I L U E L B A S U E R F G E R
E L P S C E D M I N D O E J K M G
L V Q P R I L E J X H C T A O S S
E L S D O J U N H C N Y T O W O Y
J R J K D R J G B S W L A K U B V
L R J T X P V Z H V U T P W I T W
B U U N Z F X R W W I P M K V R Z
A M G B G E D R I O S B P J V A M
S I L V E R E U R P H C Q N A M X
```

REVERSE
SILVER
MIND
PATTERN
JELLY
VIOLET
REUSABLE
ANY
KNOCK
LADY
PUSHED
MERRY
FRIDGE
BUILD
ELEPHANT
CURTAIN
NATIONAL
ENJOY
GIRLS
HIPPO

Puzzle 56

MAIL
BEEN
FALSE
DOES
VIOLENCE
BOTH
SHALL
ATTEND
DIFFICULT
ATTRACTIVE
MUMMY
FERRET
PONY
THOSE
TOUGH
CORNER
MANAGEMENT
TRYING
STOOL
HEDGE

```
W T N E M E G A N A M H C U D N O
U F Q U K T H H X T J E O T A D W
A E K E K V H W C T W D R V G U V
A S V I T Z T C P R S G N P L O Z
T X C S Y G D Y V A J E E W L Q T
T F R G N I Y R T C H Y R C T Y D
E A M D O E S Y M T O C A A A K U
N L U L P T L V S I W W J T K P S
D S M I Z O L V J V S Z H L E M Z
Q E M I P U M J A E C N E L O I V
R G Y N C G M A I L L A H S O A X
T H O S E H D I F F I C U L T L Q
X T E R R E F X V V Y E S D F V Z A
S O S I A T B Y Q Z M E K G K Z T
T B I Q S T O O L T Y O K S U B L
```

Puzzle 57

S	E	E	R	T	H	C	G	S	H	T	R	W	O	X	G	T
Y	U	T	C	M	I	E	L	I	H	O	R	E	U	C	A	L
N	D	B	B	G	K	V	A	N	G	C	P	E	Z	P	L	H
G	U	J	M	E	N	Y	S	G	N	U	O	Y	G	M	Z	M
D	I	K	Q	I	Y	V	S	I	S	U	F	O	I	V	U	U
Y	S	L	L	T	T	R	E	N	T	I	H	L	U	G	N	V
D	E	W	Y	H	P	A	R	G	O	E	G	P	W	O	L	A
A	S	V	U	W	L	H	C	H	A	I	R	M	J	E	J	C
S	C	L	L	A	K	S	C	I	R	T	C	E	L	E	D	I
O	C	M	C	N	M	E	V	R	E	P	R	E	S	E	N	T
C	L	V	S	U	A	R	L	I	A	T	K	C	O	C	E	N
K	O	Q	K	L	Z	F	P	Q	J	E	M	H	I	T	T	A
Y	T	Z	P	Q	X	F	V	O	Y	F	S	I	U	M	X	G
K	H	I	N	D	I	V	I	D	U	A	L	Q	C	J	E	I
J	S	P	I	G	S	F	J	K	L	A	G	R	E	E	T	G

GLASS
TREES
EXTEND
COCKTAIL
GIGANTIC
GEOGRAPHY
ELECTRIC
YOUNG
INDIVIDUAL
REPRESENT
AGREE
SINGING
SUBMIT
HOP
EMPLOYEE
SEARCH
FRESH
CHAIR
CLOTH
SOCK

Puzzle 58

DISASTER
TREAT
ADDRESS
QUITE
BOLD
LITTLE
UNDER
RELEASE
BLUEBELL
APPLE
EAT
DECAY
HOW
WESTERN
ALONG
ROUND
ORGANIZE
DAISY
MAKING
CAPITAL

R	S	T	D	L	Y	Q	C	K	N	G	Z	P	Q	L	K	T
X	S	K	J	L	H	Q	F	E	E	R	B	O	L	D	X	J
A	K	A	K	B	D	U	N	V	B	U	Z	D	C	E	B	F
Z	Y	M	C	S	C	S	R	F	F	L	C	X	H	U	Z	F
B	M	V	Z	E	P	I	E	B	Q	G	C	Q	Q	K	I	E
M	E	Y	E	T	L	G	T	H	L	D	A	I	S	Y	H	H
R	E	L	E	A	S	E	S	F	A	U	V	H	R	R	Q	N
H	N	U	G	N	I	K	A	M	T	T	E	C	O	Q	I	B
A	R	E	D	N	U	K	S	Q	I	W	W	B	Q	W	M	C
D	E	D	N	U	O	R	I	V	P	X	H	Q	E	S	I	P
E	T	I	U	Q	G	L	D	U	A	U	E	O	R	L	Z	T
C	S	S	E	R	D	D	A	Q	C	Y	P	O	J	V	L	Q
A	E	L	P	P	A	F	N	E	A	T	A	E	R	T	D	D
Y	W	Y	U	D	P	K	Q	V	F	K	X	K	B	X	E	R
O	Z	H	L	L	I	T	T	L	E	Z	I	N	A	G	R	O

Puzzle 59

```
S  I  J  H  A  D  S  P  E  C  I  E  S  T  Y  T  Z
K  H  A  O  D  I  T  O  D  L  E  I  F  A  H  N  Q
G  U  O  K  L  N  N  M  X  Z  B  M  O  D  E  S  T
D  H  A  W  V  K  E  P  O  H  W  U  J  E  W  C  Q
W  A  K  I  E  Q  R  F  R  U  I  T  O  E  D  H  G
R  W  R  S  Q  D  A  Y  C  S  X  J  B  D  X  I  I
W  R  I  T  E  R  P  Y  T  O  F  T  V  L  Z  C  V
G  P  Q  R  U  D  S  J  K  M  F  L  X  E  F  K  E
R  I  W  Q  F  G  M  J  U  S  U  A  L  L  Y  E  N
A  X  D  N  N  I  K  I  W  I  G  C  Y  W  I  N  U
N  A  M  W  O  N  S  Q  N  E  F  I  O  B  F  X  O
D  Y  P  R  F  N  R  L  X  S  Q  P  X  X  A  M  I
P  C  B  L  C  E  A  L  W  U  M  O  C  S  O  K  A
A  N  U  M  B  E  R  I  A  T  U  R  E  R  U  P  T
S  L  E  D  G  E  L  H  P  S  O  T  T  G  Y  V  B
```

CHICKEN
NUMBER
USUALLY
SNOWMAN
KIWI
TROPICAL
SLEDGE
WRITER
PIANO
FIELD
MODEST
GRANDPA
SPECIES
DOUBLE
SHOWED
ERUPT
PARENTS
FRUIT
GIVEN
HOPE

Puzzle 60

MANY
BASE
COCOA
KIDDING
SIXTH
TIRED
VERY
PURCHASE
THERE
TRAM
ALL
FLY
FOUND
WEIGHT
PROFESSIONAL
PUSH
WONDER
EXPECTED
PROCEED
HOST

```
N  Y  M  Q  T  F  O  U  N  D  R  N  J  Q  L  F  K
Y  X  K  D  Y  P  U  R  C  H  A  S  E  B  A  P  X
B  G  D  I  P  Q  S  W  M  U  C  K  D  T  N  Q  J
A  L  L  J  D  E  E  C  O  R  P  W  H  H  O  J  D
G  H  U  R  Z  D  O  L  E  T  N  R  O  E  I  K  R
L  N  Z  N  I  P  I  A  F  X  R  H  S  R  S  U  U
C  O  C  O  A  U  G  N  W  K  E  A  T  E  S  A  Y
S  M  O  B  P  S  B  T  G  T  D  U  M  V  E  I  B
I  D  J  G  P  H  E  M  E  I  N  E  B  D  F  R  X
X  E  D  A  J  R  M  V  L  R  O  M  N  U  O  O  P
T  H  G  I  E  W  Y  M  P  E  W  M  B  Y  R  E  V
H  J  X  Q  R  Q  K  A  Y  D  E  T  C  E  P  X  E
T  P  S  V  P  P  E  N  T  T  B  I  L  A  G  K  H
Z  J  V  P  P  R  A  Y  L  F  F  X  R  C  S  G  A
G  N  S  C  P  B  T  A  V  X  J  B  V  O  Q  D  M
```

Puzzle 61

```
M D D O Y F L O A T E N I M I U Z
G E L Z Z Q Q N U L X H Y Z N H I
Q I A V A G K A Q M E I L S T I E
L R I S Y C S H G H C A E P E A G
S R T N U E Q S V Q U R A C R F U
W U N N I R I A P R T E X D E Y E
N H E O O X I N G S I H L B S W J
P Q S I R I T N G A V B Y I T V P
R E S T Z V S I G V E J M L I O I
Y D E I H X U E D E I V T E N U Z
X E J D A U T H O R I Z E G G H U
U H S U O I X N A K M M N U K J J
H T N A C I F I N G I S L M U S T
T E S R O O M O E U T D X O L U M
L L I D I X G K K F N X X A A N S
```

MEASURING
NOISE
MINE
FLOAT
ANXIOUS
AUTHORIZE
MUST
PAIR
IRIS
ROOM
AUDITION
SIGNIFICANT
LEG
PEACH
EXECUTIVE
HURRIED
SAVE
YES
INTERESTING
ESSENTIAL

Puzzle 62

SPELL
LOOSE
RELIABLE
MORAL
PROCEDURE
TEXT
OFFICIAL
THAT
ENTIRE
EASY
PHEASANT
CAGE
EXCEPTION
LAMP
BADGE
DISTANT
EMERGE
WORK
ACTION
NEARLY

```
E F P C W Z S L G G X L K V V R T
G N Q E O T P O P H E A S A N T J
A N T G R E E O E J X U Q G R L A
C Q M I K B L S T T Q O S O E A H
Q X E T R N L E Z L I K P F L H V
N Y B I M E J R V R H J Z F I V X
T S U X U N C U Y D C L T I A C W
H A C T I O N D J N Z P L C B V Y
A E J N I I W E G R E M E I L V S
T V Z A Z T K C H G S A A A E S X
Q B H T Z P Q O F I K L R L G N V
B K E S Z E M R Y A T A T L Y B D
A E Z I Y C U P R Q W R K E Y L B
E F H D S X B A D G E O L F X S A
Y P H W T E O U L V I M S G U T W
```

Puzzle 63

```
C G V S N I M A T I V C M M I B M
J I Y O A I Y Q B V Z X J E C A A
L N K T E D R S R F L V V D D N N
D T O P L X G N I N N U R I S F A
X E C U D E R O K C T O B A F E G
O R L R O L F W M Z L N R U Z R E
I E W R B A D B K H S U F F E R R
L S I E W H G A C N V B F J V D E
E T G T C W T L Z O Z A H X I U J
Y N G N F R P L G I L W R A F R L
U L L I F Q C R N D G L N A G A E
Z C E V O R P M I J B J E F M T O
P I Z Z A R M B I C C P E G Q I Q
X Q D B T P S Y L Q E M V T E O T
X C U O D C H A P T E R H E Y N Q
```

IMPROVE
INTERRUPT
SUFFER
REDUCE
MANAGER
RUNNING
CHAPTER
SNOWBALL
COLLEGE
WIGGLE
MEDIA
VITAMINS
INTEREST
WHALE
OIL
PRICE
SAD
DURATION
PIZZA
FIVE

Puzzle 64

CHORE
REACHED
HELLO
PERFORM
KNOWLEDGE
NEGATIVE
FORGOT
GROWTH
CHERRY
ABBREVIATION
HEALTHY
ANTIQUE
EXPLAIN
CAT
ELSE
ORGANIZATION
ISSUE
WIRE
EXCEPT
BOARD

```
P C G Q V C E N V T T W K E S H A
D E H C A E R E R O H C Y X R W B
S G R E V Y N G L L X V A P Z N B
O F X F R F H A R L K N L L Q P R
O B U F O R C T P E C X E A Z W E
R X D N P R Y I L H H B I I N O V
F K H K Q W M V O A Q P W N N F I
Z F W H C I Q E G D E L W O N K A
A N T I Q U E R L Q K H M A E C T
V A A E U S S I F O R G O T Y Y I
W W C E W I L W B O A R D B I E O
Y E G O N C E I L Y Y R H F S R N
O R G A N I Z A T I O N B Y U Y G
G R O W T H F O A N R R A R A D X
V Z X K M E B X J S T D X J R T D
```

Puzzle 65

```
C U P S L J T M G M A A D E C S D
C M T Q H B C U S R M P E R D F N
H O B C C E G A T N A V D A A R C
F R A K H L E L D A R C O U A W M
R N N M M D Y T X C B Y Y Q K L T
O I A E C N E L I S R A M S E U E
N N N H T A U C D I I E M H C C L
T G A T G H G N E Z L Y A J Y I E
O U T D O O R S N A L H W R N T V
E N G I N E D O T D I X Q T T N I
E T D S I N J I I O A U X Z L H S
X G G K Y D P A F C N K S Q R A I
Q F Z L W O P Y Y N T C V R L A O
P H O M E T O W N U G J W C W X N
P R O D U C T H S Z M D N C I L B
```

OUTDOORS
TELEVISION
EARTH
PRODUCT
DRAW
HOMETOWN
BRILLIANT
ENGINE
THEM
SHEET
CRADLE
MORNING
CUP
ADVANTAGE
SILENCE
SQUARE
IDENTIFY
HANDLE
FRONT
BANANA

Puzzle 66

FLOUR
PRACTICE
FATAL
PROBABLY
NARROW
TERMS
OTHER
ORDER
QUALIFY
SKATE
SEE
SEW
USE
ERROR
PUNISH
COTTON
CONGRATULATE
STICK
JURY
DEEP

```
F D A O G Q U A L I F Y U T R A U
L N M G X W X W A D Y L S E W A L
O L X E K V N O T T O C E R H F R
U Y J E H L W R A Q S R E M S D E
R W A R G L A R F V Y G S S T P D
E L W C U H Y A P E E D P S I Z L
J V D H Z M A N Y R U J H K C G H
E T A L U T A R G N O C R D K O K
C U Q S J Z I Z B V E B S K I T B
I S J T B L F L R V D E A A J H X
T E Z E R W X H S I N U P B U E T
C W S A E O R G K G S Q M H L R A
A Z P P D D R Z A Y Q F W L S Y T
R Y N O R I Q R T L A X Y H Y R Q
P A R N O V S O E Z J U D O L G Y
```

Puzzle 67

```
I  L  J  T  F  J  C  G  H  S  E  I  H  J  F  C  O
P  M  C  H  E  C  K  E  D  E  T  I  L  O  P  U  B
E  M  P  X  D  J  V  R  K  C  I  U  Q  T  K  R  S
R  U  G  R  Y  Y  A  D  H  T  R  I  B  J  E  I  E
F  S  S  N  O  J  R  V  I  I  L  E  O  S  O  O  R
O  E  V  Y  Z  P  N  Z  E  O  J  B  H  N  T  U  V
R  U  E  D  S  S  E  B  I  N  T  G  Y  T  T  S  E
M  M  B  M  Z  O  I  R  E  M  R  A  F  N  O  W  T
A  E  R  A  L  A  T  N  E  M  A  D  N  U  F  R  P
N  M  I  G  R  A  T  E  V  M  W  X  S  R  R  B  B
C  F  L  E  A  K  K  I  R  O  P  A  E  L  P  A  O
E  V  I  T  N  E  T  T  A  Y  L  T  N  E  C  E  R
T  E  L  E  S  C  O  P  E  V  Q  V  Q  M  P  E  Q
Z  N  J  Y  L  Z  D  K  U  P  R  W  E  L  M  B  R
W  Y  L  O  J  S  W  B  K  N  Y  A  C  D  Y  A  G
```

MUSEUM
SECTION
FARMER
QUICK
OBSERVE
BIRTHDAY
POLITE
CURIOUS
TELESCOPE
LEAK
BROTHER
PERFORMANCE
ATTENTIVE
AREA
FUNDAMENTAL
INVOLVED
IMPROPER
CHECKED
RECENTLY
MIGRATE

Puzzle 68

STAY
DEPRIVE
CRISIS
MARRIED
SPOON
SPREAD
AIRPLANE
SUGAR
FOCUS
BIRTH
COUPLE
HOT
ICE
CONNECTION
EMPLOY
GRASS
DECIDE
WITHDRAW
FARM
HEDGEHOG

```
R  E  C  I  R  B  N  R  G  D  O  U  O  W  B  E  M
B  M  F  Z  I  D  S  G  H  G  V  U  F  Z  G  R  K
I  P  C  R  I  S  I  S  G  R  A  S  S  F  W  L  F
O  L  M  A  R  R  I  E  D  H  A  L  G  A  Z  G  K
N  O  I  T  C  E  N  N  O  C  E  G  F  R  W  T  Z
E  Y  B  O  B  V  P  M  U  W  D  D  U  M  A  Q  V
U  A  U  H  O  I  Q  K  L  G  I  A  G  S  R  S  M
H  T  A  W  W  R  R  J  G  A  C  E  Q  E  D  Z  Y
P  S  I  Y  A  P  B  T  S  N  E  R  M  H  H  B  U
C  F  R  S  F  E  F  J  H  B  D  P  P  O  T  O  B
O  W  P  O  D  D  O  A  A  H  T  S  S  D  I  I  G
U  X  L  P  Y  A  C  Y  M  W  H  S  P  U  W  S  B
P  B  A  D  D  J  U  L  M  U  C  M  O  V  U  S  Y
L  U  N  K  U  P  S  X  T  H  P  F  O  P  R  D  T
E  H  E  F  I  C  I  U  V  Z  V  L  N  A  Q  P  U
```

Puzzle 69

```
L K X V W D G Z N O N V H V Z X M
E N T S H E D U T I T T A A O R O
A E T N Y F S T U P I D Q L I Q M
D H T S S E U G U Z K B V U G O S
E S S K G N I V R E S B O E E K X
R E P A P D O O S I I D P C I Q O
O F B Y W T C O U L R L H C G I M
E N I A T R E T N E O N S P S G E
B G J J T A E P E R U A Y F J B G
H I M I X H W F G T E D B D U G H
D E N A C I R R U H B T D O B O U
Q R W M Q K J M W P Z C F W F B F
W O Z M H X U J Q L X Z L A X Y H
F F G Z J L T E T Q M V A T X O C
B Y A F Y F E B T R A G H G B S K
```

ATTITUDE
BATH
PAPER
STUPID
GUESS
FOREIGN
AFTERNOON
RISK
DEFEND
WASH
OBSERVING
VALUE
HURRICANE
MIX
HALF
TEA
ENTERTAIN
WHY
REPEAT
LEADER

Puzzle 70

MADE
KEEP
FUNNY
SCORE
MOON
AFFECTION
SETTLED
WARDROBE
GLUE
EXERCISE
CAP
THESIS
HIS
VALENTINE
NATURE
HAND
COMMENTARY
DISMISS
PAINTS
TRANSFER

```
W W P C M Z Q Q E R J L S I F P P
X A O J A E N O Q X O Z C E A A I
O M R P D N A H G L U E I U W E G
O Y E D E N P A I N T S D F L H P
P J F E R N N V O U K X Z K E E P
G S S L O O O Z O M E Q A X G S W
T U N T C I B S S F U N N Y I U G
H A A T S T K E N I T N E L A V L
E L R E S C G K M E X E R C I S E
S V T S I E M E U R T B R I O E P
I G A M M F I N E U O B W M T O V
S D F A S F E X P T P H I S O V G
I P B Q I A S Y R A T N E M M O C
M F D F D A O G O N C C C U T R N
X G X F N T G R B P T X U T S X H
```

Puzzle 71

```
I  Z  I  J  C  C  C  S  F  E  T  H  F  E  K  M  G
S  P  I  U  E  G  F  V  K  W  B  U  E  E  M  Y  G
T  O  W  Q  J  J  E  A  Z  K  E  V  G  A  I  W
O  M  M  A  I  N  H  Z  J  K  S  G  I  B  B  T  N
R  A  Y  S  F  A  N  I  O  B  R  P  U  A  R  I  K
M  R  U  M  C  W  L  U  H  U  U  T  E  P  R  A  C
F  G  C  O  K  O  K  N  S  F  N  E  U  C  C  R  I
X  O  M  K  C  H  I  P  S  T  H  R  E  E  I  T  R
U  R  O  E  W  W  L  Y  Z  B  A  L  L  R  W  A  T
D  P  D  L  M  Z  R  R  O  Y  A  L  I  N  N  O  L
S  U  G  G  E  S  T  X  M  Y  Z  N  P  H  Z  T  J
P  R  O  M  I  S  E  Z  O  R  U  U  U  J  G  S  P
S  T  A  T  E  M  E  N  T  S  U  D  P  C  D  E  N
X  G  L  N  H  D  X  Y  G  C  L  O  P  E  N  E  R
W  S  A  H  I  D  S  K  E  V  N  W  X  G  E  W  M
```

MAIN
BALL
TRICK
OPENER
FOOL
PUPIL
DUST
PROMISE
SUNNY
CARPET
THREE
STATEMENT
ROYAL
SPECIAL
SMOKE
CHIPS
STOAT
PROGRAM
STORM
SUGGEST

Puzzle 72

OUTSTANDING
PARTY
PRODUCE
LATELY
MIDDLE
SLEEPY
RICE
RING
SUBSTITUTE
CRIME
NEAT
WAIT
GUIDELINES
DECREASE
ENEMY
THINKING
GOODBYE
EAGER
SODA
STORE

```
P  R  O  Q  E  O  A  Z  B  Y  P  E  E  L  S  S  D
R  P  E  U  S  D  C  S  N  M  T  Z  X  A  A  U  E
E  I  R  Z  M  S  T  O  R  E  Y  P  L  T  J  B  C
G  G  N  O  K  O  G  Q  B  N  U  Q  H  E  S  S  R
A  R  D  G  D  F  S  L  O  E  W  P  C  L  E  T  E
E  S  O  D  A  U  Z  O  Y  T  R  A  P  Y  N  I  A
W  A  I  T  R  B  C  W  G  A  H  T  B  S  I  T  S
R  I  C  E  O  E  C  E  T  E  Y  I  F  U  L  U  E
M  I  D  D  L  E  I  Y  Q  N  L  U  N  N  E  T  S
C  R  I  M  E  X  M  B  U  B  J  O  H  K  D  E  M
O  U  T  S  T  A  N  D  I  N  G  L  D  X  I  V  Q
W  R  E  N  I  M  O  O  J  F  M  F  X  F  U  N  A
X  C  Y  K  U  O  G  O  Q  E  G  V  W  F  G  U  G
F  D  A  F  X  I  I  G  C  D  D  D  H  Z  J  S  A
P  D  E  O  J  J  N  S  C  H  K  G  M  Y  R  L  G
```

Puzzle 73

```
F P Q L Y R R E B W A R T S D P R
V I S T A T E B L E E D S A I A A
E V G F B G P D D R M F O K S S I
M R U H Q K O Y U J A S U Y C T N
M M D P T S I X E O N D N U O B F
Y Q K A Y Y D V L T L K D L V A A
S E B R Q L V W T S Z G I R E S L
T N R G V L N J M R H T W O R K L
E W B O R A K L D W R Z W T Y E Q
R A C T F N Q O T E T B P A Z T G
Y R V O N O I T A I C N U N O R P
M N H H Y S O K U J U I M Q P P A
Z I K P I R T S L X B Z M J O A L
M N F Z P E T E A C H E R A S P R
T G X I F P F D M H G E N Z L E L
```

STRIP
BASKET
MYSTERY
RAINFALL
DECIMAL
TEACHER
PAST
EXIST
PHOTOGRAPH
NAME
PRONUNCIATION
DISCOVERY
PERSONALLY
BLEED
FIGHT
STATE
SOUND
STRAWBERRY
WARNING
LOUDER

Puzzle 74

CAREFULLY
KEPT
SPARKLE
CUSTOMER
FLYING
GLOW
CULTURAL
HAZARDOUS
READING
VISION
WEST
INTERACTION
TRADITIONAL
COMB
SQUID
SIX
TOP
FACT
TRADE
FLAG

```
I Z C Q G C H B D K I C U N Y T Q
S N V D Y X O C Y L L U F E R A C
P O T C A F A M B D A U K C Z E F
Y I P E A E G P B Z R B V L U N Q
A S E D R E M O T S U C Q O D H Z
H I K A G A L F B R T P G X X Y A
M V L R N W C Y E F L C S Q U I D
D U J T I R E T Q Q U A S D J L A
L P R D Y D S C I N C S I X I T G
J Q Z P L K L A N O I T I D A R T
O W J K F X M U U P N V Q L R X D
O L X W R E A D I N G O X U T V L
D P U O E L K R A P S A C I N R B
Q D G L A S U O D R A Z A H A C Y
U W N G I B T R V L P S Y S K R P
```

Puzzle 75

```
T S O L X Z Z N C K H E R O N Z D
R R P T M E X V A S P X A Z U P E
E E B R T L D T B F E F N O S E N
A V D A N Y G G I T U V V Q C A S
T A S W G S K N U X O M V H M K E
Y H E T O I D I R E C T O R H X A
I T V A A P S T R H F Q K O O H P
D K I L M R U T W U E R A P E R P
F K L S E G N I N I A R T W D E R
D E E O A M S S A K B A I V M S O
J Y E O D C H A U T O M A T I C A
Q I Z D O Z I C O P A R L Z P A C
Y D E P W R N C I F V W X S Q Z H
K E R F I O E H G L K W A P O E U
O K L A J S H C R V G W U M C H M
```

STAR
SITTING
SUNSHINE
HERON
TRAINING
APPROACH
AUTOMATIC
POWDER
DIRECTOR
LIVES
HOE
MEADOW
NOSE
ALSO
HAVE
DENSE
LOST
TREATY
PREPARE
FEED

Puzzle 76

NOBLE
HOSPITAL
WILDERNESS
PRETTY
SERVE
LIZARD
PEACEFUL
ABSOLUTE
GOES
THOUSAND
GOING
GET
TONIGHT
GUYS
DEVELOP
CABIN
EVERYONE
ANOTHER
DIRECTIONS
CUPCAKE

```
E B S G V B L R C Q L B Z G S S N
L V F L U F E C A E P I I I S Q V
B R E N I Y E C B Z Z L Z E E A X
O T S R T I S R I O S A G A N S P
N G E T Y K Z S N O I T C E R I D
G O R H T O W Y G E S I H K E D I
E I V O T P N A M D K P S A D G P
T N E U E C U E Y T W S X C L L T
H G T S R X I Q P D U O Y P I P T
G G U A P W U S P C A H K U W R Q
I O L N Z L D E V E L O P C P J Q
N K O D Z A N O T H E R P M U W O
O B S K F I W G B S F U C X K D V
T L B A A U O B F I M I I Y Z E D
F M A V X S U J K T E I Z L T W O
```

Puzzle 77

```
S P Q B E L P R S U F M I P K S K
U T E I O O B E Y P O A W A V C E
O S R T K T N N P D U C J R I O M
M E X A R E T H D A R H I T L O O
A B K Y T O T O Q T T I O I L T O
F I C L L E L Z M E H N T E A E S
M O A L E K G T X J A E E S G R E
W X V A A V Q Y R P E I N O E X R
M B E I F P W A P R O N T F I T S
E D U C A T I O N C R E A M Y C J
W K X E U S U Q Q E P M Z D M N Q
V O I P A L T M L I O O O O P I Y
U R Y S F U U M O X G N X P F L J
S R Y E S E T T L E R S D Q B X D
X M M E G C B O H N E M O H W B C
```

BEST
PARTIES
MOOSE
BOTTOM
TENT
PETROL
ESPECIALLY
CREAM
MACHINE
CAVE
EDUCATION
APRON
SETTLERS
SCOOTER
VILLAGE
FAMOUS
STRATEGY
FOURTH
OBEY
UPDATE

Puzzle 78

CHILLY
INSPIRE
BELT
COMPETITION
COLLECTION
WHETHER
INCH
EVERY
BEGIN
DRAKE
LEAVING
SOURCE
KANGAROO
SIR
TIE
GRAPE
INTERVIEW
HOUR
SELDOM
DESK

```
G D V A H C M X C Z L P W K S E D
J E C C U J O A M E O X H A L L N
E V W E E E D L J H E M E N E G G
M U G Y R Z L C L E A D T G A I O
F N R T I N E V H E A G H A V Z V
C V A S N P S R F I C L E R I S Y
S V P I T I N C H B L T R O N H F
O R E R E R I P S N I L I O G W V
U H O B R U G V E K W E Y O H E P
R Q J L V O E Q J I T B A Y N E R
C D L W I H B D S F G I D R A K E
E G F B E A I N Q X F G E E Z K U
L F N K W B P C H H M T H V A A S
C O M P E T I T I O N K K E L J P
X E R G E H C S O K C J P K F X X
```

Puzzle 79

```
A L T E R N A T I V E W N X W D C
D L U O H S B G B N R C V S W L O
R C O E G W U X V G K G Q Q J G S
V A C K T H F V L Q C D B N P V X
Q N E L W A I B D T L V Z K R R L
W D T D D M K D I S P L A C E L F
X L I C N E P I L U T U V I W A I
K I H L A R B P N D O E S P T J N
G W W K T N P U F G N I H T Y N A
T A E P S B S D R I B Q P I N E L
Z U P S E S T Z W N G A F S Y O L
P T C P L G Y G G R W P G V K V Y
C D K D U O A P Q M L R J F O H G
P O R T A B L E T I N Y A M X M S
B Y B N J A H E X T E R N A L C N
```

PORTABLE
PENCIL
BURN
TINY
BIRDS
TULIP
CAN
PICK
TAKING
FINALLY
OUT
WILD
ANYTHING
STAND
WHITE
ALTERNATIVE
SHOULD
DISPLACE
EXTERNAL
DEAR

Puzzle 80

REMINDS
BEAUTIFUL
BEAR
BEAN
EVERYWHERE
SLEEP
CONSIDER
TAXI
IMPRESS
DETERMINE
DANGEROUS
SHOOT
HAMMER
OWL
WINE
SET
LOSS
ACTIVE
POTATO
CURRANT

```
G Y E N T B P I Q C Y I Y X A M P
R M E O A D E N T D C Y F W L U W
E Z F A X O D A V G P H Z D K T F
M T D C I R E E R E D I S N O C S
I L C S U N Q B I M P R E S S D E
N G O D E T E R M I N E V Y E A T
D Z R S D N T S C S H J I T F F Z
S C F F S K T Z L U F I T U A E B
S U O R E G N A D E R X C W J U C
E R E H W Y R E V E E E A I H S E
E R S H O O T S K K M P X N W C P
H A H Z W A C A V S M Y Z E W S P
H N F K H B U F O T A T O P W M W
V T P Y A X Y W W I H D K X X K W
Z U J Y J G H V L L P K E A P V H
```

Puzzle 81

```
B U Y I N G B S G F L M P Z J I Z
U O L B K P X H C T I W O S A N F
Y O L W M O J O S A A M K V T V F
Q E U N C T O U U T F Q A X I I O
M W F T T Y B L D J U B Y S N S R
U W Y F T T I D H H K D G X B I M
U I O S J T Z E V W W U E B U B A
L F J E V I V R U S S O S N O L L
G E E L L E Q V I Z Y L I T T E L
H Z K C K T U S I Z E A R L M M Y
F R K I L H A N G U M B P J A U Y
F F G C M A Y B B R N P R W D S R
P E X I X D A B T P K C U C Q S H
G A W E U C C E R P C N S Y V A F
X T X E X I V P U N I B H G J V D
```

ASSUME
STUDENT
OKAY
JOYFULLY
INVISIBLE
ICICLES
WITCH
SHOULDER
FEW
MUG
ALOUD
WIFE
HANG
SURVIVE
SURPRISE
LOOK
FAIL
FORMALLY
SIZE
BUYING

Puzzle 82

FORK
RELATION
INTERCEPT
WEEKEND
CHILDREN
RAIN
VOLE
RHINO
TOOK
DAD
POOR
BALLOON
WOOD
ADMINISTRATION
WIN
SAFELY
CERTAINLY
UPON
CHICK
OWNER

```
W N O P U X D D I J X T D W K A M
O O V Q S L W A M N E R D L I H C
W O O Z V N W A M A T F A W S I N
N L C D O N I H R D O E D K N O G
E L E V L Z N C H I C K R E S R H
R A N U E E M M J O M W R C P Y F
L B R E L A T I O N D Y M D E E L
A D M I N I S T R A T I O N P P P
U G L R A I N B I C M G A E O B T
I G W S Y F T A K F Y Z Q K O H X
U P J U B W M O F O R K A E R H B
N H J C E K W I O L V I J E B M M
S A F E L Y Y Y C K Y M Q W D Z N
G S S R C E R T A I N L Y F E O I
Y U E R V X F V B Q F L P L N X H
```

Puzzle 83

```
M F I L L F G T X O E T K F Q D O
Z I S M G R E N E C S N U M J G Q
L D N F Q O N C S G Y E G Z V M M
I N O U B G T M U N K R A P M M P
T I X Y T C L N O P Z A K Y Y W G
A L F V D E E H H V I P G E G E D
H V R B R F S E L B I S I V X N O
R E B M E M E R F I Z N S X U T C
A R L U I S A S E S J A O G O W T
N F I P B J F U J C S R A E F K O
N N F W K I B H R T I T P C Y B R
H A P P E N E T M Z U F Y K N L V
P X X R Y D E V I D O Z F Z H T O
R E Q U I R E P E H C V P O J R M
L Y M T J H Y S X W O I N V P C A
```

REMEMBER
FROG
SCENE
DOCTOR
MINUTES
HAPPEN
OFFICER
REQUIRE
THUS
PARK
SOAPY
BEE
GENTLE
WENT
HOUSE
TRANSPARENT
HELP
HERS
VISIBLE
FILL

Puzzle 84

VIRTUAL
SKATING
MILK
ABOVE
RETAIN
REVIEW
TIME
COVER
SOMETHING
BEETLE
MAXIMUM
EIGHT
COMPUTER
BUTTERFLY
WHEN
WHILE
HEAT
BASIC
TANGLED
MYSELF

```
S E R R E T U P M O C T V A M D A
O T F S E M I T H G I E L I H W B
M W E W K T L B N C V T M D R A U
E E V O B A A F I O B M P C V G T
T I W V X E T I J V E B A S I C T
H V H F I H F I N E E Q A O F P E
I E E S B R O V N R T L E L P W R
N R N L A Y T M G G L Z I G E I F
G Y J H F Y T U R X E D J Z Y G L
K M H F B L A M A O V P B W W T Y
Q U I Q K X N I Z L L S Q W H N D
M Y S E L F G X X Y H U L Q P A M
N Q A Y X S L A I T W M K L H X I
O M Z C Z U E M S W L Y O I R X L
H G K G D P D G R Q L Z G D Z T K
```

Puzzle 85

```
T R A P I H S Y Q P F B B N B U C
O W G N O T E B O O K X B R U C U
R O E M Z J Q G G P O M U U S N T
R L G N O S I R P A Z C J W F Z X
A L V J T T P X F R S I G E J H N
C I Q S Z Y E O W E I N S T A N T
S W K A T N G N H N U O A V E G U
R V O C W I R A D T P U T A A O G
F P K L Z A D D O E A N N E G U Y
E O Y C V R J M F W R B S L L M O
S K R T B J U I C R A L W N E U N
G R A V I T Y T R W E I Y J I P X
H G N C R E A T E H T T E R U F E
S C A N Z K V R F T C N W S O J F
N Q C N E T W O R K S U K M Y D Q
```

ADMIT
CREATE
SNIFF
RAINY
TENDERLY
NETWORK
TEAR
INSTANT
GRAVITY
PART
TWENTY
PRISON
UNTIL
CANARY
CARROT
WILLOW
PARENT
SHIP
EAGLE
NOTEBOOK

Puzzle 86

COMFORTABLE
QUAIL
TEACH
ADVENTUROUS
MILL
ALTITUDE
ACCURACY
OPPORTUNITY
INCLINE
TOLD
BOX
THEORY
ELK
LAZY
LIE
EMPTIED
PIN
CLEVER
READY
TEAPOT

```
A V O M S E E V Q X O B L L I P A
O H V E U M I L L B P S I C N C L
T K D L O T C K K I P U E D C A T
R F N B R E V E L C O O F I L A I
S Y O A U L Z B E P R T Q M I Q T
S A O T T R A K G Z T Q E H N G U
J M Z R N E S Z A L U H C A E T D
L Y R O E H T M Y Z N H C G P H E
N P W F V A N S D E I T P M E O B
M D Y M D L D R H G T Q U A I L T
L Q L O A F X Y H Y Y Z O S U V Y
P E Y C A R U C C A E M I Q T H D
V K L X F U G O O M K U Z P I N U
B T K U I H Z W C R U L H Y M C B
O Y H V A T Z B D T A E H L E P J
```

Puzzle 87

J	U	I	C	E	B	A	J	Z	Y	N	O	D	R	A	P	A
G	N	I	R	U	D	C	T	S	G	G	E	N	O	Q	F	X
A	U	F	Z	F	P	A	N	O	I	T	P	O	H	W	E	M
B	D	C	U	I	Q	D	L	R	Z	N	K	T	S	W	N	Y
G	W	D	L	N	C	E	T	R	X	E	S	S	B	M	O	K
K	Q	L	P	A	L	M	E	Y	J	L	E	C	A	P	S	E
P	B	E	F	L	J	I	P	G	X	A	M	N	P	G	A	S
Q	K	R	P	A	G	C	C	C	N	T	I	R	E	D	E	T
E	X	N	X	D	R	U	B	M	I	A	T	T	A	U	R	A
A	E	R	S	O	Q	Q	N	P	E	W	E	I	V	Q	C	B
R	U	U	D	O	J	B	T	Z	G	K	M	M	D	Q	M	L
M	M	V	B	G	F	P	P	Q	L	P	O	M	K	N	X	I
B	R	N	A	G	K	G	I	Z	Y	Y	S	U	Y	Z	H	S
V	T	T	N	B	C	D	E	S	N	X	L	S	N	B	E	H
J	O	D	W	D	S	I	S	K	X	G	F	D	M	X	D	H

DOWN
VIEW
OPTION
REASON
ESTABLISH
DURING
ADD
EGGS
TALENT
BAG
JUICE
SUMMIT
FAR
SORRY
ACADEMIC
PARDON
FINAL
WHO
SOMETIMES
SPACE

Puzzle 88

CONTAIN
REVERT
FUND
AGAIN
ALWAYS
SLIDE
FORWARD
GAVE
WITHOUT
PETS
CALM
STREAM
MANUFACTURE
PEA
SIT
THANKS
THE
SHOE
PLATE
GRAPES

T	O	Y	R	S	F	S	E	D	W	V	D	O	S	F	R	M
I	H	K	H	Y	K	O	V	V	R	G	O	C	X	U	W	A
S	S	E	P	A	R	G	R	S	T	R	E	A	M	N	D	N
K	T	O	Q	W	I	Q	E	W	T	I	E	W	I	D	R	U
N	E	D	I	L	S	C	N	Y	A	S	N	N	H	S	E	F
A	P	E	A	A	U	J	L	P	G	R	A	K	B	R	V	A
H	U	T	O	T	T	J	M	L	A	C	D	G	Q	B	E	C
T	U	O	H	T	I	W	O	A	D	N	V	F	A	Q	R	T
C	O	N	T	A	I	N	J	T	S	H	O	E	F	I	T	U
G	A	V	E	N	V	B	F	E	X	X	C	D	T	G	N	R
J	D	M	S	I	G	G	Y	K	A	T	K	D	Y	L	L	E
K	P	Z	R	C	C	K	E	X	L	I	V	U	W	R	L	A
N	A	N	P	W	U	H	P	H	G	J	L	D	R	C	U	M
M	M	D	C	D	H	T	H	U	X	X	L	E	N	J	I	K
Q	Y	Y	V	O	U	S	C	V	W	B	T	U	U	F	B	H

Puzzle 89

```
W B I U T R U C Q Z U R S L X F V
O B U B S D T H I V N A N B E G L
P T N V M E K N N V J D G S M A I
Q A Z E L T T E K B H I H M O Q D
M C D V L D D E T A L O S I C C U
A N O I S S I M R E P O Z G L F D
S S V E S U F N O C F J O A E I E
B H S C D T Q E N G F J W M W N B
Y A R N N V U N G U U U D I R G B
S D J O E J J R O H R Q K H N E Y
P E V C I X O Q B I D G W C G R Q
B V J E R I L L U S T R A T E S U
W Y B K F P E R I S H G U O H T E
G D E N T I S T J C J J H U Y Y E
E X P E R T O T M N A B Z Q S E N
```

QUEEN
RADIO
PERMISSION
THOUGH
CONFUSE
FINGER
SHADE
DENTIST
EXPERT
CONCEIVE
DISTURB
HIM
FRIENDS
ISOLATED
LEAD
PERISH
BLOOM
WELCOME
KETTLE
ILLUSTRATE

Puzzle 90

BORROW
BARN
MASK
SWIM
LORRY
PERSONAL
KNOW
MUSICAL
EXPAND
TASTE
GONE
COMMUNITY
END
INSTITUTION
ONE
GENERATION
BEHIND
SKILL
ANALYSIS
SCARED

```
W P M M A M I W Z B H G Z X Q J G
T V Q M Q Z K M G Q J W O R R O B
G E N E R A T I O N V H W N L P Z
J N O B A R N W D K L Y I S E I D
I O I H E E R S C A R E D F T G J
A Y T I N U M M O C E R S I S Q W
E R U A N A L Y S I S F W R A R B
Z R T S K I L L E N D O M H T Q U
F O I M U S I C A L X K H K C H I
I L T P E R S O N A L N S F C Y E
P X S W G X H B M N G O T L B R C
J T N E X P A N D S W W B K M A M
S T I O K Z H E Z C X M C D A C H
O A B E H I N D P H S Q O Z S B Q
F Z Z N G X U O L E N J W B K F I
```

Puzzle 91

```
T B O Y X X D H D R I B Y D A L O
H O J O D Y R K O I S T A T I O N
K W O C Y M A H B L R B C S R L V
K L M F H J W X T D E E R U S S A
T E L E P H O N E K I O C Q B V D
S S S E X N T C M L O K Y T W U L
E E C C G R A D U A L R V H I L B
I C E A I P O L I C E M A N X O B
P O D B M N N E X T B I N P U T N
P N I F F P E L B A S O P S I D E
A D B H K Z Q M Y Q Z P X J O T X
H S L X B R X K A A Y R N O B D O
E U E C R Z R M I T T E N S J V C
M U L T I P L I C A T I O N L X M
I W F O H H N O J Z Z K E U F F P
```

ASSURE
HAPPIEST
DISPOSABLE
TOWARD
BOWL
INPUT
CINEMA
EDIBLE
POLICEMAN
CAMP
GRADUAL
COW
NEXT
SECOND
STATION
TELEPHONE
MITTENS
DIRECTION
LADYBIRD
MULTIPLICATION

Puzzle 92

SUNSET
BELL
SOLUTION
ACCOUNT
ASSESSMENT
SAUSAGES
COURT
BISON
ECONOMY
BEFORE
CROWN
PILOT
TURNIP
ENORMOUS
NEIGHBOUR
SHAMPOO
CONDOR
CIRCULATE
THIRTY
VOICE

```
S R A M U H R C T U R N I P C R V
U O C Q M R V L I J T R O J O G X
O O L L E B O Q H R D L C I N P A
M P B U D Y I Q V D C Z D V D V E
R M R E T N C H B L H U V V O W B
O A R E Q I E M W W K W L B R R E
N H E Z R U O B H G I E N A B Q F
E S C T Y S V N W O R C V I T J O
P W O A S S E S S M E N T S N E R
E O N C T C B I S O N A E C U A E
U M O U O S A U S A G E S E O K Z
I D M Z H U T H I R T Y N P C G U
D F P N U R I J P L N U L C G V
L L Y C T K T T O L I P S B A W M
G M J Z J S W B U J B O Z Z F I R
```

Puzzle 93

```
S G R X N C F Q I Y L Y T S U D J
P H G C O W O B N I A R H H T R I
A R R E S T I A C C M R D O Y M U
O B J E C T U T H O W T E R M G J
A P O L O G Y P E R E H W T J G A
F O E A C H A M S W P S J J T I X
I J T S D E F J I D S V D S U S N
B P H H Y D I B H S U N M V O G D
P A G E L K N I R W S C K B K R O
K M U T R O P P U S A I E I C D F
F N O E I C W G E B S N O L Q T C
V F R P G G B X Q S T K Y N L V X
P L D C O N F I N E I C H O D D D
O H F U X C O D S R L F Q N N P K
W H O S E I F F B I L J O S K E T
```

DUSTY
WRINKLE
INCHES
ARREST
OBJECT
EACH
PAGE
GIRL
ANYONE
SHORT
CELL
RAINBOW
WHERE
MISSION
CONFINE
WHOSE
STILL
SUPPORT
DROUGHT
APOLOGY

Puzzle 94

FIERCE
TRUCK
AUTHORITY
REAL
PAIN
HOBBY
PLEASED
WAKE
LAKE
WELL
LOW
EVERYBODY
SKY
CLIPS
WORN
HIGH
LYNX
DECADE
REIGN
OFFICE

```
N A K O Z H I K D K R O C L I P S
D J N C D F O J Y D O B Y R E V E
J U H A E I B B E X F K K X K P K
H X G R C E X Z B N F I S G A V A
H I G H A R Q D E Y I S M K L T W
F H M N D C M Q H L C L A E R X R
F Q Y J E E P B I L E Q O N P Z R
W L T D M D E S A E L P M W A R F
X O I O X Y F R I W X G V W I X K
C Q R Q J Z S J Z Q U H N Q N T U
Z Q O N T V V H O C J Y L O G I M
J F H L S D W B U T M U I G I H T
P L T P X O Y Q C B B C O O E G L
K C U R T O D A M G O W U N R X T
E W A G B N B H I T M W Q U O T D
```

Puzzle 95

```
R O F T Z D H G Q O H H C J R U A
O E Y G R A D E C W A U H G A U B
S E L T S A C D N A S M E A I C H
Y R L A T T H K J V N B E V S T L
W F O I T E E R T S L L S I E S W
O X H M X I F V K P M E E S C V H
R L E A V E O D U P L I C A T E E
T H T Z A L F N W A D A E T S N I
H B M N N I I E S Y N H E F E U Q
Q S U L J V R D P H L N X B I H B
F O B R F C E T L T I H A Z U N F
O S Y R A T N E M I L P M O C O D
B O O K C A S E I C K R I B M D M
S Y X W K A N K F L D Q N W V B C
B F W L V R E H K B C K E Q Q Z S
```

DUPLICATE
WORTH
RAISE
COMPLIMENTARY
EXAMINE
INSTEAD
LEAVE
CHEESE
BOOKCASE
HUMBLE
RELATIONSHIP
FIX
FOR
STREET
HOLLY
GRADE
SANDCASTLE
DAWN
FIND
FIRE

Puzzle 96

BRIDGE
CONDUCT
COLORFUL
FISHING
SERIES
THEN
TREASURE
WEDDING
COVERED
TUBE
SKELETON
EAR
BLACK
ADJUST
LAY
PAY
LARGE
STAGE
INTERNAL
FLIPPER

```
O J K Z Q A V J S W P Q X G S B F
I K Q B D C N O T E L E K S X R L
A D J U S T E F O D I A A S S I I
W D T K D O T N T D X R R K E D P
T R E A S U R E L I S A E G O G P
Y F C R P Q G R A N G E V S E E E
L U Z Y E V P R Y G J T V K H Y R
D C Y M C V D S Z L A U L I O E S
B P X T A M O B H Q D B Q Y Y C O
P A Y P U L K C A L B E Q U C D C
F I S H I N G C O N D U C T O D S
Y I N T E R N A L U F R O L O C T
G K E L I Q J Q W P T X Q G M C A
U I H J L F U X W K R X Y K P Y G
N J T Q B F R W I N G H B M V R E
```

Puzzle 97

```
G Z D T L O C X L U F D S H T Y H
F C U V A H N A L G D K A L N E I
E E D A N O M E L C S G N U V S G
N M R U T J G N O R W E K H C T H
W O U V C Y P O S U M M E R A E L
R C Z L E K V P T C M H K S N R I
Y R N H L D C T L M Y Q G D D D G
L O L T L Z M S O K P C L U Y A H
M V P W O F O O V E R L O E A Y T
V I M P C B V P I Z F W S U V L D
B O R N O Z I J G C Y J S F Q J N
V R O W T N E T I R W Q A Q N N U
A C D I T N E D R A G A R X H D F
O Y E H P T F N A U N T Y L E E K
T Y V V Y B B R Z T R X E P J P I H
```

YESTERDAY
OPPONENT
DUCK
MOVIE
BORN
LEMONADE
WRITE
COLLECT
HIGHLIGHT
WRONG
LEEK
GLOSSARY
COME
LAUGH
POSTPONE
GARDEN
AUNT
CANDY
VOLTS
SUMMER

Puzzle 98

REMAIN
SUCH
STUDIES
DRUG
CAULIFLOWER
INDEPENDENCE
MINOR
TYPICAL
IRON
CAME
DISTRIBUTE
ORBIT
ROCKET
GAS
DISEASE
TRAVEL
PARAGRAPH
SEAT
SUBSTANCE
DESTRUCTION

```
V R H Y O A X N C W O E M I V M V
I E C N A T S B U S R J B N I H O
F M U Q L A G B T Y B Q L D E K Q
X A S S U E E S W F I W O E M A C
E I J E O S T B A I T Q M P C L O
N N O I T C U R T S E D V E A O J
J P M D J R B L E V A R T N U N H
Z X R U R U I A S V X G S D L C M
M D F T U C R C A F R O K E I Y L
H I M S B X T I E J W H O N F F G
M N N I H F S P S L W J I C L G N
S U J O C K I Y I D Q U R E O H E
Y X Z T R C D T D A R M O W W T I
X N R O C K E T J M V U N Z E Q W
M X T U E E L S H P A R G A R A P
```

Puzzle 99

```
U Z P G T X G M L V S W X X J K Q
S X G E K W P O H S U N M V K K U
U Z Y Y B F B Q N E V A E H T M Y
I E T A T I S E H N N O R S W C I
O C E A N H S I H T A J U Y G G I
R N P B O Y A E C U Y M T B R B C
E A S X I Y W B V E I A A Z L H O
S R V W T H O U C Q K N E D B W N
O A N T I Q L S J A G W F N Z N T
U E M G D W L Y D D U M N Z Z D R
R P M C N N O I T A L U P O P A O
C P Y G O U F B T F R C M W J L L
E A J A C Q U O T A T I O N H V N
Z G M A R K P V Y M M A Y U O A Z
T C B R A N C H Q G A B A Y G Y T
```

MARK
HESITATE
RESOURCE
QUOTATION
THIS
BUSY
CONTROL
POPULATION
BRANCH
FOLLOW
HEAVEN
GONNA
CONDITION
WHAT
MUDDY
SAW
OCEAN
FEATURE
APPEARANCE
SHOP

Puzzle 100

JOURNEY
BIRD
BOTTLE
BEHAVE
GENTLEMAN
BRING
SCREAM
CURRENTLY
PLENTY
CIVIL
KID
DISHES
NOTE
STRONG
LONG
EITHER
SLOW
MURAL
NAVIGATE
DEER

```
G F Y B I A R D I K C Y E F B G D
W O G I S Z E Z E Z Y J D S U E B
M S O R E H T I E E P X B T T N S
R L A D H J A L W L R R A H T S
U G L A S U G Z H I J A I O K L T
W V H C I M I E A C M S H L E E R
D F Q N D C V M T B N S L M R M O
B E H A V E A A N O H G H O O A N
U L J O U R N E Y T N E L P W N G
Y O T K K R I R W T Q M Q O I E Q
Y N V N U H W C P L I T G V H B W
W G X P O A O S S E C I B X T R V
C U R R E N T L Y G C I V I L I P
M U R A L D X N F O V T R U L N Z
R E P A E O K M A S X B O T L G O
```

Puzzle 101

```
T H Z H J A S W R Y L P I T L U M
P E R H A P S W V X Y M W H L W O
T W P H O W C Y E Q N O S R E P D
O C E A P A Q U F D N S D O A J N
O D D Y T R K T T C E H E U F O A
E X C E L I V F C X D O M G L Z R
F O R M A T E G U R I W A H K H I
M I S S I I A N R N F E N O Y R V
H S R D J R O I T E F R D U U I Q
C L U V N M S K S W E T R T T S X
O A E C M F I R N M R D E B A T E
O W F A L L H O O R E S B Z V W H
K K P V N X P W C T N W Q P J E Y
E Y G N O R D I C X T D Q A I N W
R U Q U V X L M L J O O Q O P F P
```

DIFFERENT
MISS
SWEDE
RANDOM
PATIENT
FORMAT
PERHAPS
EXCEL
DEMAND
DEBATE
PERSON
WORKING
MULTIPLY
CONSTRUCT
THROUGHOUT
COOKER
NEW
TOO
WAR
SHOWER

Puzzle 102

BRIGHT
COMPACT
DECISION
PROPERTY
DROP
THAN
BELONG
BAR
TREATMENT
CONCLUSION
LAMB
HAVING
THROW
BASEBALL
COAL
SCARECROW
WATER
TOOTH
COMBINATION
CAMPAIGN

```
I G N I V A H J H S P L Y S F C M
D R O P X W X G O L P Q K C D O C
Z E I D X Q R N G I A P M A C M O
M T S R B D S Z I X M M D R D P M
K A I F Y V X R R L L A B E S A B
I W C O N C L U S I O N N C E C I
K G E L S R I R T N K W O R H T N
H B D N C O A L N H S S V O B N A
I F G N O L E B E F A E A W K U T
C D K S P F I M M O C N M B K B I
Q L K H V M F C T Q S M D U K R O
I L D J D A M I A O X Z Y F Y I N
P R O P E R T Y E O Y Q G T Q G X
T O O T H X V X R J O E R M L H Y
P U V Z B K T I T A Y H W M I T X
```

Puzzle 103

```
A Y Q P Q X W Z E K S A C U Q R B
U N D E R S T O O D I T I E F G Z
E V E O R G G S P C K S O H T D B
S Z L U E R J N F M F Z S R P A W
T E S E M O E J N B O D I E Y U A
I C D N M W I L P U O R G D H G V
M K X B A U L S O L Y C Z R M H E
A H O G E D S A P P G J R O D T K
T E C E T H I N U E I C A B E E M
E W E N S K Z F L P H A T E L R A
C W H E V Y F O A P U O D F I D S
A L T R O B J X R E B T Z Z C Q T
L C W A D R B C I R O Z U P A O E
L A Z L G S Q J I I E W B G T F R
R P A Z B G W E U W Z D E W E C M
```

POPULAR
DAUGHTER
UNDERSTOOD
KISS
THIN
DELICATE
PEPPER
CALL
GROW
FOX
WAVE
MASTER
ESTIMATE
HATE
STEAM
BORDER
SLED
GROUP
GENERAL
STORY

Puzzle 104

TEDDY
FULL
MONTH
TRUTH
BONE
BECOME
MEASURE
SMALL
SENTENCE
SOMEONE
DANGER
SQUIRREL
FRIEND
RAPIDLY
SIGHT
CHARACTER
TROUBLE
GUILTY
RUBBER
STRANGEST

```
B C S L L P H O C M C U B K U T M
E H D U F B C H C M X M J Q D X O
C X I O X I S U N W G J D Y G J N
O K E N I L L S Y T L I U G M D T
M D D V T E D D Y P R E B B U R H
E L B U O R T Z O C Y U X Y O D F
L L N S T R A N G E S T T B O N E
M A L B N I E P Y Z S Z I H W E C
N M I V H U C G R F K S F K T I M
C S V Z T Q N H N Y L D I P A R L
E J A Y W S E R B A H X D G O F E
L E M T W B T U C P D G J V H F F
C S Y Y S P N S O M E O N E E T U
R G U Z V R E T C A R A H C E Q L
Q T Z U C V S M E A S U R E B Z L
```

Puzzle 105

```
X  F  S  E  E  J  M  A  H  M  X  I  C  P  L  T  Z
K  I  Q  S  K  V  F  F  N  X  M  N  M  Z  D  H  G
C  I  S  U  M  Q  T  F  Y  Y  J  X  V  I  S  G  L
K  A  Y  X  G  P  Q  I  P  H  M  G  I  V  E  S  M
J  N  R  E  H  T  U  O  S  N  O  Y  R  M  T  N  A
H  M  V  R  N  T  P  B  V  Z  T  S  N  B  A  A  M
Y  U  T  X  Y  T  R  O  F  B  E  C  D  Z  L  I  U
C  Y  G  O  H  W  O  R  I  U  L  V  R  Z  O  L  D
J  S  Z  G  H  W  F  W  O  T  I  N  F  M  C  K  O
Y  F  S  O  E  E  I  J  V  A  J  K  G  E  O  N  E
O  N  L  F  Y  D  T  E  Y  J  D  W  V  Z  H  I  V
B  F  C  W  D  N  E  C  S  A  P  O  X  E  C  N  J
M  O  U  S  E  E  P  L  A  I  N  S  L  E  M  O  N
O  A  J  P  I  T  E  L  V  P  T  D  F  R  V  S  I
D  I  S  O  R  D  E  R  G  U  N  K  D  F  P  B  N
```

SNAIL
MOTEL
SOUTHERN
MOUSE
TEND
CHOCOLATE
GIVE
LEMON
BUT
ROAD
ASCEND
FORTY
FREEZE
GUN
HUGGED
PLAINS
DISORDER
MUSIC
CARRY
PROFIT

Puzzle 106

BACK
MAKE
FORTUNATE
ASSIGN
LIKED
SWIMMING
TWICE
BROCCOLI
PREDICT
APPEAR
DISCOVER
WITHIN
GOLD
DEVOTE
COOL
GRAND
CHASE
PLANE
SOUP
CURRENT

```
S  O  U  P  A  S  S  I  G  N  C  V  D  A  Y  R  H
F  F  O  W  I  T  H  I  N  N  E  D  C  Z  L  I  A
L  O  O  C  L  M  U  I  I  J  W  G  H  T  L  K  H
T  Y  R  J  R  P  D  E  N  U  W  G  L  U  R  N  R
D  J  G  T  C  I  D  E  R  P  P  D  S  Q  H  C  U
M  M  G  T  U  R  Y  W  U  G  T  F  U  L  K  I  D
N  A  Q  Q  G  N  I  M  M  I  W  S  O  W  N  S  I
P  D  K  J  E  V  A  E  L  I  K  E  D  B  A  C  K
B  H  C  E  P  U  Q  T  X  T  D  Y  N  D  J  Q  O
D  I  S  C  O  V  E  R  E  X  H  W  A  E  S  Z  Y
G  L  P  I  B  A  T  F  S  N  G  U  R  V  X  E  O
O  O  R  W  Z  B  S  X  A  S  A  W  G  O  P  R  G
L  T  N  T  S  E  G  Z  H  U  A  L  S  T  K  J  G
D  K  O  Z  I  L  O  C  C  O  R  B  P  E  H  J  K
C  U  R  R  E  N  T  A  P  P  E  A  R  N  W  Z  O
```

Puzzle 107

```
Q  I  D  F  F  Q  W  D  V  I  D  K  U  G  U  F  I
U  S  J  M  E  P  Y  Z  R  E  K  X  R  X  J  F  L
A  N  G  M  C  H  I  Z  P  D  E  U  F  W  J  L  Y
R  I  Y  R  O  N  P  F  K  M  I  Q  H  N  L  I  M
T  A  E  F  N  B  L  U  S  H  I  S  T  O  R  Y  E
E  T  F  W  F  L  E  L  B  A  T  T  C  A  M  E  L
R  R  D  A  E  H  A  D  S  D  F  P  C  H  Z  M  F
T  U  G  L  R  H  S  K  K  B  O  Q  R  I  F  F  M
F  C  D  K  E  S  E  Z  W  U  S  Y  T  E  V  Y  V
Z  M  N  I  J  M  P  Z  K  D  G  A  T  F  V  Q
S  B  Z  N  C  R  A  N  D  L  E  L  C  I  E  X
D  J  S  G  E  G  W  H  M  B  N  M  K  Y  G  X  R
E  J  A  A  R  R  A  N  G  E  D  M  C  O  S  F  W
V  U  G  K  Q  K  M  J  V  N  B  T  E  B  O  H  T
L  A  O  U  L  H  G  Q  B  Z  N  M  P  Y  Z  L  V
```

LOOKED
CURTAINS
TALK
TABLE
CONFERENCE
PECK
PREFER
AGO
BOY
QUARTER
WALKING
CANDLE
AHEAD
CAMEL
HISTORY
PLEASE
FEAT
VICTIM
SOFT
ARRANGE

Puzzle 108

ACROSS
INTELLIGENT
CIRCLE
ADULT
ANIMAL
SWEET
ARENA
BLOCKS
CANDIDATE
GOT
RADISH
ACTOR
OLD
LION
EVENING
TOE
PARTICIPANT
STAMP
CAPABLE
ANIMALS

```
T  N  E  G  I  L  L  E  T  N  I  F  A  I  W  C  T
N  L  F  E  F  L  E  L  B  P  T  S  D  N  C  J  Q
A  C  I  R  C  L  E  B  U  K  M  L  U  H  W  D  U
P  C  K  L  O  C  O  A  R  E  N  A  L  Q  N  O  O
I  V  R  W  E  U  D  P  O  O  F  M  T  U  C  Z  L
C  Z  G  O  V  V  C  A  T  T  P  I  O  S  N  X  Y
I  R  I  K  S  A  E  C  C  W  K  N  G  K  B  O  M
T  Q  F  I  R  S  N  N  A  R  W  A  Q  C  F  W  S
R  Z  E  W  O  L  D  S  I  K  V  X  X  O  R  Y  H
A  W  A  E  P  A  Y  F  E  N  N  Y  M  L  A  T  P
P  T  D  X  R  M  U  L  O  S  G  Z  M  B  D  J  L
R  F  Z  N  M  I  S  P  B  W  M  E  P  E  I  U  I
E  D  B  O  M  N  S  C  H  E  J  Y  K  L  S  S  O
U  T  A  L  I  A  Z  V  M  E  I  Z  Q  L  H  T  N
M  X  W  Z  P  Z  O  I  E  T  A  D  I  D  N  A  C
```

Puzzle 109

```
Q P E W U R A C F X W U F V F C D
D I K S C E P V X I R E G N N M V
Y N N K N I H S V Y R D N U A L V
C E S U P D G L A D D E B W H W Y
T A D I N L A E T S N P P E F V V
R P H A M O O R H S U M U L A G O
I P A D E S D R A V O K L H A T X
D L C J A G A B L H R Z Y Q U C F
I E N J T C F N Z G G N I E B T E
N C R O S O F G D P R E S E N T X
G N O H U U B O R W L E G S Y W L
M A M M G R F F D I I E K N H C E
L H I N T S Y S U C S C W B R E V
Z C Z W Q E B C F I S A H D Z V X
P H B X E T C Y O U S F B J T Q K
```

SOLDIER
BEAT
MEAT
COURSE
GROUND
GLAD
CAR
PINEAPPLE
BEING
PRESENT
GUST
LEGS
LAUNDRY
FIREPLACE
SKI
CHANCE
MUSHROOM
STEAL
RIDING
SANDWICH

Puzzle 110

COMPARE
BORED
REMIND
TAKE
FINISH
BENEFIT
SINGLE
ANNUAL
CENTER
PROHIBIT
TREE
HABITAT
GRANDFATHER
ANNOY
RUDE
WORD
SIGN
HOME
HOOF
THEIRS

```
M Q K Z M A T H Q T H A P E X D C
I S Q J D G S R G A R A Z W D Y Y
T H E I R S U B M K V Q B N L R O
L K V Q D P W O D E R O B I Z V I
A N N O Y F Z U S M W P P G T T Y
R E M I N D I E H O M D R R I A Q
E E R T J S G N S H N S O A F B T
T N O W A B X T I I L C H N E N R
N E V L X H P Y A S G J I D N Q G
E R U D E W P H J C H N B F E H U
C A M R L A U N N A Y X I A B B E
M P L O G H H M Y T U C T T E R L
N M M W N B O G I T T F D H C V Q
Z O P Q I Y O P Z Y D P P E R Y L
A C D A S H F O N C F E T R X A B
```

Puzzle 111

```
E F C V G I W U A K I R N S D O A
Z E K L P Z A H R E Y A L P U K F
C B J M N K Z F E L B I S S O P T
J C K Z Z G R Q G E V T T C Z M E
Z P A X L G F R D J L J N H D L R
R S E Z H N E T A R A P E S I Z I
M D Q S O Z X S B V R C I U G N X
D R A G O N F L Y L E O R V Y R K
C R O W C H A N G E L N T N U O C
P L E N T I F U L E A T U D M O I
P F C E U N A S G T X R N O I L O
M R E N G D Q A W S Z A I I L F I
M W P E D G P T P S Q S S K U O Y
D X L Z L E G N A R J T G E G A T
E I N D U S T R Y Y G N Z G R V H
```

AFTER
RELAX
FLOOR
POSSIBLE
INDUSTRY
NUTRIENTS
COUNT
DRAGONFLY
PLAYER
BADGER
ANGEL
THINK
PLENTIFUL
CROW
CHANGE
WHEEL
CONTRAST
SEPARATE
STEEL
FEEL

Puzzle 112

BETTER
HUNDRED
QUIET
SHARP
QUICKLY
SHIRT
NICELY
CRITICISM
LIKELY
WALK
POST
LEFT
OUR
INDEPENDENT
PERIOD
THEREFORE
SPRING
SUCCESS
CHECK
OFFEND

```
C R L B U N I Z W T O E S J N P F
R K I V Y R N G A B G F X G S O T
I X K K L L D F L Z B M F Q W S H
T P E D K Z E R K C E H C E H T E
I Y L Z C D P C D D L E W H N B R
C H Y D I P E S I D B T M R E D E
I Z R O U H N V H N U L N C H O F
S D F N Q N D D X I S C X D L I O
M B W Q I Y E W L I R U O P D R R
C M V S P J N S H J R T F E L E E
X C O D W T T S S E C C U S P P M
S P R I N G E H H U N D R E D G J
B E T T E R I A Q O N S X V X Y X
Y A F N E B U R S S V N N Z U O M
N Z H N M E Q P G Y C G M N Z D V
```

Puzzle 113

```
M H P P X U P L E D N O P S E R B
A A H X Q D G C K O X X O C A E Z
B E G R A H C X F B N N L T S P C
I B T N E M E E R G A K I A E V H
L O X I I T X F S R K T T E A P E
I W Z O V F M I O P L K I S W Z E
T Y Z J X K I L K N J H C W K T R
Y B M J S J J C J T E E S O T C F
P R E V E N T J E L T R U T L A U
G F B N Y E Q S D N V P X V M B L
I D A L G H Q V V M T M A N A G E
C O M P L I C A T E D L I H C M U
E G B Y S V S E X N K D H I J R T
A Y Q T U O R E B M E M W A P D S
L M N F T S H Y D O B E M O S T X
```

ABILITY
MAGNIFICENT
MANAGE
MEMBER
PREVENT
RESPOND
EASE
AGREEMENT
DESIGN
POLITICS
CHARGE
LIFE
PER
TURTLE
BLOCK
COMPLICATED
SOMEBODY
CHEERFUL
JOIN
CHILD

Puzzle 114

VERSION
PRESERVE
DONE
DENOMINATOR
TENSE
ATTACK
THANKFULLY
TWELVE
STOMACH
FUN
NATIVE
POUR
INDICATE
TALKING
WATCH
SUBJECT
SUNGLASSES
FIRST
MAJORITY
CATCH

```
M R S D T F D E N O M I N A T O R
A L U R O C O B J V S F X F Y Z V
J P N F J N T W E L V E V I T A N
O Q G V P O E Q T S R I F H Y Y U
R X L W C I S K A C F Y H C T A C
I B A M X S N K C A T T A A W C G
T S S A M R E S I K V B P M G M K
Y Z S N E E T B D O W E T O O M S
I Q E F H V L Q N Z Y D C T U M B
Z N S Z R Q I W I E V R E S E R P
T H A N K F U L L Y F D J W O L M
D C W X E K F H I J J Y B B V F G
U T W D C A F I A A F J U Y N I J
J A W T F T E U P S V N S Y E T P
D W A P U C P G N I K L A T L G S
```

Puzzle 115

```
R R C C D G D M R I F M C W Q S O
E T N Y D N A B H E I P F E E T L
F Q S Q O O R Z Q Z L H M E S O E
L A G E L S T E E M L I U K M P L
E M V G C E K Q K U A D G R T S E
C Q D C K L C I N R B V N I T J L
T B W O C M A D E A T J I M O C I
A D V O F E R E F O E U S R N U Z
Y J I N L L E H S W K B H V Y T S
Q M U B P F F C H E S G U T H P V
Q Z H F G D U T Y X A J E V M D F
F A C E T Y L A H Y B U C Q D O J
A C H I E V E W R B D S P X K N X
T R I N S O P W A S A T W M Q I X
K N F Z V Q Q M H G I G B R G O J
```

STOP
HURT
MEET
BASKETBALL
SHELL
LEGAL
AND
ART
REFLECT
WATCHED
WEEK
ACHIEVE
WOLF
CAREFUL
RELIGIOUS
FACE
SING
JUST
SONG
FIRM

Puzzle 116

IMMEDIATELY
ACTUALLY
QUIT
COWBOY
MENTION
NEWSPAPER
IGNORE
RATE
CONSECUTIVE
SUNDIAL
ACCUSE
DINNER
BIG
HAD
BRUSH
MEDICINE
NOR
SATISFIED
DESTROY
DOWNSTAIRS

```
M X W N H F P G M H D J I N L I B
E R O N G I U F H H V T T E X M M
N L U C O W B O Y U J U C W X M E
T D E S T R O Y U Y M Y A S R E D
I P Q E K U V L O Z P L C P Y D I
O M A B K Y D E I F S I T A S I C
N N F A I S U N D I A L U P M A I
A G O E A G L T A S M W A E U T N
C D P R D N E I H X K T L R L E E
C E A X I B R U S H M A L H F L X
U V J W N X T Q R Y P X Y Z S Y M
S R P E N D O W N S T A I R S M X
E Y A A E V I T U C E S N O C I Y
M K N T R O S P G Y H O M Y Z C P
J Q Y B E L R X G Y S H W Z O Z O
```

Puzzle 117

```
N L U I E T U M O X Y W F T C O C
O C C U P Y Z O V T S A V O S U A
D T R X J H L T Z Y T I C O K J R
C L O C K Q N H C P K Y G L X D R
S I N C E B L X W E R H S B B T I
U H T Z R D L R P V J Q H S U J E
L L X P O T N I C L M E W E Y I D
K Y J O H Y Y F L O X K R U S K Z
S J E K S D A I U V G L O B E S J
C H V A M V A N Z N Z B W K D J I
K E O K F M M D S I X X Q B I M N
L R L E I W W O G L A N C E L R P
N N L E S D E X Y K T W Z P L A T
Z Y N W R R A M Y K L I M C O H Q
E A W R T Y X X T J H G T M C E U
```

CELERY
OCCUPY
VAST
INVOLVE
MOTH
GLOBE
COLLIDE
INTO
GLANCE
TOOL
BUY
SHORE
SHOES
SHREW
TYPE
CITY
REJECT
CLOCK
SINCE
CARRIED

Puzzle 118

ELEMENTARY
WORLD
VARIETY
READ
DRY
IRRITABLY
CLUB
MAP
LIST
CLEAN
FIREMAN
SENT
NUMEROUS
DIFFERENCE
MIRROR
HOWEVER
HILL
SENIOR
COMPLETE
SOME

```
O G I Y Z V V O P G R Y B A Q B D
H O W E V E R A D R N C O O T Z K
N J F T S I L Y R A T N E M E L E
G P I E X B N K N I X S H A K L T
F L R L N O D E C N E R E F F I D
O W E P A M C T D R Y T I L R H U
A N M M J N M L L H A N Y C I Q L
W R A O M S J V E D H E R L T W D
B O N C E V W Q Q A D S D U Y Y T
B S R O I N E S T X N F Y B M X I
X L O L I R R I T A B L Y F Y S X
K A R R D N U M E R O U S S O M E
U V R E V A R U Q Z J O R W U E C
J W I A J Y T V D X R J L Z S W G
C Z M D G P I C D S J Y C X W K U
```

Puzzle 119

```
B O K G S O E J R U L E R T R B T
F R G T R T M R S D I V E F A B Q
K G M Z E A P Q L P Q I C L R X V
M X L K V K N U R T H G I R E J C
U W D I I H Q D U Z P D O V L I D
W O N N R T D I M P A T H H Y R K
D R N O D L E H Q A B I C Y E I W
R R O I N F S U S Y L M C G L M B
Y O I T O W C E P A H R T I S E O
K M L A Y N E N I H S E B D R E Q
U O L U E Z N G R P M P N A A H J
I T I T B Y D I F R E E K N P J D
J R M I U G H G I U F E O C K A W
S T T S M P A E Y Y F K H E U Y U
P O G H Q Y Q Y N U D U Y S H Z U
```

FREE
DRIVER
TRUNK
TOMORROW
PERMIT
RULER
BEYOND
SHEEP
PATH
SHINE
RARELY
MILLION
SITUATION
GRANDMA
PARSLEY
RIGHT
ONION
DESCEND
DANCE
CHOICE

Puzzle 120

MONEY
MOST
FRIENDLY
SCHEDULE
MAINTAIN
KNEE
ARRIVE
ANGRY
ENERGY
APPLY
CHURCH
DELICIOUS
DEFER
IMAGE
CLEAR
POSITION
GIRAFFE
CHAIN
DISSIMILAR
PLANT

```
M A U Z X G K D I F M F K R T P I
A Z X I S I P D O Y P Q Q G A T T
I T T X K R L S T T J C F T Q S Y
N I A H C A A C I C E T A M Q E X
T M C D F F N H H L O C C N E J H
A O A E N F T E E N K D D L G O M
I S R L O E S D M E M G A V E R Z
N T R I I W S U P N C L Q Q N A Y
L W I C T M T L K E C H U R C H R
O V V I I R A E O R Q Z F R E T Y
P M E O S D L G P G Q R M M U F A
K P E U O Z X L E Y L P P A R Y K
K T A S P F R I E N D L Y E N O M
Q B Y W H U E D I S S I M I L A R
U D T Z Q I E A W T J D E F E R H
```

Puzzle 121

```
T  S  D  U  O  L  A  F  F  U  B  T  V  V  Q  J  T
D  R  O  T  S  E  C  N  A  J  J  U  B  L  O  W  F
P  A  Y  O  S  N  C  E  W  W  F  R  N  L  R  F  A
M  Z  N  V  Z  D  G  A  J  T  Q  K  N  I  S  D  B
N  X  P  G  X  A  Y  S  E  R  F  E  Z  F  R  I  L
P  O  W  P  L  F  L  H  C  P  B  Y  X  U  I  W  V
K  M  Z  Q  O  E  M  W  A  B  U  P  Y  W  H  V  U
L  G  U  V  Q  J  R  E  P  P  O  H  S  S  A  R  G
J  S  M  N  S  N  O  W  D  R  O  P  S  D  L  R  T
L  A  F  A  M  I  L  Y  M  V  P  E  D  I  E  F  I
A  N  S  W  E  R  C  O  A  C  H  R  E  L  K  V  Y
Y  T  X  S  Q  R  E  T  E  M  I  R  E  P  N  P  Q
Z  M  F  L  A  U  N  T  T  N  C  U  D  P  T  T  I
R  E  S  P  O  N  S  I  B  I  L  I  T  Y  R  D  N
P  G  X  C  R  F  Z  O  T  O  J  H  E  A  R  D  O
```

COACH
PERIMETER
SWAN
BLOW
TEAM
TERM
ANCESTOR
PACE
FAMILY
ANSWER
TURKEY
LEND
DANGLE
PEACE
RESPONSIBILITY
SNOWDROPS
SINK
GRASSHOPPER
BUFFALO
HEARD

Puzzle 122

FOLD
STOPPED
MILE
CERTAIN
FLUFFY
MOMENT
TEST
MAGAZINE
VOID
NIGHT
DEVELOPMENT
KEY
RESIDENT
HAIL
BLOOD
LOSE
HEAR
LOCAL
AWAY
PROCESS

```
R  E  L  I  A  H  V  O  Q  H  Z  E  N  Z  Q  Z  L
E  S  D  O  B  X  S  S  Q  I  K  C  M  I  N  A  P
S  S  T  N  C  S  A  U  J  Z  J  G  T  I  G  L  F
I  E  N  I  Z  A  G  A  M  B  L  O  O  D  L  H  N
D  C  E  E  J  I  L  X  C  D  I  O  C  I  F  E  T
E  O  M  C  E  R  T  A  I  N  P  U  I  O  H  S  S
N  R  P  Z  W  V  M  F  X  D  F  A  Y  V  H  O  E
T  P  O  F  U  Z  H  F  T  R  R  W  K  N  J  L  T
N  I  L  L  I  Y  F  O  L  N  H  C  F  L  C  Z  N
E  L  E  H  F  H  J  L  Y  I  J  P  W  J  I  H  I
M  N  V  X  Y  Y  T  D  F  L  U  F  F  Y  Y  Q  N
O  J  E  E  H  S  S  S  S  V  B  T  R  H  E  A  R
M  A  D  S  T  O  P  P  E  D  T  I  K  M  K  P  A
O  B  Y  V  L  A  W  A  Y  P  X  D  E  U  F  H  N
I  J  A  B  C  Y  P  R  F  P  O  N  C  R  H  O  A
```

Puzzle 123

```
U F N M K R Y E B R O K E N V P F
O J X A L F T R N O V O L O K N V
Z Q S P D S U U W A L E A F U S X
O D S H A B I T C A R E T N I I W
A E T A C I N U M M O C H F V M P
E R T I E D V F C L O T H E S I E
P B T H G I L W E I S U N S Y L J
R A D I Y P R H L M D N Z B D A V
O B I Z S R I E U J A M O V E R V
Y H F N T T V J R Z U L I A S P V
H K E C F X Q D U Q O B E O U D G
T T P U F U K O D I S W I S E T R
E Y H P P W L S I R Q Q M D I O N
O V T K D Z Z L B U F N E V E R P
F G D C M I G M Y E M A Y F W V O
```

COMMUNICATE
HABIT
FEMALE
LIGHT
FUTURE
MOVE
TIED
ARTIST
PAINFULLY
RULE
LEAF
SIMILAR
NUT
WISE
INTERACT
SAIL
NEVER
BROKEN
USED
CLOTHES

Puzzle 124

EARLY
TASK
KNIGHT
EFFORT
TROUSERS
TOWN
COUNTRY
INGREDIENT
GREW
BURNED
CENTIPEDE
GUY
CYCLE
SMELL
COIN
TEMPERATURE
CAUTIOUS
CLOUD
PLACE
SILLY

```
G S I K U E U S Y M Z U C S I D Z
E R T A S K W H C Q Q L E I C X Y
P D E N R U B C Y C L E N L I P C
Q W X W N G O C O I N D T L W O A
M Y U O Z V F I G G U Y I Y T D C
K L S T W E R U T A R E P M E T O
T R O U S E R S Q U L Q E Z Y Q U
L M F W F P I Y L R A E D P C G N
I N G R E D I E N T B C E U A D T
Q V U E K N I G H T W Q Q W O R R
F M X D K T G L X H F F D O H L Y
C O J N Q D M B K H C A V H U L C
I I T T G S Y B F O J R J U V E X
M G N P L A C E B H H C G N T M K
E F F O R T M W I S L D D Y X S M
```

Puzzle 125

```
B  C  R  F  I  N  G  E  R  M  P  B  Q  N  S  I  N
Y  K  E  E  L  O  F  H  G  S  E  C  D  H  P  S  J
H  B  L  W  D  X  I  C  X  I  N  R  E  Q  U  X  E
O  W  I  D  V  G  P  X  I  C  N  O  R  B  P  Z  B
B  A  A  T  I  R  E  D  L  I  Y  C  O  O  M  J  X
S  K  B  A  M  H  Z  R  E  T  A  Z  M  L  Y  V  T
E  E  L  P  N  E  Y  O  D  I  D  H  C  K  L  A  V
R  R  E  X  E  C  Q  W  B  R  H  D  U  K  L  A  L
V  V  N  J  G  L  I  S  R  C  T  T  S  H  U  A  B
E  K  A  K  Z  E  E  E  K  M  R  A  T  J  F  R  P
Y  I  K  G  B  N  R  T  N  E  I  B  O  A  P  Q  U
I  E  H  T  H  G  I  N  O  T  B  O  M  M  L  K  F
M  R  T  Q  Y  T  I  C  M  S  O  V  E  U  E  X  T
I  F  K  H  G  H  P  S  T  Y  T  E  R  E  H  U  W
P  G  A  Y  Z  W  D  O  Z  S  T  S  T  Q  A  R  P
```

SWORD
BALLOONS
MORE
SYSTEM
HELPFULLY
ANCIENT
PENNY
LENGTH
TIRED
RELIABLE
BIRTHDAY
OBSERVE
ROYAL
CUSTOMER
TONIGHT
ABOVE
FINGER
WAKE
LEEK
CRITICISM

Puzzle 126

SOMEWHERE
OFF
KITE
HOTTER
SPEED
DEPRESS
ANT
DOES
CAGE
PERSONALLY
COMB
FAMOUS
COMPUTER
DOWN
INCHES
DECISION
SANDWICH
COMPLICATED
DESIGN
TOOL

```
P  G  U  F  N  I  S  A  C  A  T  Q  X  F  C  R  V
D  E  T  A  C  I  L  P  M  O  C  O  V  L  O  N  D
S  F  R  L  B  Q  O  I  F  Y  R  X  O  P  M  U  A
I  A  J  S  U  O  M  A  F  Y  R  B  L  L  B  Z  N
I  A  N  H  O  T  I  N  Y  K  Z  C  Y  D  C  B  A
B  Y  W  D  B  N  O  I  S  I  C  E  D  O  O  B  Q
F  X  O  I  W  A  A  K  A  C  N  G  P  E  M  O  W
S  D  D  U  Z  I  O  L  P  X  L  U  H  S  P  H  A
K  U  C  A  G  E  C  Y  L  P  Z  O  O  T  U  Z  J
K  I  T  E  H  W  B  H  V  Y  O  Q  T  D  T  H  X
I  N  C  H  E  S  S  E  R  P  E  D  T  T  E  S  C
S  O  M  E  W  H  E  R  E  Y  J  O  E  G  R  P  Y
D  E  S  I  G  N  E  B  O  F  F  M  R  L  B  E  Q
H  I  F  N  O  L  K  D  Z  M  P  F  P  W  B  E  Y
L  X  M  P  O  A  E  B  A  G  R  R  U  N  G  D  N
```

Puzzle 127

```
W O U W X P T D X G Y I U T J H T
S J H I H V H D E D E V L O V N I
L T O H T X A E T A L P S B F R T
W N A M P E E J A R S L G C E R W
T U X R O O L F R S R I C A M F F
W A K E T T L E E X A T E P A I S
Y T I T N E D I P A P N R T L N K
D R E F U W K U O W V U T U E I F
S M D J A W F P E X B M C R P S L
N X A G W Z V A N N O Y A E Z H B
Z J T U K Z H Y X J V Q B R L Y V
C L E A R L Y L A U G H E D K A S
P O C Q H N F R H W D Y W A F E Q
M U Q B U P X Y E S T U L M C K T
V H G L Y J B G O T R L U Z N V L
```

OPERATE
CLEARLY
TAUNT
LAUGHED
MARKET
CAPTURE
IDENTITY
PHEASANT
INVOLVED
HOT
STAR
UNTIL
PLATE
KETTLE
AUNT
ANNOY
FINISH
FLOOR
PARSLEY
FEMALE

Puzzle 128

ASSORTMENT
ASSEMBLY
ITS
FEAR
GOAT
FURIOUS
COMBINE
ABLE
EYES
ACCEPT
POINTY
TRIANGLE
DIRECTOR
ABSOLUTE
OKAY
RAINY
WATER
TROUBLE
SATISFIED
BLOOD

```
M K T C U V S E L R E T A W O T Z
A S S E M B L Y P O A G S R Q Y T
K E T N F C A P M T P I B P S K P
X Y I I T O W E D C B Q N H O F O
Q E R B H Y K T P E C C A Y D P I
W I V M H F X A C R S K K J E T N
P S U O I R U F Y I E T C M B N T
Q Z D C K D R A I D J N U N V E Y
C A B L E L W F T R O U B L E M T
A B S O L U T E E L G N A I R T S
U K F A R E U S R A M S J L O R F
F H E M L F D G W N R P Y X P O H
T S L A H B W Q H G O A T Z Q S K
A O Q A B F H P U H K H N R E S I
B L O O D E I F S I T A S M C A G
```

Puzzle 129

```
W U E Q A P P E A R A N C E N U P
P C V Q J U J I B E Y Q N M V X B
M J I A N V W S T D L Y D R C B O
Y O T B P B V Q E W P N E F B I N
W X C V I H M H U U T J X G J L E
E C A P J C W B O A E X U I Z R F
S E R D S N I B O R L Y H S N R U
I X T A U Y B G V A T I U U M B R
R U T S H L E I F E R E F P O V L
E K A S T L T D G P U C I Y T A T
H G U O T U I Q C O T P V R H B H
T J N R B F S W F L A L J Y O H C
O Z X C D Y M C V B K L S N D P E
R B H Z Q O A D I N T E R R U P T
T U H G G J D I S A P P E A R J Z
```

DISAPPEAR
GOAL
PEAR
ROBINS
RISE
SITE
CROSS
TOUGH
ATTRACTIVE
SAD
INTERRUPT
QUALIFY
OTHER
JOYFULLY
THUS
APPEARANCE
ADULT
TURTLE
MOTH
PACE

Puzzle 130

ENVIRONMENT
NEEDLE
MAYBE
RED
CAREER
YOURSELF
NECTAR
TRY
WEATHER
CUP
OUTDOORS
VALENTINE
STATE
GET
SOURCE
ROAD
SOUP
GOLD
SEPARATE
CONSECUTIVE

```
Y O U R S E L F W N J H P A O M C
E A L R W L R E D A O R A P T A O
W N J S X R A T C E N A P U J Y N
V Z V K V B V A X R Y G L G O B S
A A Y I B W A T G G U C Z E C E E
L M A O R R S S T R Y O T T W N C
E A E U E O Q I V B E K S W T Y U
N S D T E N N K S E P A R A T E T
T K X D R Z Q M S O U P R S Z I I
I M Q O A X Q S E W N E E D L E V
N Z S O C D I Z J N X C H L V G E
E E X R W U M D M H T J T O V P C
P U S S C D P O S R Z K A G F J I
L E Q Q S U Q H P Q V S E V M F A
J N U C U J Y K F W U F W K W V Z
```

Puzzle 131

```
C L M W V E L I G I B L E S D L L
F O I U I B S C N A U I H N Z O A
R Z N L J M S H I T C E P S E R M
U E P N A J I Q D T X T A S K I P
J L M I E C U Y D E P L A I N S S
H C M A U C N G E M O U M W F S H
S I T R I T T Q W P C Y Y V O A V
T H P T B N H I D T T C P W A L R
Y E D C B U G T O L I K O A W G M
B V M W A Q I P A N U J L Z K W E
O X S K P H S U R B H T O O T M A
M F Q W R N J P R R W J N P K Z L
T A L L O V X N P H D M O B Q G Y
T F M W N A B W J C O V E R J Z
O C R A D I O H Z X E K W V O L B
```

VEHICLE
TRAIN
TOOTHBRUSH
RESPECT
LILAC
ATTEMPT
TALL
MEAL
ELIGIBLE
GLASS
LAMP
CONNECTION
APRON
COVER
RADIO
WEDDING
REMAIN
SIGHT
PLAINS
TASK

Puzzle 132

GIFTS
CUSTOM
ACTIVITY
INVESTIGATION
PARTNER
COMPASSION
POWER
POLICY
YEARS
HIGHEST
NATIONAL
WARNING
GOES
FINALLY
CERTAINLY
THE
GAVE
THINK
TALKING
SOME

```
E U V G G H U Y O K J M U A F Y F
S K U X V I O K S M P C S C V X V
F G U L M G C N K M A C R T W Y B
O Z F R L H E Q B P J S O I U C I
R E B D R E R E N T R A P V O E F
Z T L S H S T Y U U E R L I Q Y Q
T H I N K T A X A J H T P T S X C
X S L G G N I N R A W B V Y E W C
B O F N J W N O I S S A P M O C U
P O L I C Y L T S I R A L G G T S
I D V K O O Y X H O I A L K I P T
B G B L G A V E T E M J E V F O O
P I X A F I N A L L Y E W Y T W M
N O I T A G I T S E V N I S S E H
N A T I O N A L G D Y T P L B R T
```

Puzzle 133

```
B K R X F E W Z S E B E S F E C Y
E L I D O C O R C J D M Z L V M E
A R J X K T N P V O G L Z R I O C
T E M K R R U A C N S R D R D N
R L P D V D Y H G I N D E X D X E
O I Y X A Y J P J I S G N E J Q I
S G R G R L R Z J V P L W E H B R
Y I L Z K I E S T Z O A O M R Y E
T O I E R U V L Y I Y N R L E R P
W U H W P Y F N I A T R E T N E X
C S T T X L N O I T S E U Q I V E
F E J X P K C M P Q A T E E P E Y
D E P L E A S E M H P X O A S I S
T Z E M E N T I O N A E T A H V N
B H D D K V U L T Y V H E D G E W
```

QUESTION
INDEX
DRIVE
EXPERIENCE
CROCODILE
HEDGE
VERY
ENTERTAIN
KEEP
PAST
FEED
PARTIES
EXTERNAL
OWNER
SLIDE
HATE
PLEASE
BEAT
RELIGIOUS
MENTION

Puzzle 134

SHELF
TALLEST
OTTER
YARD
EXAMPLE
PLAYING
MIGHT
GETTING
RHYME
REFORM
DRAW
STUPID
SHOULDER
MYSELF
CANARY
READY
STATION
LAY
DISEASE
BROKEN

```
D R R M T I Z U T F U Z S X N G C
R E H P M R W J A W C C L O B E A
J F W Y S H O U L D E R A F E T N
O W R P M E X A M P L E Y Q T T A
M K S L B E S A E S I D R A Y I R
L Y C A M R N R L P M R J F B N Y
N Z F Y D U O K R T Y M L N I G P
V D A I W B I K K C C Y Y L L Y K
K Q Z N P R T S E L L A T S W R D
R O R G O V A M J N R O V Q E T Z
K T W W H O T R Q Q E T M Y C L Y
S T U P I D S O O O A T I U F K F
A A D R A W T F J U D E G Q R L D
P J H F B S H E L F Y R H G L F M
A E N N I K Z R B Y O E T C A W J
```

Puzzle 135

```
M G N S L P B B T E M J L M S Y R
A D E W M T O D E E N Q I U U P W
R S A E E T A R E D A E I L X H T
R N Z A D K G T T A G H K T K R A
I A Y T I O O V S R K Q N I G E B
A N D E C R E R N T A K R P H W J
G A R R A T X T I O L I N L A O H
E L W T L L D C A Z L L T I P L S
S Y B R I D G E G Y E A X C P F X
D S N A I L B T A G R H W A E A I
W I P N B R S O Q J B W Q T N T M
W S R U C N G R A M M K P I K S X
E R H U G K B P U T U S P O R X U
P I N E A P P L E U C S N N P O B
Z M D G D A T A J Q S M X P X A L
```

NAIL
BOAT
PROTECT
MARRIAGE
MEDICAL
MET
FLOWER
PORTRAIT
SWEATER
AGAINST
UMBRELLA
TEA
TRADE
BEGIN
HAPPEN
ANALYSIS
MULTIPLICATION
BRIDGE
PINEAPPLE
RATE

Puzzle 136

WET
DESIRE
PHYSICAL
CUPID
BREAD
STOCKING
VERDICT
TELL
PROUD
MADE
MAIN
ENEMY
MYSTERY
ANOTHER
DISTRIBUTE
COMBINATION
MAKE
CHOICE
ANSWER
LOSE

```
B K G C E N L L N S I V C C E P J
O G Q H B N U H M O T V O U O Z U
L H Q Z I B T R O Z D O P Z P R S
V E R D I C T W E T L E C B D I R
D L M L L E T D G X B Y H K C U D
I O L N O I T A N I B M O C I I Y
S M A K E S R E I X L E T X N N M
T P C E C H E R A I U N O B I Y G
R R I X I U H B M Y R E T S Y M Q
I O S T O C T R M A D E N K I I Z
B U Y B H T O A N S W E R X B Y Z
U D H C C G N B G D G T F Z Z T U
T W P W K Y A Z E M L B M Q L M D
E K Y M S G F K V M V G R T O W O
C S T Q L M O D T D E S I R E T P
```

Puzzle 137

```
G Z T V C J E Q B C U R T A I N S
E Y B B U W N I A O O R U Y F V P
O L L C C U A E S O I F F O O I I
G D E F U S M L K X M P P W V W L
R M Z F M E A L E Z V S C C S W C
A Z W M B R N F T D U U C F S M D
P Z C M E U O K B I E B U W A D T
H I J Y R T Q Z A S Q C R F N I B
Y Z C G J C K C L O L O R W D M D
F I V E T A L H L L T M E F C F U
R J C T T R W U Z A I P N S A K U
H D S A J F O I U T T A T T S I F
A G H R X U C P V E L C L O T D D
S W Q T Q C S H E D E T Y R L X Q
X Z Q S Z O G T U R K I Q Y E F U
```

BYE
SUBCOMPACT
REPORT
FRACTURE
CUCUMBER
MAN
TITLE
LATE
GEOGRAPHY
FLY
FIVE
STRATEGY
ISOLATED
CLIPS
SANDCASTLE
CURRENTLY
STORY
CURTAINS
JUST
BASKETBALL

Puzzle 138

TOPIC
SEVENTH
ANYTIME
JUMPED
NET
HORSE
WONDER
MIGRATE
COUPLE
SETTLERS
SAFELY
WENT
OCEAN
BRIGHT
DANGER
PECK
WEEK
DOWNSTAIRS
VOID
NEVER

```
S J S X P W X Y P F R T C D D T B
R E N H E B E M I T Y N A A V T W
I T V X C S R E L T T E S N H Z D
A A H E K F G F K N O K T G O N X
T R E D N O W O C E A N O E R E B
S G V E B T G F Q W F X P R S T V
N I O P K R H K L F S N I U E U S
W M I M W A I M F D Y E C K K L Z
O C D U U G L G S Q S V A U T R V
D O X J D V Q L H Q K E H Q E E I
O U I G T J G Z R T W R T Q L R K
S P T T E X A D X Y X R P R H Z D
Y L E F A S U V P X X J K Z R O U
A E Z E M K Z B Y Q O M G E F Q J
J C T P R R T Y V V T N I J T N J
```

Puzzle 139

```
L M M T V R Y Y G M S R K I B P H
R J N O S I O P A E H C I C G Q E
A M E L U P L U M N E Q F G R D L
G C L R E T E M O M R E H T I J I
O G C K W U H Q A M O U N T M D C
B G Y U J N L M C H V Z B D X Z O
L R C Y S L R I G O A D D E R L P
I E R A Y E C Y C L I N G Y Y I T
N A O C Q A U P Z C V U W R E F E
G T T V K R K I P E S Q Q A F C R
S C O W B O Y T I T N A U Q L P N
K M M D R A Q U E M E V E E R I Z
Y Y W B E T I L O P J O Q I D K A
K U J X V J K E J H R B G E P M X
E U A N Y I A H D E A G E R W J G
```

RIGID
POISON
CHEAP
AMOUNT
GOBLIN
MOUTH
MOTORCYCLE
PLUM
HELICOPTER
VERB
GREAT
CYCLING
THERMOMETER
QUANTITY
GIRLS
POLITE
EAGER
ACCUSE
COWBOY
NUT

Puzzle 140

HEAVY
LOOKING
STYLE
MOTHER
MODEL
RATHER
WAGON
SAFE
UNDER
FATAL
WARDROBE
SETTLED
SUNNY
SIX
MUG
VIEW
TRAVEL
CATCH
WOLF
ARRIVE

```
R H X Z H W T F W L V O P X M E R
B T O L C E L M O D E L W Q U U F
V E U L T I A Q O E L Q A I G F E
R C U F A V T V I L Y M R D S P J
O Q Z P C J A S Y T T Y R S R T Y
Z Q Z M M T F F N T S X I S I R O
I U N J K G W C N E R X V W K A B
M O T H E R A I U S E A E B K V L
Q F E F C Y G Q S X Q H T F E E O
A C I S P H O U D H P B G H A L O
O I G V B H N Q P V P P V H E S K
O A G Q R W W C G F A O D V U R I
N B T V P Y Q W O L F W V C O Q N
A R J W A R D R O B E L N N L A G
H O M P S E E I D G G Y U N D E R
```

Puzzle 141

```
F R E S H X K D W P L P F F Z Q X
B G G B B U L F I R I I G A U I X
R O N G Q Y K J E E Z L O I C X M
I H T C U D N O C P J O A H W E Y
G L R H Q N U O N A R T L A L T N
R Y R E L E C R E R N Z D V E I U
A N E E D P N N D E T Z E I A S M
L L I A N S Y B N C V A B N S O O
U I L U T K K E N I K B G T P U
C C R O D R Z N P A W S L O F P D
I Y U N W J W J E H A F P R O O F
T G X R T G C Q D C S S L B W M
R E P O R P N L N H O U R S E D P
A N J F W Z G B I O Z J W E K D Y
P L B V C L I Y M L G J L N J V P
```

PROPER
OPPOSITE
LEAST
PARTICULAR
SPEND
ALLOW
NEED
HOURS
BOTH
FRESH
PREPARE
PILOT
CONDUCT
INDEPENDENCE
HAVING
SNAIL
CHANCE
FACE
NOR
CELERY

Puzzle 142

DAY
DOLL
RESIST
CENTRAL
PRINCE
HOLE
INVITE
RESTAURANT
PUSH
DEPRIVE
WAIT
WHEN
TEAR
LARGE
HEAVEN
BECOME
BIG
DIFFERENCE
CHAIN
TEAM

```
B F E B Q C L Q X I L Y D I Z Z R
V E J L W A I T D U H Z I N C Y F
D T C L P W H Y A C U S F W P G L
R I G O X R K P Y Z X G F C G R G
U V J D M X K K I Q C F E E T R W
N N E H W E V I R P E D R N N E M
P I B I G O J T E A M Y E T A S F
Q R G L K S F E D W P P N R R I Y
D B I P U S H Z W X L Q C A U S N
O F J N C H A I N I N A E L A T Y
E G V S C L C B Q T G Z R V T H N
T E A R O E L O H F U O U G S T S
Y D X Q O Y V K A G X X L N E Z I
H E A V E N K L M N I J U Z R B Q
C Y J K V N U G F C X C W D F G T
```

Puzzle 143

```
N G K H C R A E S E R C V S C R X
G P R O O U O M X C N M A I L E P
X P E E L O V U B A G R K L E V K
B O T Y W C U T E I M E T V A E H
N H O B E D R O O M T I C E N R P
L J O R L Z I B W X H I N R E S B
N K C D O M U P U Z T D O E D E L
K V S R Q K V N B U K W O N D O F
F D M G T Y J J J O D U L P U T H
M X N C W H X H Q H R R L B S U K
G H C O O I H R L A U N A M D R O
F V U C B H O V U N A D B H I K A
C O M P A C T H I E F F E C T E X
M F O B W Z F R E E D O M C C Y L
S H O R T O U T S T A N D I N G P
```

EFFECT
MANUAL
CUTE
FREEDOM
AMBITION
SUDDEN
BEDROOM
RESEARCH
SILVER
REVERSE
OUTSTANDING
SCOOTER
BALLOON
ELK
SHORT
EXAMINE
COMPACT
CLEAN
TURKEY
GREW

Puzzle 144

EVENT
SUITABLE
DEAL
THIRD
PLAN
ABOUT
LITTLE
EASY
CHERRY
PERFORM
SEE
CURRANT
PARK
SORRY
CIRCULATE
HOBBY
ANIMALS
HOOF
DELICIOUS
SINK

```
Q B R P S W A O F D N Y W X R H C
E M I D U U S V B H E S F F O O H
A N I F O Z I V T S P A I U S B W
F B C P I A O T W S E E L C R B K
T W L I C B W W A D V C I H K Y B
D H R A I T L V H B O W J E I G G
A D U M L P K E T A L U C R I C N
P L A N E S A P U P L E D R I H T
U R T X D O V R L E M L R Y K L E
E V E N T R X V K R X T U O B A Z
V S I N K R L W C F E T Z C A U P
W A B Q X Y W L J O W I W J Z N Z
C U R R A N T W C R E L Z W C I F
F U R Z R M P L S M A N I M A L S
Q Z I Z K L B M O S O Y A P V X W
```

Puzzle 145

```
C S G O C C U R J Y R E L A T E D
S A N O I T A N I M A X E R I M R
S I I Z I N L A U T H O R E I U O
E D V M I V R Y X G L E D S G X U
R L R H M Z E M N L U L V U Q F G
P U E H J P M T O X H L H L H L H
M I S M V I I L D R Q I P T P I T
I V B G E C A A R Q K P U V A B F
N W O R W N C Z A F Z T F F I E O
E Z D W V P T L P D R I U S M I B
V V F G I K O A F J O C V C I N V
D I S C O V E R R J D A N L T G I
G G V Z F I G R K Y O L J L A J O
R K G K P M T B A F G A G O T R U
L Z Q Q J V M S Q O U M Y I E M S
```

ROW
OCCUR
IMITATE
EXAMINATION
AUTHOR
DOG
SAID
OBVIOUS
ELLIPTICAL
RELATE
CUT
RESULT
OBSERVING
IMPRESS
PARDON
DROUGHT
LYNX
DISCOVER
BEING
ELEMENTARY

Puzzle 146

DISTANCE
HOTEL
YOU
LAWN
ONTO
CROCUS
POND
SAT
WHOM
SUPPLIES
THERE
FILL
REIGN
EAR
CAMEL
RADISH
SHOES
VAST
FRIENDLY
SNOWDROPS

```
X H V O C R O C U S E I L P P U S
T A S L R A C W K Q U S Q W V E N
S W N K J E F C N H G R A D I S H
A N W A L E M A C P Y T G E Y O O
V M O H W O N T O U T I B B W F I
Z Q S W Z T F O E I Y V E W A R E
I H F C D E C E C L W E C C C W L
V R F A G R M V N H O T E L L I F
I N K K L H O J A U R N C O A U W
R T B F V E W P T V R C L L M A N
Q E Z K S M Z R S F R I E N D L Y
S R I T Q W C C I M O Z O W R Z Y
E E U G L H Z Y D N V H Y Z V I G
B H O R N V N V O E A H P Y B U I
D T P O N D D X P U S H O E S U B
```

Puzzle 147

```
T R E S P O N S I B I L I T Y B H
A O Y Q T D C Z F Z N H O I Q R A
P Q O V P R Q Y A H U A S S X I Z
H H P T B U D I C U M P A Q Q N A
G S O T H G T D R R E P U C J G R
Q I E T K P C U I R R I U U E V D
E L Q G O T A W G I O E F S L E O
S B W Q N G S S M E U S I Z K G U
U A M Y B M R S T D S T H H W Y S
I T U M G H J A D E K O R B G W Z
J S N W M Y G P P P J N E U A Q R
Q E R I T N E M J H O Z B I R W C
E C O N O M I C D Z M A B L Y L Z
D E S P I T E X K M M H U D W M Z
M P A R T I C I P A T E R J H O S
```

PARTICIPATE
BROKE
DESPITE
PASS
ECONOMIC
TOOTHPASTE
BUILD
HURRIED
ENTIRE
PHOTOGRAPH
HAZARDOUS
ESTABLISH
SIT
HAPPIEST
SKY
DRUG
BRING
RUBBER
NUMEROUS
RESPONSIBILITY

Puzzle 148

HIT
DEGREE
WOULD
ARTICLES
JUDGE
LAUGHABLE
NEWS
YOUNG
ORGANIZATION
FAR
TALENT
SHOE
PERSONAL
COURT
RAISE
LEMONADE
SQUIRREL
DEVOTE
EVENING
PAINFULLY

```
Y Q Y Q W S T B H I T R U O C D Z
H T O X I Q W F N B T U U C Y E J
D L U O W U E E O H S P B J C G U
T O N I K I W X N P C R R R J R D
A R G L D R P A I N F U L L Y E G
L G L A E R D W V R J Y M U R E E
E A E U V E Z Y R L K W B Y A A F
N N M G O L P E R S O N A L I E F
T I O H T V F H A E X G O N S V J
F Z N A E C S R G L R O D Y E E X
Y A A B D S A S V C C L K X Z N A
W T D L Q W V L K I J F P H D I A
S I E E K B H R Z T W H X D Z N C
C O F P F U V D Q R J E F C V G K
F N E U S H R A S A H H T U T L A
```

Puzzle 149

```
A W D U J D I L L A H L F S A L N
S W K T O E N O P Q X Y N P X E A
N M P Y E T Z S G V U T S O U B D
H O S B L R C S A H A Y T X V P C
B U T R I A L I N W F I Y T C C H
O T M N L T A P Z E V L O V N I W
T H Z B U S O U K V V P N M B Z G
T U L E L B I S I V N I B U R N Q
O M E D G E N O N P O R T A B L E
M P E I R T M F V T I T M A D K L
P L O R R Y R U L E H U X Q G A S
A C U D G V S M A K E E J S I E L
X A J U H C U A Q I L J M Y F S N
H U M A N O K Y O K O K D E X W B
Z E K E C K C Z R U O C R E S S W
```

TRIP
RIDE
CRESS
HUMAN
HALL
NONE
STARTED
THUMP
THEME
TRIAL
NEGATIVE
BOTTOM
BURN
PORTABLE
LOSS
INVISIBLE
LORRY
HUMBLE
INVOLVE
RULE

Puzzle 150

TAPE
IMPORT
EXACT
FOUNTAIN
SNOWFLAKE
SWING
RELEASE
DISASTER
CAREFULLY
CABIN
TRANSPARENT
WHILE
TEAPOT
PAGE
PREDICT
STEAL
SHIRT
PREVENT
ONION
SITUATION

```
F B E L O R C N A R T S G D C X F
T J Q X M E Q T O P A E T N S U L
N T A X F L K N D H P V S E K V Y
E L I H W E K I P E O Q K A W D
R N G A V A X V D A M V Y A S L I
A M Y U N S S E B G T A X L W K S
P P K L O E R R W E C N D F I P A
S C A B I N W P K L A K U W N R S
N H S B T O N I O N R H Z O G E T
A C I H A Q C G S Z E N P N F D E
R N B R U G Y F M C F R J S X I R
T O U D T E X A C T U E E Q D C D
K M T T I T R M W N L C Y U F T L
C V X P S Q E Q Y I L S I E T E Y
C L L D I M P O R T Y O O A W T I
```

Puzzle 151

```
A E Q I N D E P E N D E N T A R J
F N J P E L B I S N O P S E R E Z
O K R T X X W Z R W V D A F H L C
S Y X C V H T R O W C B N D G A H
Q Y T U A G N I P F R T R H Q T S
Q S W D H H E P N Q Q O C I U I E
R E C O V E R Y A C W L O I L O L
H R H R O L E L W P T D D K H N B
S X F P R Q F G S X E Y J N Z L A
L I Z I E Z F U T X M R S T I L L
O E M Y V B I E R V H R N J C V I
V F P I F K D Y B P A O J W E Z A
I G W D L R O W D J D W D I S M V
N U O Y Y A S I T T I N G N M M A
G Y L L A M R O F W B Z U E Z J Z
```

WORRY
LOVING
RECOVERY
EXTINCT
AVAILABLE
RESPONSIBLE
PRODUCT
PAPER
SITTING
WINE
FORMALLY
RELATION
TOLD
STILL
WORTH
DIFFERENT
INDEPENDENT
WORLD
SWAN
SIMILAR

Puzzle 152

FLOWERS
DRIED
SPONGE
WINDOW
ARTICLE
USEFUL
BUS
CONVERSATION
PROFESSIONAL
AFTERNOON
RAINFALL
PART
PIN
WORN
FIND
SWIMMING
FEEL
SHARP
IGNORE
MAGAZINE

```
B Z U W B U E G E P U U X G R S P
D K J E O T U E K A S X U X A W C
M S G U Q K Q W P R Z E W N I I W
M L C O N V E R S A T I O N N M I
J A D I R F R G D C R M D O F M G
M N G K O I O P N H A V N O A I K
V O I A W W N J I O P J I N L N B
C I C O Z C G Q F N P F W R L G M
N S U B T I I N P P R S G E E H B
R S O P O U N Q F F A R W T E M J
D E I R D P G E A G H E U F F P U
M F T G V B S A P Y S W M A Z V S
A O N I E T H V P K W O W R Q G Q
G R N M S Z U U O V E L C I T R A
V P N X O E S T G L U F E S U A T
```

Puzzle 153

```
W C N O G Q B L S A G A I N G S L
N C L I N H Y O P F J B N E S Z I
D Q H A I V Y O E R O F E B W Y S
Q V Q N R O C K L J P A T G P Z T
C W C X U I N P L I C I C L E S K
G P L L D Q F R E U S A B L E S N
F Z Y K U R A Y C H E C K E D C E
S O W H O U C G N I O G K U S A W
X G R S L Y J F E Q V Y E Y X R M
B T U G C F R H M G A Z W R Z C X
I X Y U I B R E A K N X J H D E F
Q V R X K V V Q R U Y A M F Q D N
M A I L P K E D I S P L A C E D H
L X K A Y L W S W E H P Q I V C Y
N U X Q Q I B R N R R U L F M G A
```

FORGIVE
SCARCE
BREAK
CLARIFY
KNEW
CORN
AGE
ANY
REUSABLE
MAIL
SPELL
CHECKED
GOING
DISPLACE
LOOK
ICICLES
DURING
AGAIN
BEFORE
CLOUD

Puzzle 154

FELT
REFER
SUPPER
BIT
SEVEN
PUT
TERRIBLE
EQUAL
TOUCH
BARK
SHOOK
HUNTING
HOCKEY
EXCEPTION
COMFORTABLE
WRINKLE
GLAD
CHILD
CLUB
WISE

```
F Q E H F H C C T T O G C A J H A
G Z X H F P L M H B H P X O E U E
W W C H O O U W R I E Q U A L N B
P Q E H V C B M K D L G A N B T Z
Z H P V B L O R J X Q D M U I I Q
S T T A L W M M A R G A I H R N K
Q R I L T F J V F H B L Y O R G W
B U O W X Y F Y A O O G V Z E P B
L Z N G U E L K N I R W A V T I B
T Q A K K K O O H S E T T F L Q S
H R M O U C E E J B P P A C E N M
P H I S P O Q B C J P H F B F E C
B U H F F H X A W R U K C R L V O
G S T X I L U R X E S I W G P E E
T O U C H E X K R E F E R J L S I
```

Puzzle 155

```
Z K T F V M R N A G A L N I G Q I
R U I G E J D E W A L A U R R S R
B N T K O O G V D D T S T R I M R
K X E X D T M I C J I E R E E A I
S B N O S I Y T L P T R I G N R T
O B Z J B T D A I T U I E U E T A
H Y L A I C O N E H D O N L C E B
H W D J B Q R R T A E U T A N R L
F L O O D Q V E E Z G S S R E Z Y
S P R I N G Z T T N L L E S T E B
Q D Q Q O H K L A N A C E T N V A
P R O J E C T A V F Y T C Y E A R
E X D K Z F H L I V O B I N S W X
I J N F I L M C R D L I U O O F H
H J R O A W I A P Q G Q J M N O S
```

IRREGULAR
PROJECT
PRIVATE
SERIOUS
LOYAL
NATION
FLOOD
YEAR
SMARTER
SELL
FILM
STORE
ALTERNATIVE
EAGLE
ALTITUDE
JUICE
SENTENCE
NUTRIENTS
SPRING
IRRITABLY

Puzzle 156

IDENTICAL
WOMAN
WISDOM
FURNITURE
FIT
HARE
POINT
MOM
LABOR
BEEN
SNOWMAN
INCLINE
WRONG
HIGHLIGHT
NAVIGATE
FORMAT
ASSIGN
PLAYER
DRAGONFLY
SILLY

```
I R F I T A M R O F I J K Q R K P
G D I P H Z W E Y L F N O G A R D
J J E R U T I N R U F G C O F E P
U O Q N B H G A G F X I M L E X K
F E S Y T P M M F M I S W G I H Z
K I F Z B I G O H B V S D T J N I
K D J I W K C W K P R A H Z R L E
S N O W M A N A Y S Z N I C M R K
U I W Y A Y K Y L P I A G H A R E
S I L L Y J B B E E N V H N Y O H
B B C Z A V W K S I O I L N O C O
I L A B O R E Y A L P G I Z J R L
M O M O D S I W J P A A G O F J W
P O I N T J L M V H H T H Y S X Q
Q X Z M R O X X D P M E T K H J G
```

Puzzle 157

```
T C A B S A P N O I S S I M R E P
N E R L P C J R G R A N D M A H C
E O N O F W T E E N L D C K H I O
M J I N W J K T P S T S F X G H N
O X B B I K C T Y E S L D N E H C
M K D J I S P A T E U U N O S J E
G Z R N H I Q P C S J R R M T R N
A K A E W S I H F P D R E E I V T
P I E C E B J M E E A M T R M J R
D A H A O C W Z B C T W S W A J A
N Y Y T Y R A R B I L A I P T M T
A L Y S Q M S U F A C T S O E U E
R G F A J W P P M L G T O G S M K
G X W M Y G T C A L U B F T A M W
H F I A D L U O V Y L I M A F Y M
```

CONCENTRATE
PRESSURE
TENNIS
WEAK
SISTER
PIECE
LIBRARY
PATTERN
MUMMY
GRANDPA
ESPECIALLY
PERMISSION
ADJUST
ESTIMATE
CROW
TYPE
GRANDMA
HEARD
FAMILY
MOMENT

Puzzle 158

BLUE
FOLKLORE
INTERNATIONAL
TRAGIC
THINGS
SIMPLIFY
OPERATION
PHONE
PARTICLE
PIG
WANT
SHE
PIANO
RUNNING
STICK
CAN
INTERNAL
MUSIC
MANAGE
COUNTRY

```
C I S U M H I R V K H V F V R B V
O K G C M E B F N G A V H S H Z H
U F J Z W K V C N W P I V G Z J I
N O Q T K N I E Z Q J X G N S J C
T C H N Z L R E K P E P Q O G I P
R T J G H R P M T C O P U X N F Z
Y G B X Y F I L P M I S V A I M G
B L U E M L A N R E T N I F H O N
T M S Z L A N O I T A N R E T N I
S R A X E R O L K L O F C N H Q N
T J A N F D G X R P G H A O C S N
I Q P G A A Q A N R T C N H G S U
C Y I S I G I O E B N U O P I U R
K V J W L C E L C I T R A P I W G
O P E R A T I O N P S Y Z W A N T
```

Puzzle 159

```
R A C B P R O N U N C I A T I O N
H E W Q L C O N S T A N T N R T I
G V P G C E Z E M B T H E S E I O
P O O R Y B N E A S S F V R T Z J
C R H T E S B D N U O F X N V W Q
A P W X Z S X T H I P C S X E H B
S M J U P Y E M C W B O O C M U Y
E I C A E L D N A H Z U M O R S Z
S H A M P O O N T A C F E M F B M
I Q K L S Z E L T L S D T P P A H
R Q J F E U O A A M E G I A J N S
U W Z C B I B W R S S B M R S D J
D F N S P W J I U I J K E E L U T
R E Z C H S Q V Z B J J S C S P Z
X R V A O B I W J Z J B O R E D A
```

HUSBAND
CONSTANT
THESE
BLEND
ATTACH
CASE
HOP
REPRESENT
FOUND
IMPROVE
CAT
HANDLE
PRONUNCIATION
BELT
SOMETIMES
SHAMPOO
CAR
BORED
COMPARE
JOIN

Puzzle 160

CARIBOU
TERROR
ARMY
SUDDENLY
EMOTIONAL
ELSE
KNOWLEDGE
FRONT
SHEET
TELEVISION
CURIOUS
FARM
TIE
GENERATION
SECOND
DISPOSABLE
WHERE
BORDER
DANCE
FOLD

```
C S R I L Q S Q Z S R S J Z D W P
R O E C G L S P Y O D U T N V P E
O Q P C V C F N U C V D E I T B D
H I B M O S H E E T U D R O T Y I
W I T H Q N T S S Z M E R B E S S
E R E H W L D T H L C N O O L F P
G E N E R A T I O N E L R R E R O
D C X A U N C E B T E Y B D V O S
E N R B W O M A H F D M K E I N A
L A N L U I O O R Z H R K R S T B
W D G Z V T C C S I F A R M I U L
O L A S U O I R U C B U S E O H E
N O N X L M A K X F G O X U N I O
K F P P Y E H Y S O X T U K X B Y
B Y Y H V S O A W W Q Z U E R T A
```

Puzzle 161

```
M B K X Z J J P I L U T M P O P S
G G N I H T Y R E V E U R E P L H
S L T M S Y N O H W P A K T P A A
Y E X J I N U C S M R E T R O N R
L O T H F W I E R T I Y A O R E P
R A L U P O P D C M R P C L T T E
A I M P A C T U Y I M O C M U S N
L A C I T C A R P O V N N F N I E
U A J T A F Y E X A E R D G I C R
C Q U Y G W R R N A V X E W T Q Y
I D V O U T C A M X S A N S Y K U
T G R S E A L T M O R N I N G K T
R I T X K Z H S Z F G V B M K L E
A T U X J J C G C R E Y T L V B K
P V Q B O C T O E O O P N H L L H
```

PARTICULARLY
PRACTICAL
SERVICE
IMPACT
SHARPENER
FISH
STARE
SEAL
EVERYTHING
PLANETS
PROCEDURE
MORNING
TERMS
MIX
PETROL
TULIP
SET
OPPORTUNITY
STRONG
POPULAR

Puzzle 162

MEETING
PAINTING
AVOID
FIREFLY
ENOUGH
IDEA
EXPORT
SEEM
FAVORITE
CAKE
PRIMARY
NOISE
AFFECTION
RING
APPROACH
WILD
MAXIMUM
PATIENT
FIRST
FUN

```
U F I M B O X E U G N C Z M Z V F
F T W L Z S M P C H K M J L T V I
G P I F I R S T R E M I K M W M R
Z N L T B I H U R H B K W F O N E
H P D G F R C N T T B C L H N O F
Y I H M N H C A O R P P A U T I L
R H P N T Z V E A O Z D R K N S Y
A V O I D S E D R P S K J K E E D
M X X B F V M I T X Y E G M I I U
I V Z M H G U O N E E T E H T D H
R R V I T R M G G O L V O M A J A
P X C F E T I R O V A F K P P L O
L V O M N N X N O I T C E F F A F
D D F N K K A U G N I T N I A P H
C T I O D V M F Z M E E T I N G H
```

Puzzle 163

```
D U C W W L A D D E R H C S C O T
L V O I I X G K Q S S E V I L N B
S N L B G Z H D Y T A A C Q T Q G
D I U C G C O F F E E L R X N Z M
T Y M J L F E B U T Q T C W J M D
B H N E E U A Y H I D H N S D Y I
E B E M C D S F B B C T Y I Y L V
H V M M A O B G R I A H C M R A I
A P I S S G N I K U K C C E D N S
V Y T P M E X O A G O E F H G G I
E W G E A Z L E M E J B L M F I O
N Z Y A S U X V O Y M S U J P S N
I K Q Y V E G W E L J W O X I U R
Q A U C M H D D E S U O I X N A L
D E M O C R A T I C C I S T D M V
```

BITE
ARMCHAIR
LADDER
BIKE
HEALTH
DEMOCRATIC
KING
THEMSELVES
COLUMN
COFFEE
SIGNAL
EMPTY
DIVISION
ANXIOUS
WIGGLE
LIVES
TIME
ECONOMY
BEHAVE
AGO

Puzzle 164

SHAKY
DIPLOMA
CIRCULAR
PARROT
HEART
LAW
STOOL
HOW
FORGOT
COTTON
SPREAD
WASH
ACTIVE
POLICEMAN
FEATURE
MURAL
CIVIL
FOX
WATCHED
MOST

```
R W H D C C Z Y A N Q V R S W I Z
U A E F F B P H K B N J C H J U Y
C T C C O E R U T A E F X Z V J Z
S C T L I V I C F Y H U G G A Q C
X H A L D I P L O M A S P L W T J
G E Q A T T N A M E C I L O P Z R
R D S W R C T R A L U C R I C O Q
H K Z Z O A U U G N I K J H H D C
R G W X M H M M R F U O T F Q Z B
P C N G A R P O T F C Y G J Y O J
A F O R G O T H S A W A H E A R T
R Y I Q X Z K V U T H S T O O L X
R C O T T O N S P R E A D K M W F
O T D H L F W D G P F O X N I L D
T Y R D T R L N V W A C B S R L T
```

Puzzle 165

```
T H S U B M I T E Y I E T I M I L
A O T H G X Y G C K S S E C C U S
N M R N X N W Y U Z O J L I L U E
G E O T Y P I C A L L J O F E J I
L Q U S S T N K K M D V I I O C C
E V S O G G B Z A X I A V C P T E
D Z E M Y U H Z W B E G S E A A P
W G R L A T E Y W Q R T V P R G S
G V S A Q L E S V U U U I S D B V
L V J O E L B I S S O P A U V E V
C L O S E B B V N D L Y S W Q H J
S W F E L U S C J I O I N S E R T
U D N E U K H F M R C A Y U A P T
K S S S T I O K B F Q G K P V X L
W B Y O R T S Q M J P I U C F P R
```

ALMOST
LEOPARD
CLOSE
INSERT
SPECIFIC
COLOUR
BAKING
LIMIT
VIOLET
SUBMIT
QUITE
SPECIES
GUESS
TANGLED
TYPICAL
SOLDIER
HOME
POSSIBLE
SUCCESS
TROUSERS

Puzzle 166

PEAS
EXACTLY
DARK
FOUR
LOCATE
DEFENSE
ACCORDING
WEIGHT
HELLO
GLUE
THREE
THINKING
SLEEPY
VOLE
GRAVITY
GRADUAL
COMPLIMENTARY
WORD
READ
LOCAL

```
W E I G H T U A F T O A G L C C G
I U Q V A H Z M A O W R R H O L R
Z L N V I O Z B P H U H A T M I A
H G N I K N I H T B R R V H P H D
J C H K M P F B W Y F T I R L C U
A C C O R D I N G X W D T E I E A
T H L Z Z A L Z R E P Y Y E M X L
V V B H O Z D Q S C Y O F T E A R
H E L L O G Y S A E P R X A N C D
V W E T D N B L A C O L V C T T B
S V J K C X W E Q K F V Q O A L R
U M F V T E O E R E A D F L R Y B
U T B T O C R P O J S U B R Y N G
T X Y W S L D Y O L I B W S W G L
A K Z Z Z H E S N E F E D Z B I Q
```

Puzzle 167

```
M H I I K A S E A R T H S V W T Z
P A W M M T T U Z J I C P F M I X
F J L T J S Y H P I B A O U T D N
L B O Q O M X V L P R E R Y I Y B
F L E X I B L E F E O L T T U B E
H H D L R M U W A U T S K X Q C E
F P I U A R M Q V A N I E Z Q O M
N B V M N E Y H O V A V C D E N L
D A O Q E Y Y Z R F M A P S Z T M
X N R L C Q H W A O H X A D E A V
W I P Y S L Y T B R G Z M R I C V
O Y K B Z U L T L M A O E O S T B
N M S Y C K E H E E R K N C V R F
Y W M S B W S Z R R D Y I E Y I D
J R M K N W G A L L O P C R P C E
```

SCENARIO
ATHLETICS
PROVIDE
FLEXIBLE
FORMER
FAVORABLE
SUPPOSED
GALLOP
CONTACT
TIDY
SPORT
RECORD
EARTH
CINEMA
EACH
TUBE
MOVIE
ORBIT
QUIT
MAP

Puzzle 168

DRAGON
LUNCH
NOUN
PAUSE
BECAUSE
ENTRANCE
BELOW
SENDING
CITIZEN
DEPEND
MERRY
ADVANTAGE
MUSEUM
HALF
SELDOM
HELP
STRANGEST
RAPIDLY
BUT
COOL

```
P A U S E U M G M S P D J U U M B
E M P O N M U E S U M E R Y I I E
Z F L A H U E I R F G N V A E F L
E S U A C E B N Z R X T U B G M O
L K N E Z I T I C S Y R U E A O W
G G C M W F Z Z W E Q A V R T D N
R L H Z J R M J O N E N U Q N L Y
T A N O U N O A R D M C C K A E W
J B P K H I I A C I C E I Z V S Y
N M L I O U V V D N E P E D D V M
N W E G D Z O H M G X V O N A X M
T M H Q B L S T R A N G E S T S A
J L G L W O Y U R L H A G V Q G X
J M V K T O A V D G O U C M U Z X
S D V M B C H K J F W W F X P S W
```

Puzzle 169

```
S H O C T Q I H L O H Y V I H G O
S T S E G I D C A V N Z X R Y O B
I O O M B S L G P I S A Y D J O U
M L V P K A R I Z U C T N S A S I
S C V G P I A S G W H B B B F E B
I S C W H E D I S B Z S M Z N G T
D R A D E Z D C P S E L O O A R K
X T C B A N A N A C R A D J Z A F
W N M E W H E A T T U T N J Z H M
G H R X A L E R U G S O A M N C Z
B V B O I S W N O G A T R T R J M
A U E Y A M E D A C E D H U V M A
C H I C K E N Z I A M R Y S K J G
B A J B S O A D S Q T U K W Y R B
I R T E S E P V B F H F E V E R P
```

EVER
GOOSE
CEASE
DIGEST
TOTAL
SIDE
WHEAT
CLOTH
CHICKEN
BANANA
DISMISS
OUT
BEAN
DECADE
RANDOM
MEASURE
BOY
RELAX
CHARGE
STOPPED

Puzzle 170

INDEED
SORE
BUNNY
AVERAGE
PARSNIP
DIFFICULT
ELECTRIC
IMPROPER
VALUE
GUIDELINES
LOST
HERON
REQUIRE
SNIFF
PETS
EXPAND
CURRENT
SWEET
NATIVE
FUTURE

```
S S F I A Y K C E F M O G Y X S O
U G N N D V H H W Y L F T K X N T
D N L D I I E K E R U T U F Q I E
A X Q E J S F R Z R P L U S A F W
S N N E E C O F A B O P E T S F Q
F A K D W I M Y I G T N E R R U C
E T V B Q M Z B R C E R I U Q E R
L I U D D P Q U U X U Q E X U H H
E V M R M R T N O E G L Y K W H U
C E K U E O K N R O R J T S O L P
T E E W S P U Y S O R E V A L U E
R Z P W S E N I L E D I U G G Y Q
I O Y R G R J X X P A R S N I P E
C E X P A N D A F H W K A G X W J
F A S F M J D X R S R X W H G Q K
```

Puzzle 171

```
A Y C D E C A Y S A W N U O Z W I
S B K N N W O S C C E F T D N E V
I K E E I W U I D P E N O K R L V
Q X U K F S L A E L W N O N H L D
P T E E N C W D V H F X E W W E P
R W Z E O T Y R A N I D R O R Y L
U H K W C S P G L A N C E S T O R
R H L U T I H H U Y S T O R M I B
H O D Q H N A T A A P P O I N T G
I N U Y G G E H T L S C I E N C E
H D V L I L S C E F P B N V C T E
D X K P N E V R E L P P X V R H N
K I W D K Q F U F R B A R N E R L
U Q Q U J E P H J P C J G O A O L
B A S E J A S C Q D K X X E M W B
```

APPOINT
RECENT
EVALUATE
ORDINARY
SCIENCE
DAISY
DECAY
BASE
STORM
CREAM
WEEKEND
SCENE
BARN
CONFINE
WELL
THROW
SINGLE
CHURCH
ANCESTOR
KNIGHT

Puzzle 172

CAMERA
OUTCOME
ALERT
LONELY
MEASUREMENT
BRIEF
CAP
PEACEFUL
HOSPITAL
BASIC
REVIEW
LEAD
MARK
KID
TOO
PERHAPS
UNDERSTOOD
APPEAR
DRIVER
LEND

```
A L E R T L F L R E R S V O R M L
R C S E I I E Y L E N O L K Z E X
E R O V I J I A M P V J R Y P A P
M Y K I N S R N D P Y I U J T S V
A P Y R K U B W I N T E E D W U W
C R X D F E F H K R A M D W B R N
I T C G P G L E N D Y J E S K E Q
S P D V D O O T S R E D N U Y M J
A Y S S V X U M S C A P C T Q E N
B J J H O S P I T A L E T O O N R
O U T C O M E Q H G C N P S V T N
P E A C E F U L Y E O L T P F G N
C G U G O L F Q Z Q N N N I A V V
I T A I X S L R D P E R H A P S E
T R I I S N V G O H P D C E B Q D
```

Puzzle 173

```
T M U D K S Z N E G I V E G U G D
F A A X Y L N O R X Y O Y N E C Q
C Q X C U E Y S I M E G G O G S C
A L R I G E T P F S O C H T D J L
U N K B W P H F U H B N U A Z R S
T W R A O F F I C I A L I T A S W
H V J C A F R K D O N E S T I D E
O G A K C E K S E Q H P U F O V N
R R S T U L H N K W S H P C O R E
I V K S W V M U O J G W R O Q S H
Z C P X L S K X O M J Z I R Z N B
E J C M I Y L R L L S S O R C A H
T R T M C Z V H U A C N J E S K Q
L A X G E N E R O S I T Y C R E B
L L K X T D S W X Y G Y V T U V F
```

GENEROSITY
EDIT
ONLY
SNAKE
MONITOR
NOT
CORRECT
EXECUTIVE
AUTHORIZE
OFFICIAL
TAXI
SLEEP
GIRL
FIRE
GIVE
BACK
LOOKED
ACROSS
SKI
DONE

Puzzle 174

FRAGMENT
CLIMB
SURPRISED
AMERICAN
UNCLE
BABY
ELECTION
PEACH
IDENTIFY
WEST
SURPRISE
SOAPY
PRISON
TEACH
EXPERT
ARRANGE
FEAT
BLOCKS
RIDING
TIED

```
A P Z S P P C R B L O C K S B F I
C M D C O H Y B M E E R S C A E X
T S E W C A U K I W T A Q F B A M
N S S R W S P V L X D X X Y Y T J
E U I E I W H Y C E M T G D F C Q
M R R P X C C M Q O C U D P I X Q
G P P S T P A F P Y X E L J T G P
A R R J V E E N O S I R P H N F E
R I U I W X T R L J O H T D E L A
F S S E O X U X T G S I F G D F C
F E E U N C L E G N F O O U I T H
W G T H J I U Y F I E O C K Z C E
U I G R M N T I E D B P Y C A E P
A R R A N G E R W I U T N W W R W
E L E C T I O N F R P A Y M E R D
```

Puzzle 175

```
A D M S N R L W G U R D E C S P Z
D D T H N E W A N T S S Y A W L A
V P D O Y T G W Y W Q Q S N J N L
E Y C P E A A O J D X T E D W N E
N R X K T L A S T S R U B L E K U
T O O I H L Q X E I B J Q E M V S
U N T J E R O H C T A A A E R G W
R F Z I I B S T P U B T F T A L L
O G X U R Z E H C N I M E T H W H
U T H H I N T T O D R A R I L H E
S K E S O O O R W U D I I M J C X
D R E A M W Y H K E L V P M I E A
P V S T H F O O S V E D S O Y C X
S Z P P I Y C W B H N N N C I D Q
C O N T R A S T T K P A I L M L D
```

NEGOTIATE
COMMITTEE
LATER
BETWEEN
DREAM
BURST
SALT
WANTS
NOW
COYOTE
THEIR
CHORE
INSPIRE
SHOULD
ADVENTUROUS
ALWAYS
SHOP
BIRD
CANDLE
CONTRAST

Puzzle 176

COMPLEX
LIKE
SURE
CHOOSE
HEAD
POOL
TOWEL
MEAN
TIMID
CHAIR
ENGINE
FLOUR
BUYING
SKATING
TWENTY
BLOOM
PLEASED
CONDITION
PLENTY
PARTICIPANT

```
S K Q B R W A A M C K Q N O G Y N
T K L O T Y M E J O H G Z C E W B
N F A G L D A A M J G O N I Y C Y
V Y J T G W D I M I T H O L B S P
Y B R R I A H C E K I L T S G H L
N K U W X N W P A J C H O H E U E
V N O Y S Y G F N M L E W F G S N
P K L A I P L E A S E D E S Y U T
A T F C D N B L O O M A L O M R Y
T W E N T Y G O X T M E C M I E R
C O M P L E X O T P Z H Q O D O S
D J G O H U A P A Y Z W F X O Q A
C O N D I T I O N E T H X U G V S
P A R T I C I P A N T D T L Q H Y
E N G I N E W W E F X J W O G S W
```

Puzzle 177

```
F Z W T E L E S C O P E R Y W J G
P E I F U D R O O C O N C E I V E
E B T P U R E Q H E E N K K T F E
Z R H W T E N F A R Y H C N E N L
C A I A V T I C B U D H F O E C E
J I N B N Z F C J T T I N D F O G
F U N D A M E N T A L O J A Y O D
F B A A U S D H F R I J M T O K G
R O P G H V P J A E A P L A G E Z
E O G F E C I L O P S F W N T R K
E K Q Z O G E E R M H Z B A U I W
S C V Y L U U M U E Y S H U Z N C
I A F U P R E U L T O A C I V Z D
A S P S I C N P E I Z F T P I N M
L E G A N D E R R U M O S L D T U
```

FREESIA
ENTER
DEFINE
POLICE
GANDER
FEET
ZEBRA
DONKEY
MECHANIC
ERUPT
FUNDAMENTAL
TELESCOPE
AUTOMATIC
CONCEIVE
BOOKCASE
COOKER
WITHIN
RULER
KNEE
TEMPERATURE

Puzzle 178

PINK
PURPOSE
RASPBERRY
JUMP
PLANTS
KITCHEN
MISTAKE
POVERTY
POSSESS
PROCEED
PIZZA
MARRIED
ADMINISTRATION
PEA
BOWL
POPULATION
WALK
SINCE
HAIL
CERTAIN

```
B G E K C S M I S T A K E G X W J
X O F L E I U V A N J X S T P F S
Q W W K R N M Y D E I R R A M S W
P B O L T C A L M P I N K Y E H L
I S K A A E N O I T A L U P O P Z
Z V Q W I T V A N J S Q Q N N R H
Z T D M N H A N I S H K R M O A A
A B V V X U M E S O P R U P K S I
M J U Y Y S W Y T R E V O P I P L
C W K R H S D W R H J F I H T B L
P R O C E E D N A E X U T T C E K
P L A N T S A H T I C R M A H R F
L Y D D E S S U I E P F E P E R D
A A G V E O I T O N J K Q P N Y S
P K Y R O P Z E N K M V E T E B P
```

Puzzle 179

```
Q U T Y O T G F Y Q G K O R B P C
N I A T N I A M F T H T E V V O X
D S F H I F L I S U O R E G N A D
N R R E K R O W K U G P J K K S A
U A U M N V C X I V N U T J U T C
O S C M W L T H D G I S C B E O C
R B I T Y O R T S E D H E V T M O
A S E A R C H I N G L Z J T E A M
W O R K I N G P O F I B B B L C P
A W S H Q B D L P H U B U C P H L
G D V M Z V A A A D B L S A M G I
M B Z H O A R Y E C B O R R O W S
F O Q A V U X F W Q N B A S C E H
S F Z Y F W U U M U W T A V O V S
A C A M E V O L Q C Z R B E N C K
```

BUILDING
DRUM
WEAPON
ACCOMPLISH
SEARCHING
KIDS
PLAYFUL
WORKER
AROUND
OIL
THEM
DANGEROUS
BORROW
SUNSET
WORKING
SUBJECT
STOMACH
DESTROY
COMPLETE
MAINTAIN

Puzzle 180

SUNFLOWER
INSPECT
REALIZE
AMONG
BUNS
BLOUSE
KITTEN
OVER
ORGANIZE
PERFORMANCE
BROTHER
RICE
POWDER
DIRECTIONS
GUYS
EVERYWHERE
STREET
AHEAD
GROUND
HABITAT

```
F K U G N I Q R E V O H D Y D B F
O D I E R T L E Z I F G N U J Q J
L I F T U E U A I N Z L V L H T F
E R Z E T F B L N S D E L G L R J
E E W E G E D I A P H E S U O L B
V C L R N S N Z G E V A I Y L Z R
E T V T E U U E R C H X H S B C O
R I W S C N O J O T Z A R E G U T
Y O H L L F R B U N S O B C A M H
W N Z E K L G A M O N G Q I Y D E
H S E R C O I N X J L P M R T Z Z
E H X B H W X C E B V L T L O A P
R V V W B E C N A M R O F R E P T
E V D A J R E D W O P X Z F Y T I
E A O B T U Z N K H O W Z J V M L
```

Puzzle 181

```
Q H D C K C R H E A I O A X T E P
J X W S L H E U A T F T G U S D U
X T V N C I S N O I T R O P J U L
T R E A T L P G I B E L A D B C L
Q A I F C D O R Z O D O W I E A W
L T A Z E R N Y C W O R N C D T O
X J K F G E D W B A Z G Y T I I F
E A R N O N N R E H T U O S L O F
C H G W G C R C U Q U K S R L N I
N E B X J U U B K D F P I T O T C
I P Y S Q Y Y S G X O W P N C C E
V O C O N G R A T U L A T E F W U
N Q U O T I E N T H C B Y R X V L
O T H M X C Z P C S D N Q A Y N A
C W E A R Y E W K W D U O P M A C
```

WEARY
CATKIN
EARN
CONVINCE
AFRAID
PORTION
HUNGRY
QUOTIENT
PULL
TREAT
CONGRATULATE
FOCUS
EDUCATION
CHILDREN
PARENT
CAMP
OFFICE
SOUTHERN
RESPOND
COLLIDE

Puzzle 182

ELEVEN
FREQUENT
HERD
MESSAGE
LIP
LANGUAGE
CHALLENGE
FOOT
WESTERN
NEARLY
THAT
BOARD
SUGGEST
DUST
FIGHT
SUMMIT
STAGE
GENERAL
IMMEDIATELY
DEFER

```
Z L A V G F F M S U M M I T V L E
Z A E J W T C Z T G C F H T J B H
E N L Y M V D R A O B S R A J U S
V G X Q R K R E G N E L L A H C U
M U B S D D E G F H Q S T A G E G
O A W Q V L H A B E N S H L F Y G
B G P F B W Y S J G R N I M Y H E
B E D I P R S S N E A R L Y F B S
F Y A G L Y L E T A I D E M M I T
N W C H W Z H M Q N R E F O O T N
J S R T N E U Q E R F L D Q J P D
G E N E R A L I X P Y E D U Q P O
S W J U N G F G X N E V U B S J Y
W E S T E R N X V V K E X J L T Z
H C B S I T H A T I B N K G M I H
```

Puzzle 183

```
I  H  U  A  M  T  H  A  N  K  F  U  L  L  Y  G  S
M  Q  G  S  O  A  U  D  L  G  K  Y  U  T  C  R  C
U  K  K  S  N  O  I  N  A  P  M  O  C  E  E  E  H
D  K  O  I  S  K  C  O  S  D  T  S  V  F  D  E  E
I  E  A  S  T  N  E  I  D  E  R  G  N  I  F  N  D
V  V  C  T  E  R  Y  U  N  K  T  I  O  E  P  R  U
L  I  O  I  R  S  P  O  O  N  M  F  Q  R  O  I  L
D  I  C  T  D  E  L  R  U  C  G  M  X  S  Q  S  E
X  L  V  T  H  E  Q  V  I  L  B  P  H  V  Y  P  K
R  B  P  Z  I  E  U  W  S  R  N  H  M  E  N  P  Z
W  W  O  E  P  M  R  A  S  B  I  C  W  S  V  X  T
O  U  G  K  I  W  Y  S  U  K  N  V  T  Z  Y  L  H
Q  M  C  W  L  Z  K  L  E  C  E  H  H  B  V  O  E
A  C  T  W  L  S  S  W  D  O  C  C  U  P  Y  W  L
I  N  T  E  R  A  C  T  A  S  Q  G  K  N  I  U  Q
```

SOCKS
ASSIST
GREEN
COMPANION
CURLED
OTHERS
MONSTER
ARM
NINE
PILL
SOCK
ISSUE
DECIDE
SPOON
VICTIM
THANKFULLY
OCCUPY
SCHEDULE
INTERACT
INGREDIENT

Puzzle 184

HIDE
EXPRESS
MYSTERIES
SIMPLE
LETTUCE
CALLED
GRANDMOTHER
PROFESSOR
ALL
PRICE
MEDIA
QUICK
GRAPE
LEAVING
ADD
FORWARD
VOLTS
BORN
GAS
INTELLIGENT

```
G  R  H  V  Y  D  E  N  Y  M  T  O  J  M  J  F  V
X  Y  O  O  A  N  G  J  J  Z  G  R  U  B  H  A  C
I  T  E  L  L  A  H  W  G  F  Y  N  Q  B  M  A  H
A  N  Z  T  M  L  K  N  S  I  S  C  U  L  W  Z  I
G  D  T  S  H  I  D  E  P  A  R  G  I  Y  Z  W  N
R  M  D  E  E  X  P  R  E  S  S  T  C  W  E  S  L
A  Y  P  H  L  F  O  R  W  A  R  D  K  B  J  O  S
N  S  Z  B  Z  L  B  G  B  J  M  E  D  I  A  M  U
D  T  B  G  A  S  I  S  P  R  O  F  E  S  S  O  R
M  E  O  G  G  I  Y  G  I  I  A  H  C  I  I  O  H
O  R  R  G  B  Z  P  E  M  V  O  U  N  W  D  P
T  I  N  J  E  E  Q  S  B  N  P  M  T  V  S  G  R
H  E  L  E  A  V  I  N  G  O  T  L  T  M  C  G  I
E  S  M  N  F  K  L  H  Z  T  U  D  E  L  L  A  C
R  H  L  X  B  R  L  L  N  W  P  Q  L  X  C  E  E
```

Puzzle 185

```
A E R A F I D S E U U D W G N C Y
C C N P H Z E Y J K P N E T T O R
A T C E M U M L Y Z R D I U L F U
R O J O J S A X G B Q V V T G Z J
R F Q O U R N Z N O S I B Y I J V
I Z L G Z N D L I F E A V Z N T B
E S R U O C T I H Q L O V K G X T
D S T A R T F C C O P M W E E U F
M Z M E Z D T A T B P E O K R Q Z
N L P N K Z V T A A A G L B M K M
C N B P P M L T W V W V Z A G L Z
P R E C I O U S I S E H T A G T R
Q Z Y M V J T Z F S X R I O Z R N
M A Y V A N A U T O M O B I L E C
R U R O Z V N O H L U S T W C O P
```

MAY
ROTTEN
GINGER
UNIT
AUTOMOBILE
WATCHING
PRECIOUS
FLUID
START
APPLE
SAVE
JURY
AREA
THESIS
BISON
ACCOUNT
DEMAND
COURSE
LIFE
CARRIED

Puzzle 186

BAD
BALCONY
BEHAVIOR
CUPBOARD
SPENT
EMPLOYEE
ADDRESS
SEW
PROBABLY
FARMER
TEACHER
TINY
CHEESE
BUSY
NEW
FORTUNATE
HISTORY
FIREPLACE
RIGHT
SMELL

```
E P B A V A E N K B Z K M H S E W
L R D V D R A O B P U C R I R I Z
W O Y E S D A B W W K X N I A P X
K B B U S Y R W T H S D F C G J Q
V A D O A S O E O I F U A D R H N
A B W C B P I N S F N E R W W L T
L L E M S E V Q O S R Y M B X L S
U Y C T P N A S A T Y W E S A M V
H N A X Q T H N C S S K R M E M W
F O L D W H E T E A C H E R R S C
E C P C R P B W K A O Z N H X B P
J L E W C H E E S E E Y O L P M E
Y A R H I S T O R Y F X O V Y R K
H B I F Y O M V S C G Y H T Q I T
D C F E F O R T U N A T E S W F H
```

Puzzle 187

```
R T S U R T P A I N T S T R O P S
E S C Y E V F C W E T I G F T O N
F E A C G F R O G W Z G R Q A A U
L G R A I J B I B W I B A L M J M
E R F N O S U R V I V E P N O F E
C A H K N H N X L S K K E X T F R
T L R K E W Z B Z T P C S S C J A
N M Z I J J K J B R D E S E R T T
A M E N R N Q N A A N N U G P Z O
H N V D F C U R X W A M U B V J R
P L I Q L W V L Y B T D M F C I X
E S N E N I Z G S E S Z D F H D J
L R E A C T I O N R E S M X I G D
E S J W F R F I I R L M K M I K G
M J D C O Q M E K Y D S M H F R O
```

LARGEST
SCARF
REACTION
TOMATO
KIND
TRUST
SPORTS
DESERT
SON
NUMERATOR
REGION
ELEPHANT
PAINTS
STRAWBERRY
STAND
SURVIVE
FROG
GRAPES
FUND
REFLECT

Puzzle 188

JACKET
QUALITY
PERFECT
INTEND
EVACUATE
ENJOY
CURTAIN
FALSE
STAY
DECIMAL
CONSIDER
REMINDS
WITHOUT
END
DUCK
AFTER
MEMBER
SUNGLASSES
POUR
HOWEVER

```
C P E R F E C T J J Q H G B R Q X
C O W F T C F P O S Q L G Q J G S
U E N E X Y U G S S P U J R A V Y
R V Q S O R N Q E B I C P G U K Y
T A L L I O D K V D Z C X J I G K
A C A A X D N E T N I E G K J K E
I U M F T Q E S U N G L A S S E S
N A I B T C T R R E M I N D S S Z
Q T C F F E J E W V I N M S T A Y
U E E H U A R V I M E M B E R J O
A N D B S A H E T G K D S Z U X S
L D E C A U W W H M Q C E U X O O
I R U O P Z S O O X P K G B U X D
T B Q C U W J H U P H F L L C E L
Y L T E K C A J T E N J O Y N Y N
```

Puzzle 189

```
Y H H T L I K E D E E P S U G X G
X S T R E M E M B E R G W V R O R
G D P I D B C G J C T U J S O I B
M P O K C N O L E M R E T A W Q L
W K O S U U B X R T K Z N S T G O
F I E L D P P S T S I X E S H P W
L M D U G O F X O V M Z Z T T N D
P A O O G N E S W C T O E R R U I
F A U N M U T U A S A H S I I D S
J O I N G J J W R K P V A P B E C
O T Z N D T A S D L U V E L Y N O
O B V B T R J L D E D U V Y B S V
W K X C P N Y E X V A L X Y L E E
U P U G S X Y D U U T Q O M X F R
E S P U B M X O W X W H Y P X D Y
```

AUTUMN
PAINT
WATERMELON
SKIRT
FIELD
GROWTH
BIRTH
DISCOVERY
EXIST
STRIP
DENSE
CAVE
UPON
REMEMBER
TOWARD
SLED
LIKED
TOE
LAUNDRY
BLOW

Puzzle 190

PRETTIER
GIFT
YELLOW
ELF
PRESS
NECK
GOOD
FROM
FAMILIAR
PAN
CRAZY
SHOCK
BAT
EMERGENCY
INCIDENT
REDUCE
EMPLOY
GONE
TOOTH
CLEAR

```
Y N D O M E R M T A B D W P Z E Y
S H J G F M E D O O G W Q W S L E
S H T R R E D P O I W H K L E F L
O C O B O R U J T X N G I F T D L
U Y Q C M G C T H I L C K N L E O
B O N L K E N O G F K I Z V M W
U L W Q Z N Z I C G T D I D Y B U
F P B E P C Q C I L I E H N E N J
W M F A F Y S P H N G D U H R N C
N E C K R G F N D G P R E S S H T
J A V I S E I O M R M V A S K N C
C F L N S V B U J K F T B E Y T J
G C N E E W Z L Y C R A Z Y L Y U
F A M I L I A R E I T T E R P C M
H L Z S D E D I R T P N P A N Z A
```

Puzzle 191

```
A S C E N D S K A H G B J O B M M
K X S G N U T C C L I U J I P Q Z
A Z W N S J M O T E N G L B B C M
V X O A Q V Z M I N H H H S F E S
S Q C R C Y S S O L G C A W B D Y
W X S G F Q F Y N N U F P Y A A L
E G G I M I N T E R V I E W G Y O
S O I L W O P A Y W W A R E N A W
E C R O W N N I A T S U S O I J C
J H U V D A S K J L L A X L L I M
E Q Y E H L E T E X I R W I K D R
S F F V N U W N P Y D A L X C L B
Q N F N O I Y K K A S O S J U P E
A P Y N A I Z E F P N D I C D I G
W K O G S C A U T I O U S V C O J
```

DUCKLING
SUSTAIN
MONKEY
GLOSSY
SOIL
EGG
HIGHWAY
RANGE
MOCK
LADY
ACTION
FUNNY
INTERVIEW
MILL
CROWN
LOW
ASCEND
ARENA
CHECK
CAUTIOUS

Puzzle 192

SIMPLY
BATCH
NICE
MEN
LOT
SOAP
HAIR
HEIGHT
STEP
FLOAT
BRILLIANT
WITHDRAW
DEFEND
FLAG
HAMMER
STREAM
CALM
THEN
DESTRUCTION
COACH

```
T X O P E B B H M Y Q I I P Q S S
D W P S S U R B S N Y V E Z N K A
K F X L E O I S F O F E G M P B B
V Z K L M E L I I I M O V P Z V W
Q S T E P I L M X T A O L F I Y O
H E I G H T I P L C E Q Y C S F N
E C X A Q L A L O U R S L G E Z Q
C I W L U N N Y T R T B O F R V J
H N L F J R T R M T S O W A H Y N
B A T C H I E A E S H L C T P H F
X I G S C A L M N E D E J I U W F
N M C V X H I Y M D C S N K T E M
I T D N T D N O W A R D H T I W J
D E F E N D O O P S H C A O C Z Z
R A Z Q M L B K E C P S N Z A X M
```

Puzzle 193

```
A  S  U  L  N  Z  M  K  T  P  P  M  D  U  S  H  Y
J  N  E  V  E  I  W  R  F  A  O  X  V  X  T  O  G
D  O  Y  R  I  C  H  Y  P  R  S  Y  G  U  R  L  U
O  I  D  O  W  E  R  E  A  A  I  Q  M  T  A  T  E
L  T  A  J  N  B  Z  A  K  G  T  Z  Q  Y  N  J  F
D  I  E  T  D  E  I  R  C  R  I  Q  Y  X  G  W  X
R  D  R  P  P  S  R  V  I  A  V  V  P  S  E  R  Y
Y  E  L  X  C  N  E  U  R  P  E  U  M  E  C  Q  D
K  P  A  I  D  O  X  U  T  H  Y  M  A  A  N  F  T
D  X  A  U  W  P  R  E  S  A  U  E  D  D  E  I  Q
T  E  J  I  B  S  A  T  W  F  M  K  Y  D  L  N  N
O  S  E  S  A  E  R  C  N  I  A  X  Q  C  I  V  P
V  P  E  T  A  R  E  L  O  T  Q  E  C  G  S  X  M
A  Z  M  U  U  I  O  U  P  S  P  O  N  Y  X  T  E
A  J  E  X  H  I  L  C  L  S  X  O  A  N  B  Y  T
```

RESPONSE
INCREASE
RICH
MATURE
WERE
STRANGE
TOLERATE
EXPEDITION
EVEN
MAD
ALREADY
CRIED
POSITIVE
PONY
SILENCE
TRICK
ANYONE
PARAGRAPH
GOT
SAIL

Puzzle 194

WORRIED
PENNIES
HARD
INTRODUCE
GAME
CINNAMON
TIGER
KNOCK
PARENTS
TROPICAL
AUDITION
MINE
EVERY
PICK
SHIP
EITHER
NOTE
TEND
LEGAL
SENT

```
M  G  R  Y  X  W  E  Q  I  S  F  W  T  N  U  Q  Q
C  A  E  N  D  N  E  T  H  A  Z  A  B  I  P  K  P
I  G  A  M  E  J  S  T  N  E  R  A  P  U  G  A  A
T  Q  M  T  I  E  U  E  Q  T  P  W  U  O  M  E  D
F  A  L  A  R  L  M  T  N  R  E  H  T  I  E  N  R
C  E  N  Q  R  L  G  O  E  T  N  Q  L  X  H  I  A
M  P  I  Y  O  X  F  N  V  V  N  T  E  E  E  M  H
K  W  Y  G  W  O  U  L  E  G  I  L  O  C  G  L  V
C  I  N  N  A  M  O  N  R  O  E  Z  P  U  W  A  W
O  R  V  N  C  E  G  D  Y  G  S  M  D  D  E  C  L
N  N  V  Q  G  J  G  G  W  O  O  W  Q  O  S  I  F
K  F  V  C  B  T  N  Z  L  C  G  J  P  R  I  P  Q
A  X  T  R  T  K  Q  X  K  U  H  M  I  T  I  O  S
S  H  I  P  A  U  D  I  T  I  O  N  C  N  S  R  H
I  U  F  U  X  Y  L  B  E  T  Q  E  K  I  B  T  T
```

Puzzle 195

```
M A T C H H S W Y T T T P L F S I
S T Y D L Q A U M T G H R W I U T
H W S E W W D L Q O M V E X S B H
C W Y D I L I A L J U T S D H S O
I I V I Y B X V S W J Q I F I T U
K X T C B R A N C H A C D O N I S
A Z C A Q D P E Y N U Y E R G T A
Q C Y T R O F O M I I D N G S U N
L X S E I R E S S M T C T E J T D
E A O K B Y B T S T A E U T E E L
H S Z Y F F L J Y S U D R O L E V
N E W Y O O M O R S G G X U L P O
C O N S T R U C T Q H E Y D Y O K
H E D G E H O G M Y T I R O N I M
S O M E T H I N G D B M Y D H C W
```

EDGE
TAUGHT
DEDICATE
HALLWAY
MINORITY
MATCH
PRESIDENT
FORGET
JELLY
HEDGEHOG
SUBSTITUTE
THOUSAND
SOMETHING
LAZY
SERIES
FISHING
BRANCH
CONSTRUCT
FORTY
POST

Puzzle 196

STAFF
DECEIVE
DANGEROUSLY
HELD
SCHOOL
UNSTABLE
ABSORB
INFORMATION
RECENTLY
GRASS
COMMUNITY
HESITATE
GENTLEMAN
CONCLUSION
THAN
MASTER
TWICE
REMIND
PEACE
PLACE

```
Z S H J H F M V M D N I M E R H U
Q T C E C I W T A E L B A T S N U
G C M H S D Z M S C P P L A C E I
K E O E O I J L T E E W T C L A N
H H N U L O T X E I A Y Y I D D F
J S O T D I L A R V C J X Y Z C O
Z G I Q L C R X T E E R E B Y R R
D F S H E E W S E E F N M I S U M
D E U Z H W M S R E C E N T L Y A
D S L F U M S A N W Q D A F J E T
Q X C U S X T R N Z Q A H X C W I
D D N J L R A G K E C M T D V U O
B R O S B A F C O M M U N I T Y N
Z Y C G M E F H O D R U A X P O Z
W D D A N G E R O U S L Y N Z Z A
```

Puzzle 197

```
P H G H F E T M M N S C Q Q C Y D
I R E A G R E E D I S N I V N M E
I P X R Z X B Q N L O U C E L U W
E W U B S F V B Q L I A O Y R E Y
J V D J O E W Z J H I D D Z A Z Y
C A M T E U L H U M S A Y X P R K
O R P O R D G F F U T S D P Z I C
L Y J M M E Y H Y U P I U U O L C
L S B O Q M J Z T C U R K K M M F
E S L R Y E W T P E R I M E T E R
C M H R Z B E Q D I S T A N T N U
T A Z O W A R G N I X O B M F C R
I L P W T W O N U Z X L N Z A J B
O L Q F A G H O O Z A S T M E L W
N K X A H M B O S L C S K X L K E
```

BOUGHT
HERSELF
MALE
INSIDE
STUFF
TWO
SAY
DEW
BOXING
AGREE
IRIS
DISTANT
SOUND
COLLECTION
WAR
DROP
SMALL
TOMORROW
PERIMETER
LEAF

Puzzle 198

COMMERCIAL
LINE
PUPPY
SAYS
YET
GOOSEBERRY
INVENT
CRY
TREES
USE
MOON
SERVE
UPDATE
DRAKE
BAG
SCARECROW
WAVE
PEPPER
TEDDY
LIST

```
U J F O I W G O O S E B E R R Y K
Y M T E Z I E I W S T V Q K H P W
U H J S V Y L I N E S E R V E P N
W N W S X D E E A W W T E N H U S
V V U T D D F J D X N A P N J P T
N N L G Y E S E E R T D P D O L P
I N V E N T E Y R C G P E U S E I
C O M M E R C I A L G U P L A D W
V W I G V I R L A S A O G N M J Y
Z I I D A S C A R E C R O W R Q O
Q X K S W B H G P M M R E F H C R
F B B B M L R S P C B Q G Z Y L H
J M H E Y D R A K E X Q K E K I N
M O O N B O I G B W I C H C P S E
D Z E V P F P J M O K V S Z X T S
```

Puzzle 199

```
O B M I Y T T W S U G A R L D S L
F W G N M Y D O B E M O S E H E A
Y O N V R Q O L G C F C J G P C U
M L T I E E Z L N E K O M S M R G
Q L Q T P Z M O A V T T K K A E H
P I D A P Z P F H I I H R Q J T T
I W Z T O J P P Q L M N E R O A S
B Y R I H H A V A R S I V R R R H
Z C V O S D T M C U N S R V I Y Q
Z K P N S J B H F X A D U N T L Z
X B R E A K F A S T R Y C N Y C D
M E E T R U N J T D T I G J Q Q N
V Q C N G W V V C B N C Y Z O U T
E U N D X F F K Y K M O R A L Y S
H S B Y S N L P V Q Q Q D U W Z Z
```

CURVE
SECRETARY
BREAKFAST
TRANSMIT
LIVE
INVITATION
OWN
RUN
TOGETHER
MORAL
SUGAR
SMOKE
HANG
WILLOW
LAUGH
FOLLOW
SOMEBODY
MAJORITY
MEET
GRASSHOPPER

Puzzle 200

BOOK
WHOLE
WAY
SENSELESS
CONTINUE
LETTER
COWARD
CALCULATOR
EXPECTED
LEG
WHALE
LATELY
SQUID
POTATO
OWL
DETERMINE
FAIL
WOOD
INSTITUTION
SHINE

```
Q Q L C E N Z M S B N H B P T P H
E C O I V R O T A L U C L A C O M
M F G Z K F V I H F G B O O K T G
Y J R J G U L E T T E R Z D I A I
Z F Q H J K I L G U L W O B C T Y
U I T L E K A A E D T U T Q L O W
G J R X J A F H D K D I L A N M H
P Z Q Z Z T E W E U N I T N O C G
M L P Q F F W P T V I P R S O J J
Y A S R S S E L E S N E S N N X B
S T U H I I G D R A W O C Z W I V
F E N V I U X H M E X P E C T E D
P L U U B N R D I W O O D D V I C
L Y A W V V Y E Y N F A Z M B S L M
D H K W H O L E E S Q U I D G I B
```

Puzzle 201

```
L A D X D K D T M T M O J H S M B
F E N C E I R G G Z W O D M K B O
S E E V R E S E R L U J D S E Z B
O O T I C E R O P M O X N E B A J
F E S F Z I H L R V P S A K R Z E
T C X O Y K O Z Z D Q B S A S N C
Y J K R U O P V Q C E Z N T P T T
F G Z C V D E E D C Q R M I O C W
C J O E S S E C O R P P O H L H B
D D O Q N X V T I B V I V F E E U
S Q F M S L J S E R P K E V C E V
N L K C S L O W B C H A M E A R H
N S N M M P Y W A F T A E V T F Y
J K Z C J J Y G N O J N N S U U S
M I D D L E K J K Y Y O T I A L N
```

MODERN
BANK
FORCE
POLECAT
RESERVE
ZOO
MOVEMENT
DETECT
SAND
FENCE
TEN
ICE
MIDDLE
OBJECT
SLOW
DISORDER
SOFT
TAKE
CHEERFUL
PROCESS

Puzzle 202

HEN
WORM
SEEN
WANTED
EIGHTY
FAULT
ACORNS
PUBLIC
WEIGH
INDIVIDUAL
SLEDGE
EXPLAIN
ERROR
FOREIGN
WHO
CONTROL
DEER
SHOWER
THIN
SHELL

```
W W Z L E X P L A I N F J G X E J
U A N O H W M N J E S V W L P R H
W D N R E M M H G S H E L L N R P
C O Y T F O R E I G N F P I O O T
W Q I N E J O G N N X A Y P Y R M
M P E O E D W D O H O U H E N E U
P T C C S M X E C S H L H G O W W
F U W E I G H L V L V T F O C O C
U Z B F P O U S T Y L Y Z A Q H A
E N U L A U D I V I D N I C R S E
I D L G I V S F P R A B H O R E I
G Y A F M C E A U W D Y C R E E D
H I U W J H E X W S A T Q N B D V
T G P J N O N M M C U C Z S Y L N
Y T H I N M A U A E I X B I G K C
```

Puzzle 203

```
C S S I M E D R A D N A T S U Z S
U I G G R O R E P P I L F W N W N
D N J R O P A K N N J Y D S Z N P
O G K A F P M X J T S K W Y C W I
U I R D U O M I B O I G U P N A Z
B N L E M N R C H U M S C C O A T
L G J H Q E A S H A K E T D M T M
E H B O J N C A T T E N T I O N B
V A L A B T L R F X F H J X Y K
M Q Z A G G I S L Q B R O U G H T
K A O R R Q M O Z P U N X S T A O
L G Z W J O A D E R D N U H E S J
R Q Q W U G T A U C Q E P L L N A
T H A N K S E L B A R E S I M O Y
Q N V A F Q M C N U G J C C F H F
```

COAT
JOB
STANDARD
CLIMATE
FORM
BROUGHT
MISERABLE
SHAKE
ATTENTION
SINGING
DOUBLE
MANY
SODA
THANKS
DENTIST
GRADE
FLIPPER
OPPONENT
MISS
HUNDRED

Puzzle 204

DISAPPOINTED
MARRY
THROUGH
SORT
PEOPLE
VAMPIRE
CALCULATE
WOKE
DISTRACT
TRANSFER
OPENER
COW
QUOTATION
GROW
CHARACTER
PROHIBIT
GLOBE
HEAR
RESIDENT
EFFORT

```
E Q I B E S H D C A L C U L A T E
F M U W N O E M A R R Y P D C N R
F V E O U R A F A E X U R I H E I
O B J R T T R Y P N A C O S A D P
R P T G W A A D F E T W H A R I M
T T L L E D T N Z P A W I P A S A
F R U C V D Y I J O I F B P C E V
K A D X I H G U O R H T I O T R K
D N P I Q N F W T N S M T I E B B
X S S Q S K T O O Q B M X N R T F
D F E N E T Y C R K K O U T S I K
M E B O L G R H W O E P I E F I J
D R T F D N O A P S D Y Z D P E Z
K C I G B I X H C P E O P L E I P
I D C X B M E S L T V Z K H B L D
```

Puzzle 205

```
V N U C L M K V H Y Z Q D G Z Q C
H Z O N F S B S Q H W S W L Z K L
Z T E J P M Y W H I H A P T T T O
J C T B S M K I B C L C M M L E T
Q S L Z V Y G N I Y R T O P E O H
Q K W E F B Q V A V B R V U A C E
G X L T V B C E R O H S E L K O S
X N D A I E C S K H Y O R L N N C
X Y T G N Z R T T F O I L E A T B
S R S A C J R M T T G Q U D R R E
D U O P R K Z E R E T U R N R I P
Q T C N E S O N K W L R Q C A B S
Z N T H M A V T I M R O A Z T U B
U E E L O J K D Q D K N L P O T M
N C V O C A B U L A R Y K D R E S
```

SPEAK
GATE
COST
CENTURY
RETURN
CONTRIBUTE
PULLED
NARRATOR
INVESTMENT
VOCABULARY
TRYING
LEAK
TOP
NOSE
FEW
CLEVER
SUCH
SHORE
CLOTHES
MOVE

Puzzle 206

POURED
SAME
PREVIOUS
PAINTBRUSH
COLLAPSE
ACT
DISCUSS
EXCITED
ACCESS
SOMETIME
GRAPH
HOST
HURRICANE
HIS
SPARKLE
INTERCEPT
PAY
SOMEONE
QUICKLY
BUY

```
I O G Q P W H Q B H C F O Z Y J G
O N T O E I B E Q U P F J Z P R Z
D G T N L S R W X R R X K H B S B
R I X E K S R T Z R E W V L Y A P
L I U N R U K N Y I V A G P G M P
Q Y W O A C Y L K C I U Q S X E C
B L W E P S E G R A O N R T H Y L
K D T M S I G P A N U N U E W L J
Z D K O B D M U T E S P A L L O C
G E B S I H R Y U H O S T B B T U
Z R C J U V D R G Z O V S L N J P
K U A C N A Q R L E M I T E M O S
L O E P B U Y A P F T P B I C D K
I P K Y H S U R B T N I A P G C Y
E X C I T E D E A C T Z J S U C A
```

Puzzle 207

```
P N K O T S Q W E S S V A N W D K
U P I D X E D K D S L C U D D T Q
S E N I O R I R Q R K L N U E E Z
S T C Z B A T O A I C P W C L P V
Z U Y W F E E C S L V Z L M I H M
Y O C M D D M K G R O W L O G A I
A B A C M R X A L M E A T E H C S
D R D R E K B L D Q J I N X T A E
Y A T N A S X Q S U V E S T A D R
B Y E I S R S B E E P W M R O E Y
P A I N S H E F C E C E F E T M P
S T E E L T K L U N V U L M S I E
H I M R X A N Y Y L F X J E F C I
Y W B G L C G M P R C F L L T V Y
M V X J A L S M N V B Q Q Y Q O Y
```

GROWL
SUCCESSFUL
ROCK
MISERY
ITEM
VAN
EXTREMELY
STOAT
DEAR
BOX
ACADEMIC
HIM
QUEEN
PAIN
MEAT
STEEL
SENIOR
RARELY
ARTIST
LIGHT

Puzzle 208

REMAINDER
RENT
MAJOR
LOWER
NOTICE
AGENT
CARELESS
BELIEVE
FERRET
ALONG
HEALTHY
CONTAIN
TASTE
REAL
CAULIFLOWER
LION
BENEFIT
CITY
NIGHT
FLUFFY

```
F L U F F Y D J L W K Y A H U R T
N K L T M C B L A B D M W N Y U V
R Z A J I V B I B K P N B G E B T
I K D Y V B E C I T O N N L I O N
O V S S E W L Z X N O J L E A E E
Q V H S Q K I E R E D N I A M E R
O D T E R R E F R G B M N K B T R
G N O L A X V B D A L J Z N E Z U
D K E E Q L E M A J O R D I N Y I
E V G R B X T B N F S A Z G E J S
K L C A H I S H L Z X L T H F D Z
M F K C M K A L Y T I C O T I U A
P U M F F L T N R K W L K W T K Q
G C O N T A I N K S I W H S E Z K
L S C A U L I F L O W E R H P R S
```

Puzzle 209

```
F C W R E V E I H C A M C W C X K
O N K R R X R L K C H E A R A D N
R G W M A V P F D F E D M L U F N
K I J Y C V Q L U W X I P P U N Z
N I A R F L A T O Y D C A F O O L
U F Y A N Z H I L R Y I I B R L S
R X F S L E Q A A A E N G L R Y P
T M P S H X J H Q T C E N T F K E
C G P E O C R N I N N S S F X V L
N S O C C L D K M E A F H E X D L
C P M E N Y B D R M L R O A E S I
S R P N F H R I N M G D S G D K N
O L U X U R Y U D O Z W S U Y O G
N O I T C N U F D C F H Z N Z D W
G A B O S L E N F G U B Z X D M B
```

FLAT
LUXURY
SPELLING
FUNCTION
SHADOW
EXPLORE
NECESSARY
SEEK
CARE
COMMENTARY
FOOL
ALOUD
RAIN
FORK
CAMPAIGN
SONG
ACHIEVE
MEDICINE
GLANCE
TRUNK

Puzzle 210

PEN
FATHER
ASKED
EVIDENCE
COOK
SOCIAL
REPAIR
MODIFY
PRIVILEGE
OPEN
LEVEL
CAPITAL
COLLEGE
MEADOW
NOTEBOOK
POSTPONE
GROUP
DELICATE
FULL
SHREW

```
M U U A D T X M E M U C E C Q K Q
P E G E L L O C O F P Y V A A A A
U S A G R O U P U M Y Y I P U C I
L T H D E K S A Z R B R D I Y G X
F J A R O M O D I F Y C E T F Z Y
R F E O E W K L C Y L F N A U Z G
N Q V Z G W O P E N R C C L E J J
O Q S P E X O L E V E L E P Z S T
T P Q Z L X C P A F A T H E R U O
E E G T I P N W J I U O M H S S P
B N B F V R X Y W Q C H Z P H Y M
O J F U I F W K M E N O P T S O P
O C P G R B O I A P C G S H E X K
K Q N Y P D E L I C A T E B Z S E
R E P A I R G H D H P K Z F U L L
```

Puzzle 211

```
C A R G M S P I X L P H N O S Z E
R G E E Q O R M U Y O L F A U W D
I H C D R Y U E G C S N G Q E T I
T S O D Z G G S R E I D B A T H B
I T M O M O Q N E R T A N K U B L
C A M C E J S U G E I L N W N V E
A M E T R C Y Z M A O W O I I H E
L P N O R A V E N L N Q I J M U H
X Z D R E Z Z N K L Y Z T M J A I
K U S M T J U I D Y V O C H G U L
U X R E H T E H W I E G I E I V I
X H T G G N C S E J T V F U B O L
W K M C U B T N E I C I F F U S E
I B B N A M C U L E A V E S B R V
R U E O D Z M S M Y G W S Z L U M
```

MINUTE
RECOMMEND
CRITICAL
REALLY
FICTION
LEAVES
RAVEN
SUFFICIENT
BATH
SUNSHINE
WHETHER
DOCTOR
EDIBLE
DAUGHTER
MOUSE
STAMP
ANIMAL
DRY
POSITION
KEY

Puzzle 212

```
N M H P C T L E V T I T P U X Y K
V M Y U S P C I Q U P D O Y Y C F
T F K F B E L O I C G F L G D Z F
T I L F F T C E O Y A X H O P E F
N E I I Y A X U C X N F J L B V C
A X S N X D S S R N R V J O Z O H
T B O T G I H T E I U Q A N B T E
R M U I R D F S C N T K T H E S S
O D L S G N Q N I A X Y G C D W T
P C E I G A F K F F O M P E E V N
M J D V Q C I Q F Z L K H T R K U
I K V P T L L B O Z U M V S F L T
N E I G H B O U R C B V O B P C S
S C I O J Z D R A W E R T U Y A N
H A M B U R G E R P M Z E E S T K
```

HAMBURGER
IMPORTANT
VISIT
TURN
SILKY
TECHNOLOGY
PUFFIN
DRAWER
SECURITY
STOVE
BED
CHESTNUTS
VOTE
BOLD
HOPE
OFFICER
NEIGHBOUR
CANDIDATE
QUIET
TEST

Puzzle 213

```
Q J U E X W O O X R M H X T M Z Q
U Q E R U O V L Q R Y W W A O V M
A C C U R A C Y K V C L L T T F A
M W A K H A T Y X U G N F R E B K
A C N J N G N Y S R W W Z X L W P
G B R N N O I S S U C S I D F E R
N A E K D V H K T D H O L X T L O
I B T G B Q P I N P T V I K S C M
F A A Y G B L L G Z E C E I S O I
I N U L A S O L V W E F G A E M S
C M D U N G D R Y H T R O N N E E
E Y A C O N F U S E Y O P P I H P
N T R E V E R N W Q A B N J S H D
T O G Q R P Y T I L A E R K U D U
I N S T E A D L B R L Y Q D B K B
```

DOLPHIN
NORTH
GRADUATE
DISCUSSION
TEETH
BUSINESS
REALITY
KNOT
HIPPO
PROMISE
OBEY
ACCURACY
EGGS
REVERT
WELCOME
CONFUSE
SKILL
INSTEAD
MOTEL
MAGNIFICENT

Puzzle 214

DEMONSTRATE
ALTHOUGH
FEELING
POCKET
SHAPE
SELLER
WOOL
FAST
COMFORT
KIWI
CRADLE
PUNISH
CHILLY
DAD
ONE
THIRTY
APOLOGY
DAWN
LEMON
PREFER

```
H D P W M C L E E H X K U L O J J
O A U Z C N Y O G O H L L P J T X
S W N S I H S E L L E R R T J Y H
S N I J L Z I D A D T W N S A G C
M K S Y I I Y L Z A T R O F M O C
S C H F T O B R L V S U M E L L J
E H R M T U O N E Y A Z E E C O W
P B A Y V J V H J L F Z L L F P K
K P U P T I O N Q S D R S I P A E
H N O T E K C O P I Q A S N P Y G
D E M O N S T R A T E L R G J X B
H A L T H O U G H K I W I C W X H
P R E F E R W O O L T H I R T Y R
S Q K B T K X D F H J J E X L T N
V G Y T G P M D D L W G H R S L Z
```

Puzzle 215

```
H W B N E L V O Q B L B N E R P F
P O E V Y M X A D H R R Q S E C E
E N E U S R U P F A E O A S K V N
C K Z O A J Z J X J S C E E E T C
F E I I R J M I Z X O C T N N O I
I W S L J T B G Q N U O P T R Q N
L C G L O S S A R Y R L P I L F G
G E L L B E C A T U C I W A I K B
L R V I K R V I S S E S A L V M C
P Z E W R E N R N U B A V D I N Q
D O S Y O T W P U A H A D N N W Q
U S A Y U N I O C L Z N D R G K Y
V P H E O I W D X R R L G G Z F F
G N P X Z E N O R M O U S V E B K
H E R S O N Q L U G T T O N D R T
```

FENCING
AIR
PHASE
GREY
PURSUE
WILL
USUAL
LIVING
ESSENTIAL
INTEREST
HOE
SIZE
HERS
KNOW
ENORMOUS
GLOSSARY
RESOURCE
BROCCOLI
BADGER
COIN

Puzzle 216

SEA
MELT
MUCH
OPINION
PRIZE
SMILE
LUNAR
GHOST
PROVE
VOLUME
DURATION
CRISIS
KEPT
LIZARD
BEAR
WIN
LIE
TELEPHONE
TREE
SHEEP

```
L H B X J Z Z O S X F H P L C K J
L C M L W I X L M N M X C L V U J
Q U R O E S G B I V E F L K I A L
W M A I F F W D L U L L C U Z B I
P E E H S Q Z O E A T G O D T O P
R T B L S I W T S O H G I N F B A
O O I M P H S E R G H B J A H W O
V C K L P C H L F F T W E K E P T
E L G I X G L E U D R A Z I L S D
Z H U E M X X P T Y E N A E K G I
I A G N I W C H K H E T E I H G G
R G Z W A E J O O P I N I O N B P
P I W W C R A N O I T A R U D P L
V O L U M E K E C Q P K L R A W E
P C W P N G M W A F R X W T E Y P
```

Puzzle 217

```
S I Y Q K Y H D C W D O F W N I S
U Y I N U S V S L A U T R I V R O
M V U R G R A N L C V U M O W O L
M L R U R Y F L A S K I J Z O N U
A G O A M U J A F T T L T L K H T
R O G K T X T A B E Q Z I Y L T I
I V E R T P S P H A K J W G L R O
Z K R Q N O T E K M D A D D Y U N
E L T A E P E R N T U S D L A T K
F I R E M A N U A S C H A S E H F
L M O C E M N S H W E R I X X G G
P Q P I E R L A T E H E B B L I U
S C J V R A S E T U N I M H H X W
W K L D G Y G R A D T T T A Y I E
L B X A A D B T I O Y K Z E Z X Q
```

ADVICE
SENSE
THANK
FALL
CAVITY
SUMMARIZE
DADDY
REPEAT
WHITE
MINUTES
MILK
VIRTUAL
SOLUTION
TREASURE
IRON
STEAM
TRUTH
CHASE
AGREEMENT
FIREMAN

Puzzle 218

REGULATION
AFFORD
MERE
ANYBODY
ENVIRONMENTAL
REACH
CLOUDY
RECEIVE
CRAB
HEY
SKATE
KANGAROO
HOLLY
MONTH
HURT
STOP
MIRROR
APPLY
ANGRY
BURNED

```
Q P I J R R G C R A B V O L I S S
E B V H W C P E X Q K F F L W T Y
M V X C O O M O N T H A J T D O S
I I L A T N E M N O R I V N E P K
E L R E N U R B X W U U G J N E A
O O U R H S E A P S Q G H K R C T
Y U T K O Y M C L O U D Y A U X E
H I K T R R K P V O C R A U B P Y
E H E Y L L O H V R G O A I K B P
V W O L R D C T J A O F N Z I M Y
I Y L P P A U J C G W F Y D U D X
E D R E M S W Q L N G A B R M J J
C I E G I W R G R A X B O A W U N
E V V O N T K E P K X S D S J Y Y
R E G U L A T I O N H L Y H C X M
```

Puzzle 219

```
A Z G S K R E D I P S U F F E R T
D U P H C E E P S L I L R D F I S
V C Q O B S K S Z A H I U R P A I
G I H T U R R S E S T T J O J P T
D U Y J P Y A J S T K R O W T E N
T W F Z R S Q V C I G A H R U M E
T P K T X C J C E C X N H I O D I
W R I S J U U P Q A V S J G Q E C
O E M I L L I O N O L P B E S T S
X S U F W E V O M E R O K E N T Q
R V B D E H C A E R A R P W P O X
L V R B H L J X X M W T E V S P U
B N O H N E L O E F F A R I G S L
J P W T Z H E F T D Z O A E G L U
V N N W E O L V Q B R K L C K H V
```

BRAVE
PLASTIC
SPIDER
SPOTTED
BROWN
SHOT
FELL
REMOVE
SCIENTIST
SPEECH
TRANSPORT
PAIR
SUFFER
REACHED
BEST
NETWORK
THIS
EXCEL
MILLION
GIRAFFE

Puzzle 220

EATING
NEST
TAX
KNIFE
COMPANY
COMMITMENT
REVEAL
SOFA
HONORABLY
WIDE
FROST
GIVEN
SECTION
INTERACTION
VISION
TENDERLY
CONDOR
SUPPORT
PLENTIFUL
BRUSH

```
O T X I M Q P O Y L I R W Y T I S
S S A E V R U Q Z A U B T S E N U
V O T X X B E Q O P N E N G N T P
P R Q W V O R E C H V K R P D E P
G F A W G S M A F O S Z U L E R O
T V K N S S N T J H X U S E R A R
C R L N L E D I W P F U R Y L C T
O B H X I Y Q N E V I G D B Y T E
N R B I K F V G V I S I O N D I N
D K C M T C E S E C T I O N E O D
O H O N O R A B L Y B I V Y S N M
R C O M P A N Y X V R E V E A L O
H A Y N X M C O M M I T M E N T N
P L E N T I F U L V F J O B L B X
B P Q H I Z V C Q V A Z C A Y R G
```

Puzzle 221

```
H G H I G W G V P L A N E W K H R
M W U D J K T P X A E K C E Y T E
M E R U T C A F U N A M U G G U Q
H P T X E L G N A D Y R D N I M U
M X Q H N F N Y A F O E O I O U I
E A G O O Z B K Q B L W R H R U R
D Y T W L D C I P U Q I P T M N E
N O I T A V I T O M H N N Y I Z D
B E X V E M S Y J I L D K N G Y J
E T L W D R G D R I B Y D A L D G
S E T R I K P N O K Y L L A U S U
I L Y B G X S A R F U Z O W M U P
D B E T T E R C D T G H L C S O Q
E E Z W I T J H E D H E F M K O K
S W H Y K K D J R F D T O J I Q K
```

METHOD
BESIDES
REQUIRED
MATTER
MOTIVATION
REWIND
ALONE
MIND
USUALLY
ORDER
PRODUCE
ANYTHING
MANUFACTURE
LADYBIRD
CANDY
PLANE
BETTER
BLOCK
DANGLE
GUY

Puzzle 222

FORMULA
HER
WILDCAT
LUCK
TAKEN
THICK
FURTHER
SIDES
EYE
SHOW
ITSELF
MODEST
INTERESTING
FLYING
BEHIND
FOR
COLORFUL
MULTIPLY
GRAND
DESCEND

```
R I G A D N G N F D R Z D Q O L N
C E N T H I C K G V D E E H L T H
K M I T A K M O D E S T S F U F H
W M Y B E L U F R O L O C O C M U
E U L N N R U K E R G A E R K O H
L D F F Z P E M H D U T N S H O W
F U R T H E R S R K X U D M F Y S
L S B A G V I X T O G E N U X E U
E H T C O R R V D I F X I L D T L
S W H D G K A Q E B N T H T Q O Z
T Y V L V U J N E Y E G E I V X C
I H C I N Y L S D V O D B P X G A
Q M M W S I D E S W L U L L R T E
L G Q U I X T W M I Z A L Y J I I
T A K E N V S U P Y V J O I M J Y
```

Puzzle 223

```
Y O S R S I T P S K E L E T O N I
K N C H A V E W O E N F P N B I J
L A I R E T A M E L X D B R G C D
M N S W H O S E N L I H Q W E E U
U M S L E A D E R J V T I P V L P
Y D O B Y R E V E H V E I B H L O
V B R O T C A F J U U V F C I Y L
L D S F R E E Z E R W I F E A T I
C O L L E C T B J R Q B K D D L T
V O L U N T A R Y Y G E Q Z Q L I
B K B W D O P B E Q U R T N H T C
H N V A F B K M G G D J Q I C K S
E O W R K A H Y S M U S H R O O M
R W I J Z K O Y H X V K Z J P U P
A N O V P Z E Z T B G P V C D H M
```

KNOWN
EXHIBIT
MATERIAL
VOLUNTARY
POLITICAL
FACTOR
SCISSORS
HURRY
LEADER
HAVE
WIFE
WHOSE
CELL
EVERYBODY
SKELETON
COLLECT
FREEZE
MUSHROOM
POLITICS
TWELVE

Puzzle 224

CLASSROOM
RECREATIONAL
DUTY
IMAGINE
EXPERIMENT
SHOUT
WHICH
POUNDS
WRAP
THOSE
EMERGE
BADGE
SCORE
GLOW
CUPCAKE
HOUR
HEAT
DUPLICATE
KISS
NICELY

```
W Q K R E C R E A T I O N A L P J
R H E M F G R L S C O R E Q H O F
A F Q J Y O D I M A G I N E O U G
P Y T U D Q O A M V C W J S U N L
G F A X C U C B B M E P T O R D O
H W E H Y P H A C C T U O H S S W
C B H M L C D R G M A B J T G T P
F K T I E K A C P U C B E D C G J
L P J E C P M J B I I G G P M J S
A K G D I H N R P T L S R U S Z N
X N O T N E M I R E P X E E Y V S
R M C Y N F X L K S U C M R H F N
J J U A O P U R W I D P E L Q Y M
O U C Q Q Q M O O R S S A L C A O
H I P H T E A P D L T S A O D T D
```

Puzzle 225

```
K D N L D D L W W I T H J C G D K
N N O R E O F T I T R N V O Q U W
Y W R K C Z J N O S S E L M B R T
N V M K L R A E N E H R A M D X L
L P I Y A X C M A H H A A O P O T
C S Q Z R H X P M C W U R N Q X N
F Q D N E F F O T I T Q C O S L Z
C O U P E F L L S R Q S T I A S B
P U S H E D H E O I N B I S T B K
B L X C A U J V P H R H C S S B K
V Q F O O Y L E V O L W U E M D S
Z P D N G L B D P A K D Y F N V M
S E L E C T O O L Q E W J N L E G
D B U J N N K R S O Q J K O L I K
U S U H W P D X A E Q C G C Q Q U
```

ARCTIC
LESSON
NEAR
SELECT
CONFESSION
POSTMAN
POT
WITH
COUPE
WISH
COMMON
DECLARE
LOVELY
COLOR
RICHEST
PUSHED
SQUARE
SIR
OFFEND
DEVELOPMENT

Puzzle 226

LOCK
PRODUCTION
LAST
COPPER
SURFACE
WALL
INCLUDING
PICTURE
STOCK
DIVING
SEND
FOREST
FRIDGE
MANAGEMENT
BLUEBELL
TRAM
SIXTH
SNOWBALL
INSTANT
WHAT

```
E S N G V E C F L O C K S D I E X
S N M O I N S T A N T W I I N R A
K O B R I D I V I N G E N C X P Q
O W L A S T A H W H W W C S Y T C
L B E B Z F C I T T T K L B D L H
A A B E K D W U R H Y Q U W M E V
P L F O R E S T D P P G D X A G J
I L S U R F A C E O K K I B R L M
C O L W H I H R H G R C N Z T L L
T N E M E G A N A M D P G P N E C
U S T O C K L S V G S E N D V B M
R E P P O C O W E Q T M V N B E R
E T F R I D G E J O N S O W O U K
Q Q K B W L Z T U U Q O D G A L Z
P S Q O U V T F L F T B Z K X B V
```

Puzzle 227

```
W R B C C U A T J Z H W S U T G M
M W A J Y Y H V M H A W A E N O B
Z Z L J L C J V R D J U H X A Q J
D P L D P O L E V E D M T J N T P
N R L S D Q V E K G H S R Z A S I
E O I U P D M P R A F U U E A E K
T T H N X P A M F M R K O R L R O
T A W N K U R V U I L Y F O S R H
A N S I E Y K H A P P Y E Q V A I
I I T R H Y E W D U C C M X C N M
G M J V K E R A F M A E E X K M L
W O B N I A R S W M S Z R W I R U
H N X K Z T S T Z B P U G C U C T
L E S O U T H E R U T A N P W I P
N D K O Q J F P T Y L Q E P P O M
```

HAPPY
MARKER
WASTE
ZERO
SOUTH
DRINK
HAS
ATTEND
NATURE
BALL
DEVELOP
FOURTH
RAINBOW
ARREST
SEAT
BONE
DENOMINATOR
HILL
IMAGE
CYCLE

Puzzle 228

PICKED
WEAR
TRUE
FEVER
RIVER
JERKED
AGGRESSIVE
SKIING
ONCE
NUMBER
VISIBLE
FINAL
FRIENDS
DEBATE
HUGGED
QUARTER
RUDE
ATTACK
MONEY
TERM

```
E B G U D E K R E J D H R A E W Z
K C T T E U R T E T C J U U H P L
H R Q B B C Q S H S K J Q G D J L
L I Z Y A M N Z P I C K E D G E J
U V F J T M Y O P E A E V T K E M
W E Z Y E N O M R E T O I I K L D
S R H Y F E V E R J T O S M U B N
K R M Q Y R U U S T A S S O C I G
Z E J A X S K I I N G M E Y W S F
N T R V D A G Q N Q V I R L V I B
F R I E N D S L Z F N Z G P T V C
L A N I F G A F E T Y Y G L C O X
N U M B E R I X V U U Q A N E F D
X Q G R L Y X B R Y Y H M K L V X
W N S O E T T N N D Q E L W L L O
```

Puzzle 229

```
A X F B I T V N C H F T R S I G N
X U Y D L E G S J A A Z Z E H B P
U C T T A K I N G M C C R Y W M R
B D R H T C Y N B S T A Z O N S E
U T E F O O U E Y T D U U E U Y S
C Q P W B R H A N E R U T L U C E
L A O I M D I T X R N O D L D Y R
O W R M B T D T K L O G N U N C V
R H P R H N B N Y S T U D I E S E
L H S Q Y O O R C J E V G Q M T V
Q A O X I C B U G L A M B S X F L
U V P A B C L O C K T X S Q W F O
X M C B A P H P A X C D J Z K A S
S E W G P V Q L S T U D Y H O G G
D E T A I L P W X J S R K P Y T G
```

SOLVE
CULTURE
HAMSTER
DETAIL
STUDY
EAT
YES
NEAT
FACT
TAKING
AUTHORITY
ROCKET
MINOR
STUDIES
PROPERTY
CARRY
LEGS
SIGN
PRESERVE
CLOCK

Puzzle 230

SUN
GLASSES
ANNIVERSARY
MOISTURE
NEITHER
PROGRESS
MOUNTAIN
ROLE
BIOLOGY
ROUND
AIRPLANE
PRETTY
SCREAM
TREATMENT
CAPABLE
ACTOR
PERIOD
OUR
ACTUALLY
BUFFALO

```
V N T E L O R S B T P S H O X E V
A A P R S S I A K R R C Y V J Q T
C G R U E A C T O R E R P T S T M
T B O T S A R J M Y T E L N Y F N
U I G S S P T K K F T A D P T V I
A O R I A E E M Q Q Y M Y C W S C
L L E O L R E C E E N E I T H E R
L O S M G I P X N N Z E J Z V W N
Y G S R W O O E A K T L U W G O P
F Y S U N D B A L R K B H P B C O
M O U N T A I N P O L A F F U B P
N U W H K U Q Q R U L P O A F I S
F D M P L G D F I N Q A D U M Y A
E E Q J H W H H A D A C X Z R H T
P E G U N J A N N I V E R S A R Y
```

Puzzle 231

```
B Z A P K C T P K V G T T K W D F
E R A H S O H G U O H T J I B G I
E C O M E O E B I R C S E D K N G
T M M L D P R F A M I L I E S I U
L S R X D E E L B P G N U G G H R
E M G A A R F S T A T E M E N T E
D G E R W A O Q M T Y F R I P O T
G V K D D T R T L B J Z I L C N L
I C P P I E E A N C A M E S K T W
M R L K K U X S N G A I I V A S K
D U M V R Y M R D Y G U F D S R I
P R D N O Y E B V W J N Y S K S J
N I V D W T I C U Q I K F M I N R
T T P Y Y L E T E L P M O C N L Q
E T B E Q J N L L M T S L D H P V
```

FAMILIES
NOTHING
SKIN
FIGURE
SHARE
COOPERATE
DESCRIBE
COMPLETELY
MEDIUM
WORK
STATEMENT
BLEED
DESK
BEETLE
THOUGH
COME
CAME
MUDDY
THEREFORE
BEYOND

Puzzle 232

CARD
EXPECT
LACK
BEACH
VARIABLE
WAS
WINTER
LESS
TECHNIQUE
PURCHASE
LOOSE
NARROW
PRACTICE
BASKET
WITCH
HOUSE
BEE
FIX
YESTERDAY
NEWSPAPER

```
E X Y I T G Z S L L W R N S X B X
C P W O R R A N C V T W R Y X E X
A Y A D R E T S E Y E S U O H E N
R N S B E A C H K A C P F D C M S
D M R W K B D M T O H R D B T D M
P O E F I F I X L R N A A A I K L
Z K P V A N O G A B I C U S W F W
Y M A H Y D T F D R Q T U K C A L
L W P O S T E E I I U I R E C W J
L E S S P U E C R X E C L T V V D
K Y W J G E A I Q B S E G O J Q Z
C V E E X P E C T C O H K X R J S
I M N J S D W F T H O W R A Y F L
P U R C H A S E P E L B A I R A V
E A S P W I Z Z U B G U E K X L A
```

Puzzle 233

```
C N R E V E T A H W V V H L C F V
L O J O G J O P Y S G B U A O U S
O W M M O K Q I V D L P U S C V U
N G S I N S N I M A T I V S O O M
G Y F P N K T U G H O N S O A F M
K M N Y C G I E B Y U C U N R T E
T C C W O N Y E R N P A O O L E R
G R A N D F A T H E R R D J C N F
C O R N E R B A C A J E N R K A D
S H A D E N W L T Q J F E I H L U
F J K Z M O Z O A T M U M V H E M
Q K K Q E A O C W G E L E T B M U
O M L O L F F O Y W T D R P Y U G
G W V D W Q W H L F T E T H X N A
P I N R Z N I C X J C Z O U R H A
```

OFTEN
WHATEVER
COMING
BAY
ROOSTER
TREMENDOUS
WON
LASSO
CORNER
COCOA
VITAMINS
SHADE
SUMMER
LONG
CHOCOLATE
GRANDFATHER
COUNT
WATCH
CAREFUL
HAD

Puzzle 234

DRAMATIC
OFFER
LOVE
NUTMEG
PLAY
COULD
WIDTH
WIND
SHALL
PROGRAM
PUPIL
TRAINING
CHICK
VOICE
ASSESSMENT
BOTTLE
OLD
GUST
CHANGE
ANGEL

```
N J A U U C K W L A H O H Z L C I
T N W M U D H I F H P M V H M E Q
D B U W I F B N D R A M A T I C D
P H U B R O Z D L E G N A H C I W
Y X O C O P H T O F V J C P U N E
P O E O N T D Y D F G U S T L M Y
R H F U A N T L T O X M I Q L A R
L I T L H Q P L N U T M E G A R Y
O X J D Y O U E E J J F K N H G U
V N S X I N P G C A D G O I S O P
E V C J F W I N I S X A E N N R V
J A H L D E L A O X Z R U I P P O
O T I S G L M V V O G X I A C B B
M X C A S S E S S M E N T R K E M
X K K V N W J I K N Z N I T J R Z
```

Puzzle 235

```
O B T M X Z M L I C W W X Q Q F B
U W B Q A D H E S C W Q L R K T E
H A W A L K I N G U N Y R B E Q E
V K O H Y S L A C C O M P A N Y R
P L A Q A I V R R G I I M C O L T
X L E D L R L U O P T K R A T E H
J B A G U Y J P B W P Y A A S K R
Z P P N P A R T Y Z O L W M V I O
I B S I T I N D U S T R Y W D L U
M W U H H T K H V C N E M O W W G
N T G T G H A L K F E P G E N B H
K T O B I W B Q C M D S V J S X O
L X D D E O H J Q O U N Z K S I U
O O B H A C W F U S T S U X S T T
E J J B D Y N J P N S H R Y V W M
```

ROB
TODAY
BEER
WOMEN
STONE
VARIOUS
ACCOMPANY
WARM
THING
RISK
PARTY
STUDENT
EIGHT
OPTION
THROUGHOUT
WALKING
INDUSTRY
LIKELY
PER
PLANT

Puzzle 236

CRASH
THOUGHT
THEY
ASK
INCLUDE
HERE
CRAYONS
EXERT
DOMINANT
ATTENTIVE
ALSO
VILLAGE
MITTENS
INPUT
SAUSAGES
PERSON
BAR
THEIRS
VARIETY
DISSIMILAR

```
D O Q T Q M K H A J U A E T T O J
O U G O U W G K B A R T X H R I Y
M R Q L R P E R S O N T E E R E H
I I O X A B N F Z Z C E R I G D T
N N K N L Y L I Q Y T N T R X U H
A N Z M I T T E N S N T D S D L E
N A Y A M E H G C N A I D E U C Y
T A W H I I G A R O L V S G V N U
W R V W S R U L A Y S E R A J I K
U D I J S A O L S A O V X S A Q K
S Y K L I V H I H R R C H U E S N
Y B C F D Z T V F C Z U P A T P K
Y D W G B A R D P S Z V R S D D N
J H Y W G D R O M H X Q H E V X I
O G D A M P B E H C J I J W V Y O
```

Puzzle 237

```
C N J Z E P S I K U J I H W N Z C
V H Y T C G N I M E S O N I H R M
L Z H P W Y O W C S H H U B D W S
P O O R T R W F O W Z I I R W H W
N W E T X E N Y F F B S M U N Y I
A F L N H S D I D F L W I A K E M
G V T A I O G U A L R E T N E C Y
A T T C P F F J A D P D K R M K R
R T A I M I L E B U Q E Y A G C U
L P C F I B L J I L Q L I E L Y P
S I R I L F E Q L L A P L L A Z X
O O W N T N B U I P F R U I T P M
M I K G C Z J E T P A U F Z N U B
A T T I T U D E Y Z F P N E E F X
V C W S X B L I W Q A D D H M C W
```

LEARN
PURPLE
MENTAL
FINE
CATTLE
SNOW
SIGNIFICANT
WHY
ATTITUDE
POOR
RHINO
SWIM
NEXT
BELL
LAKE
JOURNEY
SWEDE
CENTER
ABILITY
MILE

Puzzle 238

SEQUENCE
THREAT
PROBLEM
NATURAL
HOLD
MAKING
FRUIT
GOODBYE
CRIME
WILDERNESS
TENT
COMPETITION
CARROT
DIRECTION
TURNIP
RELATIONSHIP
LEAVE
GUN
CIRCLE
INTO

```
W H H F R D G E R C T Q B R T G R
J S B P F Q N U A P J H F H E O E
E M I R C D I R E C T I O N N O L
C W Z E V D A J Z Y P G L R T D A
N A T U R A L L E A V E U O M B T
E L C R I C R O A N K B N N Z Y I
U W R S Z A U H H B G S W G J E O
Q C O M P E T I T I O N I N T O N
E X T T U R N I P T Z I R I Y C S
S X I Q S S K D Q X H Q E K V A H
U N U E H T G K E H E R U A F R I
B P R O B L E M X R W O E M I R P
Q M F W I L D E R N E S S A J O I
O N L V H L N B C K P L H T T T N
O P Q O D K U C K Q U S G C O Z R
```

Puzzle 239

```
G R C T E X S M S G J S Q X Q B W
N U N F A O P I N H B S G H S A O
O P I P L L F H G H E N N R K E O
L N E L A R U T L U C N H J D V U
E C J P T L D E L E M A N A G E R
B Z F V O Y C A L F V O H Y E A W
B B Q C O C M E H R E T A I N L C
U L R P H K U U J A B Q V D I R C
S J O E S N E T I B B A R L H I P
S A W E T A E R C C M I O C C G Y
R S C D F Y T B S M A J T Q A H A
J J N O K H K I F C L E F T M T D
V E S M F E C A P S M A Y C D D S
O E V B I I N E D R A G M M M C
J Z B W F T S G I G A N T I C I Z
```

SICK
ALRIGHT
RABBIT
GIGANTIC
MANAGER
DEEP
CULTURAL
MACHINE
INCH
SHOOT
RETAIN
CREATE
SPACE
GARDEN
SAW
LAMB
BELONG
GUILTY
TENSE
HABIT

Puzzle 240

STARS
DESPERATE
DATA
SEASON
FOOD
SEVERAL
ARGUE
SLIP
SPINACH
SOCIETY
UNDERSTAND
LAWYER
NURSE
FOOTBALL
SHOWED
CHIPS
SPECIAL
GENTLE
TRUCK
FIRM

```
T P D O E J B T Q H G F Z U Q C A
V U J F T F Y M R I F E S R U N T
U L T A A I U L N U D S N B F Y P
U N D E R S T A N D C V X T L E F
I O E U E R I I E Y Q K U H L R O
J S W G P A J C L A W Y E R A E O
T A O R S T C E P A T A D Y B J D
F E H A E S S P A P R Z D J T O B
G S S D D E L S M Y T E I C O S X
P S H C A N I P S M E Y V P O A X
B Z C A E B P Q Y A K O T E F R Z
X Z W T V T G X V M H J C R S W P
E Z Y M E B M Z Z H Y C F S Q T F
Q U N I F U H Q D D Q S V Z Z C L
G O V E U W M C H I P S X U N V D
```

Puzzle 241

```
D O D A Y J H E C N A T S B U S K
B R B K N W O T J O Y K L Q F E B
Y E Z V T N E T N O C M X N F H R
S T A I R S U P Q Q J K L E U S L
S A D N A H Z A Y O U R T U M I O
E F Z E E Y U N L C K D X A C D U
R S E R C K U T T O L H B G I K D
D E P I U R K A S Z F D K R E L E
F W Z W K M E D E P I T N E C T R
B T Q D Y L G A M I L I T A R Y V
Q S P J S S G P S A I Z C B S E S
Y T I M G P W T D E H T A E R B Y
N O E M P T I E D Z M U B R J E F
B O G P U R Y D I R T Y Y Q W R L
J K S I P Y E Q Y Z G T Y M K E S
```

DRESS
CONTENT
DIRTY
FAT
STAIRS
MILITARY
BREATHE
YOUR
COCKTAIL
WIRE
HAND
DECREASE
LOUDER
TOOK
EMPTIED
SUBSTANCE
DISHES
ANNUAL
CENTIPEDE
TOWN

Puzzle 242

WEASEL
CLASS
DOOR
BUTTER
MOUNTAINS
REST
ROOM
ABBREVIATION
READING
MOOSE
DUSTY
HIGH
WRITE
GONNA
TABLE
TALK
EASE
DINNER
SUNDIAL
PERMIT

```
D S T I V I G E W Y H G I H V G E
G U P N M V V K Z K F L O R E S T
Q T S S U N D I A L P M H N R L I
J R S T D F Y I H A U F R P N U R
V Q A Y Y F W D H T M H O T B A W
W G L A B B R E V I A T I O N I C
Z T C M O U N T A I N S I B P S N
G R A I H F S P E U E J V S O T J
A E D V X B J R Z F U M I O E C C
M R O V U R E T T U B P Z G P Y P
O W E A S E L H R W N E S O O M D
O K S L A N L Z B K O R R J P R O
R E A D I N G B Q H Z M Y C W G O
Z H E S A I A Y A O A I Y O X I R
U R U L V D I M I T M T U N L I Y
```

Puzzle 243

```
R M W M L L N S B Z O L E J T R M
E F I M E W V S C V I Z X G R E W
Q X T S T E N T H E E R T N A P O
U F L E S M I H B H F W E N D L J
E R Y Y T I P A G V E R N I I Y Q
S F G A B L O O H C S I D N T M S
T M Q K P A M N S W G T P V I T O
P E U O W H L A R E D E F A O H M
O M B W I F A Z U F N R X D N E U
D O T I U Q S O M U I O F E A R S
A R S E V E R Y O N E H M T L M I
K Y H R H N R M A C Y A U E M A C
Q D Y B U T T E R F L Y C J N L A
D F S S E Y W L F N Y L N U S A L
G K D V X G G X K H Z Y H K N I R
```

MOSQUITO
FEDERAL
HIMSELF
SHY
SCHOOLBAG
ADOPT
ANEMONE
TENTH
THERMAL
MEMORY
INVADE
REPLY
REQUEST
EXTEND
WRITER
TRADITIONAL
EVERYONE
BUTTERFLY
MUSICAL
MISSION

Puzzle 244

FINANCIAL
CABBAGE
OUTSIDE
BOTTLES
LET
SUM
SWEETS
SCRUB
RACE
CONFIDENT
KIDDING
TEXT
REASON
SCARED
ASSURE
BLACK
COVERED
INDICATE
VERSION
COMMUNICATE

```
C R Z V P F S L O L Y G M M B R A
I O E T H C P K U U Z S Z G L A A
X N N A C Q P V T E L D B B A C X
Y A D F S I Y Z S T E E W S C E Q
A S E I I O J D I J O M R T K Z C
G S R C C D N N D U Q P N D C S O
V U A R C A E B E G A B B A C V V
P R C U F K T N P B L J D Z K K E
T E S V I L U E T K I D D I N G R
E C O M M U N I C A T E I D S D E
X K N U F I N A N C I A L I C J D
T K L S E L T T O B J V G G R D Y
Y I H T T G G V E R S I O N U E X
U S J V F F R U Q Y M O Y Q B I H
L U Z F G F D Z A M C O P S N C Z
```

Puzzle 245

```
P U B J Y R O G E T A C Z C V R O
E S C A P E O L X K L F M U S J Z
U G D E F A T Q V V P G F P N Q O
Q C M E R N X B X N W O T E M O H
I J L E I S L A N D W R V C C U X
T S E R A Q E I C Y Z E E N K T O
N A A U E S I C R E X E G E Q I H
A D H T A P U S O O N R E L A O C
A M B C I Y X R H W J A T O H C E
M I Y U I T T J I J Y S A I T C E
S T K R X N P R J N S E B V Q R X
O T T T X C H D X T G R L N A I J
C E O S P A Z Q K R E Q E R P E V
Q L L O I L P N R Q L G X F L L P
M Q L S D L C O N C E R N T U I S
```

ISLAND
CONCERN
ERASER
SOON
CATEGORY
ARE
AFFECT
STRUCTURE
STOOD
ESCAPE
VEGETABLE
VIOLENCE
MEASURING
ANTIQUE
HOMETOWN
EXERCISE
ADMIT
COAL
CALL
PATH

Puzzle 246

LISTEN
HUGE
TOAD
EAST
RUSH
BOIL
ORANGE
LAND
SPELLING
SEARCH
EXCEPT
NOBLE
ILLUSTRATE
FRIEND
PRESENT
LEFT
ART
AND
REJECT
ENERGY

```
N H I O L D L L Y G R E N E T R A
Q O J Y D N E I R F O E A I O U S
D H B C N A F S C T Y T J Q A S C
V H V L A L T T F O A A J E D H S
R L T P E C X E N R S R D G C H E
L W R R K U Q N W A A T R U M T A
S O M M H X C E Y N X S A H Z A S
M E I L R X S N A G I U E L R L T
L L A J E A F U Q E I L I O B R O
W K T R I J T G G L W L F I Z D T
E N Q E C J A U W M R I U U X U E
K D R X U H M Y F Q O Y E F O A F
C K A H B H Z S P E L L I N G R E
H N B O G Q P Y J L H M B Q C T I
P R E S E N T G F I A P L W O H H
```

Puzzle 247

```
U F Z P J I L O R I Z Z P D O U Z
M I R X Q F I V E Q U G U M Z H P
P S C Z E O S F C K D Q B J U O I
I I E S U M N D O V I M L P T L K
I U C V L H T K G G S A I P C Q K
E L T C H H G K N U H M C I I M B
M I U F U C L X I Q S J A S L D J
U A L H U Y N V Z Y I B T H F P B
S U S D R I B J E S R L I C N E P
S Q E K K W O F F Q E Y O A O I R
A B M B W F M Q Y J P C N K C F O
X G O J R A T R E A T Y O Z M B F
I X C Z N H H E L S A V B L R O I
N A M E S U A C P J H K E C D D T
B A S E B A L L F J C G T S A Y E
```

PUBLICATION
HAWK
DISH
HAT
RECOGNIZE
COMES
CONFLICT
CAUSE
COLD
BODY
NAME
TREATY
BIRDS
PENCIL
ASSUME
QUAIL
PERISH
MASK
BASEBALL
PROFIT

Puzzle 248

SOLO
EXPENSIVE
THEATRE
WORST
GOVERNMENT
ATOMIC
HOLIDAY
POINTLESS
DITCH
MUST
CHAPTER
CARPET
BEAUTIFUL
THEORY
DISTURB
WHEEL
SING
FREE
AWAY
USED

```
T U L V V W U K T C P K Q L O L W
W S S E L T N I O P H Y A W A Y O
M E V I S N E P X E B A M K Q C R
D D O W A E X Q O W E D P G Y H S
C I M O T A B O F Y A I S T F W T
A Z G P Y S U R M K U L T Y E O M
R I U O R X P W Y V T O S D X R U
P U E T V E S E N X I H R I Z U S
E H O Q L E E H W M F F V T C I T
T R N X Q E R S H X U D P C E Y I
Z X N Z F R T N I K L F O H B N Z
N B Y U A F A F M N A K K B W M A
J W O L G O E O I E G Y J A W U P
L B Z G A V H S A W N S O L O R N
T H E O R Y T W B R U T S I D X O
```

Puzzle 249

```
X B F Y T E C A L P S I D U R G X
B E F O R E T D W A T K H B E X Y
T D D O P W W C R Q B C K P S S V
T N E G I L L E T N I O A L P F C
F A M I L I E S G J Y H R K O Y T
P T S E B A V B U X J J Y Z N A C
U S Z I A C R K Y R P A E D S D G
R R C S V H A U I V H F K C I H T
C E F S Y Q M I M J T O Y L B T N
H D T S Q Z A K C L I M B O L R H
A N C O L L E G E S A S P V E I U
S U P C E V R B I A Z C T E X B B
E N R U X H T K K T A Y B L B R K
P R O F E S S I O N A L N Y L T K
Z H P O I N T L E S S P G N Q D O
```

BIRTHDAY
RESPONSIBLE
PROFESSIONAL
BEFORE
DISPLACE
LABOR
MURAL
CLIMB
INTELLIGENT
CALM
STREAM
COLLEGE
BEST
GUY
THICK
LOVELY
FAMILIES
PURCHASE
UNDERSTAND
POINTLESS

Puzzle 250

RATE
CHEAP
BECOME
RECOVERY
WORRY
PIECE
GENERATION
STARE
PRACTICAL
PLEASED
FIREPLACE
LIKED
SCHOOL
ACT
STEEL
ALONG
ENORMOUS
MONTH
STUDIES
ARGUE

```
M O N T H W P E E C H E A P L Z W
G N O C L O O H C S S M B D Y G L
L O K X E R W J A G N O L A I R B
X I D Z E R Q C L G F C F R R P W
P T K P T Y E K P S D E S A E L P
R A Z E S U A Z E S T B Y Q K K P
A R V S D S Y H R E N U E J P S B
C E L T E J T A I I W B D A C T K
T N O A U N C Q F G A Y B I I I Y
I E C R G R O G S O A H N H E Y M
C G E E R A Y R E V O C E R K S M
A A L J A T N L M H Z J C O A W N
L F L Y I E C E V O K M L J X I M
M B X O F D P P V R U K Q B J P A
S P I E C E R R N B B S I P J Z O
```

Puzzle 251

```
B W L C G S H D R C J E A J F Y C
Y D P O O O V N S D U X T C B O O
C Z U E T L E U B H K R U B Y S M
O V Y I G X O E R D M E T E K Z P
P P H O T E L U U N J T O A M Q L
E I I G G O O J R E E R A C I K E
R R G N I N E V E S T U F F J N X
S T V O I Q S U G G E S T A E A S
O N W L W O E U M X O N C E V H X
N E E E O N N A S S U R E K F T W
A S X B Q V Q U T K K I T A S Y D
L E I G H T Y U J D L P I C N P X
L R A U Q A K X C Y L O H Z Y L K
Y P Q Y O T B W P T O D W G Q S N
R L P B X H W D Z V G X R M Z T T
```

PERSONALLY
CAREER
CURTAINS
HOTEL
EVENING
TRIP
CAKE
COLOUR
COMPLEX
SUGGEST
STUFF
EIGHTY
OPINION
WHITE
THANK
SEND
ONCE
BELONG
ASSURE
PRESENT

Puzzle 252

CONFERENCE
INVISIBLE
CORN
GRANDMA
STICK
HELLO
DAISY
LEAVING
TOOTH
MINORITY
INSIDE
SECTION
MIND
POT
SOUTH
PICKED
CAME
SKIN
PLANT
HUGE

```
B V S H N R J I J C Y E V G G K Y
A Q H N U I O N O I T C E S C Y K
S X D A I S Y V C Y I N X A A X G
H I T N C L A I N R R E K D M Z A
H B S D D I F S W J O R V P E V D
L A K L T M N I K S N E J O E M O
Y X R L Y E G B C O I F H T Z I C
X K Z G K K V L I U M N T U J N U
P T R R R K X E T T M O O Y G D K
Q I L P B A Y Y S H U C O L L E H
U L C I E B N S E E Z W T G Y D K
D A P K P C R D P L A N T Z S I R
M D B K E T O B M H T Q X E Y S P
E Y B R H D C C O A N S N Q O N N
L E A V I N G G Q W A Z Z G C I I
```

Puzzle 253

```
A T R Q E J L N S E H S I D Q S K
N G D O S E V J N H M M G S H X U
N Y A P Z F V T M Q O U F A K P X
O E Z I R O H T U A J U T F F M D
G T N E N O P P O K T Y L E S A B
E L E D I S G A U T U M N D B O S
L L D A A H T R E X B J V A E W C
P A Y V T I X R A E E P U D C R A
P R P N N G X E C M F I E L D H R
A E M I U H Q I Z J V N Y I T Y E
E F Q K O W P I T S W O P A L B D
N E B I F A N Q Q W V H X L D R O
I R O B U Y Z Z M X O Y F N E E U
P J W B N E E U Q P N G A O H R V
F X C N M B E G X U E R W O C D W
```

SHOULDER
PINEAPPLE
AGAINST
SAFE
FOUNTAIN
REFER
FUN
BASE
AUTHORIZE
FIELD
AUTUMN
HIGHWAY
OPPONENT
PAY
QUEEN
PROGRAM
DISHES
GONNA
INVADE
SCARED

Puzzle 254

EARLY
TOOL
RELIGIOUS
OUTSTANDING
RULE
PIG
REPRESENT
SHEET
AVOID
TIME
TAXI
WORKING
REALIZE
CROWN
HURT
COMPANY
HOUSE
SHALL
CULTURAL
FEDERAL

```
S G E H G A S C P F C C T R B P E
T H S L O R D J E E O T O E Y J J
I I A A R U N V Z D M I O L G H Y
M J M L R N S T W E P I L I U F A
V A V E L T F E K R A G Y G P S V
C U L T U R A L P A N Q I I C F O
T N E S E R P E R L Y R X O D P I
M W W D A P I G H V T U Q U R I D
U O D J R E T A X I M L V S Y S N
I R N H L Z L C P A S E O S H E H
M C P P Y I H V X C O E C C N C M
U G F T S L P O W K W D K H C O H
O U T S T A N D I N G N I K R O W
S H E E T E A J N B H N T E Z A Q
Z E K F X R A C H U R T G M J Y O
```

Puzzle 255

```
R E H T O C R H M T M T G A R M T
E O R E L B K W D O N X K K E A I
A H N H R H Y M E E M T T U A R R
L R E C O G N I Z E S E E U L R E
I N F R Q H U J R N N P N G L I D
T L X A X U A R E G H N I T Y A R
Y O R E M O V E M E W O Y T O G A
T H Q S M V G F A I N I M M E E E
E G H D L A U D I V I D N I Z F H
H X R Y U Z Z Q N C A K T T G M G
F Z P Y Y G W Z D D T X A R G B C
O K H L T K D I E H N G U N X T Z
T R N C O C A S R B U C G N O H A
G Z B K Z R R T W K O G H V Q J D
E Z Y L A F E G D I M P T B A R N
```

TIRED
OTHER
RHYME
MARRIAGE
DESPITE
MOMENT
HEARD
BARN
GOT
TAUGHT
INDIVIDUAL
REMAINDER
EXPLORE
REALLY
REALITY
HOE
REMOVE
MOUNTAIN
SEARCH
RECOGNIZE

Puzzle 256

BALLOONS
TAUNT
GOLD
RESPECT
TEA
COWBOY
HEAVEN
YOU
NEGATIVE
INDEPENDENT
FELT
LOST
ACROSS
LANGUAGE
SOCKS
SMALL
CHILLY
TRAM
GLASSES
LAWYER

```
S Z C P B Y L L I H C G U B S I O
S N O O L L A B X P B U O G K N G
I X M G L T N E V A E H Y L I D X
X S P K I U G Y W N T R A M D E E
X S K H U R U T A U N T S Y V P Z
M S M C G Y A I S F N T M N G E H
C O W B O Y G Q L O K V A E T N A
U R J B F S E S S A L G L G Z D R
T C Y R E S P E C T Q A L A C E X
X A Z E Q P K C M U Y M J T P N R
C Q B Y N H L C I X M K Q I S T V
I S O W Q Y F H P U Q S G V J L Y
A B I A Z L N W A S K I O E Z E O
A M F L Y R G E C K V L K K N F W
K U B C E I V E K E F Z H A D H K
```

Puzzle 257

```
I  E  B  Z  W  M  W  A  L  Z  L  C  V  A  W  T  Y
N  T  J  R  P  A  I  R  O  B  E  E  R  U  Q  E  Z
S  D  T  P  T  K  A  F  O  M  H  W  W  U  E  L  P
T  E  N  R  A  I  Z  F  K  G  E  O  X  B  V  E  O
A  N  O  S  H  N  L  V  C  W  I  Z  K  F  G  P  S
N  W  C  X  U  G  F  W  A  S  I  R  V  V  J  H  I
T  E  O  Q  W  P  N  W  L  E  K  E  A  E  E  O  T
J  N  V  E  E  L  P  R  P  L  B  N  C  F  B  N  I
S  A  E  Y  C  E  S  E  T  L  R  W  P  T  F  E  O
L  C  R  W  M  P  Y  T  R  H  Q  O  A  H  L  E  N
E  I  I  Q  J  J  E  S  G  E  H  Q  R  E  D  I  W
E  R  D  E  H  L  S  A  V  Y  P  E  T  I  N  T  V
H  R  T  T  N  E  P  S  N  U  R  S  E  R  U  E  C
B  U  R  F  A  C  B  I  G  L  W  N  X  Z  O  N  C
G  H  X  W  W  Q  E  D  L  A  P  M  G  S  F  B  O
```

COVER
OWNER
DISASTER
PART
LOOK
SUPPER
SELL
FOUND
SCIENCE
THEIR
SPENT
HURRICANE
POSITION
TELEPHONE
GIRAFFE
WIDE
INSTANT
LACK
MAKING
NURSE

Puzzle 258

AUNT
CAPTURE
TURKEY
BUILD
SCARCE
MOM
PERMISSION
CAN
FISH
BAKING
ACTION
RESPONSE
MEDICINE
RECEIVE
MILLION
REWIND
KNOWN
ACTUALLY
ARE
RUSH

```
V  J  O  U  K  N  N  F  B  R  K  R  K  N  O  W  N
V  E  R  S  S  O  M  I  A  E  N  I  C  I  D  E  M
N  O  I  L  L  I  M  S  K  C  A  D  H  S  U  R  S
C  O  B  E  Q  T  A  H  I  E  C  H  H  C  S  D  W
M  A  I  X  L  C  W  D  N  I  W  E  R  A  N  X  H
T  P  P  S  R  A  E  K  G  V  R  Q  D  R  N  R  P
E  F  L  T  S  O  W  I  M  E  I  D  M  C  U  X  N
R  K  X  X  U  I  P  T  Z  V  H  H  J  E  Z  D  U
B  Z  I  K  N  R  M  U  N  M  Q  R  N  A  Y  L  Y
U  B  C  J  F  T  E  R  V  Y  R  D  M  Z  U  T  S
I  N  O  V  I  W  M  K  E  W  M  K  B  I  E  N  Y
L  P  Z  I  G  W  O  E  D  P  M  M  Z  O  W  L  T
D  C  N  N  A  L  M  Y  L  L  A  U  T  C  A  Q  M
R  E  S  P  O  N  S  E  J  Q  U  Z  X  U  J  Q  C
Y  N  A  T  F  G  E  V  Q  K  H  J  M  A  R  E  G
```

Puzzle 259

```
Q U I T E M K Z L V M B C P L D F
U E C I D J X I K G D E A A E I M
E A X M I S P Z D C T A N R S S E
B K H M R U D N U D M C A A S C G
X N C U K S W A N V I H R G O O M
B C A S O S S T J J Y N Y R N V C
T A H A V D U H F E B Y G A C E K
G H R A T B R R F O O T Y P A R B
P O L K I E P O I Q K T F H K R B
G T K F Z R R U P R E S I D E N T
A D V I C E I G E L E C T R I C R
G Y A H P K S H H V C W D B K C N
R U U N Y K E L B I G I L E K L K
Z T J X V E S P E C I A L L Y R V
B U K R C B H Y A W N O N P D Z P
```

ELIGIBLE
CANARY
DISCOVER
RIDE
SWAN
BARK
ESPECIALLY
QUITE
ELECTRIC
SURPRISE
CHAIR
SUMMIT
FOOT
PARAGRAPH
PRESIDENT
THROUGH
ADVICE
LESSON
BEACH
KIDDING

Puzzle 260

OKAY
ROAD
VERY
LEMONADE
AFTERNOON
AGAIN
AVERAGE
COMMITTEE
TWENTY
BORN
BAT
LEVEL
PREFER
SENSE
MIRROR
PUSHED
COPPER
HUGGED
MOSQUITO
ATOMIC

```
R Q O C A M O S Q U I T O Y E E I
W U E O Y T N E W T Q V X R P G O
N F A P R I O Z J H T C X I A O Z
P D T P E H F M H O Y L A G A I N
K R D E V O Z V I P B L G L O Y L
H C E R R K L O H C Y O Z S G H E
F C G F G A E Z W F E M R B Q M M
I R G P E Y V B U A N K X N A H O
N Y U A S R E X X L W U H N D A N
H T H I N E L C O M M I T T E E A
Z Y K H E G A R E V A U K Y H M D
Z K B M S A F T E R N O O N S M E
Y L I J H X P H Z Y I S Q G U I Y
H K W T Q B O Z M I R R O R P Q G
X O M B M V R O A D B A T Z J W W
```

Puzzle 261

```
P C I V K W I F P M K T Z S J T I
F A G V I M I U Z Q V H A T X R N
L J R A E D Q J D O W G H P F U T
Y K S R U O H Y R T G I P O E T R
S Y O Y O I B S I T Y R C K F H O
T O P I C T E S N E U Q I T N A D
P U W K M G C A L R O F T E N W U
A M B M L Z A L O G O J E P O A C
U S M K V I U C E B W C G L U T E
S C B B X K S P N G S G A A D C I
E Z W S R Y E L P T T E S N P H D
R E J Q V N G B B S A A S Q K E F
J O R X Y S I C B P T V E T S D W
W O H S E Z J W O U E T M E Y E S
Z Z E C P Z F I M O W Y W F W V P
```

EYES
STATE
OTTER
TOPIC
HOURS
PLAN
TAPE
WATCHED
PARROT
BECAUSE
PAUSE
MESSAGE
RIGHT
INTRODUCE
ACORNS
DEAR
TRUTH
OFTEN
CLASS
ANTIQUE

Puzzle 262

SEPARATE
READY
MODEL
CHANCE
BALLOON
WISDOM
FIREFLY
CONCEIVE
MARRIED
SMELL
PEPPER
POLECAT
EMERGE
CLASSROOM
INCLUDING
WASTE
MINOR
MEMORY
VERSION
CARPET

```
Q V U W U C Q I A T O X U C K N G
E M E R G E R H F E G E R H L X O
H Y E O Y K O F W P R V O A R W U
I N C L U D I N G R A I L N G V Q
M W O B L E T A R A P E S C M H Y
M I E I N I R R G C R C F E O X T
O E N H S R E P P E P N N Y D Q N
D T M O R R B A L L O O N X E L I
S S B O R A E D L V W C J F L W G
I A T A R M W V E U A N V I Q F K
W W Y L T Y X Z M E L Q X R P H B
V S D D T K S K S D T A C E L O P
C L A S S R O O M D H E U F K M R
J C E S U R H K D G E O J L W R F
Z U R P E Y H S B P U K M Y C C G
```

Puzzle 263

```
K C N W C A M E N I C J D G G V W
M F O F M A P A C U A V R F Q L L
M Y W L O Y U P H T E Q Q D V Q Z
R T T S V A N S O U K S C P J A S
P U L L E S D W E I V L Q M S B B
J D Y E P I Q Z Q P N S B W B A G
G N A H U L E L R G T T R A I S E
J X B X O L P H G E N T L E U O F
N I X Y Q Y R R U H H J T W Y R D
C O N C E R N R E V E T A H W D L
O R G A N I Z A T I O N O B M I X
I R R E G U L A R H E E M N Q N V
N Q L A M I S M W G A G B R A A W
K F T Y H X R N Y F I A V R W R Z
T T B Z M G O B H K Q X W X Q Y Y
```

ANOTHER
RAISE
ORGANIZATION
IRREGULAR
SILLY
CINEMA
ORDINARY
APPOINT
CAP
NOW
PULL
BAG
MOVE
AGENT
HURRY
DUTY
WHATEVER
GENTLE
CONCERN
CAUSE

Puzzle 264

TALKED
STUPID
DRAW
FLOWER
NUT
HOME
SPECIFIC
FAMILIAR
ELF
YELLOW
MEN
SOUND
COMMERCIAL
GLANCE
FULL
WHETHER
KNOW
BADGE
ZERO
ROOSTER

```
S C B V D S D E C N C I C C W P G
E P M G E H A W O L L E Y E K I W
Z V E S V J X N M Q L X K E Q T L
E U J C E Q L G M W U C S K M Y F
P V H R I K Y X E H F Q T N N E M
R E W O L F G S R E L H U E M O H
L S S O K P I L C T E Z P E C N W
S V Z S N Q A C I H U W I Z Q W A
J T P T T C G F A E Y N D E N N R
D M S E X I R L L R C F W R U T D
U C H R A I L I M A F N W O T A N
S X Z H X I X W Q Q W Y A S C L U
Z I I G B R P J G D C E Z L O K O
B A D G E O A V T B X X W C G E S
Y I Q P R M V W Z P O M X N O D B
```

Puzzle 265

```
R H Z P Q Q C J O E I L O S P F K
H Z E J Y B Q H E L O G V P H Z E
P E A A R B E Z I P W S M E Y X X
J Q P N D A B Z D C R Y C C S P B
R I S E W A N T E D K C F I I W F
V Y E W J W O G V D S E U A C Q E
Y L R A L U C I T R A P N L A M G
T P U S L V S O Q G W U R M L J D
F E G X B R E T S N O M N M M M E
A R I Q U W S T R I P S O C I A L
I Y F C O U N T T N Q W Q A I C W
L U M G L A D U G R K N K Z M G O
B K G L E S M Y U O B U J R C Z N
T N Z C P E N I U M Z E S C M N K
C N Z F P K Q N O X K R F G H L V
```

RISE
PHYSICAL
JUST
GLAD
KNOWLEDGE
MORNING
PARTICULARLY
CHICKEN
HEAD
ZEBRA
PEA
MONSTER
STRIP
FAIL
WANTED
SOCIAL
FIGURE
COUNT
SPECIAL
REPLY

Puzzle 266

SYSTEM
SANDWICH
APRON
FEED
PROPER
CURRANT
CABIN
SNOWFLAKE
CITIZEN
PARTICIPANT
FORWARD
THAN
GENTLEMAN
SOMEBODY
RARELY
CARELESS
EDIBLE
BOLD
SELLER
COMMUNICATE

```
O W P U M W D G R B M Z X A L F F
J L R C J B E E E A K P K P W O G
O E O U Z C F N L W R Q O R J R Y
D I P R O F O T L K N E H O S W Q
E E E R S S E L E R A C L N C A L
G K R A T V Q E S K P K S Y X R P
V A H N I Q N M F T X S A E Y D V
N L L T N N C A E A W Y N E D M T
E F X H S G C N E L S S D T O J J
Z W F G E Z Z A D A N T W M B H W
I O X N D W T H K N U E I T E O Y
T N A P I C I T R A P M C B M D S
I S Z M B B X V M Q X O H F O X Y
C T K N L Y A P M O M O N P S L H
P W E X E T A C I N U M M O C E D
```

Puzzle 267

```
Z X K R Q V S T D N T O A M S C A
D Y F B Y G N I X O B C C U K O X
E M X L N B P W M K Y P T X E N U
T H F S I A Z I I P T E I X L T E
A V Y X R P O K H U L U V D E A I
I I D G U W P J A X V E E F T I T
L L W U H S F E V J G W E N O N H
O W V I O L E T R L B E H X N A E
G O V E R N M E N T H V A O V J R
T H L B U J D Y X E V F U I L H D
N F R V E N F H W C C W V C E E X
C A M P A I G N P O R T A B L E Z
W S P J G X W S K I J A A N Y G G
W L E G S Q X T P I Z E F B E E R
T O A D R A Z I L G G D V A Y F Y
```

PORTABLE
ANY
ACTIVE
VIOLET
SIMPLE
NEW
EITHER
BOXING
WHOLE
FLIPPER
HIM
CONTAIN
CAMPAIGN
KIWI
LIZARD
SKELETON
LEGS
DETAIL
TOAD
GOVERNMENT

Puzzle 268

DOES
REMAIN
LAY
REFORM
INVITE
TEAPOT
SPRING
TYPICAL
SUNSET
KIDS
THAT
GRAPES
MILL
CONTINUE
SHOWER
REVERT
SHOT
SIGNIFICANT
CIRCLE
ADOPT

```
T H A T R E V E R L A C I P Y T R
A V S E P A R G J I V O V H E N E
G G F H U N U N Q I Y N J B R A F
M I L L O W O I D Q F T Z A S C O
R P O M C T H R H W N I Z A H I R
G E A D O P T P Y C K N H R O F M
V T M M U E T S D I K U I S W I F
J I K A U B L R T D S E O D E N V
U V S Q I C I R C L E U E Y R G M
Q N H Q I N S U N S E T L R K I Y
G I P W H D K V H H V O G A S S W
M V B H G D D I S Q W P R O Y H O
M R K N Z M N L O J Q A S A N K U
O L B A U F I C O H Q E N Y Z Q O
C G V P L S T K Y K M T Y Q K C U
```

Puzzle 269

```
Y W P P B R M U P U P V B M M C J
E R C Z A E T B O M S L Z O F A A
C E T N S M T W L A T O T U Y R I
U O T Q K I F C I K P V A K F E J
D Z M H E N C A T S A E L H W F V
E W V P T D T Y I S Z T A E S U H
R J E P L S I B C E G A V X I L Y
G O T E U I D Q A R A U X P G L X
J L U Q F R M E L D A L U E N Y F
S O N G E G D E F G S A C R A S F
X B I X R C O L N E U V Q I L X S
V H M U A T P T G T N E C E L D M
A J Y B C M L I E C A D X N F C D
X G I I B Y W T I L P R V C J A F
N D W G X L N C U O P S Y E W Y P
```

EXPERIENCE
TITLE
LEAST
BIG
CAREFULLY
SIGNAL
COMPLIMENTARY
TOTAL
EVALUATE
REMINDS
REDUCE
DEFEND
EDGE
SONG
MINUTE
POLITICAL
EAT
BASKET
CAREFUL
DRESS

Puzzle 270

POWER
ACCUSE
DROUGHT
PROJECT
GRAVITY
TUBE
HOSPITAL
BLOCKS
DESTROY
BOARD
BUSY
CALCULATE
NIGHT
ORDER
POUNDS
ALSO
DATA
DECREASE
DINNER
ESCAPE

```
H O S P I T A L P D G Z U U V R Y
O V K L Z H Z Z R E R N A C P T R
A E C U N G B H O C A M P W P P I
M N O I N I S S J R V E O Q I Q R
O Z L N D N D T E E I A C C U S E
C B B J A I R S C A T E X M S F D
J A L T T M O I T S Y D I N N E R
B C L C A Y U F D E N L R A I K O
D U L C E B G R N G O N N L G N X
L E S L U A H A L S O V D D G Y R
G P S Y O L T P O W E R G S I W A
H A K T I A A H T T B L A S C X F
Y C W V R P A T T R U N Q N W C L
T S D N U O P X E M T L V X R N G
B E X N P S Y R O U K A B O A R D
```

Puzzle 271

```
M G X B A N P O Z U Z E A C S Z I
O M F Q H Y P O U T A D F O O H N
S E T L T L G N I R B J F M D T T
B R E Y A W L L A H N E E F P Q E
S W J K E R U T L U C P C O T B R
S E V O N S S U C S I D T R O T N
M U S E U M T T C C S F I T W T A
I W S T A F F E U D H G O X A T T
I Q A Z Y W I G R S M T N S R H I
S O U R C E W N S D K Q R N D R O
G E N E R O S I T Y A L V O L E N
P Q F Y Q K R Y Z Z Z Y T V N S A
W O P B T P B U T H M V A A L F L
J I O F Q K E B N A K A P I Z X J
A F F E C T Y Q Z K I C I W Y Q S
```

SOURCE
HOOF
BRING
INTERNATIONAL
AFFECTION
VOLE
MUSEUM
GENEROSITY
BUYING
TOWARD
HALLWAY
STAFF
DISCUSS
NORTH
COMFORT
TAX
CULTURE
OUR
YESTERDAY
AFFECT

Puzzle 272

VERDICT
DOLL
BURN
FIT
BLEND
ADVANTAGE
REGION
CAUTIOUS
HERSELF
HEALTHY
GROUP
NOTEBOOK
VARIABLE
EXPECT
WATCH
LASSO
STUDENT
SLIP
SOON
HAT

```
K G S L I P W F Y U Q Y U Q W D M
H B R M C T A X M U S J D F B T B
N X S O A A T C E P X E H U A N X
H H O Y U I C N D G D U I E C E E
F J Y H J P H A V U A D N H A D W
S C B T B U R N B B Q T I F V U V
R H D L H E R S E L F C N H A T F
V F P A E Z R O L O U I O A A S O
Z W H E N N U Q B A M D I A V W S
K Z G H S P D K A B C R G E M D S
N O T E B O O K I I K E E X B D A
S O O N D E L V R D P V R D O L L
Y N Z W V U N H A Z V J R L T G O
N A O P M K H R V C A U T I O U S
P Z G K R M P Q W H L L H V T Q O
```

Puzzle 273

```
I  Z  F  E  V  O  R  P  D  E  R  S  N  P  T  M  S
P  C  Y  E  V  W  F  Q  H  I  G  T  F  Y  B  U  C
U  T  D  Y  Y  E  V  X  L  M  L  N  Y  U  Q  L  H
G  N  I  O  G  Z  R  M  L  Y  A  C  H  C  N  T  O
A  L  L  R  E  E  Y  A  Y  D  E  Z  Z  E  I  O
Z  G  N  P  E  X  H  J  B  N  X  L  J  B  S  P  L
X  Q  E  M  C  C  T  H  T  O  B  D  E  E  U  L  B
G  G  E  E  J  E  O  H  E  P  D  U  O  L  C  I  A
E  M  C  K  Q  P  M  I  K  U  B  Y  F  U  Q  C  G
P  R  E  S  S  T  U  T  S  I  T  R  A  X  N  A  H
C  N  L  P  G  B  N  L  A  B  O  Z  J  J  M  T  L
D  I  K  O  U  X  T  U  B  Y  V  Q  X  V  B  I  B
Z  H  V  C  H  W  I  D  N  A  R  G  Y  H  S  O  P
A  N  S  I  O  A  L  A  E  D  U  I  V  C  Q  N  Z
M  Y  N  K  L  C  U  P  B  O  A  R  D  X  S  C  X
```

UNTIL
ADULT
MULTIPLICATION
BASKETBALL
MOTHER
CLOUD
GOING
AGE
BLUE
CIVIL
EMPLOYEE
CUPBOARD
UPON
PRESS
ARTIST
PROVE
GRAND
EVERYBODY
SCHOOLBAG
EXCEPT

Puzzle 274

RADIO
REVERSE
AMBITION
PREVENT
WANT
JOIN
LIMIT
ORBIT
WELL
ALERT
LOOKED
FIRE
NINE
HESITATE
DENTIST
SUCCESSFUL
SEEK
AGREEMENT
HER
DENOMINATOR

```
G  B  L  D  E  K  O  O  L  R  I  Q  K  Q  W  X  K
K  T  T  W  E  A  C  C  L  A  F  G  Z  R  N  W  Q
A  F  D  R  N  N  B  U  E  D  K  Y  P  G  I  Y  V
Q  G  A  J  U  O  O  U  W  I  K  D  B  A  L  E  P
T  Y  R  W  S  J  S  M  F  O  U  C  N  M  T  C  V
C  A  L  E  D  N  O  T  I  B  R  O  F  I  R  E  C
H  W  L  E  E  X  E  S  C  N  T  L  M  D  O  C  R
F  A  J  M  B  M  L  I  B  W  A  W  P  T  B  J  E
N  N  N  P  R  S  E  T  R  A  J  T  R  Y  S  N  V
W  T  I  M  I  L  C  N  I  L  H  U  O  Z  E  O  E
H  E  S  I  T  A  T  E  T  E  H  Z  T  R  E  H  R
N  I  N  E  I  Z  K  D  O  R  T  J  A  P  K  K  S
G  A  M  B  I  T  I  O  N  T  N  E  V  E  R  P  E
Q  Y  J  F  X  Q  S  U  C  C  E  S  S  F  U  L  H
M  J  B  B  U  F  P  I  H  E  T  R  C  I  P  Q  Z
```

Puzzle 275

```
F O E R T F A W W C N M B C P U N
X X Z E E S G N V M J V O L L I F
X P X Q Y X T N I H Y R O E H T B
B M E U G T V R I E E A Y A O R X
X F H I V O L E P R Y L R R B B J
V S P R W L P D Y S Y I F D K Z D
P G B E F E U O G E U M Y O I Q T
S T A G E R M T I V C H O O S E V
G W A A C A I N G I Y T V T O V Q
N S O R V T R H S L L I K S V Y N
I T Q M U E P O I U I W G R F W Q
H U M A N F P N O I M K Y E B G T
T T H E S I S V J M A G S D Q C Y
G N J B R V V B F N F G N N A T Z
Q S F L C A J L I R O E R U J K T
```

YARD
SEE
FILL
HUMAN
FAMILY
THINGS
RING
LIVES
REQUIRE
UNDERSTOOD
CHOOSE
STAGE
THESIS
CLEAR
TOLERATE
SKILL
HERS
WITH
ROOM
THEORY

Puzzle 276

COMPUTER
IMPRESS
SEVEN
WRONG
RECENT
PLENTY
PORTION
LIFE
PRECIOUS
PAINTS
KIND
PONY
LEGAL
INFORMATION
HOLLY
AIRPLANE
SUN
VILLAGE
SUNDIAL
VIOLENCE

```
H I K H V F T Y A N N V D R U C V
B O T I I Z P A E P I J G I H V I
S Z L G N O R W G O X N S W I P O
D M X L E D E O A N B O N B R V L
L K W C Y M C Q L Y H I M L Z W E
A I X D C B I Z L O J T B Y C U N
G Q F N N N O I I M P R E S S R C
E F W E F H U M V Z Q O S O V E E
L A I D N U S T N I A P U L E C J
I N F O R M A T I O N P N E V E S
A I R P L A N E B R K L H X L N S
C O M P U T E R A J V E F Z R T M
D O A U J P Z H C Q G N S J X M O
G N J A Z G S N T B V T N Z J R F
P A W B N B C P K T P Y U A F C U
```

Puzzle 277

```
W Z Q B H H R B B T Y K I R P M W
Q I V W B J E N L L A C B E Z N A
P D T U B I T K E Z S O H A C Z T
N L N H D G A M E K E Q Q C B X E
Y B A V O R I A D C J J Z T S O R
H S T M A U N S R I A T S I U I M
O W R H R H T T T R K V V O D I E
S J O J L X T W A B W O I N U R L
T O P R A H S H R K P E E T I J O
L U M C O N S T R U C T I Y Y G N
C L I P O S T P O N E D O G W A Y
I H D H Q Z N R A A N V U V H R M
Z G T O Q G S O L I Z B F F X D F
E A R T H X A U N S X H Y H D E T
D E G R E E P E U O R Z L D F N K
```

DEGREE
SHARP
EARTH
BUT
REACTION
WITHOUT
WATERMELON
CONSTRUCT
SAY
RUN
WEIGH
HOST
POSTPONE
IMPORTANT
CAVITY
BLEED
GARDEN
RETAIN
STAIRS
CALL

Puzzle 278

HIGHEST
NAIL
FAVORITE
CLOSE
APPEAR
HAIL
DECIDE
SAVE
FOLLOW
THIN
PROHIBIT
NOSE
LOWER
LIVING
APPLY
FROST
BALL
PERMIT
BUTTERFLY
TREATY

```
N Q A C C F M I H A S A W R Q Q F
D P T P L L O T I H G N P E N N A
D K B Z P N M H G F C O Y P G P V
N A W N R E E I H H M S S C L C O
C L O S E V A N E H V E N M I Y R
K I L T W A F R S J B D Z E A L I
P A L I O S D P T Z U I K J H F T
E N O N L I V I N G G C R O R R E
R K F P R O H I B I T E O C T E X
M B A L L H G V O C K D F I X T O
I O T T R E A T Y G V B Z B G T K
T L O S J W D F W L T D C Y I U Z
I C V O D P G S J Q X V U T Z B V
N S I R I R H J X J S I F Z M E U
Q G U F Y T G V L Z R B X L A I M
```

Puzzle 279

```
R G P Y Z W D X J W F X Y W C D L
N L R C H T I S P S C F R M P E E
M K Z R D B G N O R T S O T Q F T
D T V I C T I M T M E I G H T E T
F R B U E R U T A E F G E U N N E
N O L O V E F N Y C R Y T R E S R
A P L T R A D I T I O N A L D E O
T P I K J B O N N F T Y C A I C O
U U Z D L K M K C L Q M J F F N L
R S C W D O L J L O K Z Q I N A F
A B Z N C T R A I A G N U G O T C
L S E L E C T E P T J L I D C S P
I V Q D I Q I V S D S D S F A I C
O X Z C X F M T K Y F D E R E D D
O D Y B M O I U F Q A Z F V V Y A
```

FLOOR
CLIPS
DISTANCE
FOLKLORE
STRONG
FEATURE
DEFENSE
VICTIM
FLOAT
LETTER
SUPPORT
KNIFE
SELECT
WINTER
LOVE
EIGHT
NATURAL
TRADITIONAL
CONFIDENT
CATEGORY

Puzzle 280

WAKE
TONIGHT
PEAR
CONNECTION
NEVER
DOWNSTAIRS
THUMP
MAIL
WEST
SKATING
PURPOSE
TREAT
GENERAL
BATCH
POSITIVE
TRYING
NECESSARY
DOMINANT
ATTITUDE
REJECT

```
S O U J P H A N M N D R C D E J D
B Y Z Z C G Y O X E S F Y O A J O
F Q M L R W D I Y C R O B W Y L M
Q B W A K E R T W E E I T N R W I
Z F V R I V V C O S J X R S X Q N
R M Z E J I W E J S E H C T A B A
T F B N K T Z N N A C H N A E S N
Q R A E P I H N D R T N I I X K T
K J E G P S D O T Y P B J R Y A V
O W B A P O F C R F H U X S O T Y
C U S M T P U Y Y T J I R U O I N
A T T I T U D E I E B P T P N N G
T H U M P B I X N W E S T A O G X
O R E I M A I L G K B H W T T S F
T O N I G H T K N F Y P R K S A E
```

Puzzle 281

```
C K I B S N I B O R G V C D M R G
Y Z P F U C X V N W S A R E Q N A
Q W Y P B I O I F B H M O S O Z F
I U J T J W C O R K E P C P A Z V
I E E Z F T S R T K A I O E C T Q
G B E S F R O M V E A R D R T T B
L Y N X T K K I S Z R E I A I T H
D J O B N I V W E L Q T L T V A F
N E H W I J O S B B P K E E I J C
A L C J C P D N Z M S D S F T A C
L Y T I E C O N D U C T J T Y P C
J L A R S J O H L A Q Z N G P F Z
O K M Q Q I P B O U O A G P P R M
G Q R C V P O M Y G Z R S W U C P
N Z Z L Y S Q N Q L I U R U P N I
```

DECISION
ROBINS
ACTIVITY
CROCODILE
QUESTION
CONDUCT
WHEN
SCOOTER
LYNX
BUS
FROM
NICE
MATCH
PUPPY
JOB
VAMPIRE
OLD
SWIM
DESPERATE
LAND

Puzzle 282

TURTLE
PECK
SUPPLIES
SHIRT
TOLD
CHILD
EQUAL
HEALTH
ACCOUNT
HANG
QUOTATION
CONTRIBUTE
LUXURY
FIREMAN
REVEAL
RECREATIONAL
FOURTH
AUTHORITY
WON
INTO

```
C S C B K Y T I F I P Y C S H R A
O U M H Z X Q U Y I O U T G E E U
N P A T I G T F R Z R B L S R C T
T P G R C L B O U T A E B N O R H
R L C U U A D F X R L W M R T E O
I I H O H U B S U I N E L A V A R
B E O F R Q Q C L H I V Y H N T I
U S E Z E E H W W S H W Q G O I T
T A X Z V W D Z S H Y A I I W O Y
E C N M E Y Q U O T A T I O N N Y
J C Y H A W R M T L P T O L D A Y
H O G F L C F J N A E D N J Z L K
A U X R B D T Q I E C H V V R C Z
N N N L V F A X Y H K P L E E H R
G T T U Y Q P L R I X P V X U Q H
```

Puzzle 283

```
B M O D V A Y P L E S S R L M C P
E O E X E C U T I V E O T K A O O
W D T O N G Z M S N Z L A U R N P
V N J T I S W C G F A W T P K S U
Y A G R L K A N M Z G M T U Y T L
E R I Y C E S H Q B N I O S N A A
S A D P N S S B E P X J X N Q N R
B P L N I S L B T A G F T F C T V
N E S R O X R I I S C C D A W N S
M I H J J D V P R I V A T E S E T
H R C A T R E A T M E N T J W D I
C H T U V T U R N R H U J K P F Q
H W A N O I T A L U P O P F U Z V
E I C H T K O P A R E N T P S O L
Y R X C Y Y L R L R P I M Q W Q B
```

CATCH
PRIVATE
INCLINE
CONSTANT
POPULAR
SET
RANDOM
MARK
EXECUTIVE
SOAPY
POPULATION
PARENT
BEHAVIOR
TURN
DAWN
HEY
YES
TREATMENT
WAS
BOTTLES

Puzzle 284

BROKEN
PREPARE
FREEDOM
WORN
TOUCH
FURNITURE
CAT
TERMS
OUT
TIED
NEGOTIATE
PLANTS
HIDE
FLAG
PICTURE
THEY
TENSE
TALK
SUM
AND

```
P S O N I S I K G A L F Y O I H B
Q N L E A U E J T X J U X B A L N
H L F G N M V R C A T R T B N I Y
A J B O D W M P W X V N T V D W N
M H T T A Z O W G J D I E P G B B
W E C I X P D R G N I T D K L A T
T O L A U H E T N E B U I L O U T
B O H T E H E I Q U Y R H X C R Q
T F U E G Y R E U L Y E H T C A B
O Z S C S W F D G X I R E X V Y S
U V V I H W K Z K G X U T G A G V
A H J T A R H Q B S I T E L Y K H
P B C D X Z K L Q Y A C N D P H B
P L A N T S M S P K W I S M R E T
B V E V G L E T E R A P E R P C Z
```

Puzzle 285

```
V L I Y V M R P O H S R S R X F S
V H M Y D N A C E C I V R E S W N
M P A Q F R I B Y R K E P T S O A
M E S Y D K N I H T I R J R H R I
S L A U Y U U R D P X S V A E K L
G K E T H L M R T V X X H M L E X
P N R P R Y F K Q D M F G S F R L
M I S E R A B L E T X T D L D I E
X R S L E J B J P P L V Y C G A U
B W M C D D J D R V L S Z U I H B
X E W N R P X Q O K T T A X M C F
Q O L U Q Y V E C J Y M Y Q U M K
Z P S O L X Y W E I D N X W Y R I
S N A M W G Q D E N G V U E Q A Z
A C C U R A C Y D G I R L S C L X
```

THINK
SHELF
GIRLS
SNAIL
WRINKLE
SMARTER
SERVICE
ARMCHAIR
BELOW
UNCLE
SHOP
PROCEED
WORKER
MISERABLE
MEAT
RAIN
ACCURACY
KEPT
CANDY
PERISH

Puzzle 286

WEATHER
SIGHT
EXTERNAL
DISTRIBUTE
HELP
RIDING
DESERT
DENSE
DUCKLING
GAME
LEG
FAULT
HUNDRED
SECURITY
COIN
FRIDGE
TRUE
NUTMEG
RELATIONSHIP
GOODBYE

```
I A R L A S S B A U S K E A H F D
S O A G W Z Z T A V B Z O L M M E
P D N O T H E L P E I A A W E X S
G E Y B D O O G N I L K C U D G E
X T R Q S P X W R Z Y P L L I A R
Y U K E R S N N I I D H R L N A T
K B E O Y A K Z S C D B K C M B R
S I G H T M N Z R B F I T G F E X
V R D J I D J T O O I D N B A X D
K T I E R E H T A E W E I G U T W
P S R M U K P B M P Y N O X L E Z
B I F A C R F Q V B U S C E T R Q
P D G G E M T U N U U E M S R N G
P P I H S N O I T A L E R Z N A N
H U N D R E D B B J R V X C J L P
```

Puzzle 287

```
M E R J C A A F U N C T I O N S B
P C P O E T L U S E R O E Q S V Y
U U R T P T J W T S Q N F R U I T
I H O A A E T O Y O C K M N Z I I
M B I R D N O B I H M I V O E B N
N O C B D D Z U B G M A E V W R U
R D T S C A R E C R O W T I Y A T
S T L E C N E R E F F I D I M N R
P B C A L F W B R M N L W E C C O
K W U Q N I K M N T O H R D Q H P
L T K O O K C M B P L A A Y D T P
W I T H D R A W E J B O U G H T O
U Y T Z R H T H O T N E R R U C H
F L Y Z V N T U O N E I B F P Y C
Y W L D U K A A S S I G N T Q O F
```

MET
DIFFERENCE
RESULT
ASSIGN
OPPORTUNITY
CURRENT
BIRD
COYOTE
AUTOMATIC
WITHDRAW
BRANCH
BOUGHT
SCARECROW
FUNCTION
MOTEL
KNOT
ONE
ATTEND
ATTACK
FRUIT

Puzzle 288

SAFELY
WARDROBE
PILOT
PASS
RAINFALL
ALTERNATIVE
COTTON
MEASURE
GROUND
ISSUE
TINY
PICK
AUDITION
SUNSHINE
THIRTY
PRIZE
CHASE
SKATE
TREMENDOUS
LIKELY

```
I A E T I N E W E A W W Q I I U G
S S L L A F N I A R P X M D E B R
L P S T K C I P N R K S K D R C O
D U Z U E Y H R Y O D P I L O T U
T L I B E R S Y N X U R R B G R N
J P I B Z X N O T T O C O J E D D
Q A J Q C A U A I U S W J B J C U
A S D B N U S C T C X S T T E R D
M S I U O C U B P I L I K E L Y M
M U Y K I V F B Q T V F X H R T E
D X J E T A E V G Y L E F A S R A
H L Y N I T R E M E N D O U S I S
W Q Y Z D C H A S E Z I R P O H U
A A Q B U H U Q A B T F O B L T R
D M S K A T E W L Z A O Y P C P E
```

Puzzle 289

```
J U Q S H X X V X D J D L K C O S
R W D P Q T Q Z G Q B C T T E H B
E L C E Q A V A I L A B L E R C E
D E U L H E U R K C K C S E T J D
E P A L Y S X T D S U O I R A V R
S S R G D D T E R M W M F T I J O
I D F I E G R A L N O T Z S N V O
G G B I C R D L V F R U I B L J M
N E E S T E G T T O R O X Q Y H T
W A T C H I N G I Y O N U A D B Z
X G Y P U A S O W I B I T N P X D
A U T O M O B I L E R H Y V D Q U
J F L Q P H W M F N H R A F B L X
A G G R E S S I V E Y W S H I A S
X K V I S D B J D J J R U L Q J I
```

DESIGN
CERTAINLY
EAGER
LARGE
BEDROOM
AVAILABLE
SPELL
BORROW
STREET
SOCK
PRICE
WATCHING
AUTOMOBILE
SEEN
SEAT
TERM
AGGRESSIVE
ROUND
VARIOUS
RHINO

Puzzle 290

MAIN
PROCEDURE
WEIGHT
SCENARIO
ENTRANCE
LUNCH
CHARGE
NEARLY
SPOON
GINGER
CHECK
LADY
TWICE
SERVE
ZOO
ACADEMIC
CAPITAL
VIRTUAL
ITSELF
SAUSAGES

```
P A A N R A K T X I L N X S V E Z
T Y O E G R A H C T U M F O I A U
Z Y L A T I P A C S N J T A R C L
P C S R E G N I G E C S P H T A O
E R K L C P X F G L H H V J U D S
E N O Y V P D U O F V B X A A E P
J S T C A N M A I N G R Q G L M O
R E H R E O H B F S Y Q K E T I O
X R G E A D B J F A T W I C E C N
L V I X T N U K U U C U Q F E X H
A E E Q U Z C R P S X O X V X H G
D Y W P T O O E E A I Z X Z Z B C
Y R Q Z O O U M H G C M P V Q L R
S C E N A R I O A E K K I S Q W C
G U L Q E E C V E S V Q E G Q R G
```

Puzzle 291

```
C A N W K V B Q N L B F T D M J M
H U L A D D E R O B E Y L A I R T
O D W F C I T R R M U L P N K M T
R O O E F K K S G F E A R G N E Z
E G A N N O Y C I T X J O E N P C
X U P H Z U O P A D Q V P R L C S
E M Q E T W J X A L E R E O W A H
J F E H U A N X F V N S R U T D A
H S F S O R E P Y T O C T S O N M
C H O I C E W L P O M K Y P J Q B
K T X U A I X A B O E M N F W T U
I N Y W K E N N S K N X P P D I R
H G M L A O T O W G A W W Y C G G
F S X R T O Y Q N E E D X A A E E
L F P S U A B F I Z T R S Z N G R
```

ANNOY
CHOICE
PLUM
MUG
DOG
TRIAL
TYPE
LADDER
RELAX
SORE
KID
CHORE
DANGEROUS
ENJOY
TOP
HAMBURGER
SIDES
PROPERTY
TOOK
ANEMONE

Puzzle 292

SILVER
EVER
EXPERT
BABY
POLICE
STOMACH
SUNFLOWER
FIGHT
GAS
THEN
MAJORITY
CLIMATE
EXTREMELY
REPAIR
WOOL
BROCCOLI
MANAGEMENT
FEVER
SIGN
SICK

```
N Z C I Q T C Q V T E C I L O P W
P I L H J L H T P H V J Y W G S Q
Z L I G I L K N M E E U R M P U B
S O M W W X U E Z N R Q S R Q N S
H C A M O T S M B T X E Y Y B F O
W C T F D V S E S B X H V Q W L G
H O E H Y I H G I N P N O E J O V
T R O J B H D A C P Z H E P F W O
R B L L A O T N K D H L F S Z E U
E E Z Q B D D A K L J R J I U R F
P I P L Y L E M E R T X E G J R S
X V S A G V S D C P H C B N I V T
E O Y T I R O J A M G S I L V E R
U B V H Q R S P T R I G X S F H X
K J F Z E B L L Q N F V R J O C U
```

Puzzle 293

```
U  B  R  A  V  E  I  V  F  D  X  N  R  V  I  O  H
O  N  I  F  Z  T  N  O  W  E  Y  C  F  V  L  X  F
F  A  S  D  V  I  D  P  N  T  R  O  L  O  C  S  H
E  H  D  T  L  R  E  X  S  S  I  R  Q  U  I  S  P
X  G  T  S  A  W  X  H  Z  A  E  X  E  Y  T  F  T
D  U  G  R  I  B  A  D  C  T  A  E  N  T  A  X  A
T  O  U  I  R  P  L  Q  Y  X  R  K  V  P  R  G  U
V  H  R  F  E  A  D  E  I  R  D  K  K  M  C  M  R
Y  T  D  C  T  G  M  H  B  D  Y  H  A  E  O  G  A
U  L  L  O  A  T  G  X  Z  S  Z  V  V  F  M  C  N
M  D  W  U  M  J  Q  J  F  A  X  B  P  Y  E  P  Q
I  Y  Q  K  A  U  J  G  G  E  N  N  Y  S  D  Y  G
K  H  F  N  R  U  K  F  X  J  L  G  K  H  Q  S  R
Y  J  B  Q  X  U  N  I  T  E  V  B  T  O  C  X  P
P  W  C  L  G  T  N  U  T  R  Y  P  E  E  L  S  J
```

TRY
INDEX
EAR
DRUG
SHOE
DRIED
FIRST
EMPTY
DEMOCRATIC
SLEEPY
UNIT
EGG
UNSTABLE
TASTE
FERRET
BRAVE
MATERIAL
COLOR
THOUGH
WRITE

Puzzle 294

DOWN
PACE
OUTDOORS
SUITABLE
INTERNAL
GRADUAL
DISMISS
CEASE
BUILDING
COACH
PENNIES
WORM
SUFFICIENT
PROMISE
FLYING
MODEST
PURPLE
CONTENT
READING
COMES

```
B  A  D  Z  X  V  U  P  L  M  Q  V  U  A  P  I  C
U  U  M  G  J  H  Q  E  B  P  O  B  A  T  C  N  X
E  S  I  M  O  R  P  N  W  O  D  D  H  M  Q  T  C
L  W  R  L  S  N  M  N  O  Y  H  X  E  D  C  E  E
B  F  O  G  D  Z  X  I  A  J  G  S  E  S  V  R  A
A  P  R  R  J  I  Q  E  L  P  R  U  P  B  T  N  S
T  A  E  D  M  R  N  S  G  R  A  D  U  A  L  A  E
I  C  A  I  A  N  Z  G  N  I  Y  L  F  C  F  L  U
U  E  D  S  Y  N  Z  A  D  C  C  O  N  T  E  N  T
S  M  I  M  S  U  F  F  I  C  I  E  N  T  C  C  O
V  F  N  I  O  U  T  D  O  O  R  S  C  I  O  F  F
L  V  G  S  Q  D  A  K  V  F  C  R  O  G  A  B  R
W  L  B  S  Z  E  S  I  E  R  G  Z  M  U  C  X  X
E  D  I  Q  B  K  V  G  F  W  V  B  E  V  H  Y  S
K  H  T  B  K  P  Q  M  W  A  Q  W  S  A  T  O  R
```

Puzzle 295

```
E K B C W X D Y H S G N D C O I S
O X A E O M G U G K U D W X I N U
T B P Y G A Z I T K S C W I D J R
V D I B F H S S H V T R O P S A F
I T N E M P O L E V E D H J X P A
S V R S B F P T Y L S T E E W S C
I E W N I F D P C R E U C C L C E
B T N E M N O R I V N E O J X O F
L S H P F Y B H R W C K R I N C R
E U A R R S J L W L S G N I R U D
X M I U O C O A L K N D E F E U X
E N E M Y W Q U E V E S R I D U C
T U R N I P M N A Z N Z K N U Z K
Y R B Y C Z M N S A J M P U O V C
C S D A S H F A E R A U T W L N R
```

ENVIRONMENT
ENEMY
PIN
DURING
CURIOUS
SPORT
THROW
AREA
WHO
DEVELOPMENT
SURFACE
VISIBLE
CORNER
GUST
TURNIP
ANNUAL
LOUDER
SWEETS
COAL
MUST

Puzzle 296

PENNY
SAD
YOURSELF
MAKE
FRACTURE
BRIGHT
PARK
LAUGHABLE
MAGAZINE
LIBRARY
SUDDENLY
FUTURE
ATTENTION
CLOTHES
STOVE
INSTEAD
HIPPO
MANUFACTURE
LEADER
ROB

```
W E A L W H K H R X O N K T A C M
P E R E H I M H V Z H N K X A L A
J O Y M S P Y E C X C O A K X O N
S Q H H I P L L X B I I R Q E T U
P U A C D O B R I G H T O D A H F
E E D T B Y K Y D Y C N B U L E A
P X N D R B R S U K V E K Z I S C
O R V N E Y Z A L Z A T R X N U T
L Q V B Y N B D I S J T A U S Y U
L M S E J G L R B A I A P D T R R
O N F R H D M Y R E D A E L E U E
M A G A Z I N E A E R U T C A R F
N X D Y M A K E R L Y F D Q D D Q
O W Y S T O V E Y Y Y O U R S E L F
S S J X D V L A U G H A B L E F K
```

Puzzle 297

```
J P P J E Y V G E L D D I M S A V
W R E E L K Z K X F Q U M T N J M
A D A G N W O F P I Z L X E O D H
S P O T T E D I L V R W Z R W T G
S I H A Y B R N A Y Z T G R M N P
W N V E Y A A A I R G W E V A V Z
M S Z N I N C L N E T S I L N I E
S R N F V A N C J V Z Y N C Q G H
W A B H U N P U W O T I S U J P B
Y P H D A A V W F C M I S L Y N O
R K U Y E I O R I S S P E L B A T
Q E L B A S U E R I W Y T S R J M
N L I A U Q U D L D G N Z J D B A
K E H G T I R N W L O F S G J J R
G B B D N M U L O C O B E Y U I Z
```

REIGN
SIT
REUSABLE
SNOWMAN
TIE
COLUMN
BANANA
PARSNIP
DISCOVERY
FUNNY
MIDDLE
EXPLAIN
OBEY
SPOTTED
FINAL
NEAT
CARD
TABLE
LISTEN
QUAIL

Puzzle 298

SWEATER
LOSE
INDEPENDENCE
WORLD
PIANO
TROUSERS
ADVENTUROUS
JUMP
COURSE
PERFECT
SLED
ARENA
ASCEND
MANY
HIS
INTEREST
ESSENTIAL
FENCING
STOOD
SPELLING

```
A D S K J E J B T W H L O G U M P
S D O O T S T M M H B W Z N K I E
W U V W O E A Z L I V R Y I G T R
E S R E S U O R T S F P V C P A F
A H M F N H P D E Y U X O N U M E
T U V P L T M W G N I L L E P S C
E X H A A U U X O A A U Z F J P T
R X E I I F J R U M L O X X X M T
J T D F T Z Y A O J M O E R Z B C
A S C E N D W I N U L E S U Y A F
H D Q J E E O Y A T S E R E T N I
L S T G S L R P I W Y D U C N N W
P X P U S S L P P W X X O D G W I
K C Z W E G D M G D U G C O G G D
I N D E P E N D E N C E X V B X Z
```

Puzzle 299

```
M O C K P A G E C A L L E D W P B
F M N R B N N A K T C W D C A O N
W G T O T I O F R J A C S K S X V
A U P R A O L R F V Z X E J H F N
F Y R M A Z S U P P O S E D I A E
Y S F B C P O L I C E M A N D H X
R S V N O D N H P J C D B O S M P
G U E C W O W H O B T Q P E Z A E
N O B E D I P R L T P U U O E O R
U I T B S E C I K O B T R E S N I
H V G Q E I L L U S T R A T E U M
S B N J S R O S S I C S M C A Y E
M O K N H V I Z F Z S R N U X Y N
Q I V S F T J C N S J J L V F E T
D E S I R E A R R E S T I O W I D
```

HOT
DESIRE
OBVIOUS
RUBBER
PAGE
BEEN
POLICEMAN
WASH
INSERT
SUPPOSED
GUYS
HUNGRY
CALLED
MOCK
COW
SCISSORS
EXPERIMENT
ARREST
LONG
ILLUSTRATE

Puzzle 300

LEEK
ABLE
VOID
RESTAURANT
PARDON
ROW
WHERE
EMOTIONAL
NOUN
NOT
IDENTIFY
VOCABULARY
CITY
PUFFIN
USUALLY
WALL
STATEMENT
CRIME
MANAGER
TOWN

```
U S U A L L Y A R E G A N A M K V
P I Q W O A F W B C S C F O O X B
G T A Y D N I D F L M U J C T U T
E Y I W R O T I H K E E L Z P N C
W Q I V J I N F I L M R K I D Y N
C H L Y E T E J U Z I E N B U R O
D V K G N O D G P B R H Q F X B U
N V O K D M I P A R C W O R K K N
B Z F I R E S T A U R A N T O F I
J D Q U D V O C A B U L A R Y T F
S T A T E M E N T C I T Y O O O F
U V R R Z Y U F U H M T E F Y W U
D P A R D O N T F F Y W R J Q N P
W A L L E E S I W M K W R J G R E
T E Q G M Q D O G B J G G J K O P
```

Puzzle 301

```
U N U R H T B L A G L N N T W B R
L Z O G Z I A K X Y M P B H K I E
B N L Z H U N D Q X L L F I C G S
M E M B E R K S Z J V E F N R N P
N F C X J L P W O W L A C K P O O
W P Z A F A C E J M B S W I B R N
S O T H R F F R Z A E E Y N N E S
R O E K Y W Y O W J Z W E G K L I
T R S R R X S T O R S Y H M R B B
Y L T C A X E S P N H S X E D A I
D G W I M A G B P A E R M H R T L
G Z P Q I P O R T R A I T Z O E I
N M K L R G S D R E N T E N C G T
A J T O P K M G T G P B O I E E Y
S D U S Z L K H S J V R B B B R V H
```

SOMEWHERE
PLEASE
PORTRAIT
FACE
RESPONSIBILITY
IGNORE
STORE
SHE
PRIMARY
THINKING
EXACTLY
RECORD
MEMBER
BANK
RENT
TEST
NICELY
POOR
RACE
VEGETABLE

Puzzle 302

KETTLE
BOTH
ELSE
PEACEFUL
COOKER
MISTAKE
BLOUSE
DEFER
JURY
START
FORTUNATE
COWARD
OFFICER
STEAM
PAIR
SPIDER
VOLUNTARY
JERKED
RIVER
REST

```
P S D Q L V Y R E F E D F Q B Q S
O V P N M S R E L G J K C P U A B
J K L I B J Y S P G Y N R P Z M T
O I U Z D H A T B B R E K O O C A
D P F X W E F H L O A H F N O W K
U P E V P R R I A P T R C I H V W
T E C S R B K U O S N H A X T M F
E K A T S I M E R D U Y I D B C C
S Y E E L S E Z N K L Q I R V U
U T P B D A O T F U O D S T E A M
O T A C O W A R D Z V E D K W V I
L J N R E V I R A Z J K Z S U Q C
B U S O T A E F U I C R Z L C D C
K E T T L E O F F I C E R J T N K
F O R T U N A T E C Y J U R Y R B
```

Puzzle 303

```
C R N P M W D T M D G L J X W H V
M V N O M E L U Q B S Z J O Q J E
J I B I O R T N E M T I M M O C H
K R I S R H U H C A F D P R P H I
A B D O J S I M O X I W X K K C C
E L K N T Y M Q Z D G S E N T A L
D A M I N V E S T I G A T I O N E
I M H O K E E L B U O R T U S I G
X S P D S E B R C U G J G C A P D
Z W A R E T E M I R E P G D M S E
N N R E T T A P L R D Z X J E D H
C Z Q V H M V J F Q S I F T C D B
E Q X I N U Z U J V R I A U T R U
N Z R R H T Y P F Q R J N U G U I
O B U D G L R J D F H U S E M V M
```

TROUBLE
VEHICLE
INVESTIGATION
GIFTS
KEEP
HEDGE
POISON
PATTERN
IDEA
ALMOST
DRIVER
SENT
PERIMETER
USE
SHREW
LEMON
COMMITMENT
METHOD
BEE
SPINACH

Puzzle 304

ABSOLUTE
JOYFULLY
TELL
DEAL
SAID
IDENTICAL
GUESS
DRAGON
BASIC
SLEEP
CANDLE
DECEIVE
OBJECT
DOUBLE
NEIGHBOUR
COLLECT
FACTOR
PERIOD
ORANGE
EXPENSIVE

```
J P J A X T G W M Y S S A C E G C
R O E N E Z U K M C G L B A E U Y
U Z Y R T C E L L O C E S N Z G M
O Y A F I G S V Z F V E O D N J U
B M M E U O S K I A X P L L A E D
H A W O E L D L L E T R U E G J B
G P N N R E L N L A C I T N E D I
I O K A Q H Y Y M S E E E O G I T
E X P E N S I V E F J L D G N A Z
N K O D K N C I S A B B X A A S H
S G G T K V O F C O U P R R Y Q
L S E J V F B L O T C O C D O L H
D P T D C Y O R F O U D L X T M A
F C B I O B H G G R F I F L M T P
E V L Y U B L D Q J Z G Y T L B S
```

Puzzle 305

```
Y Z P O L U E N N D E L I C A T E
Q G U V F U X Z A A E B Q Y A T G
Z S E A Q J I B E G T J L A M N N
P U A O E Y S E B O K I Y J O H A
F C D N F Y T L D J H H V M U F H
W O S B Y F S Y J P K P W E N K C
Y R J E S B I Z U Z B C W L T Q R
J C A V O U O C L U U N M P Z T Z
X G D V U N L D I Z V Y H M A J L
X A E E P L T E Y A C H E A K R V
V W W H H E O F B Y L M R X Q E K
W I L D C A T F G S Q A E E P O H
D O Q X V S J O R J H S E R F W K
Q Q C J S I H R C K H K Y G E U G
W C S G N U L T N H O Q N V C M E
```

SOUP
EXAMPLE
AMOUNT
FRESH
CROCUS
KNEW
BEAN
NATIVE
OFFICIAL
EXIST
YET
EFFORT
DELICATE
HOPE
SEA
ANYBODY
WILDCAT
CHANGE
HERE
MASK

Puzzle 306

ASSORTMENT
ISOLATED
CUT
HOCKEY
SEEM
VALUE
SCENE
BLOOM
BOWL
CHILDREN
FREQUENT
INGREDIENT
MEDIA
TOMATO
DISAPPOINTED
EXHIBIT
ACTOR
GUILTY
COCKTAIL
HIMSELF

```
C D Q E W S V Y E K C O H C I T F
W O P A Y C Z K C X B D B D N A R
L A C X O E B S H G H B Q E C Y E
J C T K Y N S E I F V I F T L Q Q
K T U C T E U M L Q A N B N W I U
J O L E L A F U D A L M A I U N E
Y R B U I S I O R O U M S O T G N
S D F P U U L L E F E U S P M R T
W E L I G T T W N F P N O P R E S
N T E V J R S O G C V V R A B D M
O A S M U Q J B N Q X D T S U I A
A L M O M E D I A K T J M I N E D
K O I O M P L Z D G N Z E D I N X
V S H L F N T O M A T O N Y P T D
I I Y B B R K F O S J W T S M K Q
```

Puzzle 307

```
T O B D Z L R L M H F D I E P C A
S C G H S I K P V A N N X X A O S
F W V E G F N U G A S T T P I M A
H R I J X Y M D V K H D N E N B E
E I E M F P W V B N Q L K D F I K
R A Y E M N O I T U L O S I U N Q
D H F F Z I R R I R I S F T L E D
L R G H N E N J T T P A S I L O I
U U P N D A L G Z T N Z L O Y R E
O W I V D I F F I C U L T N Q G U
H D N U S S V A L E N T I N E A P
S E K P D E F O R E S T S E L N G
X S M T N E L A T F A Y I K D I P
V K M T G R X V I H B H V A J Z K
Q S G B G F Z S Q E Y A A T S E W
```

COMBINE
VALENTINE
PAINFULLY
TALENT
SWIMMING
EXPORT
DIFFICULT
SHOULD
FREESIA
ORGANIZE
HERD
HAIR
EXPEDITION
VAN
TRUNK
VISIT
SOLUTION
TAKEN
FREEZE
FOREST

Puzzle 308

SWORD
WARNING
MENTION
MEDICAL
MIGRATE
WHOM
FORMALLY
JUICE
THESE
PEACH
RASPBERRY
EMPLOY
PAN
STANDARD
OPENER
COOK
WHICH
COME
HOLD
FOOTBALL

```
I E S E H T C B D Q I B Z X F M P
G M M N Q H F A K K C A F R O Y Q
N S P P D B J A O X M V O E R O Z
K Y O F L Z F T W C G U G M M N O
W H O M O O G A H C A E P I A L P
C O O K H O Y M I H W M J G L W E
E A U Y J J T W C C P O S R L A N
O A V R S A L B H S L C A A Y R E
S W O R D D M F A L T L E T N N R
G X J E N D Z C K L F A Y E F I A
O E A B O R X Q B N L C N F Z N N
N U P P L J V Q X Z N I A D N G L
A I Z S J U I C E P P D P E A V W
N A W A H Z O U I V C E Z B Y R V
A I K R M E N T I O N M R B J H D
```

Puzzle 309

```
B I T E M X Z C T R I C K S S O Y
Q V V Q C J V O U D Q J X E I X P
M Y E P V A X M K U X L S A Z V Y
D T B V T A E B A S C X H R E J G
Y E L S R A P P I L X P C C M O O
Y M H J G F B S T B O E F H J X O
B P C E E S A J I A C U L I R T S
H E S P A L L O C N K Q R N U Z E
I R S C A P C M J I G I M G M N T
F A E N U K O Z W M C L N Q Z S O
D T R Q N N N I B W E A E G T P V
K U C B G B Y R E T S Y M E U L E
R R R E C E N T L Y U S R F E O D
A E A R W V N A V H C E N T R A L
F L N B D I L H L T P D S E Y S R
```

COMB
PARSLEY
BEAT
MYSTERY
CENTRAL
DEVOTE
CRESS
BITE
GOOSE
SINGLE
TEMPERATURE
SEARCHING
LIP
BALCONY
TRICK
PEACE
RECENTLY
COLLAPSE
SIZE
TAKING

Puzzle 310

MEAL
HORSE
FATAL
PLAYER
SISTER
DARK
FORMER
MONITOR
TELESCOPE
DIRECTIONS
SOUTHERN
SURVIVE
ELEPHANT
GIFT
MONKEY
SOMETHING
TRANSMIT
ACHIEVE
PLASTIC
CABBAGE

```
L Q E I S M W T K D B A K S T H R
H B J B H G M B X I R H L I S A S
T E L E S C O P E R Y S X S F H U
A H B S B R X C I E E Y U T Z O A
Y F H R E M R O F C C U I E F F C
E P Y O P G R L A T D S K R A D H
K L L H R C I N N I I Z W G T G I
N T E A I A P I P O K M S T A I E
O T M P S M E V L N L W S X L F V
M P Z I H T F U A S Q L Q N A T E
O E K F V A I L Y E G A B B A C H
Z S Z N U U N C E S W E O W M R Y
M O N I T O R T R Y O M Z X G G T
S U R V I V E K S O M E T H I N G
S O U T H E R N X N R Q L D S Z B
```

Puzzle 311

```
R  I  P  T  A  E  L  D  A  R  C  S  O  I  D  Q  A
E  M  R  V  A  W  K  K  C  G  D  W  R  S  U  R  P
S  G  E  E  X  A  C  T  C  Z  I  T  Z  A  S  V  Q
D  A  N  Q  Y  B  K  H  O  I  H  M  B  R  T  W  Z
B  R  T  R  V  Y  L  B  M  E  S  S  A  L  U  M  Q
I  E  R  I  C  Y  I  R  P  I  M  A  G  I  N  E  A
M  B  A  J  S  V  M  I  L  W  P  F  O  I  F  C  U
O  D  P  B  Z  F  R  V  I  E  M  O  C  L  E  W  A
V  C  S  N  P  H  I  N  S  D  L  E  A  D  H  F  O
E  H  C  Y  O  D  Z  E  H  D  K  G  W  G  C  F  J
G  T  N  U  I  E  M  S  D  I  W  M  O  N  E  Y  Q
Q  D  A  E  R  P  S  L  R  N  R  H  T  G  N  E  L
J  C  D  Y  M  M  X  T  W  G  T  S  E  G  R  A  L
N  E  V  I  T  U  C  E  S  N  O  C  D  A  B  A  G
J  Q  C  K  X  J  F  S  P  P  Q  O  Z  A  T  G  U
```

LENGTH
SATISFIED
ASSEMBLY
CONSECUTIVE
WEDDING
PARTNER
JUMPED
OCCUR
EXACT
SPREAD
WHEAT
LEAD
ACCOMPLISH
DUST
LARGEST
WELCOME
CRADLE
MILK
IMAGINE
MONEY

Puzzle 312

CELERY
LITTLE
HIT
ONION
FOLD
CONTRAST
NECK
INTERVIEW
JELLY
INVENT
DISTRACT
EXCEL
EATING
SCORE
DESCRIBE
LOOSE
COMPETITION
MILITARY
NOBLE
DISTURB

```
P  W  G  I  L  G  W  Y  L  L  E  J  L  E  C  X  E
A  E  R  N  U  P  T  F  C  O  J  W  Q  A  U  O  K
I  E  L  T  T  I  L  Y  G  K  O  Y  M  T  W  Q  M
Y  U  J  E  B  I  R  C  S  E  D  S  Q  I  X  U  I
Y  X  P  R  O  X  V  W  V  A  L  V  E  N  O  B  L
Q  J  R  V  D  N  N  I  S  L  O  I  G  G  Q  Q  I
C  W  M  I  U  A  I  K  G  X  F  K  Z  T  W  K  T
D  O  M  E  H  S  Z  O  N  O  B  L  E  N  T  R  A
O  I  N  W  D  S  I  I  N  C  E  S  N  E  C  K  R
N  O  I  T  I  T  E  P  M  O  C  C  N  V  A  K  Y
M  Q  F  B  R  U  T  S  I  D  P  O  O  N  R  H  R
G  T  K  A  V  A  L  T  Y  D  C  R  H  I  T  U  E
Z  O  R  F  P  T  S  T  T  Y  N  E  Y  N  S  E  L
S  W  W  V  K  T  U  T  G  W  V  F  O  H  I  Y  E
W  D  O  E  O  G  O  C  P  W  E  W  X  L  D  V  C
```

Puzzle 313

```
G A G I F X T C F O R S T O R Y G
R Z I Y D Y G O R F O L O A T R W
Y J E A P M U N Y P C I T C R A I
M H N G Y D Z G I B K R X K R R S
U E W U J H C R H U R K C C X E F
I H L P Q Y K A I Y F M A O L X Z
G O B L I N N T I O R E C N U F L
G C R L F N I U K E L C I T R A L
P Z O P H U G L F S E Q C R D E O
V B Y V U B H A A U K L V O B L N
A O I F E T T T O Z V B L T L E
E X L Y V R F E T M Z X R M Z J L
C I K U I U E P H E A S A N T Y Y
J U R R M I Q D F I F L R B I K E
Q D O T C E J B U S O U Z S D I V
```

PHEASANT
STORY
GOBLIN
ARTICLE
BIKE
BUNNY
KNIGHT
BRIEF
LONELY
SUBJECT
CONGRATULATE
FROG
LEAF
CONTROL
BUY
ROCK
MOUSE
VOLUME
ARCTIC
COVERED

Puzzle 314

LOSS
PHONE
FARM
STORM
CINNAMON
FISHING
DETERMINE
SENSELESS
CHEERFUL
GATE
CAULIFLOWER
OPEN
ALONE
REQUIRED
HAVE
SOLVE
BEETLE
DIRECTION
STRUCTURE
PROFIT

```
C U Z S I M F G V F U B G N I Q U
C H C A U L I F L O W E R L N N L
S S E L E S N E S A L O N E O E L
G T N E V C G E R U T C U R T S T
A F O O R K H A V E I D M Q S I S
T I H R R F Q F C D F I Z D L B M
E S P T M E U Y P P O Y A F A R M
I H R F G J E L Q B R S Q V R S E
I I Y W R L S Y E O P I T J J J C
E N I M R E T E D V Y V F M H B C
K G R E Q U I R E D S O L V E H A
O P E N O M A N N I C B E E T L E
M C Q D I R E C T I O N I H T J H
L G B X E G B D D X N Z V H Y W S
A M G X H V L J K F W O G A Z Z B
```

Puzzle 315

```
P L A N E T O P T V I F C S W G C
G M M L C X L L E P V U X H I B O
R D Z G I H F D M K Z P P A L A U
B L O C K G F U R T H E R D D E P
R A K M I U M E N T A L D E E S E
M W I X E N Z G R R E H T A R T C
B A T Z F E J N O E S K U C N A O
R Y T J D V T M Y E W Q O V E B S
O B E X U A M C A D B M H N S L T
W H N L U D G A R H A C G K S I D
N U X U T N S J N A V T U C B S B
E H G S W W G Y P U C C O X S H W
F C X G W S V U K O A M R B D C A
M K Q A Q T E K T Y Y L H K O E F
E F B B P R Q L N I A Y T S N O D
```

RATHER
MANUAL
ESTABLISH
KITTEN
OCCUPY
WERE
MEET
WAY
DEER
COST
BROWN
BLOCK
PLANE
FURTHER
COUPE
SHADE
THROUGHOUT
MENTAL
GUN
WILDERNESS

Puzzle 316

TALL
STRATEGY
CYCLING
DEPRIVE
ONTO
SHARPENER
BURST
AFRAID
INTERACT
CARRIED
JACKET
DANGEROUSLY
PAIN
CHESTNUTS
MAGNIFICENT
SHAPE
STOCK
LOCK
ATTENTIVE
THREAT

```
S R D F L U N F N I A P G K E I C
T S R U B L P L D N T A U M F Q A
R E N E P R A H S T Z H V P M C R
A A F R A I D T E E L A R T E K R
T G J K W Z D D Q R N G P E X V I
E P A H S F T J K A P X L A A Q E
G K C O T S G C I C R C E A A T D
Y I K C O L M M B T Z Y X S L A W
E Z E Z A B A A T T E N T I V E K
T S T D A N G E R O U S L Y U W D
H E T D E P R I V E Z I O I B Z P
O M A G N I F I C E N T M X D L T
G N I L C Y C C H E S T N U T S F
V M T R D W P V Q G B G Q R L I G
M I E O X G Y P E D Z X P M C W Q
```

Puzzle 317

```
I  O  F  Y  V  V  S  F  L  O  U  R  J  U  E  A  T
W  R  L  R  E  A  D  H  I  Z  C  U  H  K  V  R  V
P  R  O  T  H  D  N  I  A  T  Y  F  E  V  I  R  N
J  M  O  N  G  B  I  Y  S  M  R  J  R  P  D  A  Q
X  N  D  E  U  J  F  F  T  E  P  R  O  K  E  N  O
C  K  U  W  M  A  X  I  M  U  M  O  N  C  N  G  H
S  O  U  M  U  V  N  D  O  M  Y  Q  O  E  C  E  J
T  I  M  C  H  I  L  O  A  S  K  E  D  N  E  X  N
A  R  O  P  I  E  S  M  E  U  Y  B  X  T  X  X  L
T  U  E  B  A  W  O  R  L  S  B  S  U  U  H  U  A
I  C  W  R  Z  R  N  F  R  B  T  V  Q  R  A  V  T
O  F  S  P  N  V  E  K  X  P  Q  S  U  Y  O  V  E
N  Q  R  O  P  R  O  G  R  E  S  S  K  F  T  J  U
F  W  N  U  L  V  F  V  B  R  I  L  L  I  A  N  T
E  Y  N  B  S  M  T  D  N  W  J  K  E  L  D  X  K
```

STATION
LATE
WENT
VIEW
NOR
FLOOD
COMPARE
SHAMPOO
MAXIMUM
READ
HERON
ARRANGE
FLOUR
BRILLIANT
SAIL
CENTURY
MODIFY
EVIDENCE
ASKED
PROGRESS

Puzzle 318

TEAR
EAGLE
EVERYTHING
ANCESTOR
AMERICAN
CAMP
TRUST
DECIMAL
SOAP
GRASS
RESERVE
LION
LUNAR
MINUTES
NEST
BONE
PERSON
SHY
FINANCIAL
ADMIT

```
G  E  Y  B  C  F  N  U  F  U  A  M  R  A  E  T  A
Y  G  G  E  F  S  I  A  D  N  D  F  E  Q  L  N  N
X  S  S  A  R  G  R  N  L  P  M  B  S  K  G  M  C
T  W  O  R  F  C  G  Y  A  R  I  N  E  L  G  A  E
G  B  M  A  G  D  B  Y  C  N  T  A  R  D  A  L  S
C  A  M  P  P  X  B  L  N  U  C  C  V  U  Q  B  T
P  E  R  S  O  N  K  Q  X  S  U  I  E  S  H  Y  O
O  A  E  D  E  C  I  M  A  L  J  R  A  O  T  Z  R
C  M  C  L  H  E  M  I  N  U  T  E  S  L  R  D  A
E  V  E  R  Y  T  H  I  N  G  F  M  K  W  U  S  N
I  L  A  Y  I  L  I  I  X  K  M  A  E  O  S  B  U
I  I  S  R  D  W  P  O  N  E  Y  Z  U  P  T  D  L
J  Q  P  G  F  R  H  L  E  B  O  N  E  S  W  F  P
W  A  Q  O  Q  H  O  K  S  Z  V  L  N  H  Z  C  U
H  C  Y  O  V  E  Y  G  T  V  L  I  O  N  G  Z  W
```

Puzzle 319

```
S K M F A W B R X E X P R E S S S
O O A R F O L S O V Q M U C H Q O
K L R L P J C F X A O I L W T E D
F B A R C O A T A E K O W Z O Z A
S J L F Y Y A A G L B D X A M A F
X X C E L A A I D E S C E N D K L
W V C A D C V Y R N J L S V M E O
M Z E R I A P P E A R A N C E E R
J E D J P I H S L M C E S Q K C I
S W N E A V S O D D B O Y P G L Q
Z O I N R X I P L B O V Q L X U X
V I F A G M N K Q Z Q G W Y C B W
R Q Q A L J U J Y N S W H U A K O
I B F N L A P V U H R T Z H A S Q
Y M O J X F E B N Z I Q E Z R J F
```

FEAR
MOTH
APPEARANCE
SORRY
FIND
CLUB
RAPIDLY
BOY
EXPRESS
SHIP
SODA
COAT
WOKE
PUNISH
AIR
MUCH
CRAB
SOFA
DESCEND
LEAVE

Puzzle 320

PLATE
MAYBE
WONDER
EFFECT
COMFORTABLE
CROW
CORRECT
ENGINE
OVER
CONVINCE
WESTERN
BAD
INCIDENT
EVERY
LIST
STAMP
RAINBOW
NOTHING
LESS
PENCIL

```
C U W J J H L B V Q J C U Z P T N
B O M J B G E B E T S O S U U L V
T Q N V N W Q M O L L R Y I X X N
A P V V Q E E B Y A M R E P W O E
X M E S I S Q S S E L E F E R O R
H K V P D N E B T C B C F N N B Y
C Y H E R S C D X E D T E C Q C O
G O T J I X U E X T R U C I W R H
R I N C I D E N T A E N T L A O N
B A W O N D E R X L V X K T P W N
D J I E V E R Y M P O G U N M X O
A X N R N E N G I N E R B A D V
O A E L B A T R O F M O C K T V S
L I S T F O N O T H I N G G S P H
B V X T C U W V S D Q M F U I Z V
```

Puzzle 321

```
G D L Q B I G P I D M V Z L N Z W
L L A B W O N S U M J Y T B R L V
S T M G O I I S T I J D Q I B L J
H V F C R U L S P I K D Y O F K D
E T V S G X E Q U E D U T I T L A
L S P E E D E U M S C M P T Y L E
L R U H S D F I V A G T E K O V H
T D F R K B P R A C B C C P I K A
P E S O H T L R R S U U C W P S J
T L R Q V N W E X K R D A P T O S
N M Y R Z B V L D L N O A S I T D
W E C D O M U Y Y R E R J K K Q T
H G H H U R H A N C D P T H U S M
Q J A N A L Y S I S V P L P Q L R
S E N T E N C E N Y J U T X V V Q
```

SPEED
ACCEPT
THUS
ANALYSIS
SQUIRREL
PRODUCT
SENTENCE
ALTITUDE
CASE
TERROR
AHEAD
INSPECT
SHELL
GROW
FEELING
BURNED
KISS
THOSE
SNOWBALL
MUDDY

Puzzle 322

HAPPEN
UMBRELLA
NEED
RELATION
WINE
IMPROVE
PRISON
PINK
GREEN
SUNGLASSES
GLOSSY
SAME
FATHER
SILKY
DISCUSSION
MERE
FRIENDS
EXERT
BOIL
CHAPTER

```
R P L I N E E D F O O C Y R W F D
E I F I M T U M B R E L L A I A B
L N R F O P Y H N T K R R J N T O
A K I N M P R A K Q M M E Q E H I
T T B O H O A O O C L D O M O E L
I P H Y E O D S V J N S G I K R R
O R E T P A H C E E C R C Z B O A
N I Q T R A P D I S C U S S I O N
H S F R I E N D S Q S G K G Y R Y
A O N V T G O K M G G A G R E E N
P N Y T K L Q X F W Y P L A X C X
P V P Y O X W Z H T O J W G V I L
E O E X E R T S A M E O P H N U R
N A H P Z T A N I J J Q B L Y Y U Q
P G L O S S Y K L I S V O J H R S
```

Puzzle 323

```
A M G N G P K C U L L H A Q A T T
G N V Q D O N O I T A R U D P C U
O I C Q W Q X M M Z C A B Q O O F
P K R I A Z L P M T I V R W L M Y
Q Q O L E V D L L I T S O W O P G
E E K R S N D I V B P L K O G L A
N E E D L E T C H Q I Y E L Y E L
O B S E R V E A L A L K P F S T L
Y N F X E A A T F X L Z R H A E O
R H B V T G P E D X E C B M E L P
E S B I I H N D W H E E L K N Y Y
V T J M R A T L G L K T N V G E T
E J L B W A U W D S W K N R N F X
R E A C H E D K Q M Y G H U H H J
A D S D O G F O I Y W L K T B Q Q
```

OBSERVE
ANCIENT
COMPLICATED
NEEDLE
WOLF
EASY
ELLIPTICAL
BROKE
STILL
GALLOP
GIRL
APOLOGY
DURATION
REACHED
LUCK
COMPLETELY
FAT
EVERYONE
WRITER
WHEEL

Puzzle 324

ABOVE
STYLE
FRIENDLY
JUDGE
PARTICLE
FOUR
SWEET
EDUCATION
PILL
PUBLIC
MISS
FORM
WIN
ANGRY
CELL
WARM
DISSIMILAR
CRAYONS
ASK
SWEDE

```
D I S S I M I L A R B H Y V R I P
H Z U X X C W N J C D E R P I D A
K Y J M Z Q X E U R P W F Q K I R
F Z Z X N F K L D F M I P Q L W T
O D G D O G S K G G C I L B U P I
U L O K I L A W E R J O S L J R C
R S K V T D A M E V O B A S S M L
L E C E A N G R Y D H M E D N T E
F O R M C I M A L N E C E L L I T
N R T L U W L W D Q G Y R Q L N N
S V U N D K D R N U Y D G Z Z K G
Y X W B E A Y F E S T Y L E S B S
P C F N M M S T I Y C R A Y O N S
L I S G B K Q Z R O O M L M F Z Z
U U J M P N C T F S W E E T V V A
```

Puzzle 325

```
M F M J T X T D M D M U G J A H A
I C A L C U L A T O R A E Y S E T
S X A N C I U T E O J B A V P L T
E K I L K O L K Z L O O W B Z I R
R U F U X L N P W B L O C A L C A
Y V S L V B Y V E T C Z I B T O C
F P U W E A R N E K J O X I I P T
I S C M G B R E R R N Z M T C T I
R V T L J R A S M E S H N M I E V
A P A O F O M E R M L A R M O R E
L U G G C U K R V X A O T D C N W
C T J M T G I I B L R H D I P Q B
H A B I T H K O L M I B U G O X O
T C A Q U T T U W G T Q R I A N X
F L U F F Y W S W G H O E R W V R
```

BLOOD
ATTRACTIVE
HELICOPTER
RIGID
CONVERSATION
CLARIFY
YEAR
SERIOUS
LOCAL
LIKE
EARN
HAMMER
CALCULATOR
BROUGHT
MARRY
BOX
MISERY
FLUFFY
COMMON
HABIT

Puzzle 326

PAST
MOTORCYCLE
ALLOW
RESIST
RELEASE
FORMAT
AGO
BEHAVE
FAVORABLE
OIL
POWDER
SKIRT
ALREADY
DADDY
GIVEN
WITCH
GRANDFATHER
BODY
USED
BEAUTIFUL

```
B M M M Y R S O Q Q R X A S F Y S
E O O I H C Z Y I Q B W L K A N T
W G D T S I S E R F E Y L I V F I
M A E Y O J L J F V W C O R O L P
I Y S E L R E D W O P E W T R G Y
L K U V E H C T I W S H G K A Q Q
P Z E U N K S Y D D A D I K B J K
P A E V A H E B C G U D V M L G X
M T S I Y D A E R L A D E R E B O
Q H A T S N K E T B E B N S O W R
H R E H T A F D N A R G Y E P N V
B P L A O D I Y P G G O C N Z X Q
E G E R I E A E R N F C O P O Q N
O S R Q L U F I T U A E B V A Z Q
F O R M A T D K P V Y N N Y E P Z
```

Puzzle 327

```
M L A W O A S D H H U D Y J N H Y
C Y R D O E T A M I T S E P W G J
K L S E L P O E P D I Q Q A E A B
X B I E Y C C R W I B Q U R Q N M
C A S C L E K B D G B I C W X Q V
D T P V M F I G C E A U E Z V H Q
G I N G U A N U U S R E H C A E T
Q R R N I E G I E T I H X K O W Y
L R O I E M T D V N L F L G E Y R
M I Z D J V W E W A L K F H D I R
A K C R O S S L O M R U H X B N Y
T F O O H C E I M S H P O F L E G
U M J C Y B G N O M A N J O U C W
R T X C H D S E W O M A N D I J S
E G S A C S G S R J N A O T M Z K
```

CROSS
MYSELF
STOCKING
BREAD
WET
IRRITABLY
WOMAN
ESTIMATE
ACCORDING
DIGEST
GUIDELINES
WALK
AMONG
TEACHER
MATURE
PEOPLE
PEN
DRY
WRAP
RABBIT

Puzzle 328

SEVENTH
TOOTHPASTE
SIMILAR
NUTRIENTS
DRAGONFLY
NAVIGATE
ADJUST
CONFINE
CERTAIN
COMPANION
FARMER
STAY
SLEDGE
SHAKE
FEW
FORK
NARROW
INDUSTRY
TENT
WORST

```
N K Z S Y A S Z W X X V T Y B F U
U D K M L M U G R I M U L R D E S
T N E T W E D P G N A R R O W W H
R T I N P E D X H D T K I P Y R A
I O H U R A T G Y V R V N O C M K
E O D P A W Z Y E U H O K L M Q E
N T N A V I G A T E C E R T A I N
T H O G D J T T C J X B A W J U N
S P I A D J U S T O Q A L O D D E
U A N P Y R T S U D N I I R M A B
C S A K E N T O I V R F M S C X I
F T P D R A G O N F L Y I T J N V
L E M Y L P N S S Q Y A S N T W P
K R O F A R M E R M Z X L L E O W
Z V C S E V E N T H Z V O F S R P
```

Puzzle 329

```
B  B  W  M  Z  G  Y  C  Y  N  N  N  I  Q  V  A  Z
I  O  H  E  U  K  A  E  W  L  B  G  T  F  O  Z  U
R  R  M  U  Q  S  T  N  E  T  A  E  F  E  D  X  I
D  N  R  N  N  V  H  H  D  W  J  Y  N  D  Q  E  U
S  M  B  K  L  F  R  R  B  E  D  I  L  L  O  C  J
W  H  T  N  E  M  E  V  O  M  R  E  T  T  E  B  Z
D  L  L  T  Y  R  T  N  U  O  C  X  U  D  M  X  S
L  W  U  R  P  U  H  J  K  G  M  B  W  E  M  S  H
O  I  T  Y  W  Z  G  O  A  L  I  O  S  R  J  N  J
C  O  U  L  D  K  U  V  C  M  D  K  E  R  T  M  I
P  H  T  V  T  N  A  T  S  I  D  L  R  N  Y  P  G
C  Z  Y  T  M  J  D  M  K  N  A  S  U  H  O  W  N
D  I  R  E  C  T  O  R  G  H  F  Y  G  Y  C  D  Q
F  K  A  J  R  B  E  E  R  S  E  T  T  L  E  R  S
G  O  X  M  F  A  B  C  L  K  L  B  Q  C  R  A  D
```

DIRECTOR
GOAL
SETTLERS
WEAK
COUNTRY
HOW
DONE
FEAT
GANDER
COLLIDE
SOIL
DISTANT
TEN
MOVEMENT
DAUGHTER
BETTER
MUSHROOM
COULD
BEER
BIRDS

Puzzle 330

TASK
LILAC
POLITE
DIFFERENT
FORGOT
FLEXIBLE
COOL
THEM
DRUM
SILENCE
WAR
EGGS
DEMONSTRATE
PRODUCE
FORMULA
RICHEST
WHAT
INCLUDE
CRASH
WIRE

```
L  R  W  T  L  O  U  V  U  S  H  I  I  N  H  Y  E
I  L  Y  G  M  U  I  U  V  S  N  N  N  Z  J  M  C
L  O  A  M  H  Z  W  P  V  S  V  C  L  P  P  W  Y
A  D  Q  E  L  B  I  X  E  L  F  L  Q  N  E  D  I
C  D  N  T  O  G  R  O  F  X  T  U  W  A  A  X  B
V  I  L  A  I  P  T  I  A  Z  Y  D  I  W  C  N  Q
I  F  S  R  F  Z  U  J  W  I  W  E  I  Z  F  M  O
O  F  C  T  V  O  X  R  A  A  H  Z  D  Q  C  R  R
F  E  H  S  A  V  X  R  C  O  O  L  M  E  H  T  P
P  R  A  N  R  B  G  T  A  S  K  N  U  G  S  S  E
O  E  F  O  R  M  U  L  A  W  M  P  R  G  A  E  A
L  N  Q  M  N  V  W  M  W  I  R  E  D  S  R  H  K
I  T  W  E  M  I  F  H  W  Q  I  L  F  W  C  C  E
T  H  E  D  Q  R  A  Z  A  K  E  C  N  E  L  I  S
E  C  U  D  O  R  P  P  Z  T  N  L  U  I  K  R  M
```

Puzzle 331

```
U J H T T V P R F D S N R R P F S
V D G E H T A E R B I I E O E D O
A R L A N I E H H I N B T Q L W C
X P W C I M X F T J K L F N A E I
F S E H U N T E N D Y E A B C C E
Q N U R P R A C T I C E B U I I T
S C J W S E X E R C I S E Y S F Y
P N H I P O E N R U T W J F U F A
O U S N L R N S T V G C G R M O N
H E A T W U O A S P E N D D D E G
C B G E V E E T L A R O M E B F C
S F I S L N F G E C E R R T C C J
L B R Q R W Q A O C P G D E T K Y
B E N E F I T R N J T J M C R C A
S T U D Y T O M G A Q O B T Z P L
```

PROTECT
SPEND
SINK
PERSONAL
TEACH
OFFICE
ARM
AFTER
TEND
MORAL
DETECT
BENEFIT
HEAT
STUDY
ROLE
PRACTICE
SOCIETY
BREATHE
MUSICAL
EXERCISE

Puzzle 332

KITE
INVOLVED
YEARS
WEEK
SETTLED
BOTTOM
WILD
SOLDIER
LATER
EVERYWHERE
ADD
END
CRY
TOGETHER
QUICKLY
NOTICE
PRESERVE
TRAINING
LAMB
BUTTER

```
S I H F V D E S R A E Y M T M H L
F J I F P T E V E V R E S E R P R
B G U W S G H R E T A L Y D L R L
K Z Y U D I Q P D R T S J D T J L
P J W O H X D Y L B Y L X M P Y O
T O G E T H E R E I H W E V W B I
G K N W B H D C W E E K H D P N N
I W Q C I S O L D I E R Q E I U V
S P H X K L N G D N E O U X R W O
R T R A M Z D K A B I X I H E E L
F W V H O N O T I C E D C H Q C V
F H J G T E W P B K K I K V S N E
Q K B U T T E R N M O O L Y U H D
F B Q M O S L Q G G Q L Y K I T E
R P H M B M A L T R A I N I N G N
```

Puzzle 333

```
I A G M H J Q Z N A H H C X X Q H
L M Y V E A R E M H I G G K G G O
P O H H N N M L Z U Q N J D C G U
A D S H Z O P S C R F T C D N Y R
D E T A P I C I T R A P C J O G T
S S S U Q T S K E E L R I I U N C
G G E D N A F H N Y R K R E X J O
F K I Y O I A R O C R E A T E N D
U X P I I C N T K E H V I C T X V
D L P J T N T U S W S E Y O A B G
S X A P I U N O I T C I F G T S R
K E H P D N P B R U J L G E I U A
K Z F K N O S A E S Z E U T M R N
F Z Q T O R S Z X K B B P N I E G
B O A T C P H A Z A R D O U S T E
```

GET
BOAT
ABOUT
IMITATE
SHOES
HAPPIEST
HAZARDOUS
PARTICIPATE
PRONUNCIATION
CONDITION
SURE
RANGE
BELIEVE
DOCTOR
FICTION
HOUR
HAMSTER
RISK
CREATE
SEASON

Puzzle 334

FAMOUS
HALL
LOYAL
GLUE
QUIT
KITCHEN
QUOTIENT
LAZY
INSTITUTION
PAINTBRUSH
BATH
QUIET
LIE
BEAR
VISION
MATTER
COCOA
ANGEL
TRUCK
EXTEND

```
A K A F N F T P L Q S X L A Y O L
I H P F O P I A W I U H I Y G U U
U B P T X I M I T M O O E U L G W
G L S M T J W N S J M K T M Y W O
B F L C I I O T U G A P E I N F D
Y M W C L P U B T Z F Q I D E W V
C Y K G W J I R W F A R U R H N X
H A L L J L E U H L E D Q I C O T
H M A T T E R S Q L J W G Y T I X
B D D P X J A H L A Z Y T P I S A
J A X I X W E G I O Y Y R U K I E
F C T D P L B N Y C T N U M N V A
J Q K H K S B K U O H I C I B H Z
A N G E L N I W Y C R M K P R B W
I N S T I T U T I O N E X T E N D
```

Puzzle 335

```
G R A P H D W U G A O R M K Q S L
M A Z G N S M D T F O X B T M N P
U E Z Z G A E H L F G Q K D Z O G
G W K E P T N F L O Z U Z S D W C
C O N D O R G N I R U S A E M D E
B G Z I W J J N W D E M O D S R F
W E T S I T N E I C S J M A D O F
I I Y W K S G E W M I K P C I P I
G H S O Q Z A W H C O Y E E A S B
H H O H N U P T B U W C T D L J K
B B T L D D H E K D V H S S I D E
S Y O A O C C B N E C N E F M O L
K D K M C N E T Y W B H Q D E C M
I Y Z X F F X O W Z R O Y A L S C
S C S H Z R N N I H A G Z O Z U K
```

ROYAL
NET
SNOWDROPS
DECADE
SIDE
PETS
SKI
BETWEEN
DEW
FENCE
GRAPH
WILL
AFFORD
SCIENTIST
CONDOR
WISH
WEAR
BEYOND
COMING
MEASURING

Puzzle 336

LAUGHED
ELK
ECONOMIC
USEFUL
ECONOMY
ANXIOUS
HEART
POSSIBLE
KNEE
ROTTEN
LAUNDRY
COMMUNITY
POTATO
NARRATOR
CANDIDATE
ENVIRONMENTAL
BESIDES
MARKER
SKIING
INCH

```
B R Q D H D D E H G U A L G M D R
E E D E G H R C M A R K E R U C Z
R N S N Z S U O I X N A K U P H S
O L V I P O L N T Z N R H T T C E
T R W I D I V O R A E S K I I N G
T J X Y R E Z M A O R E C T X I C
E K L G O O S I E N O R K N E E O
N Z L Z F O N C H T S H A Y T L M
K J L C Q X Y M O N O C E N A U M
P O S S I B L E E D T J P M D V U
U S E F U L Q D H N A M U O I P N
B L S G E F F X C H T L R Q D A I
K O E U R R H M R C O A F X N B T
L A U N D R Y D V V P Y L B A Y Y
E E S W A S C G W K A R V Y C Y W
```

Puzzle 337

```
R U U U M E G A O R D I D P L X E
W R R A E B B K Z L F B A R Z Z V
W J Z Y T L L E B E U L B M Y R D
S N X L V O Q F P Y G B L B R X L
N S J U B W E T A L E R E T A W Z
E A X S D N G G G M Y K V D T K A
N C H Q D Z E U A A M C I L N N Y
X L L R D R E A M V V G G P E Z K
S O C E N T I P E D E E R Z M S Q
F C H W I O P O I N T K O Y M S D
Z K V A A O K D W O K F P O O G
Y S Y R L E F M M O V I E P C F U
K G J D S H O U T L Z I O P A T Y
D I P L O M A R V K B I C Q N Y N
H L A S T C A R R Y Z S F J E T H
```

WATER
GAVE
RELATE
FORGIVE
POINT
DIPLOMA
MOVIE
DREAM
BLOW
MOON
SOFT
COMMENTARY
BED
DRAWER
SHOUT
BLUEBELL
LAST
CLOCK
CARRY
CENTIPEDE

Puzzle 338

TRAIN
SIX
LAWN
HURRIED
SITTING
SEAL
WORD
THREE
LOCATE
RICE
DRAKE
BREAKFAST
ITEM
ANIMAL
CONFUSE
THIS
INTERESTING
WIFE
DESK
FREE

```
F P I F Z O F Y I E T L T W G N D
I G N I T T I S M V X L H N Z J N
O F T S A F K A E R B P I R O Y W
L Q E E R F M I T C J M S A C E Q
B E R Y L Z B F I F I P R E F F X
L A E S N T W C Q U Z R T R A I N
O J S J H H I V J X S I X E R I T
S V T L U R K B O D K L Z G S F L
P V I H N E F I W C K J H F B S V
R C N E U E K A R D O S I A X J L
M K G L T R L A B E R N P C J C P
A N I M A L R C J S T C F R H Y L
N T S Z T Y K I L K C K C U X G S
B E C B J H Q P E L A W N Z S J S
L O C A T E B A V D R O W Y F E J
```

Puzzle 339

```
K G V D R X S S E C C A G X E U G
H Q X L D Q W Q D F C J A L D C L
A C H L F U P I U Z O Y Z U O N O
P L A I N S E K E I C A R E M B W
X O P E L P U O C R D C E N A S E
R O F M Q G H T E K R A M I J O L
N F A U P C R O H C F N O L O M I
S M D P U L L E D U I V T V R E M
C Z L I D P R S A D F T S I A O S
K V V B R O S B A U Z M U B I N E
Y W I F F O Z W L L M J C H W E D
N E X E W L H T K I I O W K S Y N
C U R T A I N Q G N Q D C D C X S
W P U H Z T O R H P B I F A K O N
Z R J P D N X W C T F A K B V G E
```

CUSTOMER
MARKET
PLAINS
COUPLE
EACH
POOL
DUCK
CURTAIN
ABSORB
LINE
SQUID
GLOBE
PULLED
SOMEONE
ACCESS
MAJOR
FOOL
CARE
SMILE
GLOW

Puzzle 340

LAMP
HATE
AUTHOR
HUSBAND
TIDY
WANTS
DEFINE
RESPOND
CHEESE
HEDGEHOG
MASTER
SHORE
MEADOW
CRISIS
RUDE
TODAY
PROBLEM
MACHINE
LEFT
FRIEND

```
O K R G C O U Q H U B O S I R M P
O X E R O H S D G H C Y P H G J L
C J S D C J T P Q I C J R E T V D
M L P E U B N M E A D O W D F G G
E J O B K R A C R I S I S G R W F
I B N W L O W M R W E I M E I O Y
S Y D I T H M A C H I N E H E R Y
C A N Z P T A C Y U C A L O N T V
X D A X I U Z T F C B Y B G D F D
H O B O M A Q X E A X R O U Y N M
J T S H E L D E F I N E R E U Y M
C D U H H A E S E E H C P L A M P
N P H I X Z F F M Z N N R N N Y F
Y X K G V I L N T M A S T E R B U
A I D L D A Z G L D H R A S O L N
```

Puzzle 341

```
C S F E E L E L E M Y S T H E R E
R B T I H I K A Y C M O W J D A G
I U R A I I H S I N G I N G A S A
T S O A N U C G J G W C A E R K N
I I U B K D A I O F F E R W T R A
C N N T T H O K S S J Y C Y O X M
A E L B I R R E T S Q B L W D R R
L S C J B L P F J W N I K D O N I
E S H N P O P L E I C W L E X N D
P A T H A L A U T Q O E N E A R E
S P E A K T Z E R I T B B K A V E
B O E Y K B S O O A I A M Z I S V
O U T Y X N S B G K M R S P U N P
J I I A X G K E U M I X V W F N G
M O W T G Q W J P S D C A R R O T
```

TRADE
THERE
FEEL
TERRIBLE
MANAGE
APPROACH
KING
TIMID
STAND
SINGING
SPEAK
CRITICAL
BUSINESS
TEETH
NEAR
OFFER
BAR
CARROT
SUBSTANCE
PATH

Puzzle 342

THE
SUBCOMPACT
ARRIVE
WAGON
THEME
SOMETIMES
DIVISION
SENDING
ENTER
FORCE
RESIDENT
HEAR
CHARACTER
DOLPHIN
SUMMARIZE
ANYTHING
EYE
IMAGE
JOURNEY
THERMAL

```
R W R N T D I V M D M R W B K J E
E C R O F H R O V O U L B A F K C
S G N I D N E S W L Q G T Q G M P
I N T O Z N V M M P E N T E R O O
D I H E A R I G E H C P R J Y N N
E H E E Q D R U N I G E Q L P C Y
N T D Z M U R U W N W P E Z X H D
T Y T I T C A P M O C B U S B A H
W N H R V W P M N E O J L J E R E
O A E A A I E J A D Y C I O Y A A
G L R M Y O S X N C K G M U E C R
U J M M N K R I M V L T A R G T F
B S A U Z B C D O K L Q G N K E W
S Q L S B T M E N N Z J E E N R C
H K E V S O M E T I M E S Y A W O
```

Puzzle 343

```
R N E Q Y F H C N K P E E H S Y S
X T B T U O E H U V S A R G C S I
J E O A Q J I I X O F Q R S H L T
P Z I U N J G C X H D T O T X I U
C D Y C G N H K M W A R L B Y D A
W O W B Y H T W B A D G E R C E T
O O N K E Y N M N G B R U I O R I
M W T T K A N G A R O O Q G L U O
E P L T A M B L Y K O M I O L T N
N M F X L C S C R U B D N W E S A
N N E R A K T N A M A W H J C I B
C B F D E S M B S J Z G C N T O Q
I P J J T H P K K A E U E P I M P
F Y T A S E I T R A P A T O O O J
L K I J N K B D R N G R A C N Y Q
```

TOUGH
SLIDE
PARTIES
SITUATION
STEAL
CONTACT
HEIGHT
COLLECTION
WOOD
KEY
BADGER
SHEEP
KANGAROO
MOISTURE
TECHNIQUE
CHICK
PARTY
WOMEN
LAKE
SCRUB

Puzzle 344

INCHES
GEOGRAPHY
MAN
COMPACT
BREAK
WISE
SIMPLIFY
REVIEW
POSSESS
REMEMBER
LOT
HELD
SLOW
HAD
ASSESSMENT
SHOOT
FOOD
LET
COLD
HAWK

```
C R W L J V J E Q B F Y Z I D J S
T V L F H U Y R S F T A Z K R S J
H A W K K T X F T O O H S U W S E
L P O S S E S S C O H S M Y U I Q
O X R H Q N D U A D S W V A T M G
T K E H E L D V P W X T R B N P E
I E M F J M P P M O G E X W E L O
Q D E M J Z H U O K C L E T M I G
N W M Q Z W O Z C Y B H A F S F R
D Y B O S W I S E L E I S B S Y A
H Y E W V E B G R Y M W Q Z E G P
Y D R V I I R P K Q B P Q F S X H
X Q L N F V E Y R O D M S B S H Y
G S L O W E A I N C H E S Y A A T
D Q X B C R K M E R B Y E D G D C
```

Puzzle 345

```
K D G R X T A E R G N J D P H J D
H D O K C X R S Z K Z S U L O W E
X L A N O I T A N X J G D E Y K L
K Z W S K V A E G V X J J C Q H I
Q K L Y M E M F F I F E R G U W C
C U R V E N Y U U K C F I L M U I
Z T E K C O P N R D D Z S L I Y O
D I V I N G W D I E G O L A E R U
J B Y P B I K I O X L O H N T X S
H R S T E L B M U H O F S T U B V
L G V T G K R I S I S T G X P O K
D I S P O S A B L E S N P D N J V
L Z V N L G V I S T A P T D I L M
O Q S T I C A R P U R G N G Z T G
E D C J X Q W Q S C Y K M K C Y S
```

FURIOUS
NATIONAL
GREAT
CUTE
DELICIOUS
SAT
HUMBLE
FILM
TRAGIC
DISPOSABLE
DONKEY
FUND
GONE
CURVE
REAL
POCKET
GLOSSARY
DIVING
INPUT
EASE

Puzzle 346

IDENTITY
UNDER
SKY
PRESSURE
MUSIC
SURPRISED
FOCUS
FLUID
EVACUATE
CAVE
DEDICATE
VOTE
GRADUATE
PLENTIFUL
FOR
SIXTH
QUARTER
DRAMATIC
ACCOMPANY
STONE

```
I O Q Y S S X D H T Y G U L C W R
P D X X H I Q K A F D R T E J Z A
H E E M E R X G X W W A J Z Z O C
V S R N R R E T R A U Q K O M Y C
P I U U T X P E H W U N K U B D O
Z R S Y U I M U S I C R U Q T V M
Y P S V T W T E V A C U A T E P P
F R E D N U N Y I R W E N S N L A
L U R S D H G T E J W Z V L O E N
U S P K J L D R A M A T I C T N Y
I B Z Y F A B O U E E X U U S T Q
D A U A A C W F E V F Y I X B I Y
D E D I C A T E T A U D A R G F W
T E P H X R Y F O C U S J O J U S
X H I P C A Q Y V J Q F Z E J L U
```

Puzzle 347

```
D E S T R U C T I O N G T T G X C
V X Y A E T A C I D N I R J W R R
R I E L G N A D X G F R P O C E E
N U X F N Y T H Y T I L O G W H A
C K N O I T A N I M A X E C O T M
H K X N F L A H P L A Y A M K I H
K E U L I B Q P O A Y L J R L E E
O S W M A N S S L R Q E L S M N T
W M G Z K V G R E E U T T M K C E
L K N C L D A W V V A A I A K Q L
M F Q O T B S V E E N L V S L N P
C A P A B L E R D S T N M R V X M
E W G J C I J K O O I R P J M M O
W U T U G Y R T O G T T Z A K Y C
Q J B L V N J D C I Y E J M D E G
```

FINGER
QUANTITY
EXAMINATION
RUNNING
HALF
CREAM
COMPLETE
MAY
GROWTH
DESTRUCTION
LATELY
FLAT
DANGLE
DEVELOP
ROCKET
CAPABLE
NEITHER
PLAY
SEVERAL
INDICATE

Puzzle 348

POINTY
GOAT
PERFORM
SPONGE
SPECIES
POVERTY
BUNS
GRAPE
APPLE
FALSE
STRANGE
PARENTS
KNOCK
SAND
ALTHOUGH
COLORFUL
MISSION
REASON
BASEBALL
NAME

```
S E P T K R N O I S S I M U F S B
I P M J E L Y A S P O N G E F T W
Z M E G R L W S M F A L S E K R Q
H L L C E A E X R E F Y Z I S A U
V L P Z I B C Q O P R B N L T N Z
U D P O I E D E F A X H F U M G L
U Z A M Y S S N R R P S I F W E J
B U N S M A B L E G D A K R L G Z
J Q A U F B Q Q P Y T N I O P O P
M I Q K N O C K W T A D A L S A O
C G I A L N E D C R E A S O N T V
S Q K N S R K X S E O R F C R G E
D I Z P W T P V J U Z F U J Z M R
A L T H O U G H P A R E N T S E T
N Y B O G D T Q F Y A V M A W P Y
```

Puzzle 349

```
S S Q J Q T I X H S J M I E M S O
M A D E K A C P U C O N F D O I T
X R U C P T E U R N R M T H O M K
D Q O R E P J L G Y K T E O S P S
H O L E N D C S R H F C L T E L R
S D A I R R B W U Z U O A V I Y R
D B P F I P U W G W N E M P E M B
Z E J E C C W T M P D S Z V K Q E
S A W Q H S A O E I A E X P A N D
V A R I E T Y U J R M X K G H R Z
I N V I T A T I O N E D K I F O B
C S U N N Y B R N U N A E L C W T
X N Y D S H R Y Z E T G H V V V D
P X C M H O B B Y V A E H D T B G
M L T I P Y E F S O L W V Z G O Z
```

FIERCE
MADE
SUNNY
HEAVY
CLEAN
HOBBY
EXPAND
LEND
FUNDAMENTAL
SIMPLY
RICH
MALE
INVITATION
RETURN
SOMETIME
ALOUD
CUPCAKE
VARIETY
SAW
MOOSE

Puzzle 350

MORE
FEMALE
FINALLY
REPORT
BYE
GREW
ANIMALS
LORRY
PUT
MAP
AROUND
PERFORMANCE
LETTUCE
POST
PLACE
TOMORROW
UPDATE
BRUSH
SNOW
REQUEST

```
A A A E P D N U O R A S K C P F P
V C N P U G Z N P B H N Y K E I X
M B A M T G U Y M D M O M N R N N
O L C A D W M G O C A W G T F A J
R H X P J T V Q L L X T E T O L E
E T O M O R R O W E R G E A R L P
C Y R R O L O H B C T G C N M Y O
U S B Y Q B H R K A L K M I A H S
T R N F E M A L E L E S R M N O T
T U E C X A C V B P A Q J A C R Y
E P O Q K N I A N V S F P L E S J
L K G Y U E J A A N A M H S U R B
Z W F Z W E X P L X Z L W V C T F
D E V V O M S E R S P C W G J R L
O C L Q C A R T R O P E R Y D U R
```

Puzzle 351

```
A  M  A  A  B  Z  L  N  N  J  M  V  N  T  C  P  O
E  W  I  O  H  I  R  Q  Y  V  S  H  V  B  O  U  P
N  A  T  I  O  N  Z  N  F  R  G  U  C  I  O  B  E
E  N  S  E  X  A  M  I  N  E  U  S  R  U  P  L  R
U  J  A  S  L  W  G  X  Q  G  S  B  P  R  E  I  A
X  L  F  I  E  C  Z  V  E  N  V  T  S  D  R  C  T
K  I  O  O  C  E  Y  I  T  A  E  J  O  Z  A  A  E
D  P  G  N  N  B  K  C  L  D  A  R  J  N  T  T  T
S  U  F  F  E  R  E  D  I  S  N  O  C  L  E  I  E
E  P  E  K  U  W  I  N  D  S  C  I  T  A  A  O  N
O  F  T  C  Q  P  X  C  D  E  J  N  J  U  M  N  D
G  B  Y  X  E  P  I  M  P  R  S  E  W  G  J  Q  E
O  V  O  G  S  M  Z  L  Q  P  R  S  J  H  P  J  R
K  I  L  F  D  G  H  K  Q  E  U  T  Z  M  N  K  L
A  A  P  R  F  K  J  R  X  D  O  J  L  C  R  S  Y
```

DEPRESS
OPERATE
GOES
DANGER
EXAMINE
NATION
NOISE
CONSIDER
LAUGH
SENIOR
FAST
PURSUE
SUFFER
TENDERLY
CYCLE
COOPERATE
PUPIL
WIND
SEQUENCE
PUBLICATION

Puzzle 352

SHOOK
STRANGEST
EDIT
FEET
BROTHER
ALL
POUR
SHOCK
HARD
RECOMMEND
TREE
FALL
INTERACTION
POLITICS
MEDIUM
OPTION
MILE
ERASER
DITCH
HOLIDAY

```
F  M  N  T  P  A  F  S  T  S  E  G  N  A  R  T  S
I  K  O  X  O  D  I  T  C  H  H  Q  V  M  O  G  O
J  U  I  L  U  C  K  U  P  I  P  O  W  S  X  S  P
Z  G  T  F  R  B  Y  W  C  K  T  W  O  K  F  E  T
M  R  C  N  P  W  M  T  N  G  U  I  B  K  A  G  I
I  T  A  P  P  P  H  G  W  I  I  T  L  C  L  V  O
L  H  R  E  C  O  M  M  E  N  D  F  B  O  L  H  N
E  T  E  E  F  F  V  R  Y  K  D  K  Z  H  P  A  Q
T  P  T  R  U  Y  C  V  B  I  M  D  R  S  S  R  N
P  M  N  T  J  P  V  O  N  R  E  D  I  T  B  D  K
V  F  I  H  O  L  I  D  A  Y  O  M  E  D  I  U  M
J  U  H  Y  V  H  J  X  W  U  Z  T  V  Z  M  H  T
N  A  H  S  P  M  E  R  A  S  E  R  H  N  P  I  I
A  L  L  I  O  O  W  Y  F  X  J  K  D  E  V  X  N
F  T  T  W  T  P  R  J  D  O  U  A  A  D  R  C  Q
```

Puzzle 353

```
J B A N Y T I M E N K P H P S Y X
W H I L E V U K G C U M G Y M H C
X B L A C K C I E I B M N B O H U
S P E E C H Z Z B N O M E U K I W
L I Y L L U F K N A H T M R E G Q
I N D E E D L P P H F Y I W O H Z
W A D U T V Y F E C I Z I H U U F
H N E I V I I P R E F S N A R T S
X J T I A O S V D M T H V N R D Z
I B R A Z D B W F M M O Q D F D S
C U X J W A L K I N G N I H T L H
M Q V M Z S E X M E M Q D V X F O
S T R A W B E R R Y A W H W E N R
B D W O Z E A N E T T S E E R T T
U U O V L V O Z L W Y S T Z V K V
```

SITE
ANYTIME
SHORT
NUMEROUS
WHILE
INDEED
MECHANIC
THANKFULLY
STRAWBERRY
TEDDY
TREES
SMOKE
TRANSFER
SPEECH
PER
WALKING
THING
HIGH
BLACK
EAST

Puzzle 354

QUALIFY
INTERRUPT
CUCUMBER
WAIT
PAPER
OPERATION
ENOUGH
SHAKY
IMMEDIATELY
OTHERS
SPORTS
NOTE
FORGET
SHINE
LEAK
HAS
SUMMER
LEARN
MOUNTAINS
ENERGY

```
O N V T E G R O F Y F I L A U Q M
I O K I N Q S P T C P M X W C O O
T I O N E U R E K B J M P H N W U
P T S P R J V N Q R Q E W Z D I N
K A E L G O X O Z W W D A U J X T
F R P V Y R Z T B W T I I T D D A
U E Z E S A H E V A C A T W W E I
T P T N R A E L G F M T P P P F N
Z O X I E E R I O G Z E U R C S S
E T N H H M M C H X N L R M F D N
N U C S T Z R M G B P Y R Q A I C
K S T R O P S W U W W K E B U O N
C U C U M B E R O S Z A T D Y J R
D Q G R J R Z K N L S H N L C P I
X F K B C J C I E R Q S I G W S Y
```

Puzzle 355

```
E T Q W K A Q O B L M S A S Y Z U
C L J H B Y L Y R R E B E S O O G
D D I S A P P E A R A B U S G L C
W I G G L E M O Y N S C R A Z Y H
W H T E Y V M Y L L U F P L E H U
N H E X P E C T E D R A T S P P R
C L O M T G O S D N E A X C E A C
F H O S L V C A I I M P E X A R H
I N E V E L E V V H E I C L S G R
N Z M C G H M V O E N Z P H C O J
I C P X K F T Z R B T Z U B Z T Q
S X X V I E R W P G Y A G H K O J
H O M V I G D X Q J Q Y D C R H R
R S J O R U D G F T E E O K G P W
J A Z S A L J K T W L P Z Z T T Q
```

HELPFULLY
FINISH
STAR
CLEARLY
DISAPPEAR
VAST
PHOTOGRAPH
CHECKED
WIGGLE
PEAS
PROVIDE
CHURCH
MEASUREMENT
PIZZA
ELEVEN
CRAZY
GOOSEBERRY
EXPECTED
BEHIND
WHOSE

Puzzle 356

ANSWER
HAVING
DAY
INVOLVE
NONE
FLOWERS
HIGHLIGHT
PETROL
FOX
SALT
ADDRESS
WHALE
PROCESS
THANKS
INVESTMENT
POURED
PRIVILEGE
CLOUDY
BUFFALO
AWAY

```
J D K F K T N E M T S E V N I H O
M O C O L V W N Q B V H J O X D H
R V W T Z O Q D E R U O P N G S R
C L O U D Y W A Y Q Q F V E A I E
L C E L A H W E D Y V D F H B M H
G D V U O V F T R D B S M A L O G
R A L K R I T X D S R Y E R L B N
H Y O A W A Y Q W G Y E I E D O J
U J V M S W S X M F O X S W S I P
U X N U R H N L O R T E P S A K K
P R I V I L E G E X H O C N L F F
H I G H L I G H T G A H F A T O J
M D K I B T W E S G N I V A H X U
Q W K Y K G S X N S K C P Q U T Z
W V J M P K S C S K S S E C O R P
```

Puzzle 357

```
S C R M T M V M C P A T I E N T W
J V W O I F Y L B A B O R P A O I
O Z F U O X T C W U T G I I E E T
C U R L E D T O J W F T P C M B H
H T E A M I E N Y S W X L E O O I
S P S L B H R W W Y M K L E X A N
U Z D D D P Y R A T N E M E L E
P R I N C E R U L T N H F F D Y G
U U N A A G W A R B R A F Z J L S
T Z M H H P W M V I O B B E K V E
Y L E B J L U E G E M I I W S P W
S V J T D U R B M H N T G Q G L Y
G T I Q K Y G X Q W O A O H M M D
L X H T M E I A Q D X T Y W U S F
L A W I F A T Z G T A L K I N G H
```

TALKING
TEAM
PUSH
PRINCE
ELEMENTARY
MIX
PATIENT
LAW
MEAN
WITHIN
HABITAT
CURLED
PROBABLY
SEW
ICE
RAVEN
FELL
PRETTY
CATTLE
HAND

Puzzle 358

RELIABLE
OFF
POND
EXTINCT
WINDOW
TELEVISION
CIRCULAR
ANYONE
SUBSTITUTE
REMIND
CONCLUSION
HEN
USUAL
STOP
FIX
BAY
DEEP
DUSTY
OUTSIDE
HOMETOWN

```
D T O K R P N I H W O D N I W T R
E E K N E O Q E R E O U N C M G E
D H E P L N F I X N N R T P N I M
S N V P I D T F F O B A Y S O J I
S H E I A K J L Y Y X L H T I B N
T A W M B O Z W F N D U O E S D D
O F R Y L A U S U A U C M L U C E
P I F S E D P O S S S R E E L K W
S U B S T I T U T E T I T V C X R
O K X F C E G U F Q Y C O I N Q A
M J R T N Q T D M V X R W S O A C
M F U V I S G M F C F X N I C E C
Q A Z W T T M S E G T Y V O C Y H
J B U X X J V T Z M Z M J N E U J
E U O O E C C N Y D F I X G L W Z
```

Puzzle 359

```
I C C I A L N G J Q E L Y D B Z O
Q Z R P F M V E T H O U G H T E F
A I W T S T B Y C T T W H H N V A
X N B I U G W J F T W I S T A P A
T T E X T M W O H Y A C E D W H Y
C O N C E N T R A T E R S T Y C A
C D M Y S T E R I E S K A O P I Y
I H T O W E L C M F J E H O S S H
N V A Y T B E D A Y W P T V L M
C N A L Y P L Y A H A Z J H T A A
R U C M L M K R T E V R Q B L N Y
E R G R I E L G N A I R T R S D G
A A G F R T N V O I C E R U T A N
S X O Z R T O G N I E B E S C E T
E Y B X Y A Y R E T J E R H Z U X
```

ANT
TRIANGLE
NECTAR
ATTEMPT
TOOTHBRUSH
BEING
CONCENTRATE
DECAY
TOWEL
CHALLENGE
MYSTERIES
INCREASE
TWO
PHASE
NATURE
VOICE
THOUGHT
WHY
TEXT
ISLAND

Puzzle 360

CUSTOM
DISEASE
OCEAN
TRAVEL
STARTED
TRANSPARENT
FRONT
THEMSELVES
MOST
SUCCESS
LEOPARD
WEAPON
GRANDMOTHER
MINE
ERROR
SORT
PRODUCTION
NUMBER
NEWSPAPER
DISH

```
I W T T G Y T N M E E H L P G T W
H U M Z Q E H E O R R X J N T R E
A R V S E I E W S V G R N X I A A
J X W H G P M S T G Y E O X O N P
S A L T Y I S P N R D B T R O S O
Z U Z P U F E A O A I M E M K P N
O W C C X O L P R N S U T W L A O
F C C C D I V E F D H N Z L O R I
C J U X E E E R C M Y M Y T O E T
X W S K T S S E I O F L H T V N C
Y I T A R A S F I T B E A C U T U
M J O N A E C O L H L E O P A R D
Z I M W T S L W L E V A R T G W O
C F N A S I L U H R E B D O N G R
U U P E D D M G C E P B U L V Z P
```

Puzzle 361

```
Z  E  W  K  X  Q  H  D  K  Q  E  M  E  M  O  K  S
J  F  S  N  C  U  P  I  D  W  V  O  E  G  A  D  P
Y  Z  Y  T  F  M  Y  C  N  I  E  T  Q  B  D  D  E
P  L  A  Y  I  N  G  D  E  A  N  I  P  T  N  O  L
E  H  W  C  Z  R  A  W  T  X  Y  V  W  X  K  O  L
K  A  L  I  V  F  F  K  N  S  P  A  A  K  Q  G  I
Y  Y  A  L  O  Y  M  J  I  M  B  T  N  V  Q  S  N
J  P  R  O  T  A  R  E  M  U  N  I  E  P  D  B  G
B  V  M  P  J  O  O  O  F  R  I  O  U  V  X  T  H
Z  T  C  E  N  I  O  A  D  A  B  N  K  O  L  U  J
O  U  H  M  L  P  D  B  U  P  R  N  Y  O  H  J  K
W  Q  R  N  O  T  I  G  V  X  P  V  G  D  M  B  R
N  J  O  F  Z  X  A  I  F  W  Y  R  M  U  N  G  Z
P  E  R  H  A  P  S  W  O  U  L  D  C  A  G  E  Q
V  I  T  A  M  I  N  S  I  R  O  N  O  S  I  B  G
```

CAGE
POLICY
PLAYING
CUPID
FAR
WOULD
PERHAPS
ALWAYS
BISON
NUMERATOR
INTEND
GOOD
MAD
EVEN
SPELLING
MELT
IRON
MOTIVATION
VITAMINS
DOOR

Puzzle 362

LOOKING
SUDDEN
CAMEL
HOP
PLANETS
STOOL
SUBMIT
SNAKE
ONLY
ADMINISTRATION
LOW
DROP
AGREE
TAKE
INTERCEPT
SPARKLE
EXCITED
PREVIOUS
TWELVE
FINE

```
L  G  T  L  H  P  E  M  D  D  S  N  O  F  T  W  F
R  L  H  U  N  L  L  B  Z  B  T  K  E  N  I  F  L
P  X  T  L  P  O  K  A  N  P  O  L  V  O  L  H  D
J  R  I  U  L  W  R  U  N  Q  O  Y  L  I  F  Y  N
R  C  F  G  O  I  A  G  S  E  L  M  E  T  F  V  G
D  T  X  B  O  V  P  D  O  O  T  A  W  A  H  N  P
E  X  T  M  K  S  S  V  Z  D  M  S  T  R  Z  O  X
T  A  K  E  I  D  U  N  S  I  J  A  Q  T  K  F  P
I  W  B  K  N  C  A  M  E  L  K  G  Q  S  A  J  M
C  P  M  A  G  D  R  O  P  R  G  R  S  I  C  X  S
X  X  T  N  I  S  U  B  M  I  T  E  U  N  T  N  N
E  G  P  S  U  O  I  V  E  R  P  E  D  I  Z  G  Y
D  Y  J  I  M  T  X  E  V  Q  O  N  D  M  C  M  I
I  K  Q  V  T  U  G  C  P  Z  A  Q  E  D  C  W  Y
H  B  I  N  T  E  R  C  E  P  T  D  N  A  S  X  L
```

Puzzle 363

```
L  I  A  J  F  F  O  R  E  I  G  N  D  W  X  K  X
N  U  F  R  J  I  F  N  Q  F  M  E  G  O  U  S  Q
E  B  W  U  T  Q  V  E  W  J  C  D  Q  R  J  E  R
L  B  N  C  C  I  N  E  R  I  T  N  E  K  F  L  E
R  G  I  L  K  H  C  R  A  E  S  E  R  L  X  D  G
N  G  U  O  I  C  S  L  J  T  X  K  T  X  J  O  U
I  E  K  T  S  O  M  E  E  L  P  E  N  S  N  M  L
N  L  T  H  T  N  E  T  D  S  W  E  X  D  A  S  A
O  R  G  W  N  A  M  G  T  R  D  W  P  Z  I  I  T
B  D  Z  J  O  T  Q  O  R  A  E  R  B  Q  E  C  I
N  U  W  A  T  R  E  G  I  T  K  W  E  C  E  I  O
R  N  K  S  K  D  K  D  I  S  O  R  D  E  R  T  N
P  H  V  Q  E  H  O  N  O  R  A  B  L  Y  Q  I  K
O  B  K  P  L  A  Y  F  U  L  G  J  M  V  W  R  Q
P  I  P  R  O  F  E  S  S  O  R  N  S  J  S  C  J
```

CRITICISM
SOME
FIVE
RESEARCH
ENTIRE
ARTICLES
SELDOM
CLOTH
WEEKEND
PLAYFUL
PROFESSOR
TIGER
DISORDER
FOREIGN
REGULATION
NETWORK
HONORABLY
WORK
STARS
TENTH

Puzzle 364

GETTING
PARTICULAR
OPPOSITE
PREDICT
IMPORT
ICICLES
GRANDPA
BORED
SECOND
PAINTING
OUTCOME
CATKIN
HISTORY
REFLECT
PAINT
GROWL
LADYBIRD
DRINK
ALRIGHT
EMPTIED

```
P  X  K  N  I  R  D  Z  U  W  W  B  M  R  F  O  D
A  I  X  I  Y  C  V  U  X  V  S  O  F  O  K  E  I
I  G  M  H  D  N  I  Z  E  D  Q  R  Q  F  O  N  L
N  E  A  P  N  P  Z  C  P  F  M  E  X  U  T  S  C
T  T  H  D  O  S  C  Y  L  T  Q  D  M  W  L  D  A
I  T  S  R  C  R  M  J  W  E  M  O  C  T  U  O  T
N  I  L  D  E  I  T  P  M  E  S  P  H  C  H  G  K
G  N  N  A  S  P  Y  Y  I  V  M  A  U  E  I  R  I
E  G  Y  P  D  F  N  S  R  Q  K  I  P  L  S  O  N
Z  J  H  D  B  Y  F  W  Z  S  S  N  B  F  T  W  I
H  Y  M  N  G  I  B  F  J  F  V  T  U  E  O  L  Z
I  F  H  A  T  E  T  I  S  O  P  P  O  R  R  V  K
Z  E  U  R  N  H  B  M  R  A  P  G  H  T  Y  Y  F
Q  T  E  G  N  F  L  Z  E  D  A  L  R  I  G  H  T
P  A  R  T  I  C  U  L  A  R  P  R  E  D  I  C  T
```

Puzzle 365

```
F I N C Z O I Z T G Y T P N Y G H
L I T S A K N B T O E E Y B I A U
Y Q K D E F O K L L Q C Y U R S N
S A N D C A S T L E R H R C E N T
S I K C N O S O W Y O N I A H C I
N H R M I N M T O I X O R V J C N
E K A J Q U A L I T Y L M U M Z G
T P D D P H E L V T W O I S Z T N
T S A P O O R E O W P G G M I J Q
I E W U Y W C B L H K Y H B I N V
M R Z W S C S C T Z P P T N Z O G
G I Q U U N I P S B O O K C A S E
Z E S S J U R G X S U N A O S E C
G S M U N O I S S A P M O C Z G Q
L B A Y J Q Y C A B Z K S L I Q M
```

ITS
COMPASSION
MIGHT
SANDCASTLE
FLY
CHAIN
HUNTING
TOO
BOOKCASE
VOLTS
QUALITY
TOE
SERIES
IRIS
SHADOW
TECHNOLOGY
SCREAM
MITTENS
BELL
SING

Puzzle 366

ENTERTAIN
THERMOMETER
VERB
CIRCULATE
OBSERVING
COURT
BORDER
DEPEND
IMPROPER
SINCE
HOWEVER
OWN
TREASURE
REPEAT
CONFESSION
DEBATE
THEREFORE
SHARE
FIRM
DIRTY

```
Y O O Z C T H E R M O M E T E R A
I W B W Q O K C R I E R E P E A T
W N S S C U N W O R O C X C X W Z
B X S P E R O F E R E H T M I D P
N R J O R R E V E W O H P H R D M
I K Q A U E V T L S X H O X H H F
A I A M S D C I E I S V Y X V P I
T F P E A R D D N M N I Z L Q M M
R W C O E O D D Y G P E O R E B X
E G Q X R B M E T A B E D N L Y W
T F E O T E P P R E P O R P M I A
N I V E R B C E I R O W S E K L U
E R A H S I U N D S C O U R T N Z
F M C U R J S D I D L H I I O F R
C I R C U L A T E S A P C G C X L
```

Puzzle 367

```
S H O W E D A W J M X B B H A G Y
D C D S U S T A I N O I N A E S M
S D R W G X R L E R U O U I C Q I
S C H E D U L E W U C L C N W K H
S G T N V T Y T V E Z O B E G I N
A W D J S P M S N E F G W U L P U
L T I D P K M F V D L Y M R Q P R
G H W R A G U S I A L C A I K G A
X R K X C C M X P V C B G D T B D
O E L F E S I J J L B K R G B R I
O A K O A O A H L O V I N G E I S
N C W L N N E Y W Q F V K S R D H
C H H A R E F O S W A W D S U G B
Q W J V F D W N N A U O U T P E G
H A X A L S D Q Q R P A N R T J S
```

GLASS
BRIDGE
BEGIN
RADISH
NEWS
LOVING
HARE
MUMMY
BACK
ERUPT
SCHEDULE
SUSTAIN
SAYS
SUGAR
CLEVER
REACH
BIOLOGY
WIDTH
SPACE
SHOWED

Puzzle 368

RAINY
DRIVE
TALLEST
MEETING
COFFEE
ATHLETICS
ELECTION
WEARY
BIRTH
EMERGENCY
FORTY
GRASSHOPPER
SECRETARY
STOAT
RESOURCE
OFFEND
SIR
BOTTLE
ABILITY
ASSUME

```
C O F F E E F S C I T E L H T A Q
T Z L C V X X L K G J M L A U B C
P A I I A O N F A M S E F O R T Y
A A L X H Y Q T V E I R R R D J M
W B T L A S S U M E R G E E I W Y
Q C I L E S O E G G A E P S D R P
B Y S L V S E R C N T N P O L P U
Z Q M T I M T C Y I N C O U G W K
O G W A R T M B R T B Y H R X L U
M H T X D D Y I A E H B S C R X M
M R H S L D N R E E T W S E I E I
Y A A X K Q O T W M L A A T B L Q
U I Q Z Z H B H C M F S R V P U K
D N E F F O B O T T L E G Y D V V
S Y E L E C T I O N S T O A T M P
```

Puzzle 369

```
M U L T I P L Y W T P Q I Y N B W
T C E N T E R H C O T E N N I S T
S R S U I S E A G F R A C S D T H
I N A U B T O V V P H T L E B V E
S M E N W A V E M I T B H R Q B I
S G W B S F A C T Q D O R T U W R
A V Y V F P S L X U O O D O R Q S
I U H A P X O O E I T K A A C A P
O U N L D Q F R N C Y Z D L Z T Y
Y O P Z Q E F T T K S Y U S K W J
A B B R E V I A T I O N A R D J R
T I R V F K N H U H X E P O E J B
J R B Z Y D S V G K C U V D O U Q
G A V T U G B C S E R V X W N J F
N C B V Z Z R E G W M H T L P E G
```

WORTH
BIT
TENNIS
BELT
CARIBOU
SNIFF
ASSIST
QUICK
SON
SCARF
WAVE
BOOK
TRANSPORT
MULTIPLY
FACT
THEIRS
CENTER
NEXT
ABBREVIATION
WEASEL

Puzzle 370

PROUD
MOUTH
HANDLE
ATTACH
DANCE
GIVE
INSPIRE
DEMAND
PRETTIER
STEP
TROPICAL
THOUSAND
WILLOW
MODERN
SUCH
LEAVES
GREY
SHOW
SQUARE
HILL

```
E S K C D G R X S G S I Z R U C P
O H M G N E S E V A E L M A E D K
G T W U A S M Q T E Q Q O O Z S A
S U C H S Z D A U M P D D Q S P A
Y O N C U E L D N A H Q E J T R X
C M K A O V A A I D R B R W E E N
G F R T H I C S H O W E N I P T A
R D H T T G I I D G L Z E L N T P
E B A A U Z P N Z U H C L L C I W
Y C K N D E O S W Q I N X O P E I
D I P A C U R P P A L Z S W Z R F
E E L N I E T I R M L V J X I I P
F E K V O V L R O N T N J V J H M
U F Y U K L W E U R Y Y P W K V D
Z H A O C K P Y D M D H M M R U Q
```

Puzzle 371

```
C F O S N H R A H F J Q B V R T U
H T X Z O A A S P P V D K P U E U
E A A R O N Q P I L U T N S L W O
R N C D B N Q L P S N T W X E J P
R G I I O I Y I I Y B S Z S R H M
Y L T H C V D D T H E A T R E J W
Z E N P D E I R R O W Q T C J S S
T D A E A R E V E N T L H B Z S S
M H G O D S R C B I C C F L S Q W
S P I H C A A C Q A I U A K Q T N
H O G R E R L A W T L X H M S W G
E G N Q D Y C R E N F P L Y E T O
U V U N B C E D K I N H Z U C R H
Y B O Y Q D D S W A O C V L T S A
W W Y Y V O A K S M C B W V Y Z G
```

CHERRY
THIRD
EVENT
YOUNG
CAR
TULIP
TANGLED
CAMERA
RULER
MAINTAIN
WORRIED
OWL
DAD
DECLARE
HAPPY
ANNIVERSARY
GIGANTIC
CHIPS
CONFLICT
THEATRE

Puzzle 372

HOTTER
CUP
RED
COMBINATION
CURRENTLY
HOLE
SWING
ARMY
IMPACT
MERRY
STOPPED
FRAGMENT
CRIED
LIVE
GRADE
LIGHT
GHOST
DUPLICATE
POSTMAN
YOUR

```
S L H N R G E R C R I E D H S C C
T W F R A G M E N T I D O O T O M
J Q I U F T C T F S M A U L O M N
B M K N N A M T S O P R F E P B L
U R R Q G Z H O R H A G L T P I I
C H R E U U V H M G C N H A E N V
M E R R Y R W L L V T K U C D A E
Y U W Q M S E K E R B B T I A T P
O C L W R B G D J D B Y H L J I H
Z U Q Y A T Z G X S F L A P S O R
C A C U R R E N T L Y D S U U N B
V X Z E K P K O H B R W W D O C H
L K K B C H T T G R V X A V I O G
D X F G O J A Q I F I Y O U R I L
E F V J X T G H L S Y A K H C G D
```

Puzzle 373

```
D J K H O U P Z K R B N J P P B H
W E Q U C X R B N Z I S E O E G H
C H W N U R E V I R D Y G P R L Z
A S I Z S M P V H O N E I V H P U
R W C L A C A U T T I C C D A A S
M O D A T S R O W C K Z N R P P T
C R Q M V U E E L A M E F K S I Q
H D O P F V G N U O Y T X J E M N
A N V T Q N N A H M O U S S L P U
I G X I Z U A H D S U H F I B R O
R L G E N U H H A E S G C T A E M
Q N E H G W C E O M W C B S I D U
O K R X V Z Q F U I F H I O L R K
J M M M S O W D S S A T X L E O D
O G J G M Q S U V X L B O M R B W
```

SCHOOL
LOST
KIND
PREPARE
MEAT
ARMCHAIR
THINK
MUG
CHANGE
ACTOR
SWORD
WORST
LAMP
SLOW
FEMALE
RELIABLE
PERHAPS
BORDER
DRIVE
YOUNG

Puzzle 374

CAME
GOLD
HOME
KIWI
MILL
PLENTY
CHILD
COLLECT
BOWL
LOCK
RIGID
POLITE
RESIDENT
SOMETIMES
CAVE
PERFORM
BUFFALO
CATTLE
SHADOW
WILLOW

```
O G V B K P T G S C X D Y G S X P
O K T U E T G X H D H A Q U T V O
B S I F X D G G A P D I G I R W L
K E K F J G C M D R W O L L I M I
Z M C A R J K C O L K W U D A K T
G I R L C S S O W P L E N T Y I E
Q T B O Q U R Y A O A R Z C A W V
E E A K F X Q U G H L L Q S C I A
M M R M C R C Z D X E L V T H H C
Q O H U S V E M A C O I I C O P I
F S V K D P L P I L K C Z W M I O
I B O W L Z T C O L L E C T E M X
X R V E V I T R E S I D E N T H C
H J Z N M X A G O L D I Q M D M Q
S Z K V M T C T T Y B Z V G X Q Q
```

Puzzle 375

```
I  J  M  P  C  H  S  N  R  E  T  T  A  P  V  H  C
R  K  W  I  L  O  U  L  E  R  I  F  C  A  S  E  H
K  E  L  C  X  N  R  G  V  C  K  K  M  T  A  C  O
W  E  S  K  E  N  X  U  I  K  E  D  V  C  R  H  C
P  W  P  I  T  H  G  I  R  B  C  S  E  N  A  A  O
L  R  W  L  S  B  V  H  P  V  T  R  S  L  M  S  L
F  E  O  I  R  T  J  Y  E  U  Y  A  K  A  U  E  A
W  X  P  B  L  F  C  E  D  Y  N  B  M  I  R  I  T
A  T  S  S  A  D  E  C  A  D  E  B  U  D  D  Y  E
F  E  U  I  T  B  Z  R  V  N  Y  I  L  N  X  R  S
T  R  B  L  I  P  L  C  A  E  A  T  E  U  G  A  T
E  N  N  T  H  X  G  Y  X  Y  O  N  O  S  D  M  Z
R  A  K  Z  Y  D  E  T  N  I  O  P  P  A  S  I  D
J  L  H  Z  K  M  K  R  S  E  R  W  J  K  M  R  E
S  N  O  B  V  Z  R  T  O  P  A  X  K  E  Y  P  L
```

CHOCOLATE
FIRE
SUNDIAL
NECESSARY
EXTERNAL
CHASE
PICK
BRIGHT
PRIMARY
PATTERN
DISAPPOINTED
DEPRIVE
CASE
RESIST
RABBIT
DRUM
AFTER
WEEK
DECADE
PROBABLY

Puzzle 376

STUDIES
HUGE
RELIGIOUS
AGAIN
DOES
SCOOTER
DIFFERENCE
TERM
AVAILABLE
CEASE
PARSLEY
ATTRACTIVE
LAWN
TRADE
HIGHLIGHT
NECTAR
POLICY
ARTICLES
CIRCULATE
MERRY

```
H  P  T  P  F  N  E  C  T  A  R  E  N  O  D  Q  K
P  I  Y  C  N  I  U  Z  M  M  B  V  V  H  O  V  Q
A  L  G  P  W  E  P  E  E  A  R  T  I  C  L  E  S
R  J  W  H  A  T  R  A  D  E  S  E  S  A  E  C  R
S  E  O  D  L  M  R  V  W  I  T  L  T  A  S  N  E
L  M  F  C  R  I  E  J  X  T  U  B  C  T  C  E  L
E  A  G  A  I  N  G  R  A  M  D  A  I  T  O  R  I
Y  U  E  L  B  R  U  H  R  F  I  L  R  R  O  E  G
I  O  P  B  R  U  H  C  T  Y  E  I  C  A  T  F  I
D  P  A  X  K  Y  G  O  G  H  S  A  U  C  E  F  O
L  L  M  G  Z  D  L  K  V  V  E  V  L  T  R  I  U
P  O  L  I  C  Y  R  K  S  O  M  A  A  I  Y  D  S
B  I  C  U  E  O  J  B  M  R  L  M  T  V  U  T  X
O  X  Z  P  E  Z  J  K  D  Q  W  Y  E  E  Y  M  E
H  J  X  A  F  G  D  N  G  X  C  E  M  L  Z  X  A
```

Puzzle 377

```
S G L W D Y C A D G T D S W C H D
C U I K C A P T U R E I L A O T E
M M F H M T A N I E R T R S N H C
J L X F B L C A X T E E H T V E R
T C Y E E V V I I C H A M E I M E
M H S U L R A J F A W C K T N E A
B Q E H I Q U E O R Y H E R C G S
D F U R M N M F O A R Z R E E V E
W P I X M M O E L H E E D V Z A F
H H Y S Y A V K C C V H E A L T H
F L O U R D L L D H E C Y G Y S Q
N V G N E A Q F N V A K E D T L Q
I F Q B L H S U R B T N I A P V X
V U K O E O S S T R N O I L L I M
C Z U X C Q I O L A O C U C D I Q
```

MILLION
CAPTURE
WASTE
DECREASE
HEALTH
CELERY
FLOUR
CONVINCE
TEACH
EVERYWHERE
LIE
PAINTBRUSH
FOOL
THERMAL
CHARACTER
THEME
SUFFER
MILE
MECHANIC
ANT

Puzzle 378

THICK
INTRODUCE
ATTITUDE
SET
NECK
GUN
STAMP
LOCAL
GLOBE
RESPOND
BREAK
DISPOSABLE
EVACUATE
EXPAND
SHOCK
CLEARLY
HOMETOWN
BEGIN
SHOW
PRETTIER

```
D M G E P D S E T F A K C I H T W
N I R T X N T J D D D E L A C O L
O B S R N P W Z W I A V E B O L G
P G C P W N A H Z H T A A N U T Z
S A H I O Y G N U G T C R K H Q R
E X K D T S H A D W I U L E N Q S
R B U Q E I A S E V T A Y G D B H
B R V G M N S B J X U T A O S B O
V E E X O T R K L F D E I Y Y D W
S I G V H R N L U E E T B R E A K
T T X I S O Y I I C M S C I L K C
A T Y O N D N C T H U J J T K K O
M E L J G U X C I O K L Z L E B H
P R F K K C E N Z J L V I Z V K S
K P K A C E F Q L K E I O X Y W P
```

Puzzle 379

```
D E M O C R A T I C M M F U V A T
H U N T I N G N O P E N C I L L M
C X I S R D N A P E I G H T C O E
T W O J O U I H T R A T H E R U P
J T C F H S H S I G C L A H A D V
F C I M T G C L O G G P N I E N D
M A C X U Q R C N C S M F N F W O
H P V T A N A A B E A C H E A S E
I M Z O U F E D J U M S D P X P V
Y O E J R B S N V M M P P P N P G
M C K H B I T S U K X G V H E C H
L B Y Z N V T X J R P S E M F X B
O U T K F R N E D H S B K I B W E
E S X R J B X T E A R E Q S C S S
W X S C W V R V E W P Q Q S Z Z K
```

HURT
NURSE
BEACH
FAVORITE
EIGHT
COIN
DEMOCRATIC
SEARCHING
RATHER
FEAR
PENCIL
MISS
END
SIX
AUTHOR
SUBCOMPACT
EASE
ALOUD
OPTION
HUNTING

Puzzle 380

QUEEN
ELF
SELLER
CLEAR
PLANTS
FUNNY
LENGTH
STORY
SHADE
MAXIMUM
VIEW
ROLE
KITCHEN
WIFE
PROBLEM
SHOOT
POVERTY
LEND
POND
ASSUME

```
I S T N A L P H N P B L S A S D L
W H Y V D Y A V R M R T E K T H D
R A A I W E M U S S A O Q R O B M
K D N E L U L F G Q E V B P R F D
J E O W W G K F B Z L Q O L Y B P
K S Z F U E R O L E C Y O F E P O
M F U B U Y Q A B S W I F F L M N
I K P N B N E E U Q S Q A F C Q D
R U L Z B E N I B P A S X O N X P
L E N G T H S Y T R E V O P K Z G
T G V E G C H Q K S E L L E R O K
N M Y M Z T O S K H V P B R O G P
F T L V C I O P L I R T M W V M N
V P M X N K T W I F E D B F Y V D
Q T U X P F Z M A X I M U M G Z N
```

Puzzle 381

```
S G O N C L I A M Z N H I R D O P
Y O G H P A R G A R A P H O U C V
A M U K Z T F K I N P U T L I N E
M O L T M E H Q E O V J R C Q E C
V K J K H R L G V R H R O Q E P R
O G W Z Y E F E I E T N C N V O A
O B J E C T R I D H S M K Z W W C
S I L V E R K N E B N S E W W F S
V P M D K R J T N F L T T A H I B
S H O W E D V G C R L E G S A N C
L C W P U G C R E X M K N L T G C
L I K G N P U U M J T I I D E C G
H W G H L I A I C Q F J K G V U G
B T U X J T M N F P O M A V E K X
T H Y S D H S Z U U X R B E R Y C
```

BAKING
SCARCE
PARAGRAPH
WHATEVER
BLEND
MAIL
WAS
SILVER
OBJECT
PAN
SOUTHERN
EVIDENCE
HERON
PEN
LATER
LINE
INPUT
ROCKET
FOX
SHOWED

Puzzle 382

HOTEL
EXPLORE
GIRAFFE
HOSPITAL
STAFF
SLIP
FOLKLORE
SMARTER
STOMACH
TALL
COMPARE
NARRATOR
COUPLE
SITUATION
BROTHER
PIZZA
RESEARCH
BOOKCASE
FIRM
REPEAT

```
S J R V W S T O M A C H E I R N B
I N I C G P A T Y Z K A X I J I X
T F G O V H E A Y Z G H P O L U S
U O I U Z O P E W I N D L D S L Y
A L R P I F E S F P R Z O K C J W
T K A L T Z R A T I X I R S F B R
I L F E W Q E C A A C C E G U J S
O O F T G V H K G I F X H O T E L
N R E L A S T O Q P B F C O D R A
X E S R V K O O B F D H R L L A T
S M A R T E R B B M V U A Y F P I
F C Z X P S B I D B M R E K M M P
P I L S I A P L Q I M C S K L O S
K K R O T A R R A N I M E P Y C O
T U M M C N U P Q S L V R U U Q H
```

Puzzle 383

```
E Q R F M P N N C O S Y V H C P S
T V V I I A X U K F N R R M A A Y
V C Y B X R I X F A R D X E R R Z
D W S B E E I H O Y R N E V E T R
S K S M C N C Q Q Z A T O M F I R
A I Q R A T Q X B U S C R O U C T
X D Z X F R Q N N L A J J O L U H
X A E E R O K T F M Q L M S L L I
N X A S U E X E V O L L I E Y A S
T H O U S A N D T O I K L F V R C
K R P A T I E N T R C J M F Y L O
V G S C H I G H T D E U E P E Y L
Q Q V E O N L W L E Z L O V B N O
A R N B E R L B R B A K U Q S N N
N X S H A L L W A Y N O R T H I G
```

BECAUSE
PARTICULARLY
CAREFULLY
NORTH
HALLWAY
LOVE
PARENT
BEDROOM
SURFACE
LONG
SIZE
THIS
MARKET
MOOSE
HIGH
QUALIFY
ICE
PATIENT
MIX
THOUSAND

Puzzle 384

MOM
DATA
CAUTIOUS
PREVENT
REACTION
PICTURE
PROCEDURE
DRUG
CORNER
MAKE
NEAT
FORMALLY
EVERYTHING
CRAB
MAYBE
BOX
WILL
SCRUB
MITTENS
OWN

```
P E O H O I G N I H T Y R E V E C
S R Z W V W F E H G M T W A Z C O
C Y E B Y A M A D R U G I H C M R
R X P V V K U T I G J A L Z V C N
U J H U E O U H B Y E S L O R R E
B O M C P N W O T F L U F V P G R
Z L A D R N T P R O C E D U R E R
Q L K V F A M O M M D C M G K H Q
G D E H F B B D T F T M D O P F P
F O R M A L L Y G U A V C R I T K
H T W I F N M D N V D D Z A C S H
A X H J I X E I H Z S N E T T I M
W W I L L H Q X V S U O I T U A C
V O J T Y G T P Z I K C Q O R M D
B O X A X V H L N O I T C A E R M
```

Puzzle 385

```
F D N E T N I P L K T W N M C J P
H E E I P E K A B A M C S N A D E
R W D S V Y L R A E N D M G M P P
W A O E E C M T C I D R E V P O P
B X R R R R C I T H O U G H A S E
E A C E B A T C I S F Y R W I S R
Q C A F L V L I N A V A D F G I J
W G A B A Y I P Y R M L Z Y N B K
W G E L E X B A F C A M X L T L N
P E X L S A F N A L B O B A G E J
V A P O V W E T Z U C S L V G A H
Z T E K R M A R K E R T E D D P N
X R R L W H U A W H N L A X Y E M
K W T T I M I D C F B B R D J X H
O D A V I H X L N I S S N I A L P
```

FEDERAL
PEPPER
RARELY
PARTICIPANT
CAMPAIGN
EAT
VERDICT
DESERT
NEARLY
EXPERT
THOUGH
ALMOST
CRASH
MARKER
POSSIBLE
SEAL
PLAINS
TIMID
LEARN
INTEND

Puzzle 386

OPINION
FIGURE
SHOT
CONTINUE
EMPTY
ESSENTIAL
EXPERIMENT
BEEN
DARK
RELATE
TODAY
SHEEP
TRAGIC
GOAT
OTHERS
ANSWER
LOOKING
CLOTH
BORED
WEARY

```
D E R O B W E A R Y W R E E P D Y
A T E D O B T R A G I C S X I Y Q
R A W U K E E M P T Y H S S U A X
K L S B P E E H S W O U E R H D H
Q E N N I N X X G J T R N E T O M
L R A N O I N I P O D V T H O T T
Z T P I B E R C A E A J I T L S E
G U F I G U R E F I R T A O C U B
Z X Y P Q N B F E W S I L T E M B
L E U V Q I R L V K U O M K O M H
N S A Y P T M N E G I S K E E F Z
L O O K I N G I V X Q S C A N J R
C Q D N E O A G N T W I A T F T W
P X Z O M C Y H G Q L M T M X T F
N I J W Z J A A F C F Q H W Y P P
```

Puzzle 387

```
B S H T T O O D H D X N R V S C Z
C H A O R A I Y M V I L A I U U M
H O O S C E T Y H O Z A I O M R W
K U C I H K A L P C D I S L M R T
Y L I M A F E T E W D E E E A E E
X D K Y P G D Y M I Y X S T R N D
E E R M Z N I N D E X P Y T I T I
A R M W S I S Y L A N A A U Z L B
E H G M K T N O R F Q T S V E Y L
O K G P B F I P I N E A P P L E E
D O C T O R O C J K Y M K A K V J
C O M P A N I O N E J L P V E O A
B W X I T C R C V Y S C I T K X X
I Y B N Q O C W K I Y X A V V R A
K F T E W V Z S V Q S X B C Y M O
```

INSIDE
PINEAPPLE
SHOULDER
RAISE
EDIBLE
VIOLET
FAMILY
TREATMENT
MODEST
HOCKEY
ANALYSIS
WET
COMPANION
DOCTOR
SUMMARIZE
KEY
FRONT
TOO
SAYS
CURRENTLY

Puzzle 388

CALM
LOOK
MORNING
EVALUATE
TAX
REVEAL
ACCOUNT
ENJOY
TABLE
SPELLING
VOLUNTARY
LOSS
MANUAL
HOW
DRAKE
WORD
GRAPE
PURSUE
TRAVEL
SCREAM

```
H S C V A K M Y I T G E O K L Y A
E P S S O L A V D N A Q V N R S C
V E R G D L I D I P Y O J N E O C
A L H K H S U G E H S K Q V V R O
L L T O E C F N D R A K E P E L U
U I R T W R P I T X I E L B A T N
A N A L E E Y N X A D J V F L C T
T G V M T A K R J T R E J Q F A K
E R E P E M D O G R O Y H K N L S
J L L O O K M P X W H X R U M X
Y K R F A O B S O H A L M B Z U Y
V P L B T U W N K R M U X V D L N
O T G A A K N P C O C Z K B F I M
P U R S U E P A R G U Z L H F T D
C W H N B H U T M E P Y Y H S U X
```

Puzzle 389

```
B H X S P L C J H K W A V Q T P E
D I F F E R E N T I P H I F Q H D
R E P O R T W I H N K U S D Y Y I
W W U X H O N P P G G M I K M S F
W L M H H U P F N F S B T P Z I P
E M O T I O N A L O P L A M M C M
B M V P R D D Z M R O E K P T A P
H M Z E H R N A M T N E X E P L T
C K G C L O V A A U G A L F C L J
S H V X G U X E C N E L U C L D E
T P E E U G R A H A H M V D W F V
S I M C S H G N I T T E G M L B K
A T C G K T P Q N E V O U H P N R
M D A E F E B W E K I X A D O P T
E G P C P Q D E U W Z I U W T S S
```

ARGUE
PHYSICAL
ADOPT
DROUGHT
EXCEPT
FLAG
EMOTIONAL
FORTUNATE
VISIT
SAME
DIFFERENT
MACHINE
KING
HUMBLE
APPLE
SPONGE
MAP
REPORT
CHECKED
GETTING

Puzzle 390

MINORITY
BARK
CONTAIN
PROPERTY
WHO
PAIR
YET
CROCUS
DESCRIBE
CHEERFUL
FISHING
DEER
STYLE
INDUSTRY
ARM
WALKING
ENOUGH
VAST
FAR
STOOL

```
R D L K Q Q J N K M J W T V M T U
B E S F T I V N N W X M P S C U Y
C S Y T W E H O B J L A A R X K K
B C O D Y S T C M N S M R D E E R
X R E T R L D R I X N S M E U U A
I I R K T U E O N W A L K I N G B
V B Y I S Y M C O I F A W H H E Q
E E D U U E J U R J A X Z P C G M
E N U D D T A S I J A T W H O N I
F R O G N I F Z T H T E N P A I R
K H H U I R Q Q Y W P N U O T H A
V A S T G P R O P E R T Y I C S F
U W V T P H C H E E R F U L Y I P
S T O O L A V H D F R Q P B V F K
D M P F M R H L V O Y O N O G A K
```

Puzzle 391

```
P A R E G I O N K E E J Q B E R I
N O N A L P I L N E H D L I O Y N
N N E Y L E V O L Y R E M R A F V
G M E G W Q P X G M N L Y T U B E
Q R S R E P O R P M I L V H O A S
S E O E A U K B J I T A U D L O T
S T Y W K N D Q C O G C Q A W I I
P H L Y T E I C O S X R Y Y U H G
X G X C G H F A L S E A S Z M M A
C U R D X D F F T R N R L G E X T
G A H U M Z O U N N N I C E L Y I
V D Q T L K Q N S G U E D P L P O
M Z E K G F D G J B T O Z V Y G N
F Z X R P V N D S U O D F V L G C
P M R V V H P I P J P H S S L U P
```

LOVELY
BIRTHDAY
FOUNTAIN
PLAN
ANY
REGION
BUT
OLD
SEEN
CALLED
NICELY
INVESTIGATION
LIP
FARMER
DAUGHTER
WEAK
SOCIETY
GROWTH
FALSE
IMPROPER

Puzzle 392

ALONG
SEARCH
KNOWN
PEA
BLOCKS
COMFORT
DELICATE
COUNTRY
HAMSTER
RANGE
HATE
DIVISION
WIND
CRAZY
RAVEN
PRINCE
DISH
MELT
TWELVE
DEBATE

```
K B R D L S H A M S T E R M K S Y
Q S Y J X E C C J K A K G R G Z O
D E W P Q A E P F C D Z G X B T X
E Z R S Y R T N U O C W M G X J Q
L V D M Z C A O E L J O Q W C Y E
I C C Y A H H I P B T W E L V E X
C K U M R U R S L A H D F D R C I
A N D N C T K I I P X J S C R N L
T O E V P I K V U D P U W T A I C
E W B Z G S T I W C R R F U N R W
J N A Z N G X D I I I I A N G P V
D M T R O F M O C E N P W V E V I
R I E F L J B G D N K D G Y E F O
A Q S F A X S O W S M O S Z C N L
P T I H R E G E M E L T K C X I E
```

Puzzle 393

```
N G U L P B E E E F U B Q G Z F Q
F S Z B J W W A P E R E H U W U O
H Y Q V Q F F C T E X T W B V P R
C E I T Q Y Z U C L F S A A L S O
N S L S S E R J U I V U N F J Q G
U W E P G A B U D N X S T W I N E
L A I Y F N E E D G X U E G U C F
O N H Z W U W Z L S N O D X C A X
H A N S Z B L Y V L Y I K D N B Q
W A E R F X T L V M K C V M U B M
W Y N I G J E N Y G D E C I B A H
K Y G D N R A I N Y A R B U L G V
R E Q U I R E D U K T P I Z R E I
G V D H W M A N A G E J A C K E T
L R O T S E C N A P B C R I M E X
```

SWAN
WANTED
ALSO
PRECIOUS
LIVING
LUNCH
CRIME
HERE
CABBAGE
REQUIRED
JACKET
ANCESTOR
FEELING
WINE
NEED
MANAGE
HELPFULLY
HAND
RAINY
SWING

Puzzle 394

CURTAINS
SMALL
BALLOONS
EMERGE
PAINTS
UNCLE
MANAGEMENT
CONTENT
LIBRARY
STORE
SOLUTION
ASSEMBLY
LITTLE
SHOES
SMILE
QUARTER
SPEECH
BISON
MIGHT
COMBINATION

```
D T A S O L U T I O N Q M D D B C
Y L J N T R Q R Y C O U K I S V V
Q Q K O T N H Y E U I A C D G P X
W A Y O X E I R T R T R Q Q C H F
W X E L I M S A S T A T E X O E T
M M L L A M S R P A N E R O T S D
G A C A E L G B C I I R S H O E S
A Y N B G J L I W N B B Z C L E B
K L U A T M Y L I S M T Q E P Z S
Y G W T G A P A J S O K T E V W F
N G F F E E X L N C C M D P K Z F
L I T T L E M E M E R G E S X K V
R D I A Z N S E C O N T E N T W L
Y C L R R P W H N O S I B K B O K
L A S S E M B L Y T B H K E J P P
```

Puzzle 395

```
F Q P T N A C I F I N G I S Y G I
T N S W O L B S V W R B G B W S S
R O H M I V T L L A C I P O R T I
D X A D T P R A J G X O R R P S L
A Y M D A Z I N O O U U C A N P K
J K X W C H K D R N W H R L L U Y
S D Y J I B I M A G X K Y I A N A
G Y B H L P W K C Y M S M M S I I
S L E D P N A T U R E G A I K S V
F Z M Q I X G W P O V Y B S P H L
R N E S T V N N W G I Y B S M W Q
I I R K L H K H I E G F L I M A U
H Q O U U H L U B T U J I D A S D
F O M O M Z V N W A J K N W P F F
P S I N K X R E O C O Q J E T F L
```

CAN
TOAD
SIGNIFICANT
MULTIPLICATION
CATEGORY
SLED
NEST
PUNISH
SILKY
ASK
DISSIMILAR
SINK
BLOW
WAGON
BYE
MORE
ISLAND
NATURE
TROPICAL
GIVE

Puzzle 396

DAISY
YOU
MIRROR
SNOWFLAKE
BASKET
POLITICAL
AFFECTION
THEORY
SEVEN
COURSE
MOUSE
MUSICAL
QUIT
EXAMINATION
GREW
INTERACTION
WORK
SECOND
BELT
ARMY

```
I W R X E F U X V Y C H I G A O K
N T O P T G B D T S M H G M I P N
T H R R L R A T E Q T F E D D C V
E E R N K E S S G Z V G T T C S N
R O I O O W K N Y H P U K G Y R S
A R M I B I E K A L F W O N S Y E
C Y R T X E T F K K E Y Q E P O C
T A V A C L L C G M Y L N V T U O
I R A N O N A T E Q U I T E S G N
O W Z I U A C Y V F W A Y S I A D
N Y M M R R I U Y E F M K Y M W P
R I O A S M S C D B X A C G L J E
H R U X E Y U P O L I T I C A L O
Y E S E Y Q M I K L J C Q R G W G
U C E Z Z Q E A S K P F Z W S J M
```

Puzzle 397

```
E D U C A T I O N Y C P M Q G K Y
C U C U M B E R D S S A L C S O T
D B C O O O O G E W U T T C J Y R
M P Y H K A N Y T I M D A C Z I A
S E I U A D C C A V G F A T H R N
K N O D Y R P V I X U E P O Z D S
W S V J K B G U L E R R I U Q S P
M U R A L U P E R V J J N R U B O
D F U K E T U Z N E X J R E U E R
E C K V X T P J D K T Q U A I L T
S H X A T E U A F K Z A T W U F E
P I W B E R J I N K A Y I G H H F
I P V I S F E X A M P L E N H A M
T S V L L L K L J L Z K Z I J Z R
E C D A X Y C G M O B Y D R C A P
```

MURAL
DESPITE
CLASS
CAP
DETAIL
BURN
RING
RETAIN
BUTTERFLY
CATCH
CHARGE
TURNIP
QUAIL
EXAMPLE
ADMIT
SQUIRREL
EDUCATION
CUCUMBER
TRANSPORT
CHIPS

Puzzle 398

MOUNTAIN
COPPER
BUSY
CUPBOARD
DENOMINATOR
GIRLS
RIDING
ARREST
DRIVER
EXPENSIVE
SLEEP
MASK
SOAP
KISS
PRESSURE
VARIETY
HOLIDAY
FACT
BIT
LEAVES

```
V D Q K D E O C Z L R D E H V F Q
O Z I A Y N X Q L F R F A O O A C
W U W P X Y E P S E L O R L T V L
K T Q Z F E D U E Q X Z R I C N O
B U S Y F R K T V N X A E D O C X
P X H O X H M J A O S T S A P V H
P R E S S U R E E D C I T Y P A M
F R P S S G I R L S A B V J E R O
W H F W W I C R J T M I T E R I U
R Q S T N U K V I I K T C A F E N
H X R K C D S J L D S L E E P T T
Z C U P B O A R D A I U B W Q Y A
D E N O M I N A T O R N F P J A I
K M N S O A P O A Q W C G O K O N
M A S K K V H H T M F D R I V E R
```

Puzzle 399

```
X K M T H I N K I N G S T M D O E
U N Y G L A N C E T N Y R A E N K
K R S A L E V M J O F F A I S B T
D U T I K F A X R H Z N N N T F R
C J E U D L S R T W H O S T R S I
R H R B O A R D T M F I P A O V D
Q A I E E H B Q S H T T A I Y Q K
D H E D G U S I A G L I R N B H Y
G O S O O T B J E L C D E F O R K
C E Y R F H W E L I E N N M X H M
Z D M D T L E F L N S O T K S K Y
W W C M E N I A T R U C A L I L L
D R F R N N G F R D I S T A N T P
H B M E U N T U Z C C U S E D L I
W Y X J S L N S M O S Q U I T O Z
```

MOSQUITO
OFTEN
GLANCE
LEAST
DESTROY
EARTH
THINKING
USED
FORK
DISTANT
LILAC
CONDITION
SHOUT
CURTAIN
HEAR
HALF
OFF
MYSTERIES
TRANSPARENT
MAINTAIN

Puzzle 400

PART
LIMIT
TURTLE
BRANCH
LADDER
OUTDOORS
GUESS
OFFICIAL
SISTER
GRANDFATHER
WRAP
WEAR
SENDING
LET
SURPRISED
POUR
THANKFULLY
FELL
CURLED
SNAKE

```
T V Q B S E S N A K E K O G F Z Z
U T X R S U Q O N Y A R F R S E L
O I K A E L R P O U R H F A V A G
T N C N U A C P C U R Z I N A W M
E H J C G D W W R P E X C D J V I
L B A H P D A S A I R V I F L U X
L L J N J E P A R T S J A A I Z M
X G R Q K R D Y F P N E L T M B O
S N I V H F V K E K B L D H I M N
Z I R M K C U K L Y X T E E T C O
L D S D A N X L L D G R L R G S R
K N L T C Z D R L W N U R Y M B J
X E W J E H Z M P Y G T U E B N Y
Q S L P A R W E A R I H C K R E E
O U T D O O R S J U D N P N G K O
```

Puzzle 401

```
P H B A H P E N T E R T A I N M I
P I L L U U A R O D R O C E R E M
R F E L R R I L F U E W P P G T P
W Q B E R C V L F R L R N H V O O
V U I R I H O A I I U U N B P Y R
G X M B E A G D C N R M Y V U U T
M E R M D S I R E G R T A O O J A
R I G U R E H T A E W W D K Q R N
H V M A M E W I R N E O Y S I U T
C O M M I T M E N T D Z R H A N Z
D M X X P R X T V E G P E R B T G
Z Q C Q Y Z R H Y K A Z A E B N D
P Y T N R B O A O G T Z N W S X M
H F Z V O R O L M D I S A S T E R
I N D E P E N D E N T H W Z J B P
```

PURCHASE
MARRIAGE
INDEPENDENT
MAKING
DISASTER
IMPORTANT
WEATHER
MET
DURING
RECORD
COMMITMENT
SHREW
UMBRELLA
PILL
OFFICE
MOVIE
HURRIED
GRANDPA
ENTERTAIN
RULER

Puzzle 402

BAG
CURRANT
NEW
LUXURY
EAR
STOOD
POLICEMAN
TEST
PERIMETER
COCKTAIL
TAKING
ABOVE
TEND
BATH
MASTER
HEIGHT
SAND
LEAK
DEEP
BOTTLE

```
C O C K T A I L M A O V B P T V Q
L Y B A V N E W A J N H A E R O C
L U O E G H I L S Z G F T R P W A
P T X L D S S D T S E T H I O A V
Z A M U O W W Q E T V A K M L L I
X L E E R S O I R N O F L E I D D
U J Z S F Y W U I A B B D T C F N
L S O Q W R J Q H R A P V E E X Y
P K P E E D P L D R J X O R M S V
G D O A D R T T F U B H C J A Z M
Q C S R Q W V A C O Y L A N D U
H J E U I Y T W H K M H N R W B T
N N U P P Y Z J L S I B T W G B E
I R H E I G H T N A D N A S X A N
S T O O D M W W N U L G G P I G D
```

Puzzle 403

```
G S C G X X V T T F X Y J Y N F A
L D P F B P A V X E K B F Q E I N
W Y U R M Y L F C O R R E C T L S
F O R G O T T N E M E T A T S L K
L Y H I C A I C K S I A P L T I U
K J J Q W F T S P R I N G U F B M
V Q D P R B U I A O P I H D I A I
M E E T A R D N Q Y L W T A G N V
V U R N S E E N A V T E C R E A M
N M O E L A D E P N I Y V D R E N
I E A W K D A T B H A G H E C T L
Q D A A L J V H V E C L D T D Y O
L D G R A K N V R A T M E H O Z N
U J N Q K E I T N T R S D G V W P
D B D A E F B T J M Z A U P G L Q
```

INVADE
SPRING
ADULT
FILL
EGG
STATEMENT
GIFTS
MEET
WENT
CORRECT
ALTITUDE
WIN
FORGOT
HEAT
NEAR
LAKE
DEVELOP
CREAM
FLY
TENNIS

Puzzle 404

RUSH
CARPET
GLAD
REMAIN
CAVITY
THIN
DISTANCE
TRYING
LYNX
SHELF
ZOO
SORE
MAGAZINE
JELLY
TRUST
DISCUSSION
GET
BUSINESS
EXAMINE
DISEASE

```
O H S F R T K O T Q V V P D B T X
G E T K Y H R D I S C U S S I O N
P N A D S I B U S I N E S S C G Y
M I U N O N K D V Z H B Y A M K L
X Z J A R O D S H E L F P S E F F
U A J B E Q Z C A V I T Y L W B Q
O G F M N D A L G A F L D A L Y Q
E A N U I I R D P I N P Q M L K X
C M A H M S Z D R T R U S T J I M
N A J D A E G K J E U A J R E X W
A D R D X A U O S K M C G M L H Y
T H K P E S E D V P A A X L L A S
S Y O N E E T R Y I N G I H Y K I
I I O Z V T R T J H Q J I N X X W
D V E L V V G F Z R U S H L J U M
```

Puzzle 405

```
W O M E N E R O H C T A S K I Y K
R Z Q T J E C A J F S W O H L I C
I M S I B W U Y T A S E I T R A P
X G U R T Q O D M E J S X N X W Q
G D D W L Y N I T L L I A C D D A
I K P R A K G S C T K B H Z V O Y
R L E M Q A I A E S B J A P K L W
L V S J V H E P P A J N L I L F J
H T V S U S R P X C M I L K R Z M
E I G H T Y R E E D C S F G N A N
U M T K Z B T A G N I V A E L V V
X O G K R O F R D A P Y B P O E P
L R Q O R N S G O S N I M A T I V
T R A D I T I O N A L F V B W U B
M E Q L W H L K I Y L Y D G F Y Y
```

RATE
EIGHTY
LEAVING
EXPECT
VARIABLE
TRADITIONAL
TINY
CHORE
WRITE
REIGN
MILK
GIRL
TASK
WOMEN
PARTIES
SHAKY
DISAPPEAR
WINDOW
VITAMINS
SANDCASTLE

Puzzle 406

PRACTICAL
PAUSE
AGE
SEEK
TALK
WRINKLE
TRUE
VARIOUS
SEAT
WOOL
MATERIAL
SHAPE
LION
PRODUCT
COMING
COOPERATE
EDIT
IMMEDIATELY
FLOWERS
FORTY

```
P M X Z B V C Y W F L O W E R S B
O A T D D A R Z O I A U S U C I B
W V U R V R S H O S R L L R O M K
V R D S Z I K E L G S E A T M M X
P E I P E O F O R T Y X Y L I E M
M R O N G U M M A W A H Z I N D S
A Y O I K S I T A T P H J Q G I H
T N R D S L Q D G S M S K W E A A
E U C J U E E G E M V G R O K T P
R C W U A C C O O P E R A T E E E
I T A L K S T I D E B W M D O L I
A O I Y V E W Q I T L N D P K Y U
L N W Z D E N H U A I R B C O W V
D R Q G G K I W G U O L J J W N M
P R A C T I C A L E N L U R B H E
```

Puzzle 407

```
B  B  G  T  C  Y  V  S  Q  R  O  F  A  Q  G  B  C
W  O  L  G  A  L  L  O  P  R  W  R  I  F  N  P  O
U  Y  U  H  S  N  S  Q  E  R  G  D  O  S  I  R  N
W  H  E  A  J  R  O  R  R  L  O  A  X  G  H  E  F
N  B  L  V  X  M  D  E  C  I  S  I  O  N  T  F  E
A  O  I  E  P  A  R  T  I  C  U  L  A  R  Y  E  R
N  J  B  D  E  N  T  I  S  T  L  K  X  V  N  R  E
T  B  O  L  F  L  F  L  O  O  D  T  L  O  A  K  N
R  S  E  T  E  M  A  N  A  G  E  R  K  A  E  I  C
B  J  E  F  I  I  R  I  E  N  R  O  B  T  U  D  E
D  I  T  T  R  D  L  J  O  T  X  P  N  O  C  G  Z
A  P  F  O  B  W  R  N  H  S  T  M  H  M  E  E  F
M  I  L  I  T  A  R  Y  C  G  N  I  G  I  J  N  Q
I  K  B  Y  Y  B  H  A  Q  L  N  H  K  C  Y  F  I
B  C  Y  U  J  G  V  L  B  F  L  A  T  O  O  X  J
```

CONFERENCE
FISH
ATOMIC
PREFER
DENTIST
DECISION
MANAGER
NOBLE
MILITARY
BRIEF
HAVE
KITTEN
FLOOD
BOY
GALLOP
GLUE
ANYTHING
FLAT
IMPORT
PARTICULAR

Puzzle 408

CROWN
PUSHED
MEN
LEGS
LIZARD
JOIN
COMPUTER
OBEY
ARENA
ALONE
DECIMAL
AMERICAN
MUCH
AIR
SNOWBALL
CONDOR
DRAWER
SHORE
STOAT
STEP

```
U  Q  N  T  J  H  V  T  P  A  M  P  U  U  U  C  A
M  U  C  H  H  O  T  H  Y  D  E  H  S  U  P  R  R
R  V  D  N  W  G  R  F  B  E  L  S  F  R  N  O  E
G  S  R  O  D  N  O  C  W  B  Y  K  J  H  W  N
T  T  A  O  T  S  U  A  S  I  J  O  I  D  N  N  A
J  P  W  A  K  Z  Z  A  W  M  U  H  T  H  B  E  G
K  R  E  T  U  P  M  O  C  A  A  J  I  Z  J  B  X
W  X  R  T  F  M  O  X  V  L  U  M  Y  N  R  S  K
H  G  R  M  S  S  H  O  R  E  J  Y  P  E  C  H  D
N  K  Z  D  I  A  I  T  M  L  E  N  T  N  L  Z  Y
M  A  M  E  R  I  C  A  N  I  O  J  L  E  G  S  M
E  H  J  N  O  A  M  N  Z  T  D  Q  M  A  C  I  R
N  V  X  O  I  B  Z  S  N  O  W  B  A  L  L  N  W
L  L  P  L  A  I  R  I  T  E  H  F  U  M  E  B  K
A  D  X  A  S  T  Q  Z  L  K  G  F  J  V  T  K  D
```

Puzzle 409

```
S S A V K I J I C V W F Q T V R S
I B I F Q C J N T P L O R C D M G
M B E N A E B G O L E O O W E S R
P A Y R G D T R W A S T C E T E D
L T Y U Q L H E N Y O B A E T G T
I C T T X V E D L O H A A D O A I
F H J E Q W E I W B W L W Q P S M
Y T L R W P N E D O O L G U S U N
R L W S X U F N K O I L S H J A C
E F H M Q B I T M Z A M K I C S A
S T R B F F R A M W N X Y K Q R I
I H A I W H O L E V I T U C E X E
M A D N E D I S T R I B U T E M G
Q X M Y H N O K K I P S F R N D G
B G W F U P D S R R U Q T M K E O
```

WHOLE
BATCH
EXECUTIVE
DISTRIBUTE
SAUSAGES
SPOTTED
TOWN
BEAN
INGREDIENT
FOOTBALL
HOLD
SINGLE
MISERY
DETECT
FRIEND
SIMPLIFY
PLAY
RETURN
UPDATE
WHOSE

Puzzle 410

ZEBRA
JUST
RECENT
SWIM
SHOP
TYPE
KEEP
ARCTIC
BEETLE
SODA
DIGEST
DRAGONFLY
ECONOMIC
WATER
OFFER
LETTUCE
PHASE
SPELLING
SUDDEN
ABBREVIATION

```
L Q T L Q B W O Z O H O F F E R Z
Z D E I E S A H P E E K T I F S E
M Z B M K T F F D U Q F W J H P B
T L H A D L T D T R E T A W T E R
O U V M K O Z U U T A A G G K L A
A Z T D B K O W C S J G K Q R L P
H N N V E F I F B E U T O L T I S
A C I M O N O C E G S Y L N H N O
R R Y U R U V F E I T P Q E F G D
C X C T M O W B T D A E R D P L A
X J X T C F E W L B E P E D U Y Y
B Z H M I W S O E L M D C U Q X B
O L A M J C U A G I D H E S P N J
A B B R E V I A T I O N N N E L T
S H O P Y P Q F K S B Y T L Y C J
```

Puzzle 411

```
V R E V E O P O Q N I V Z E R T I
U U U S B J P R C K S J J H O R U
K I O N Z V H S E A Q R O E B U L
U H B K N D Q Z U D P C O D Q C P
W W I B N I C U Y N I A M G P K L
C H R T E H N O M E O C B E H O O
Z U A T J Y T G Z E L T T L T O P
H Z C G U I L T Y W E U M A E T S
M C T B E H A V E T A G I V A N T
P V T Y L P I N N E F T U R N C C
W B M G B V A R V B C M D T D U O
I E W W U V H P J U L T U R S P O
G V D A O S T R E E T K G T P I L
R G I L R Z M Z K Q P Z M N O D C
T N O I T A R T S I N I M D A M G
```

TURN
STREET
MAIN
TOOK
EVER
STEAM
HEDGE
TROUBLE
GUILTY
BEHAVE
NAVIGATE
COOL
TRUCK
BETWEEN
CAPABLE
RUNNING
CUPID
ADMINISTRATION
PREDICT
CARIBOU

Puzzle 412

FUN
WISDOM
UNIT
MUST
CHILDREN
DISTURB
KNIGHT
EXPRESS
CRAYONS
BEAUTIFUL
TEACHER
MUSHROOM
EACH
TREES
SITE
MOUNTAINS
FORGET
NETWORK
RADISH
CUP

```
Z R T A E K Q H B R C E G O F O B
N E T W O R K A F X V W I L D G E
E H E I S S B F C L I I O A Y Y A
R C G M N B S B R U T S I D L K U
D A R P O U U Z G K P D M B N Y T
L E O H Y E N Q G N L O C Y Q A I
I T F A A W A N I I D M F E Y N F
H E T Q R D F C T G N N M U S T U
C X R C C P P D H H V C Y C T T L
U P E R U S C C Y T Z I M F U N B
V R E Y B I M U S H R O O M M O U
H E S Y K T J S R A D I S H O A D
E S V N V E U M O U N T A I N S Y
B S T T O J N J W L S D W G M R E
N D O A V Z S J A F R R X G L E O
```

Puzzle 413

```
L B E A T O J S L S Z Q Q D L K M
A T U I P D A O I B V N K O O H S
C P I L D Y F V S V F M R I W R E
K L O I C E B D T Y T N O K E S N
K U A D V B N V E C N A R T N E S
G Z H Q E Y H T N R U O L O C T E
C R A D L E P D I X I W S U D A L
T O Y R P E N N Y T V T W P T L E
Y L B A M F G C C U Y N E G C L S
P O Q W I O K V S J L W A C W J S
I C U O S P I H S N O I T A L E R
C Q B T L U W Q U H F W E E D G E
A V B Y Y O Z T L M A O R M Q A T
L B E K R C S S J G P F Q I Y X M
U G T T I W U U M C R K J G D K L
```

COLOUR
TIRED
LACK
SIMPLE
TYPICAL
EDGE
TOWARD
RELATIONSHIP
ENTRANCE
COLOR
PENNY
LISTEN
SWEATER
BEAT
CRADLE
SENSELESS
LATE
CLUB
IDENTITY
SHOOK

Puzzle 414

COMPLEX
PIG
CAUSE
BADGE
FAMILIAR
DRAW
ACTIVE
SOON
UPON
NATURAL
PERISH
ROUND
HOT
LONELY
ESTABLISH
ANCIENT
BLOOD
KNEE
ATTACH
WORRIED

```
F E R C D R W N Z X B G S G Q A F
A K A H F E H F D Z H G N L Y T A
E K Q R H X E E P E I R M H T T M
D I H N M Z V O Z N X Z N C Y A I
W L J B A T O H N A T U R A L C L
S R P A Z N K N E E W D S V E H I
C O M P L E X P G S H O L C N W A
N V X J G I P E V U S O R Y O Z R
Z Y Z I V C R R E A I L J R L Y R
B S O O N N U I D C L B B T I T Z
P L P C N A P S N R B I H A V E R
T K M C A C O H U B A D G X D M D
J D B K V Y N W O P T W T E E G S
J X X K I H I Q R R S E H F Y J E
O D G W N U V H P M E V I T C A J
```

Puzzle 415

```
O  H  D  E  S  T  R  U  C  T  I  O  N  B  J  C  P
V  V  A  I  S  F  T  H  I  A  B  E  Q  M  K  U  X
G  F  W  P  S  R  E  H  N  S  A  F  E  Z  O  I  P
A  Z  I  X  P  K  D  A  D  D  Y  W  W  O  A  I  T
T  O  S  V  U  I  A  M  T  B  G  F  L  H  F  H  H
K  X  H  I  Q  G  E  T  F  I  V  W  C  A  N  F  E
D  R  O  P  I  S  H  S  I  L  P  M  O  C  C  A  R
I  S  E  A  S  O  N  W  T  N  F  I  N  I  S  H  E
K  U  A  S  G  R  A  N  D  Y  G  R  E  N  E  L  C
Q  Q  I  E  E  A  Z  H  O  H  C  U  I  P  C  O  G
P  I  R  N  X  L  A  N  G  I  S  O  L  U  G  G  K
I  Y  J  A  M  U  F  O  D  Z  V  H  S  Z  Y  B  D
W  O  O  T  K  P  X  T  Q  R  H  I  G  H  E  S  T
T  P  V  L  I  O  F  N  Q  V  Y  K  B  T  V  B  Y
N  U  X  T  Q  P  D  I  F  F  I  C  U  L  T  G  W
```

SAFE
SIGNAL
GRAND
HERS
HIGHEST
SKATING
POPULAR
DIFFICULT
ACCOMPLISH
DADDY
DRY
SEASON
HOUR
HAPPIEST
WISH
THERE
DESTRUCTION
ENERGY
FINISH
DROP

Puzzle 416

SEND
SCARED
PAY
TRAM
YELLOW
FOURTH
CONSTANT
HIDE
FURNITURE
SERVICE
AGGRESSIVE
SEEM
TEAR
CROW
BREAD
SURE
SITTING
WOOD
POSSESS
IRIS

```
F  B  C  N  N  U  I  S  C  P  C  K  A  W  J  H  F
S  I  B  I  F  V  Y  Z  C  P  H  Y  S  E  K  I  O
D  P  T  W  M  S  D  E  R  A  C  S  R  E  U  D  U
S  E  E  M  A  R  T  A  Q  C  X  F  V  S  N  E  R
F  U  R  N  I  T  U  R  E  C  I  V  R  E  S  D  T
S  G  X  P  Y  T  E  A  R  R  V  W  Z  V  S  O  H
I  R  I  S  A  E  Z  G  Y  H  B  X  G  I  E  O  C
Z  X  G  W  P  D  L  H  Y  A  J  O  O  S  S  W  E
S  X  G  R  Y  L  A  L  A  G  G  V  S  S  S  O  R
C  O  N  S  T  A  N  T  O  C  I  L  E  E  O  R  I
U  O  I  O  M  O  V  T  W  W  A  C  O  R  P  C  T
R  X  T  S  I  B  R  D  C  H  I  M  H  G  W  A  V
D  E  T  U  P  T  U  W  U  R  O  A  Z  G  R  D  C
Y  C  I  R  K  Y  L  M  O  Y  K  P  K  A  F  J  X
A  I  S  E  G  R  L  S  R  O  G  H  H  S  Z  A  I
```

Puzzle 417

```
D P V H G T V G Q B S T A T I O N
E O R P U S C I E A X V V G B L H
S V C I D K Y M H N D V N Y R R S
I P J O C X B B Y P R X Y L R A E
G A G W L E O P I L O T S P O L F
N T M W T N O I N S E R T I X K Z
L Q R O W O K R O G C Q X T D P Q
M H I L N D L L H J Z M R L D E F
X N N L X G A P W H K B P U H V S
S G Y O L A N O I T A N R M S L F
M S N F B Z R L I T N U R F Y O H
D T M J X Y E I M E N T A L H S I
L U I E Q K T C U G V C R O S S Z
J U A J T P N E E N U E C F G I O
Q S O X S S I J K M U S E U M Y N
```

EARLY
MUSEUM
UNTIL
FOLLOW
PILOT
PRICE
DESIGN
SIDES
POLICE
INTERNAL
INSERT
SOLVE
MENTAL
STATION
AMONG
CROSS
DONE
NATIONAL
MULTIPLY
BOOK

Puzzle 418

OPPONENT
REPLY
KNOWLEDGE
THAN
WRONG
AUTHORITY
SUPPLIES
BANK
REST
PLASTIC
CINNAMON
SILENCE
MATTER
NET
COMMUNITY
ROTTEN
SPORTS
PLAYING
SUGAR
LIGHT

```
D B A H X N P H O C C Z Q P Q Y R
X C E V C F P L W C D I F F G Y O
L I G H T E Y Z A V S S Q V F T T
K T D S I D J P S Y E A P N Q U T
T S E R I P B Y B L I D E O C B E
G A L A X L R R C P L N R A R Y N
H L W B I K E E C E P A G U A T E
A P O A O U T N K R P H N T G I S
F M N N P M T O C Z U T O H U N V
Z E K K P N A M C E S Q R O S U S
L Q E A O E M A D U V S W R O M P
E V S G N T L N C H H W K I M M U
U Q S O E Q E N H B B Y H T Z O R
A C I H N J G I L L E F J Y T C F
N S S W T F F C F Q V O H O D Q L
```

Puzzle 419

```
A Q L Q G G K P O A M O X S V D R
F T R A N S F E R M X V D D T L O
R P T T P Z S Q J C R V A Z S B A
A A U I A L F B T R A N S M I T D
I S P I J J E E R V B Z G H A M L
D T B E R W L A C I T P I L L E O
V I R T U A L R V G P S Y S A Y B
P F Y U T W A T D E U W E E C O S
A P U Y B D B D T J L A A P K L C
I G R A N D M A A I L R R A W P J
N C V K U O X N L J E X S R R U N
T C O J K P Q H E Y D S Y A G R M
C K Y U B H M G N X W J W T C K Y
I V P T N U X A T L Y T T E U T D
K D Q C E T X S D Z C O L L E G E
```

COLLEGE
GRANDMA
ROAD
SEPARATE
COUNT
BOLD
BALL
VIRTUAL
COAL
TALENT
TRANSMIT
AFRAID
LEAVE
ELLIPTICAL
PAST
WAR
YEARS
PULLED
TRANSFER
PAINT

Puzzle 420

POINTLESS
PRESIDENT
FLOAT
DEFENSE
ACADEMIC
STOVE
WHERE
BEE
ABSOLUTE
THESE
ONION
CAMP
PETS
CLOCK
GLOW
RUDE
GONE
DEDICATE
DANGLE
EXPECTED

```
Q B W B D G O S U H G Z A N L M P
H G D V O R I R T Y S K C O L C R
T D J Z W O C Y Q O R A A I H F E
D Y Y V W S T U V J V B D N U T S
Q M L A B S O L U T E E E O U H I
I S D J C Y T H R A R G M F I J D
T H E S E U L A B O E A I W P W E
M Z T P E X X T I L H E C D Y P N
M W C G E K R O W F W A A F O E T
M N E M O T B E E M P Q R U D E T
R P P Q W N S D A N G L E Y U J N
L E X E L C E T A C I D E D N I Q
V M E D E F E N S E J T L E Z W K
H H N R L K E R P O I N T L E S S
K L I Y Q X Q I C A M P G L O W B
```

Puzzle 421

```
S E I L I M A F R O A J D R P Q W
O T U N I H T I W Y K K E W B K G
I L A V A X S V K F C C M H P P H
D D L R O W E N T E R V A W D R J
I E E X T A U T U M N Z N O O P S
S F S N O I T N E T T A D L T B T
C F E N T I N T E L L I G E N T L
O E E P T I Q D E G R E E B P X J
V C H C L D C H U M A N N K X J S
E T C V E V G A O I B G G D H S M
R G E L N K C Y L D N E I R F M L
C C R T P F S F D M T L F I R B V
X U E O F K J M N I E X Y A P D I
K Y P T U K F B V C X T N S B J V
D Q P P X P H B S P G H B V H D W
```

FAMILIES
INTELLIGENT
AUTUMN
DISCOVER
NUT
GROUP
HUMAN
DEGREE
BELOW
SPOON
ATTENTION
WORLD
START
IDENTICAL
EFFECT
FRIENDLY
CHEESE
ENTER
WITHIN
DEMAND

Puzzle 422

FIREPLACE
TAUNT
DAWN
TIED
WORKER
SHOULD
COVERED
GATE
MAGNIFICENT
SPEED
WOLF
DEMONSTRATE
BENEFIT
CREATE
HEART
FEEL
THOUGHT
TOOTHBRUSH
GRANDMOTHER
CAMERA

```
L G R D B L D L U O H S C Z D T C
M A M C H F E E L Q B U A O N O R
D A Y G W E E T Y N A O M O Z O E
E Q G Z R N P A G G Z H E C L T A
M P E N U A S G D L U K R C C H T
O Y D E I T N W A D E H A Q E B E
N Z M S Q F A D B E N E F I T R H
S O X F D P I U M B V Z P T F U D
T Z O Q F H C C N O K T V L J S O
R L Y P J E O S E T T H G U O H T
A A U O T A V O I N A H N N J B E
T C Q V U R E I W U T F E T Z Z P
E W O L F T R T X F X A M R H N G
I V F B A R E C A L P E R I F U Y
A C W J O S D W O R K E R V O T C
```

Puzzle 423

```
N X M P R L F Y M O N B P O C M T
L Y T E N E R U S A E M E N I J H
S R U O Q B P E L K Z J O C V R E
Y T Y T S B G R N I T Y P E I S R
A S A I F N G I E R O F L L L F M
W O G T W F S A O S B A E N E V O
L M M G E Z U T T E R Z Z D P M
A H W Y T O C E S Q T N P U O S E
B R O K E H C Z T C U P T L M Q T
M X J E D F E L C Y C R O T O M E
U H T O Z G S T I Q E J H C Q T R
V W K G Y A S T Z A A B A R N R Z
C I N R Y R F L E S T I V O T X Y
B U I B K Q U V J U R Y U Q M C G
C L U G T X L A E K V Y F R M O X
```

ONCE
REPRESENT
BARN
STATE
MODEL
CIVIL
SUCCESSFUL
MEASURE
ITSELF
BROKE
MOTORCYCLE
PEOPLE
TEN
ELK
LOT
MOST
ALWAYS
FOREIGN
TOE
THERMOMETER

Puzzle 424

MONTH
TURKEY
TOTAL
SOURCE
WITH
LIVES
SUN
LEGAL
NOSE
THROUGHOUT
PAIN
BAD
BETTER
ITEM
WAIT
CONCLUSION
PREVIOUS
REGULATION
SHARE
NEWS

```
B D D D C D L Y S W E N X S J Z G
C O A H Z Z E F H J G B U O H H G
I E N U A C G I A A G J U U W D Y
M O N T H H A G R W I T H R S U N
M C R T L F L M E T I B K C C Q F
R E G U L A T I O N B A D E L A R
E K H O T A W V W I L I V E S U Z
T K C H I U T J X A Y C H Q U O N
T C V G A G R O B P Z O S P O W N
E B G U W U L K T E U R H I I V C
B Y A O G E I V E J S U N C V U T
P N K R E Z R V P Y G Z V N E F Z
Y P F H C O N C L U S I O N R Q T
M O O T C O C T D F Z V J Y P M A
V Q K M I Q Z N S B L Q D W K D O
```

Puzzle 425

```
X U G N J R E C N E T N E S P T P
P O S I T I O N A N E M M Q O R K
M U D D Y W W U D N E T T A T I G
W G N U M B E R M A D M N O A C M
F E I S S E H S I D L I C A H K W
R B A B D R A C S L C E D U C W A
P T B E N U B T Z H A V M A Z M L
H V P E U T I D A Y L N H O T S L
A E M H O C T M I N O R G U N E C
M U P K P U A V U C D C D U P K S
R E A D L R T J T F X M T Q A S W
L V P U A T C P Q P U R P J E G P
M B W I E S R E V E R F S Z T S E
W I H Y P U B L U Y D O F Z C A M
N Z Q B V A O Q K K W H M D M B X
```

POT
DISHES
LANGUAGE
POSITION
MINOR
POUNDS
HAT
REVERSE
ATTEND
WALL
LEMON
TRICK
STRUCTURE
READ
MUDDY
SENTENCE
CANDIDATE
DAY
HABITAT
NUMBER

Puzzle 426

```
R G A I T B Y R R O W N D S X U R
U O L Y V A X E C N E U Q E S V I
T J Y A Q F A W O R H T K C A B C
E T T A S Y B O B N F G K T M U H
C F I X L S T P M V C K M I Y M E
H E T Z I X B I O L O G Y O K F S
N W N I U J G A Q S X A G N E Z T
O U A N U D N R D P W E J F V L X
L S U T S E I N N E P W T P E Q I
O J Q Y P C N T P F V M O X L R L
G S B L N R E C N O C I F H O A N
Y C Z L Y C V G X Z B G R A I M E
V N O A S C E N D J A D E P E N D
R I W F R X A G H U B U L K W B I
V W Q E R R F A C T J U F X X C F
```

ACT
WORRY
EVENING
SECTION
CONCERN
POWER
PENNIES
THROW
ASCEND
JUDGE
RICHEST
ROYAL
QUANTITY
SEQUENCE
FALL
TECHNOLOGY
DEPEND
BIOLOGY
BACK
GLASS

Puzzle 427

```
U H Z I P T W J U L K E T A M I Y
Y O W G U J I M V H V F H S E R F
T H I N G S L D A D Q N A N S F L
I R L I P H D H H T X Y N N U S E
H N P V R O E C G E U N K C P A S
S A N O O N R E T F A R S Q G D Y
Z M O L C R N N M U F L E D W H M
P D I S E E E O B E H A V I O R F
V E T J E J S T A N B Q Q R O H T
H P C E D E S S O O A P B A M U R
O M E K C C O M U E V M S W J T G
J U L A I T E B O M J B J C Z J R
H J E X P U P K D O P R O G R A M
J M B R T U V O G S U D Z S X A A
V O R L Z M T T E L E V I S I O N
```

PROGRAM
AFTERNOON
THINGS
REJECT
PECK
BEHAVIOR
PROCEED
FRESH
JUMPED
WILDERNESS
MATURE
MYSELF
SOMEONE
STONE
SUNNY
PUT
THANKS
TELEVISION
LOVING
ELECTION

Puzzle 428

BAT
COMMITTEE
SMELL
FIREFLY
DOWNSTAIRS
SKATE
SPELL
CARD
SCISSORS
RACE
FREEZE
MIGRATE
BUY
COMPLETELY
EXERCISE
IMAGE
MAY
HAS
INVOLVE
PAINTING

```
L Y C O X B L O F L T U O K Q M U
C O M P L E T E L Y G Y Z A V A G
K G A T E I X I B A T S B G G Y L
T N O H R D Q B P S D G L W D L I
F I R E F L Y U I K I B X B O J N
J T G T E F E Y E A O B U S W S V
N N F A N T R J L T N O D R N B O
M I O R V J T E L E K S A Y S D L
H A W G Z W K I E S P E L L T R V
Q P S I W Z G O M Z A F X L A A E
X C B M X S B I S M E X E I I C R
A L A M O A V M E Q O Y M M R E W
S R V R X R R O X D B C H A S R K
M J U H D E X E R C I S E G W V J
R H A S R O S S I C S I W E Z D D
```

Puzzle 429

```
S G U V W Y J Y L V E C J T M X I
T U E T U Z B R O S B A M U E R G
M O B U D P C U J T Z M O G A X N
Q X V M L Y U A Y Z G O S O N L O
Z Z J G I P P G V I P R E V I R R
I G C V C T T V B C N F V P U N E
A C G X I N S T E A D G E J B R N
T R G A S G E I R P D O R A E M E
J W I L U H T S T I R R A T N P G
E Z Z W M B U Y A T Y F L Z O W O
E N E M Y C N I C G O O B X Y C T
G V A N Y T I M E C I T C A R P I
D E S B P V M T L L E V E L E M A
C S U P E T W S O I U U E C V N T
T Q G X E C I T P J F J G L E X E
```

LEVEL
POLECAT
BUYING
NEGOTIATE
ENEMY
INSTEAD
SIT
IGNORE
RIVER
FROG
MINUTES
EVERYONE
PRACTICE
ABSORB
FILM
MUSIC
SEVERAL
ANYTIME
MEAN
SUBMIT

Puzzle 430

BELONG
COMPANY
FAIL
NEVER
LAND
CONTRIBUTE
CERTAINLY
PLUM
SLEEPY
HIPPO
SHE
EFFORT
COST
INTERACT
LIST
ESTIMATE
INVOLVED
NEITHER
GOOSEBERRY
TRIANGLE

```
F T X C K L V E P L U M N J W M E
G V O Y G O O S E B E R R Y S V S
D Q H E N N T N L C R J E C N Y T
E J G P O L C X G O J Q J V H U I
V F Z O L V O Y N M W W Y H E F M
L Y F R E A N H A P S Z D A R N A
O Z K O B K T I I A C A N J I F T
V E D G R A R P R N O J E L X O E
N L B R T T I P T Y S I I L A N D
I O X Q S S B O F C T W T O G I N
Q I W R Q I U Z W A U P H F Q U T
P Y X U B L T C P R I H E J S D C
T S X M U Y E V Q Q S L R M T G P
O C E R T A I N L Y P E E L S H B
I N T E R A C T S H E N S U E A U
```

Puzzle 431

```
F T P C A C W X S Q V O I T A F Z
B C R E G N I G F X F F E D Z N C
J U O L O Y A L G J R F B L Z U P
P Y H K A N G A R O O I Z L G K A
U V I H Y W L P W L U C U U P T R
B R B G D T I C O X T E S N E S R
L C I U D O Y D S T B R R I T Z O
I A T N E V E U T X A T F H I Z T
C R P W T V C B X H S T E G K O T
E T A C O L A R E N E G O Q H P E
M I B S K I P T H I N G I C U B V
F S O W H R S U Q D X R X A O A I
U T T B K X B Z A V F V R D W E L
P O H M O R E M T T P E H H O I W
W G A W S Q Z K H D A Z Z B P N X
```

SENSE
PARROT
ARTIST
PROHIBIT
GENERAL
EQUAL
GINGER
OFFICER
BOTH
PUBLIC
KITE
LOYAL
POTATO
LOCATE
KANGAROO
THING
TEDDY
SPACE
WIDTH
EVENT

Puzzle 432

BEFORE
THANK
HELLO
VERSION
REFORM
COMPLIMENTARY
TOP
FINAL
FACE
WILDCAT
FARM
LUNAR
CERTAIN
GAVE
WISE
FEET
ASSIST
PROUD
CONFLICT
ANNIVERSARY

```
E P Q R I T I Y Q C C Q D G A F H
A A G I I E H K D U O R P B N A W
C M G Y B E I A X I M R A F N C E
M L F G H F I P N Y P A E Y I E X
M E F S A Z Y U T K L N U R V Y J
R B C K S T G Z W B I U H Y E D S
F I N A L S O A I A M L T R R R W
C E R T A I N P L K E E T M S D I
G J X G O S Y C D K N C C P A J S
U A M V P S F G C E T F I X R Y E
W F V F B A Z Z A Y A F L C Y B R
O L L E H J M M T M R O F E R G O
V E R S I O N I E V Y W N U E P F
Y R P I F F L N L M F H O O G D E
R E O Y D E Z N Z I A P C G B K B
```

Puzzle 433

```
A H J Z Q S C E O X T D R G E Y W
R U W E S T E R N W Y I L I G A I
I M I T A T E V T D A R M I P R G
P A R D O N D V U P N E A X W D G
M S V W A F V J V Y D C S G J X L
R E W O L F I L U A C T O U O P E
E U N V Z G F Y D B E O N G O A M
T I D T Z I T H T U J R M W X H L
I W S R I H E A L T H Y Q Z K X D
R K R E P O R P G Y S U H Y W O N
W K B V T U N A U T O M O B I L E
C O W E N H Q N X R K N E B B D K
U F I R Y B K N I E Q H C O Z O E
P I S T M F X R A P Y P H H I V E
D E V O T E Y P X S J C E N M I W
```

HOUSE
PROPER
REVERT
HEALTHY
YARD
AND
AUTOMOBILE
COW
PARDON
MENTION
DEVOTE
CAULIFLOWER
WESTERN
WRITER
GOAL
DIRECTOR
IMITATE
HOBBY
WIGGLE
WEEKEND

Puzzle 434

SUMMIT
EXPERIENCE
GRAVITY
AFFECT
THESIS
CLOSE
KNIFE
THEN
LOUDER
MONEY
WERE
TERROR
PARTICLE
STAY
NOTICE
LAZY
TRAIN
STEAL
MALE
ALL

```
A D M B C I L S B C G Z I O P Q A
F T H A M O I O W S R E D U O L V
F N S A L N I A R T A B A Y A K V
E R O R R E T U T B V Y G K R E K
C B H U O H I B V S I S E H T N X
T M E J E T P L A E T S U M M I T
L A Z Y X A A A V K Y E N O M G P
Q K R B P N L E R Y X R S V X Z V
B B W E E O E L U T L E B Y C K Y
F M A O R T G M T X I W R S L Q U
H M I W I I I S T A Y C W V O M E
W S V K E C I E V A Z E L Q S F M
L O D J N E R K N I F E G E E C Z
I C K G C O R V Y C E D X T J U F
D X H X E X S N A O U B U S Z F P
```

Puzzle 435

```
M G K B W E R E P A P S W E N P W
Q V G A N D E S W L A M I N A P E
B J J I L P E X K C A T T A T M S
Q Z E I D K R E N I T N E L A V T
E N G I N E A N S S G U E B Q C L
D R Z F D U C N U T K W J T P O S
P U K U M F W I G N O R T S S M T
R P G E X P L A I N O P F L H P U
R W N K S U X Y U Z B Q P F S L D
I F L I Y L L A I C E P S E D I E
G U Y L G R E T P O T S I A D C N
T G A X T Y V W L O O X L X Z A T
T H E M S E L V E S N R O W A T Y
L V Q E E C D Z K F K X N Q W E P
J W U O X A B A U I G U H A F D G
```

GUY
CAREER
ESPECIALLY
STUDENT
NOTEBOOK
STRONG
WEST
WORN
ATTACK
EXPLAIN
ELSE
VALENTINE
ENGINE
COMPLICATED
LIKE
ANIMAL
NEWSPAPER
THEMSELVES
PLANETS
STOPPED

Puzzle 436

RESPONSIBLE
REWIND
TAPE
SAY
WATERMELON
TREATY
PURPOSE
ANEMONE
EXPORT
COME
WHICH
WAY
RAINBOW
SOIL
FEAT
COLORFUL
POLITICS
STRANGEST
TREASURE
GHOST

```
W B Z X M S E G Y D K W C O D G J
A V D X M A D W J N O O G F K Y M
T O L V O K R F D X I B L F F Z E
E W G X H R J X F T D N I W E R Z
R Q Z H F E Q J X L Z I O W M A A
M Q W R O T O W S Q Z A S Z O D T
E E L B I S N O P S E R V E C R S
L N U M Q C T E T R E A T Y H P E
O O F V M I S R T P V W I G B V G
N M R S F T L U O I W A Y I Y O N
Z E O A F I E S O P R U P O C N A
F N L Y O L P A T Z X M E B M D R
T A O Q V O A E D K H E X G W W T
F P C R V P T R T O V M F D M K S
T N H H E Z Q T I S H T W H I C H
```

Puzzle 437

```
T S A E W J K M E O K X M G F A I
E E C K J O P I V V S F N R C N O
L Y B G I Q Z N E H I J X L R Y O
E F J M A R T E R J R E P G D F T
S Y Z K M M M X Y X G I C K J I P
C V G Y Q L T Y L L V J F E T N A
O I E D Y R Y R S A O S Z X R X L
P O D U R G U R B T A E L V M L Z
E C U S T O M A A V E E L E V E N
D O L L T J U M L H D R Q F E T Z
W O C A D N J T C K H A Y O D H B
T A N E F Q A N O P A E W O T O O
F O I D B F V W N S Z W O T G G P
S C E N A R I O Y I D E N T I F Y
C O N G R A T U L A T E J S D L R
```

RECEIVE
FOOT
DOLL
SCENARIO
IDENTIFY
DEAL
BALCONY
MYSTERY
TELESCOPE
CONGRATULATE
EVERY
MARRY
INCLUDE
RISK
WANTS
EAST
ELEVEN
MINE
WEAPON
CUSTOM

Puzzle 438

MESSAGE
YESTERDAY
AIRPLANE
SNAIL
THIRTY
REUSABLE
ARRANGE
SHY
LUCK
STILL
OBSERVE
ALLOW
MEADOW
SAW
CUPCAKE
SNOW
BEHIND
CONFESSION
MODERN
OWL

```
Y E S T E R D A Y A B W L L G J K
D K S A W W T N O I S S E F N O C
V Q E P O L L Y T R I H T V K B S
M N X U A P O H A P K V N L I H B
M E S S A G E S J L D Y Q R U P H
M K D T M S A Z Q A W A E Y E C L
O A J J S N A I L N X O S N O W K
D C O L I V P K L E Y I H W O O F
E P H N E S L L J V G U K C A D P
R U A L L O W X Z R F N W I W A Y
N C R L O S M I V E L B A S U E R
A W R U E T K E L S L T R R T M M
Z X A C E I J I G B R L F B R A K
X W T T B L W W L O O R Z G S A V
E L G O C L B E H I N D W W B R J
```

Puzzle 439

```
K R A P Q G M L K H X M J Y T D K
Y L E M E R T X E H K G F U O A Y
T Y Q S M E D I C I N E O S M N L
S R T X O R M K R U D A T U O G Y
S O N G L U U J L K R G N A R E M
E T N O I T R O P F I N D L R R T
N S S J B U Y C N N L I Y S O O F
L I T L D F X R E J A T A S W U M
U H N L P Z Z N E B U E U G G S D
B M A R R I E D J S S E E B N L L
E O S G S C A T Z I U M F O B R N
T S A Z C C K B L M T L R R M B B
T Z E T S A L V V P P O T H G I S
F C H J O F Z E V F S O T K R S C
Y D P I A N O J Z S N A K O R X O
```

MEDICINE
MARRIED
SONG
PORTION
SIGHT
RESULT
DANGEROUS
EXTREMELY
FUTURE
PARK
PIANO
PHEASANT
FIND
BOAT
LAST
TOMORROW
USUAL
HISTORY
RESOURCE
MEETING

Puzzle 440

SOMEBODY
LASSO
STAGE
PONY
VICTIM
DESPERATE
SHOE
WORM
AREA
NATIVE
FOREST
VOLUME
BIKE
BURST
THOSE
BREAKFAST
LAUGH
TEAM
ONLY
HONORABLY

```
V B Q A N B U L H Z D E B O X B O
O M J Q J U H A O I X N K D W T F
L O U J E R K U N B S Y Q U K U Y
U D T C D S K G O R S I V K B L D
M R O W Z T S H R E N C I A U R M
E D U P L O J V A A W E C F C Y R
Y S H O E S W L B K D O T V J Z L
P O J O N S D D L F Q K I L W P Y
O W D X N A Q D Y A O I M S I N O
N B I K E L T C H S D T A F D H J
Y O E L G T Y I E T A R E P S E D
S B O L A L H H V S L L T H Q E C
O A F H T Y D O B E M O S P G C A
A R E A S L W L S B F O R E S T A
J L G D M B T K L E W B S D A Z X
```

Puzzle 441

```
O F Q E Z K L I W V J W R T J W F
P B Q S N R K R X L Z Z X U A N Q
I X S A P O S I T I V E B Z R V S
N S T E U M R W L S L I L K H C O
D S U R J T J D E T T I U J W J M
E K D C E N H N S S N K E L K C E
P Y Y N V E V O S S E R G O R P G
E T N I C M U U R R B M C K T U F
N R O B O G G Q I I N U T M E G C
D O I Q V A K Q U A Z G E O G B L
E U T Q E R N N H A Z E G T K I I
N S I R R F J N O O A I O T R C M
C E D G I Q Y P B W D D H O B E B
E R U U V A Q B O Q A T D B E T M
D S A D I Y L L U F N I A P M W N
```

CLIMB
AUTHORIZE
COVER
KNOW
BLUE
POSITIVE
NUTMEG
AUDITION
TRIAL
TROUSERS
INDEPENDENCE
PAINFULLY
PROGRESS
LESS
STUDY
BOTTOM
SKY
INCREASE
SOME
FRAGMENT

Puzzle 442

REALLY
DEAR
WEIGH
HIS
NEIGHBOUR
COMPETITION
RAPIDLY
NOTHING
CRY
MEASURING
RICE
DOLPHIN
REQUEST
PUBLICATION
CHURCH
LAW
VOICE
THEREFORE
REACH
MUMMY

```
H D A Z B N K M V N C C T V U R L
N I H P L O D E J E R A E D W A Q
P R S R E I B A T I Y M M U M P N
L A W I J T O S U G C H Q U L I C
G C O U G A L U H H N H W S F D P
E V T W H C F R A B U B U K S L E
D U R K H I C I F O I I S R N Y J
U B J E J L D N I U I N X R C D N
V X A K T B Q G A R W K K E R H R
L T W G T U R E A L L Y N A W H E
M I K B F P W V L Y B J R C F R Q
T H E R E F O R E C I O V H D P U
K C U P R C O M P E T I T I O N E
S Q Z K K X I N O T H I N G K M S
X P U Q Q Q F R K V W E I G H U T
```

Puzzle 443

```
R I S G A H H W B M V H C E C E E
C I B H M U O H J B J R P N O Z H
N A C R E U Q I N H C E T A M K W
W H E A T J J U V W A L M D M B F
D Q U S W O D M E K M B R D E U W
C U T U P K W Z Y P H A E R N N O
N O U B B E M U G Z R R N E T N N
R Y O V D X C S X S Y E E S A Y V
R E D U C E N I F E D S P S R R U
S T I C K I Q F F X Z I R Z Y R J
A L T H O U G H L I E M A N A E I
N L X L E G D I R B C C H P B H H
C E I E V R A T Y F P K S E D C S
B C F S O P R T L L V O U G P F I
D Q B X S V D P Q Q R Z R W H S K
```

STICK
SPECIFIC
REDUCE
MISERABLE
CUT
WHEAT
BUNNY
SHARPENER
CELL
AGO
COMMENTARY
DESK
DEFINE
TECHNIQUE
MAN
ALTHOUGH
ADDRESS
BAY
BRIDGE
CHERRY

Puzzle 444

ART
CULTURAL
ORDER
PUPPY
YES
CANDY
COYOTE
LAUGHABLE
APPEARANCE
ANGRY
FICTION
FENCE
SKIING
AROUND
CAGE
CLEVER
SUSTAIN
OFFEND
WORTH
TANGLED

```
Y G G Y Y M V V R P T K O T Q M L
L E N G L T U O I U Q S F U D W A
D I R O M H L I T P R J F M R U U
O E M R H Y E S X P U T E G A C G
Y R G N A D T P G Y P U N N M O H
A E D J X N O F P F E J D I Z R A
P V N E I A Y C E F I C T I O N B
P E U W R C O H J N B C L K W T L
E L O X Z C C A K W C Y K S X A E
A C R J D N C B U A S E B L D N L
R L A R U T L U C E D H S C V G J
A V A N S Q D K N I A T S U S L S
N V K N Z A R V H Z W R E G A E B
C G Q A R I K S V J X O T O M D D
E J J Q M J R J Z P E W B K M Q X
```

Puzzle 445

```
C M T A N B Y C L E B O M L G G A
A Z E N O I Y A X C Z K P Z U E C
R M I D U T C N R I F D R A W O C
Q E T E I E G D I L F W I K E G O
A U S K Y U T L T K D Q A P J R R
K E T T L E M E G S T I S X E A D
Y O I T N V U W V Y H A G A N P I
H S H Q E N X Y P X D O C B S H N
R L Q S D W K D U R A T I O N Y G
M W N N D B X T T H E Y R J F O Y
W M L N U C D C T W H R S S U N J
C A P X S W B K O E D R Z N V N J
N A G V X W O S R U A O C P F A O
I X W E R R N L M L P S A W P Y B
F L O W E R I A P E R E U X Y Q D
```

FLOWER
HEAD
THEY
ANNOY
REPAIR
SUDDENLY
TIE
COWARD
KETTLE
CANDLE
BITE
HIT
COUPE
SORRY
DURATION
ACCORDING
GEOGRAPHY
MEDIUM
CATKIN
CAR

Puzzle 446

MIND
THEIR
RIDE
BUS
FAULT
PRIZE
INTEREST
HOPE
CONSECUTIVE
GROW
HELICOPTER
SPEAK
TERRIBLE
FOCUS
BASEBALL
NOTE
WHY
CONCENTRATE
INSPIRE
GIGANTIC

```
G I H O P E T A R T N E C N O C S
I N X R W H Y B U S M T L U A F P
G S Y I I B W W D D Z O G C V K E
A P M E L D W W V Y Z N A D B E A
N I E H T R E T P O C I L E H D K
T R L T K A Z K N C V R K D O W A
I E I L Q T I C U W F M X I P W I
C G Y N A I R L U Y O T L U W D T
S R C P T B P T Z A C T B I I A V
H O G Y I E E V I T U C E S N O C
F W S H K N R S N S S M I N D L E
Q A S R S U Z E A W X A Z F C M X
P N O A Y N E N S B Z K F B P T F
E K E L B I R R E T D P J Z A K P
N B Z K F Y D C G J U Z Y S N R M
```

Puzzle 447

```
B H L A U M A J O R I T Y N V U C
A O J F D O S D H Q I N D E E D R
Y V L E T V Q Q C Y S N E T S I I
C W J Z F H E V U D V P E A M O T
E M P L O Y U N O I K O L C G F I
S T A R S P I R T Q D J B I V F C
U G N E D K N E R U K X R L L I A
O R U T C Y O D O Y R C E P S Q L
I L U T E K N N P B P O V U F W J
C P F E O H C I N G F F U D R A J
I Y C L J U E A V J P V A S E T N
L Z X B A V A M N J Y E N W D C C
E N A L I I W E B H N R U Q I H U
D R A K J K S R C O U R T O J E B
S T A N D A R D N L F S H K T D P
```

TRIP
REMAINDER
WATCHED
HURRY
BLEED
LETTER
TOUCH
MAJORITY
ADVENTUROUS
STANDARD
EMPLOY
SOFT
SQUID
CRITICAL
DELICIOUS
INDEED
STARS
COURT
VERB
DUPLICATE

Puzzle 448

ORGANIZATION
FORWARD
QUOTATION
HEY
BROKEN
BROCCOLI
SUNFLOWER
FIRST
DEVELOPMENT
PEACH
CARRIED
BODY
FORMAT
ENVIRONMENTAL
LAUNDRY
ACCESS
SIMPLY
PROVIDE
REMIND
ABILITY

```
L L U N I Y W O M S B G J D H O E
O A G I X E U Y J S O P F T W U L
R S U P R O V I D E D E I R R A C
G U K N Y C B G C C Y A L Q A R P
A N L B D H Q R N C J C H Q F W I
N F T H N R B Y O A U H K K F G B
I L Q O I M Y M P C F O R W A R D
Z O F K M A G R Q N C N Q X V X D
A W L I E A H E Y Y C O Q X D Q R
T E A I R H A G U K O Y L P M I S
I R U N U S E B R O K E N I X Y G
O J O F U G T A M R O F Q D D X G
N O I T A T O U Q A B I L I T Y Z
F I Z A R J D E V E L O P M E N T
V V Y E N V I R O N M E N T A L J S
```

Puzzle 449

```
P X L C V M P Z C N G W F W T O N
T G F E Z V F L A I E Q N Q O A S
X E L B I S I V S F S G B F O G M
P N I W O S J W K F R V A F T A B
I T J H V S F R E U U O N T H Q N
W L C G L P K Y D P U N T N I W U
S E G X A E E X H I B I T E A V E
S C M V C C E A G L E D K U N F E
E Q H M I I R M K B N K L Q Y R Z
C Y R E D A E L O K Z V A E B M E
O M Y L D L O T T C A R G R O E R
R O C K L U V A F I K Z L F D J O
P F H F U P L Y U U A W G D Y I F
V H B Z O S A E W Q Q J J N J H T
O A F M C E L G O T N U W N D L W
```

TOOTH
NEGATIVE
GENTLE
ZERO
SPECIAL
TOLD
VISIBLE
LEADER
MOCK
PUFFIN
NOT
ANYBODY
EXHIBIT
FREQUENT
ASKED
EAGLE
COULD
PROCESS
SCHEDULE
QUICK

Puzzle 450

SOCKS
PORTABLE
MOTHER
MOTEL
SNOWMAN
MISTAKE
PEACEFUL
TELL
AMOUNT
CENTRAL
BONE
BESIDES
CRISIS
CONTACT
INCHES
SMOKE
SALT
DRINK
COMPASSION
BIRTH

```
I N C H E S H F S C U G B W U P C
Q S V M N S B U Y T O P I R X K O
J G A O O L I F O E K N I R D H M
P M F E B T L A S E K A T S I M P
N N F R R E H T O M M N A E N A
B M I V F J J L R X Z W T N C W S
W E K O M S L A T S P O O O B T S
M L S L G F V R P L G N T E L L I
J B K I B I R T H Q Z S K F V T O
S A C S D F S N Z W W H H V Y J N
I T O B T E I E N C D Y D B B C Q
K R S T X K S C N I T D Q A R B Z
K O P R E E I A M O U N T D K G M
H P J N V O R W L B U S P C V F Y
M T Y P E A C E F U L B V S I J S
```

Puzzle 451

```
C C E K M W M O E P E V F S F I N
P E I X E J B G Q R M E K R E N A
S M N R N O I T C E N N O C A S U
Y K H T C B N X B G V T N F T T G
O D D L E U D I S A A I Y M U I B
X N L G T R L S G R B N F M R T V
C O M E S R L A U E G L D X E U R
Z Y R L W I A P R V O A K E C T I
M E M B E R C S G A J I H G R I K
O B H A T C O F F E E N T N I O P
W M V T A B E I N G V V T A F N V
U O A E V J O T W A F E E R H T R
S Q B G I E L J L W R N K T N V V
E L C E R M J Y C W G T M S B N A
N R V V P A T H L E T I C S I M R
```

AVERAGE
CALL
FEATURE
CONNECTION
PRIVATE
COMES
VEGETABLE
MEMBER
INVENT
GANDER
INSTITUTION
BEYOND
POINT
THREE
STRANGE
CIRCULAR
BEING
ATHLETICS
COFFEE
CENTER

Puzzle 452

PERSONALLY
REMOVE
INSTANT
FOUND
ARE
ELIGIBLE
KIDS
CROCODILE
HUNDRED
ENVIRONMENT
POISON
TEMPERATURE
DIRECTIONS
OVER
PRISON
FAMOUS
RICH
TWO
SUCCESS
AGREE

```
P C B E B M V F F B T G S T L I P
E E R N B U Q A S S E C C U S U P
V N R O Z C Y M W Q M K V W D U I
O D V S C S J O H L P A G R E E N
M I F I O O E U F Y E G U L R L S
E R L R R N D S A B R S L Y D H T
R E J P V O A I W L A F D H N Z A
S C F O T S N L L R T Q Z K U J N
W T K I W I G M L E U O D K H C T
O I W J O O D O E Y R V B W D E L
O O M Z V P Y B H N E E X F M T R
D N U O F C V M A R T R F I K D S
D S A R E Z S H O W Z T H C I R X
E L I G I B L E V C K G B M D L N
X I B I X Y J X U O R N K R S V B
```

Puzzle 453

```
G M G O U D J G L F L K S Y L D H
R W Z B V O X Z S G I G H P U L L
A M J S E S S A L G O R E D I P S
P Y Z E V D F E U S S I E I X U N
E A U R U H E X O T C R I M R M D
S A E V K H L A H C H U S M A J I
H X F I A M T C Y A C E D Q Z N T
S M M N P O W T P O J U M U W F C
A G V G H K I P T G I Z P G R F H
C Q Z P W H L S Y S T E M Y A H E
I K E V B Y D C O L L A P S E L Q
B N L O R F L N Z N Q G F I W A L
E A R N V H A F O L D M X P O Y M
N W X W Y K D C O O V V S X N T F
Q L L L P J Y Q T B V I Y J O O A
```

GLASSES
FELT
PULL
SYSTEM
GRAPES
WON
FIREMAN
ISSUE
LADY
SPIDER
COLLAPSE
EXACT
FOLD
OCCUPY
EARN
THEM
WILD
DITCH
DECAY
OBSERVING

Puzzle 454

STEEL
OWNER
BORN
OTTER
CLASSROOM
MINUTE
DISCOVERY
POOR
DECEIVE
SCENE
WELCOME
CENTURY
RELATION
TRAINING
REASON
MISSION
ANIMALS
SUBSTITUTE
ERROR
SCARF

```
O T T E R O R R E W S C S T D F W
Q L U N S T N P L E T E U R E N E
O F A E C C C O H L E N B A C R P
D U T C U F A E Z C E T S I E E G
D V D S W C A R W O L U T N I A R
P L P E Z L C E F M P R I I V S U
G O U Y J L G N L E M Y T N E O N
V A O H L B K W G V M R U G K N U
A H Q R C O I O I R M E T U N I M
K N O I T A L E R H E V E B E Z O
L G I M I S S I O N R O B Q U W J
Q I H M O O R S S A L C Z O G J E
X E Z S A V M P R J A S D P Y C G
Q Y D M M L Z A E R N I K R H V O
U C H I M D S F J I M D Z U W P R
```

Puzzle 455

```
G G W O Q K B Z P G P B M M H K E
A Y X D U C O M B I N E D M K K W
P M F L M T E I U Q P Y G U L L F
Z Y M O O R S B L U E B E L L E D
K Q U Z R I E I C C P P E T R O L
K X T C A H H N D A E H A H U W M
W T U P N S A T O E N I F N O C D
U H A C G F M S W R P U P I L I Z
Z B E A E L B W P Y M R O F I T Z
C T C E P K U H C W B O R E D A M
H R O T L F R E D X U B U I K M O
A O H G C P G N E P P A H S J A X
I H N I L W E S R F F Q H S I R X
N B F F K Y R A S S O L G G V D W
M A N U F A C T U R E O U X Z P F
```

ENORMOUS
WHEN
SHIRT
HAMBURGER
MANUFACTURE
ORANGE
COMBINE
AHEAD
HAPPEN
WHEEL
FORM
CONFINE
QUIET
BLUEBELL
GLOSSARY
DRAMATIC
PUPIL
PETROL
OUTSIDE
CHAIN

Puzzle 456

CAKE
CHAIR
BALLOON
MOVE
SOCIAL
UNDERSTOOD
WINTER
BORROW
PACE
USE
LARGEST
EXCEL
CONTROL
STRATEGY
YEAR
GIVEN
PROTECT
EXTEND
CUSTOMER
PLENTIFUL

```
W R Z Z F M O V E P U V P E P C B
G I Z I E A N O L D N X M Q O A A
A E N O R E M O T S U C N Z V K L
P R Y I W X Z M W Z Q W Z Y E L L
I B L E E O K C B W J M P W S S O
Y G E T A R T S E F N S E I L U O
E L C K F R P I Q L A I C O S N N
I U A A L O R T N O C O Q I R D E
O F P X P B O D P P L E E D Z E I
G I V E N E T A J Y W X M V H R I
N T N M L U E P S S L T W K N S R
I N B Z D B C X C T D E I F B T A
I E G K D B T V B J Q N A L D O J
Z L X S L A R G E S T D T G P O V
M P C H A I R R I Z T L X E O D J
```

Puzzle 457

```
G G X B G B J M Z X O S S R A A A
Y D E H X F Z T J N I T N P H X M
N Y V T A G O H L Y V C I W N L T
Z Z M U I A K G H I A G F O N Y H
R E C R E A T I O N A L F U G F B
A D D L A U W N N U T R I E N T S
P I O E D G K O O C I D T H I A T
P L I J C I U T S B N U H G H M V
E L R I M I S Y Y U V C E U C I U
A O E C M P D C S N I K A L T C Q
R C P M S T R E U S T L T A A M Q
G R A D U A T E A S E I R X W V C
S C H O O L B A G K S N E Z D R M
E X C E P T I O N B Y G N I V I D
I E V N S U Q T Q N S T L Z Y D J
```

EXCEPTION
INVITE
DISCUSS
SCHOOLBAG
DECIDE
APPEAR
TONIGHT
RECREATIONAL
DUCKLING
WATCHING
GUYS
PERIOD
COOK
NUTRIENTS
COLLIDE
DIVING
GRADUATE
BUNS
SNIFF
THEATRE

Puzzle 458

LESSON
DUTY
EMPLOYEE
ALERT
PERMIT
NAIL
ROB
VOCABULARY
JOYFULLY
STOCK
SWEDE
OIL
WOMAN
FEW
QUOTIENT
SINGING
FUNDAMENTAL
TAKE
HOP
CAMEL

```
J O Y F U L L Y R A L U B A C O V
W O J S S A K D S U I I G A R H W
L T O F T I M R E P A E O L T O O
J E E Y O L P M E X N J F E Z P M
C K N T C A L S W E D E H R N T A
I A U U K T X O C A M E L T F O N
S T H D G N I G N I S Q O M S I O
F N R S L E V B F L B Q W G N W W
L E V G T M R O B X E J K Z I D G
E I W Y N A E W E B Q S U L V A L
L T N G E D B H R R V V S U I T V
Y O E F I N P F Q F E W F O H N L
A U B M G U C A A G H L W D N V H
V Q O M A F C T W C J D L O D G V
U F G T S A G F L T V T B L K C B
```

Puzzle 459

```
H G E C U M J U M P S I M A Z C B
Z N C A R E F U L M F I V I N A R
C I R T C E L E S O O H C X G P O
Z K E I A Y Q L T R Q D P Z S I U
E L P A N L U O P R E T T Y U T G
Z A P R B Z K H P P O S Y P O A H
O T I T Y D V E S R K Y Q D I L T
S Z L R G B V U D Q K K D J R N C
I I F O N F S E S S A L G N U S Z
K F T P G T U Y R B U V S B F A G
S U I T A B L E E Z V G N I V A H
B U I L D I N G N I L C Y C N L N
N Y G E Y F D O P L P U I M S G Z
S X X Z F I K U A V J K X E D N X
A S B E B U A P F J F L A N O H G
```

ELECTRIC
TALKED
FLIPPER
CAREFUL
CHOOSE
CAPITAL
BUILDING
SUITABLE
PIN
JUMP
PORTRAIT
CYCLING
SUNGLASSES
BROUGHT
FURIOUS
HAVING
PRETTY
TALKING
SING
HOLE

Puzzle 460

ASSURE
INCLINE
WITHDRAW
ASSIGN
RHINO
TWICE
SENT
KNEW
CONVERSATION
BIRDS
PRESERVE
ECONOMY
FORGIVE
HUSBAND
COLD
CLEAN
FIERCE
INVESTMENT
EXCITED
HANDLE

```
I C O N V E R S A T I O N A E Z P
L N J L A G R E E Q A B I R D S R
Q A V L L A H T X V Z K A K F G E
K H A E G H I B C D I O K G I D S
E R U S S A N H I H A N D L E X E
O K P Y S T O W T P P W N X X S R
P J D D W I M V E Q Y S A A B E V
S F A I M G G E D L O C B T C I E
N A E L C T V N N G O U S E N T C
B N N V P Q O K J T P M U U F K I
N K I S I E O W M G X S H V H D W
Q D L V J G V N W P C U C J C M T
R V C C W A R D H T I W T G C B T
I K N E W Y M O N O C E K D F Y U
I X I I S H N X F F I E R C E G O
```

Puzzle 461

```
N Y B T J D X G W Y P N Y K A S Y
X I B N G N U L T S E F U L M U V
Y T G Z L A W Y E R R R O W G P J
V U T H Y T I C A R F N I N E P K
B P A E T S G G E Y E A H Q O E N
O C E A N R N L L A C I D E M R Z
Y J D T I E V S O H T H W B H C Z
H P P G F D W J D R D E E K O U E
M V Y I A N N U A L R K T A X G C
C U R I O U S M A D E Y S H E L L
L Y I K C E N S B Z H L B T S B H
I Q P V E Y I T B N V L M A X T W
I Z K J N V G O Z A Z O Q R B N U
L T U Q Z T D E S H T H R X U O P
G T V S A J J N M C C Q U W A S H
```

UNDERSTAND
LAWYER
SUPPER
NIGHT
NINE
HOLLY
BABY
ANNUAL
CURIOUS
PERFECT
WASH
CITY
ROW
HERD
MEDICAL
SHELL
EGGS
MADE
LORRY
OCEAN

Puzzle 462

EITHER
ESCAPE
VOLE
SHARP
SUPPORT
SAFELY
GAS
INDEX
HUNGRY
DESIRE
VOID
FATAL
THREAT
WHAT
BUTTER
HEDGEHOG
PATH
SIXTH
GRASSHOPPER
HILL

```
G R A S S H O P P E R I C Y F M Z
U H C J D A L T N A J F N D M N R
K Q S D I O V F K I L C B D V O T
U D T A E R H T R O P P U S E C F
E W A V Y S C M B H O Q L J Y X I
K W H T A P I X Y R H N H P L W Z
H H W E L R Y R E H T I E J X E A
G Q P P D Y P K E Q U X H B D T K
R W V Y R G N U H M V S I X H K B
C E T L V E E X R B L U L H E F H
J S S E C S Q H V N U W L V O X U
U C X F C C L C O Z G O M O U V O
S C V A L A T A F G Q I L L G L O
M T C S P P R A H S G A S E G M W
G G P W R E T T U B S I X T H B C
```

Puzzle 463

```
S  C  T  B  E  I  D  P  F  F  D  N  K  V  S  B  V
M  P  T  T  C  A  O  I  R  V  S  W  P  N  B  C  M
Z  T  F  S  T  Y  O  R  N  O  I  T  I  B  M  A  E
B  O  P  D  X  L  G  T  O  N  X  E  D  X  Q  J  J
C  V  H  N  V  L  B  S  T  I  E  V  I  F  V  I  P
E  I  F  I  N  A  N  C  I  A  L  R  B  A  G  B  F
O  V  N  M  D  N  C  Y  Q  N  E  E  L  R  P  Z  X
T  X  A  E  W  I  E  E  L  V  W  D  A  O  Y  B  N
G  R  U  R  M  F  H  K  E  E  O  N  C  K  Q  O  D
U  N  K  Y  I  A  H  T  U  R  T  U  K  S  U  B  M
K  Y  T  T  J  X  N  Y  B  Y  O  A  E  K  I  M  I
Z  R  H  N  E  I  V  F  I  G  G  Z  L  K  U  Y  K
N  O  N  E  Y  B  D  O  O  G  Q  N  L  K  U  B  O
C  T  W  W  T  H  I  J  G  G  F  G  Q  M  N  S  A
B  I  G  T  O  L  F  H  B  S  T  Z  D  O  N  L  K
```

GOT
TWENTY
TRUTH
CINEMA
STRIP
REMINDS
BIG
DINNER
AMBITION
GOODBYE
FINANCIAL
UNDER
LATELY
FINALLY
BLACK
NONE
TOWEL
GOOD
FIVE
ITS

Puzzle 464

GENERATION
INVISIBLE
SKELETON
WITHOUT
FROM
EAGER
PARSNIP
SPINACH
MEDIA
HAIR
SWIMMING
EATING
ACCEPT
IRRITABLY
SNOWDROPS
TOUGH
SHORT
MEASUREMENT
WHALE
SON

```
S  E  L  A  H  W  L  V  Z  I  H  A  I  R  O  M  G
W  W  A  L  X  M  Y  W  H  N  E  V  S  Y  U  E  F
B  P  I  G  N  I  T  A  E  V  P  I  N  S  R  A  P
W  N  F  M  E  G  C  G  P  I  H  T  R  O  H  S  H
K  V  N  K  M  R  G  M  O  S  X  Z  C  N  Q  U  I
Q  X  H  S  C  I  M  U  S  I  K  J  B  O  C  R  Y
F  U  G  X  Q  T  N  M  Z  B  G  D  Q  I  B  E  C
J  X  U  X  J  B  G  V  L  C  K  G  T  F  M  Q
S  N  O  W  D  R  O  P  S  E  N  E  P  A  M  E  W
W  X  T  U  O  H  T  I  W  I  T  O  F  R  M  N  O
X  E  N  P  D  J  S  P  I  N  A  C  H  E  E  T  Z
F  R  O  M  E  S  K  E  L  E  T  O  N  N  V  P  T
P  W  J  H  I  C  G  Z  N  Y  O  H  D  E  P  W  N
M  E  D  I  A  J  C  H  T  T  J  U  S  G  L  V  F
W  H  Z  B  Y  L  B  A  T  I  R  R  I  C  F  U  X
```

Puzzle 465

```
F F E P H E W A Y G D S Q H T K U
H E N F S Y A S F N M U L O C A C
J S E C L E A I K I H O S A A N C
F R U D W S C C H R M D T L P U N
X O L Y K E F N J B V N U H M W Y
Z H Z X W C E H N Q Q E N D O D E
F Z K L D K O H K M E M T X C D A
V C X L X S F R P E F E S V Y G Z
D F X A D S E R O T A R E M U N P
Y O U R S E L F S W U T H I U F A
E U C O F R K K T I Q O C M S Y G
Z D L M L P S C S X R L A Z E M E
F E H I K M G N I B A C Q K O J V
Q H V S U I J N R P E I G H A Z T
R E N T M A J O R L P L D W W T F
```

PICKED
EYES
CABIN
FEED
BRING
IMPRESS
PEAR
TREMENDOUS
YOURSELF
COLUMN
PAGE
RENT
HORSE
CHESTNUTS
MOTH
MORAL
MAJOR
COMPACT
POST
NUMERATOR

Puzzle 466

LABOR
DISPLACE
PLANT
SURPRISE
TREAT
ROBINS
BOTTLES
RELAX
SOMETHING
PLANE
WOKE
REACHED
HABIT
SIMILAR
CENTIPEDE
INTERESTING
CARE
EMERGENCY
HAPPY
THIRD

```
L P K E A T R M D T N A L P Q B I
E A C N S H Z E D I O B Z W S O N
Q Y B V V I E C L B I H V J E T T
P I W O X R R Y L A F O C V V T E
H A I E R D A P X H X Y I C E L R
Q H C S T E L P R O R Y W M C E E
T R E A T H I A T U R U L E Y S S
P U Q B S C M H I M S X B C C X T
I Y M Q H A I E A E R P L A N E I
S X M P C E S D J U G S P L E S N
B Q G W A R O D H G K V D P G K G
B V L Q R R O B I N S F H S R P I
W O K E E D E P I T N E C I E C O
S O M E T H I N G Z B O D D M E N
S Y C U H I V S S P C D X T E T W
```

Puzzle 467

```
O Z U Z G D Y D S W P W H G H H K
B U L B T D V F Y Y L P B L I H Q
S N U M Y N N O Z E Y K W O G W F
E M K V J V L I A S U Y H S H T T
V A C A L C U L A T O R I S W V N
W W O B D L B B F U I E L Y A X N
G L R W V S U Y O A T V E R Y C M
S U R V I V E F S N P E V R R U W
S G G V I S V Z N F T W O E A R A
D E I N C L U D I N G O R B N R L
R U T R N E R B O U C H P W A E K
A C K T A A Y X B P V Z G A C N U
G T C O L P A R T N E R F R G T Q
O A T L G E T A C I D N I T B H D
N C W T G F D U E E Y Q B S O G H
```

HIGHWAY
CANARY
INCLUDING
FULL
PROVE
CURRENT
DRAGON
SURVIVE
PARTNER
ROCK
ONTO
SOFA
GLOSSY
CALCULATOR
WALK
SETTLED
INDICATE
STRAWBERRY
WHILE
HOWEVER

Puzzle 468

GONNA
RIGHT
FIT
SIGN
FRACTURE
COOKER
GIFT
IMAGINE
SCORE
STORM
BLOCK
INSPECT
COMMON
SHAKE
GRAPH
POCKET
RECOMMEND
CRITICISM
EMPTIED
OUTCOME

```
S H C X X I Q X Q F R A C T U R E
C C N G E Y U L G R E W Y I W P K
R O O P Z M H K I E K D G F V S A
I U M R S R P F F N O S W D Q Z H
T T M U E O A T T S O P J S D U S
I C O O E T R D I T C X L P F J Y
C O C U G S G T X E I N S P E C T
I M I S O A E V C K D E P K J X J
S E U D N E M M O C E R E L X E J
M N W M N G E W A O A I J C N V P
Y D G H A G I T T P N T G N N K E
G T D H D I F S H O H W L E V A E
M S B C P I M A G I N E U Z F O W
F D Q Q G I Z T I R T G F C Z E Q
B L O C K A R H R U D L T J G O M
```

Puzzle 469

```
K A F Q N H U Z R T C D Q F G O P
Q E X P E D I T I O N Q C X E C Q
S P R E A D T A I A W C I Y N C I
V J Q R P M V D Q O V K Q O E U A
I F T I U R F T P C L I P S R R B
Q X X T R I O F W O B S K S O E L
T K Z N A V R D V K M R U D S R E
T I G E R L B Z U C U S H O I A B
K U O N L F R E K C G Z P W T N M
B K C S I X J I B Z T R S N Y D G
G R O W L D R J G I D I Z C V O R
S H I N E S A G K H E H O Z I M E
Q E T O G O P E S F T X K N G S A
I C S S S M A E R T S Q J T K F T
M O T I V A T I O N H O O F I F B
```

STREAM
GENEROSITY
HOOF
CLIPS
RANDOM
FRUIT
READING
DOWN
ABLE
EXPEDITION
SPREAD
OCCUR
GREAT
SHINE
PRODUCTION
MOTIVATION
TIGER
ENTIRE
ALRIGHT
GROWL

Puzzle 470

PIECE
RECOVERY
HOE
RESPECT
BUILD
KIDDING
TOLERATE
HAIL
GAME
SICK
GRASS
DESCEND
FRIENDS
FAT
FORMULA
LAMB
HELD
FINGER
LOW
SQUARE

```
P V R A X Y G U Y R E V O C E R T
N F T W A H K Z N M B Z A T T U R
V W N P M Z N E F O R M U L A O X
Y Q X C S C T C J J J X W O R D C
F X V A P B X J B B T F G N E S P
H D J U T C E P S E R C L T L Y G
X J K R E G N I F E W I G Y O A Y
L K U Q R I O E H W O T N A T O A
Q J N W A W R C U P L H I T M E J
A T D W U T R E S M A A D D B E U
T W T C Q G T V M G M B D F A T N
K C P S S B N T N R B J I L I A H
H U D E S C E N D A C J K C I S A
M L H E L D U Q E S G N X P P U U
A C P O W Y S I N S D N E I R F B
```

Puzzle 471

```
D L C F G O D Q E L C I T R A Y P
R L R N M O D E E R F N P T C O Y
F A T H E R O B N B N T T Y L M H
Q H B Z V B M S W U E E N L O A W
O S X Z Z J B R E H T R U F U N I
P M U H T S E G G U S R B N D Z N
P R R S H Q B O N G R U V P Y N D
O C O M M E R C I A L P Y E U X D
R V W J C H N B D N H T T T J C E
T R K E F C B M D J U P I E U D D
U Z F J B I M V O D K N L L I F E
N X G C L A R I F Y T R A P C E P
I S C I E N C E O T O W U M E W V
T M P N L R R N J G T F Q O D B E
Y O B W O C A V B G Q N A C R A X
```

SUGGEST
SHALL
COWBOY
SCIENCE
COMMERCIAL
THUMP
HANG
FREEDOM
OPPORTUNITY
JUICE
GOOSE
ARTICLE
FURTHER
FATHER
CLARIFY
PARTY
COMPLETE
INTERRUPT
CLOUDY
QUALITY

Puzzle 472

MOMENT
HEAVEN
HUGGED
ACORNS
CHICKEN
HIM
ADVANTAGE
PRESS
HESITATE
POPULATION
SUM
ACCURACY
SPORT
FORMER
PHONE
CARROT
COLLECTION
ASSESSMENT
CUTE
OPPOSITE

```
M U S P H G E H B N X G Z A A F B
C O E F V I P B R R V E F C D O E
P H M T N E M S S E S S A C V R F
O A I E H E A V E N T S D U A M L
P K X C N K G R F T Q E N R N E F
U U G Z K T O R R A C R S A T R H
L R K F S E T I S O P P O C A C E
A A J S P N N T R I L C U Y G R S
T C J G K O D P D Z V S J Z E M I
I O F C V H X K W L O U Z H T Q T
O R U T U P E T X G D Y Y D U Z A
N N J D C O L L E C T I O N C J T
O S S O N J D X M N X T Y O Q G E
X K Y T J V H U G G E D S P O R T
J U C V D V N G Y V O H N W V F M
```

Puzzle 473

```
X Z D U H G U X S S H B I V T L R
C L L X D O H T E E T U L P O Y E
N L R T E R S Q R T T R O B B B S
M B L K O E D T I T C N C Y O N P
D E F E N D O C E L C E H T U L O
S E N I O R N N S E O D X I G H N
C H W V Z J O I L R H B B R H D S
S H N T T M R T Z S B T Z U T A I
B A B L O O M X I Y H N A C L L B
A Y T V I O L E N C E I J E H R I
N D S L L R U E K Q C B W S R C L
A D B Y V Z C O N S I D E R U B I
N I Q M M O W Z U D Z J K O L F T
A C T K Z O C H R Z M I Z X E F Y
V G O Q L Y R A T N E M E L E E Z
```

DEFEND
ROOM
VIOLENCE
HOST
SECURITY
BOUGHT
BANANA
RESPONSIBILITY
BLOOM
TRUNK
BURNED
SETTLERS
BREATHE
TEETH
SAT
SENIOR
CONSIDER
ELEMENTARY
EXTINCT
SERIES

Puzzle 474

SPENT
TITLE
SCARECROW
PROMISE
COACH
SAD
LEEK
BASIC
SOUP
SUBJECT
DANGEROUSLY
COAT
FOUR
HAMMER
BEAR
DIPLOMA
TENDERLY
TREE
WEASEL
DAD

```
J E R D S S Y C R L G B D L C S H
E F Z Y L S U O R E G N A D A S A
D I P L O M A A E S O D V J Z O M
P T M R A E B T E A M O O F Q X M
R E H E N Z K T C E J B U S O D E
O T M D B S Z Z R W C E X U Y U R
M T T N J G O C W E L Z E D J F R
I N L E L C S U K G E G V E F V V
S L B T E B V K P X J W S H F T V
E E D K E U I V O B A S I C U G T
T N A Y K S P E N T P W H A R Y I
Q Y D U N Y N V B U P P H O T N T
N I S H S C A R E C R O W C N A L
L Y Z Q K O B X C M Y C G K G T E
L F X R P S N G Z N N G A Q X P U
```

Puzzle 475

```
A Y J U A H U M Q Y Y L C I J E W
R I S E F Y E L N U R S R R N Y V
S G B C S S O L W F I S R P B M C
S A I L J G Q S P U W C U F L D E
S P A R K L E D B N P Z K V Y J H
I F W H E T H E R C W V F L C G W
S L V T C C K S U T T A X I Y M M
O U F P N O W A I I S H A M P O O
L F Y K A N H E M O M S W E E T S
A F L B T S Y L P N R A E X I S T
T Y D P S T G P R C W A T C S T Y
E I J T B R G H O Z C K U C Y L Z
D I A S U U S Z V Y O F Q O H N N
I I E S S C P W E T A L U C L A C
D Z V R S T B O D W W Q R K E A H
```

PLEASED
TAXI
WHETHER
RISE
CALCULATE
CONSTRUCT
MATCH
HELP
FUNCTION
SWEETS
SAID
EXIST
ISOLATED
SAIL
SHAMPOO
IMPROVE
FLUFFY
QUICKLY
SUBSTANCE
SPARKLE

Puzzle 476

SOLO
LIKED
REALIZE
WORKING
CHILLY
ADVICE
TOPIC
SOUND
DRESS
HER
FROST
EXACTLY
WARNING
LEAF
BOIL
PRONUNCIATION
SIDE
LEFT
FORCE
ERUPT

```
Z E G M T C X L J O R F M H S F J
U O A C P L M P O C F L M V I W X
B P Y L T C A X E C I V D A D A X
N C G N I K R O W R N D Z S E R K
I H E F P K F O R C E R Y X Y N C
F J X A R L E A T O S E R X Q I X
M Z O E R O P D P P T S D S G N P
I R O L O S S G D H A S P F G G I
G L Z I Q O H T P D Y C J Z Q I U
T X J O T U E F M Z J H H E Z N C
P I C B I N R E M L K R H I L Q E
U T C S Y D A L M U T S P H L N U
R E A L I Z E X J V A G X C J L S
E I P R O N U N C I A T I O N Q Y
O H R N Z I I X E T Q R T O P I C
```

Puzzle 477

```
W M S H Z H O J K H W O N D E R R
R E D R O S I D U K C R Y O U R E
G E D O R Q I M N D Z T E U N A Q
S Q D D U S U A L L Y S K Z X Z U
I H P M I F F U N D M Z N L Y P I
B L D Y S N V T G N I X O B T H R
V A F N M B G I M L M Y D N M H E
V U D T R I W F K T J R B M D J A
O D O G W K C O S V B R G L U N M
K A X W E V A R B W D O R A R P F
X R E T A R E P O V C H C J Q U S
J G D B A P P O I N T X X P D L U
N O W A K Y E W M N W N O M U T D
R L J Q B T T P X V A U C H W E Z
S E R I O U S Z N L G F Q E G A S
```

TEA
NOW
APPOINT
BOXING
REQUIRE
SOCK
BRAVE
GRADUAL
USUALLY
WEDDING
PROFIT
WONDER
SERIOUS
BADGER
FUND
DONKEY
OPERATE
DISORDER
YOUR
RED

Puzzle 478

CARELESS
CULTURE
HERSELF
GOING
SEE
INFORMATION
GROUND
TASTE
UNSTABLE
RUBBER
BLOUSE
CRESS
MONITOR
DIRECTION
NATION
LEOPARD
DOOR
PLAYFUL
TALLEST
TULIP

```
T E Y U Y N C J W G T Z B O B Y H
B L O U S E U G L R A G S C R I V
M M X H X J L S S E L E R A C P F
O T U L I P T R Y B L G R O U N D
N N I Q U R U R T B E T S A T N U
I A A R E F R D B U S S S F W H N
T T C T F R E D S R T I E K K I S
O M X R I P A O F L E S R E H L T
R G L B H O C O G L E P C P S E A
S R U K N D N R R K G S K Q P O B
I N F O R M A T I O N O M Z A P L
G Z Y D I R E C T I O N I G J A E
I E A V W K R X D W Y Z L N D R D
N N L Z A Y W G R C E G Z K G D U
B H P W G F U H K W W G T Q Z V L
```

Puzzle 479

```
K V U M Y R X K W X I B U S P Z O
U T B O X E R L A U D I V I D N I
H V T V V S E A V S L S P W O S W
A Z J E G T S N E G A L L I V K P
B T E M Z A P O E D A I R G F I G
A P Y E G U O S R W O T D N G R B
K C O N K R N R F S A U T F G T A
E Y E T V A S E Y O C R B E I F S
H N I L B N E P V J I K D L M N E
A O C P Q T E S N U S P O R E P O
S P A R T I C I P A T E S O O L T
W G O V E R N M E N T U I T B B Q
I T C L G A R D E N Q N R W T A E
D X T F E P V Q M R Q Q Q G J Z
J M L Y U H V S B G X T Z J S I O
```

BASE
INDIVIDUAL
RESPONSE
GOVERNMENT
SUNSET
VILLAGE
GARDEN
WARDROBE
RESTAURANT
DOUBLE
LOOSE
SKIRT
MOVEMENT
PERSONAL
PARTICIPATE
FREE
EYE
KNOCK
ATTEMPT
WAVE

Puzzle 480

SOUTH
REFER
SELL
LEMONADE
VERY
CHANCE
AGENT
LOOKED
LEG
RAINFALL
VAN
WHOM
MEAL
INTERVIEW
OPEN
ADJUST
SEVENTH
BED
MOON
DUSTY

```
W N H V S F V Z F V D D V B F I S
B P Q T F W D G E N W G G E L P E
R A I N F A L L L Q O P E N R I V
I V Z D Y F U A E A D E B C E Y E
N H N T I T W E M T E K S H F I N
T K Z O M Y M G O T K M G A E D T
E H V Y G I W A N D O O A N R C H
R T A N B I C A A M O H W C D G T
V B S E L L K D D O L W C E E Y U
I E R U U I B U E O A G E N T R O
E S L N J X Z S S N U C K A E P S
W K P I W D X T G J X V A N P D N
F S F R Z B A Y R B R B J K O A D
I K G T T F W U R O Q I T O Z E B
O Y H F U A U B T Z M O B F U W U
```

Puzzle 481

```
I U O O N E D D Y X D O O J U E N
O N V E H I C L E Q Y M O A T S L
T Z T K I E J X A W R W B I K O M
W C W E D G U Q N A A T D J X M Q
P U Y B R C O T T O N L Y S B E Z
A E Y U I C G C U O I U T E U T Y
P G L T B A E U D R D F S C I I L
U E L E B S N P S M R E T R B M F
U L I C P K G P T T O S K E R E Z
V I S N B H L E O U D U C T O X U
B V I A H R A R I I T H E A W M V
A I N D X B L N B M W N B R N K T
H R P T S U S S T J K U X Y A T Y
H P C M J K F S Y J T N Y K Z Y R
G B S E J O B M L O O W P P D L G
```

ORDINARY
SILLY
TUBE
JOB
TERMS
BIRD
COTTON
GUST
VEHICLE
ELEPHANT
BROWN
DEW
USEFUL
THE
SOMETIME
PER
PRIVILEGE
INTERCEPT
SECRETARY
DANCE

Puzzle 482

CHEAP
OTHER
DOMINANT
TENSE
WEIGHT
MANY
PEACE
BRILLIANT
NEEDLE
WITCH
POWDER
ABOUT
DREAM
STAND
REMEMBER
REAL
INVITATION
FAST
NUMEROUS
WOULD

```
G O X N H W D D U S T H C U D P I
S T T T V L S E M J K Z A C O E N
L N U H I O Z W P I C R T Y M A V
L A E R E L D E E N L H P Z I C I
W I T C H R Z X H U W Y F A N E T
P L U S U O R E M U N E Z B A N A
O L O Q Y E E R W X N F I K N I T
W I B V F S M M A N Y X R G T T I
D R A R B A E X Z L P N J M H S O
E B F D G T M I N M F Q E L U T N
R V K G W G B S T A N D D D T F J
C F N Z Z E E N F J Q H L R J F H
B E O M S F R C H E A P U S E B P
T E N S E G F A S T G E O M T A O
I K P H I C Y S T J J I Z W A H N M
```

Puzzle 483

```
K G D H N N A M E L T N E G O P A
E V R O F D R O S S E F O R P U G
T M G G R J Y N A P M O C C A Q A
E X X H A I D S S R S Q Q T C E I
N E S U C C A T U O L I O D D O N
N A R R O W S E N I L E D I U G S
A C I A C D F R S D N L P A S S T
W I S Z T E E F I G Z M A F M M P
E H Y Y O S N P J S P Z V H X C L
F N I P N T C A R T S I D X U Z A
Y E L T K O I D K X R W A T C H T
P W V H E M N R E L E A S E W I E
R Q J C E T G S K D E S L P T Q Q
A L T E R N A T I V E L L A N A A
Y A O A X U W T R J A U O X F U P
```

STARE
WHITE
AGAINST
MONSTER
GENTLEMAN
ACCUSE
WATCH
OUT
KNOT
ALTERNATIVE
PASS
FENCING
DISTRACT
PLATE
RELEASE
GUIDELINES
NARROW
HALL
ACCOMPANY
PROFESSOR

Puzzle 484

BECOME
READY
COMMUNICATE
BASKETBALL
CONFIDENT
AUTOMATIC
FEVER
FLYING
SOMEWHERE
GOBLIN
THUS
APOLOGY
WARM
BELIEVE
ANXIOUS
VOTE
HARD
SUMMER
ICICLES
DECLARE

```
D R Z B N Y Q A X S T N I L B O G
B D R A H G W J C H H V R M E O E
H U F S U O I X N A U T I Z L G D
M M T K F L Y I N G S S T B I B Q
R O H E M O C E B D F R Y F E N O
G Q T T D P C S N S E C S E V K K
J Z G B N A N L Z I C H B V E R E
C E T A C I N U M M O C F E R L Z
R P W L C O N F I D E N T R A S E
B E J L S O M E W H E R E M L Z K
T T A S U M M E R G Z P Z I C F H
F O H D W R R E N O F D I S E M X
Q V I H Y E N A W S F H Q T D O D
I C I C L E S R W S J M I S M X X
X O I L I E A U T O M A T I C Z X
```

Puzzle 485

```
C P W V D P F K K J R L K T R W B
O A E X E R T I O B S N L V E K E
M F H V H S F K X P F A D V F P S
F F U A G U P S K S E B L H L F T
O O R L U P F D Y Q U N Y I E V Q
R R R R A P O K N K M A E D C D G
T D I E L O T S I U Q M M R T O T
A Z C A A S V Z Q P Z T C R U L E
B O A D Q E Y T W Q W S C E Z O T
L Q N Y Q D P K C L G O M W I T I
E Z E K P K Q K W U Y P M O W A U
Y K L W W F W J J C V G V H C V Q
P H O T O G R A P H X E P S X K S
D H G D D B O H H J F O O D A W Y
P D N R G E F O G F W C F X S O N
```

BEST
RULE
HURRICANE
QUITE
SHOWER
SUPPOSED
OPENER
COMFORTABLE
EXERT
ALREADY
AFFORD
SKI
LAUGHED
HAWK
FOOD
FOR
PHOTOGRAPH
FIX
REFLECT
POSTMAN

Puzzle 486

PROFESSIONAL
AVOID
RHYME
CITIZEN
LIKELY
LARGE
DRIED
PLEASE
JERKED
DEFER
MONKEY
GREEN
PINK
FLEXIBLE
TOGETHER
VISION
CARRY
CYCLE
OPERATION
CRIED

```
P V J E R K E D T D O I D I P A H
R L I K E L Y O O K S S E H V P T
O A D R I E D Y G C J J F H T B Y
F E V U J O C I E M A B E D K N U
E Y T O Z A R U T J L R R Z Y R G
S B A Y I T H Z H A Y W R S T E J
S O Y B Y D Y Z E P C I O Y I U A
I G R E E N M R R I Z Y I P X H B
O A N O I O E E O N O I S I V M A
N O I T A R E P O K F N V A T K L
A B T C K M X P C M O N K E Y C X
L G Z G R T B S Y L A R G E J Y K
S E N E Z I T I C W A Q M U K Q I
J U Y Z X P E M L H V N V E K K Q
P L E A S E B D E L B I X E L F O
```

Puzzle 487

```
Y  S  P  B  P  A  O  L  V  F  J  V  A  B  A  W  A
S  Z  J  E  K  K  W  R  S  T  M  Z  L  H  X  Q  F
K  X  S  V  R  I  M  P  A  C  T  F  X  B  E  O  U
R  A  X  B  Y  C  U  Z  W  C  S  R  U  O  H  O  I
T  B  J  X  H  B  M  J  Y  L  U  F  V  R  D  D  E
A  E  G  N  E  L  L  A  H  C  D  U  R  M  C  G  V
E  E  C  A  R  V  K  C  A  J  M  Y  F  E  V  E  N
T  R  T  E  X  T  T  O  P  U  R  P  L  E  P  D  C
P  L  A  Y  E  R  H  M  T  W  O  Z  E  P  M  A  T
X  V  P  H  U  Q  A  B  I  O  L  F  S  E  G  H  P
X  V  X  T  F  J  T  A  H  M  O  Q  M  R  I  G  M
T  E  L  E  P  H  O  N  E  R  L  L  I  S  A  M  N
L  S  U  P  E  S  H  W  R  N  L  F  H  O  T  O  L
A  T  T  E  N  T  I  V  E  O  U  R  O  N  M  F  M
S  S  J  C  O  B  I  D  N  L  E  D  U  E  V  Z  M
```

TOOL
TELEPHONE
HOURS
THAT
OUR
PURPLE
HIMSELF
COMB
PLAYER
DUST
ATTENTIVE
PERSON
BEER
HAD
PAPER
TEXT
CHALLENGE
EVEN
HARE
IMPACT

Puzzle 488

EVERYBODY
CLOUD
KEPT
SERVE
MIDDLE
IDEA
RASPBERRY
RECENTLY
STOCKING
HAZARDOUS
REVIEW
CURVE
PARENTS
PERFORMANCE
STAR
POURED
STOP
MAD
BELL
GREY

```
K  E  T  E  E  S  U  O  D  R  A  Z  A  H  S  M  E
C  C  U  V  R  J  T  S  T  A  R  Y  R  K  E  W  K
M  N  X  E  N  V  S  O  H  B  O  Y  S  Q  R  P  Q
H  A  H  R  C  E  U  N  P  J  V  V  W  C  V  A  B
O  M  D  Y  M  R  X  E  G  G  M  F  K  J  E  R  L
D  R  U  B  M  G  T  K  R  M  B  N  V  L  L  E  B
X  O  O  O  P  V  S  M  P  L  I  O  B  N  V  N  M
H  F  L  D  O  F  Q  E  J  R  G  L  K  E  L  T  W
Y  R  C  Y  U  Q  A  H  G  P  R  L  D  E  K  S  B
N  E  T  P  R  M  W  E  R  R  E  U  D  Q  P  J  V
C  P  Q  R  E  I  I  D  E  A  Y  F  B  C  F  T  H
U  V  P  I  D  D  S  T  O  C  K  I  N  G  J  A  W
R  C  M  H  F  D  T  D  X  D  T  R  E  V  I  E  W
V  Y  O  P  Y  L  T  N  E  C  E  R  T  A  S  Z  Q
E  B  Y  R  R  E  B  P  S  A  R  U  N  C  Z  J  C
```

Puzzle 489

```
L T T U B Q A H S E O G A O F O M
A Z P H R Y Y R P C M E R E E H D
W N T Z W T R Y R T I H K O N Z E
A M O U T H M A B I L E U L A V I
Y C H B C H Z K Q O V X N T I D Y
P U Y G X K G O M S A E R T B H F
A V F W Z D E N S E P R A R I P I
I N C I D E N T N Y F I D O M S E
Y O Q X N M X H T R N Q E E X C T
M K Z H E B H N E O L D D C L H V
G H K Q P F Z M N O L C Y V P O O
F T T U S E R U T S I O M O V I R
H J O P S Q H V H T C B V L E C B
G P X X K E R M K E G D I R F E M
E S M B T R I O H R U O W S U X P
```

OKAY
ROOSTER
BOARD
FRIDGE
DENSE
CHOICE
TRY
VALUE
MODIFY
INCIDENT
MERE
SPEND
SCIENTIST
TIDY
ARRIVE
MOISTURE
GOES
AWAY
TENTH
MOUTH

Puzzle 490

PRESENT
SKIN
THROUGH
STUPID
FLOOR
ACTIVITY
CLOTHES
OBVIOUS
SATISFIED
NOR
SHIP
SWEET
TENT
ADD
CHICK
NOISE
SEW
STARTED
SIR
LIVE

```
C S E H T O L C A J A L E B S K M
R M E H X E R U J E C J K S K F S
W I G W D E I F S I T A S H I W F
M Y J X V E N P N I I E W T N E J
R I J S N F X X B Q V H E W Q C I
N O R U T E N T J D I A E B F H X
T H R O U G H E F A T D T T C I K
N B O I S T U P I D Y D A D E C W
O W O V S F Q I O V B E O Y S K P
I C L B Z H K H H C B T L E V D R
S L F O M C G S P Z J R Y I F Z E
E L E T S F U C F C M A I P V C S
N V F X P L A I W E Z T T K T E E
Y B P M C I Y G X F O S F M Z W N
C J V V J P L J B U N E Q P A T T
```

Puzzle 491

```
W K Y M H B Z N V X G B B S F K F
G L D Z O B P M S Z N W N U E N O
C O N C E I V E N O Y N A C R L U
H G P B F B J E R M I R K H R T K
F J W E M A R K O E K J W S E Y Z
G G X D R A L U G E R R I U T G M
T E M A C M B Q Z Z W J V P C U Q
R W R R V B I M P Q I T E E H S W
N I B G K K H S P E A S I N C H A
E C Z U L X E S S D F A I S U F N
X K A F J I P F H I D R P K W T T
T X D V E A Q F R X O T A M O T X
O J E Q X N R I E Z I N A G R O D
T A U G H T H G F Q D O E Z T V E
A Z J J P E H P H A H C B H O O M
```

SHEET
TAUGHT
PERMISSION
CONCEIVE
IRREGULAR
WANT
MARK
ONE
FERRET
TOMATO
ORGANIZE
CONTRAST
INCH
PEAS
PUSH
HEN
ANYONE
NEXT
SUCH
GRADE

Puzzle 492

OUTSTANDING
ACTION
ANTIQUE
TEAPOT
RADIO
POSTPONE
SELECT
DOG
SUFFICIENT
ILLUSTRATE
JURY
SEA
ASSORTMENT
TAKEN
ANGEL
POOL
SLIDE
BRUSH
DEPRESS
VOLTS

```
T A G I O B G F V I A P I D D E U
A S I L P U I F X L C I J Q O E Z
K S O L D F T S W B T F M B M G H
E O Y U V H O S C C I S E L E C T
N R T S W T P E T A O I D A R K N
J T F T P V A R C A N L G V E I E
H M Y R U J E P L X N H C A Y I
H E K A V C T E S N A D K U B B C
C N U T S M Q D Q U N Q I I O R I
S T K E U Q I T N A G T P N Y U F
Q L X D Z M Y A P A E S X M G S F
Q O I G N V O L T S L S E A B H U
L I K D E B L W R V O C R E O P S
E R L F E N O P T S O P F O N X V
A M U Z O E A F J V P M Z L F T P
```

Puzzle 493

```
C H A P T E R W D P I C F Q E R Q
N P M S Z N E A O E V E I H C A R
C E G R D R W K S Q T S O W I F W
O U Q U Q E O E L X O E O S W W S
E P C A A V L I S W T S R A J R I
L A A J C A T Y P M Q T E M P W M
I T S Z V S P E C I E S R C I Y W
F Y I Y T N I O P B R C A O J N H
E K Z V O V A M P I R E S C O R E
Q G E A L L E E C H U H E O N H C
B C A E S E L D O M F V R A D E E
J J V H F L U I D C Q Z A J Y A U
J X V K P K B P U T O D U A O K Z
I F J T S L M M W U Q J N N F T I
T M D J H R N P E F R O T C A F J
```

AUNT
LIFE
LOWER
SAVE
WAKE
VAMPIRE
SOAPY
CAT
FACTOR
ACHIEVE
DETERMINE
CHAPTER
EASY
COCOA
FLUID
SPECIES
POINTY
HEAVY
ERASER
SELDOM

Puzzle 494

TIME
ACTUALLY
SANDWICH
LAY
INTERNATIONAL
WELL
RUN
NICE
INTO
CLIMATE
FIGHT
LEAD
RESERVE
SLEDGE
PRODUCE
DUCK
BAR
IRON
DIRTY
THEIRS

```
T U B R S I M S T J U H Q I D S Y
E H Z M X E B P E V Y S Y O B A F
Q V U Z A E I G V N C W E Q L N T
P U I S U O I J R Y I N T O A D B
P O S M V T P O E D S O A D N W E
M V I T H E I R S C T R M W O I A
M K A H N G M I E Z B I I P I C P
A E A G S D V I R Y R T L E T H R
K H R I M E N X T T L N C T A Y O
P K K F H L M J R R U L L I N L D
N I C E Q S B A R I P L A Y R B U
U K M U L E A D U D D E P U E K C
R D Z I D M S R X U B W J N T O E
W H O T O T D Q M G G N G C N C P
J X F S J H D Q Z H Y P V L I X A
```

Puzzle 495

```
O T C U D N O C X J I Z P T A Y S
W N O C S P Y O H H Z H L V R K M
Q E S O A C R O S S B M A V W F C
J M G Z T S W P T T B O C B H B E
F E A D R H R H T D J B E Z E K Z
D E T P Y H P M E T H O D I K F I
A R C M T S L A Q F R R O G F G N
N G L O S E P C S F I E L D E K G
G A K S X U E O S T M Y A F C Z O
E N L V D U U J I Z E S U F N O C
R U I M O N M Z M S U N S H I N E
A P P R O A C H S Q F X I D S U R
K C A I X B M B I O A V S A G Q S
F V K L K X Q I D F I N E C R Y D
J A P R O N O R B I T I E X G B W
```

FIELD
RECOGNIZE
ACROSS
APRON
AGREEMENT
ORBIT
CONDUCT
RAIN
SUNSHINE
KID
DISMISS
LOSE
METHOD
TOOTHPASTE
CONFUSE
APPROACH
PLACE
DANGER
FINE
SINCE

Puzzle 496

STUFF
REALITY
HEARD
WIDE
ANOTHER
CIRCLE
PROJECT
SKILL
STAIRS
APPLY
QUESTION
CHECK
NOUN
FAVORABLE
WIRE
SOLDIER
JOURNEY
NAME
SORT
LADYBIRD

```
A S J W B J D V S Q V P G Y R Z E
N T O H S A V G B O N O U N S P U
O U V G A P Z T Y L L S T A I R S
T F H V I I M Y N Q L D R A E H B
H F L W W N J E I A Y T I L A E R
E V A S I V F L R G H N Y E R I W
R W U B D W W H N S K I L L R J E
W F U T E M T C E J O R P E V A G
C I R C L E S C G L C S P O D S G
P B J S O R T R H B F K A R W K E
P P A A Z L U B G E G R K L K O B
B T Q U E S T I O N C B M N T D B
Y I U E D O I U I L W K R D A F L
F A V O R A B L E D G U C M A M X
L A D Y B I R D J O U R N E Y R E
```

Puzzle 497

```
M B N S T N A T S N O C Z B H N A
H Z O P E S A E R C N I R O Y A S
Y F K I L L G O X N F E S I I E K
C Z N L E W B U J Q C Z S K G E E
O J O B P S W A H Y P P X F H D
M G I U H Y X Y T J X B E T G W T
M U T J O Z V Q N R C L E A R L Y
I N C D N U O F E E O E N E R G Y
T W E L E A P X I L M P E E K O H
M E F I N R B S C U D R O U G H T
E A F U M G Y P I R V X P H N B F
N S A B N U Y W F Z S B V Z D I X
T E M H C E L C F Z Z S S M K W G
X L Z L J V Q O U H H U H R R Q E
L T I K T U Z Q S N K V Q I U J S
```

CLEARLY
DROUGHT
ARGUE
BYE
AFFECTION
RULER
COMMITMENT
KEEP
ENERGY
CONSTANT
INCREASE
ASKED
PORTABLE
FOUND
RIGHT
BUILD
WEASEL
JOB
TELEPHONE
SUFFICIENT

Puzzle 498

HUMBLE
FLAG
ARMY
SIMPLIFY
SPORTS
COLLEGE
EFFECT
ALWAYS
HAT
EFFORT
BOTH
PARROT
CLOSE
VALENTINE
FOREST
TREAT
ASSESSMENT
FAST
OUR
LADYBIRD

```
T L G N U O X K F B W M G T L S S
H U M B L E U Q O G F Z X X N V I
U R A P I P A R R Z Y X I N N Z M
S M R K Y Z T N E M S S E S S A P
E P D K U K P U S O E T C M D E L
F T O D X R P M T E P V A W O J I
F L X R F Q U N S O T C E F F E F
O Y Y I T O R R A P R H K L Z H Y
R L U B T S L H F X E A C B L U D
T F U Y M R A Q I X A T L E O F J
E L C D N G A E X J T N O Z O T Y
E A V A L E N T I N E G S J M S H
E G E L L O C H B K W K E T Z D P
I D O I W J I P T I X T H G W J X
A L W A Y S H I M Q W L E P Q C V
```

Puzzle 499

```
L S E T O R B O N E I G H B O U R
E M S C D N E D R A G G U P A Y M
S K U E T I W S T V N A B B S L E
S S E V E N S S E L T N I O P L Y
O A U J O W A T A R W Q P T I A S
N L U K W R K W A K V R O C O M E
H O P R O F I T D N N E F V M R N
O N P U P P Y T Z A C S C S V O I
X G Q R I O J T T J R E H T A F L
X Q M J L W D D P J N L A K P O E
F R E S H C H P U B L I C P H W D
P W Q P Z N G A B W I U O O T Q I
O I C C W W X D B A D T E O K W U
F B U L C M W U A A W K Y R Q D G
B S B S W H U B F Z D E C A Y E K
```

FORMALLY
ALONG
SEVEN
DISTANCE
POINTLESS
BAD
FRESH
PUBLIC
COME
NEIGHBOUR
PUPPY
DECAY
POOR
LESSON
FATHER
PROFIT
GARDEN
GUIDELINES
WANT
RESERVE

Puzzle 500

CATTLE
SHADE
INPUT
FAMILY
BRANCH
HAVE
NAVIGATE
TRICK
COMPLIMENTARY
SNAIL
THEY
COMPASSION
COLLIDE
HUSBAND
EAGER
OPERATE
SUPPOSED
ONE
LAY
APPLY

```
I H A V E B P F Q W E T A R E P O
N G P J R D R A N S Y Z R P W X I
P Y R A T N E M I L P M O C P R Y
U R M B Q A L I S K Y Z F K M L O
T D H X G B T L Y U A K X O F I Y
C T J X F S T Y Z O P T C D L A E
E O Y P O U A X I E A P Z G Y N H
A G M J N H C Y E C K L O B S S T
G S W P E D A H S L N L C S T Y C
E D K L A K G D H A T A P N E J P
R C Y A E S Y H V Y R V F V U D P
N A J G Y N S M E D I L L O C E J
B W O U O A G I R D C M W B L Q U
V J M V X C X I O Q K X X F U A C
N A V I G A T E C N B R A N C H A
```

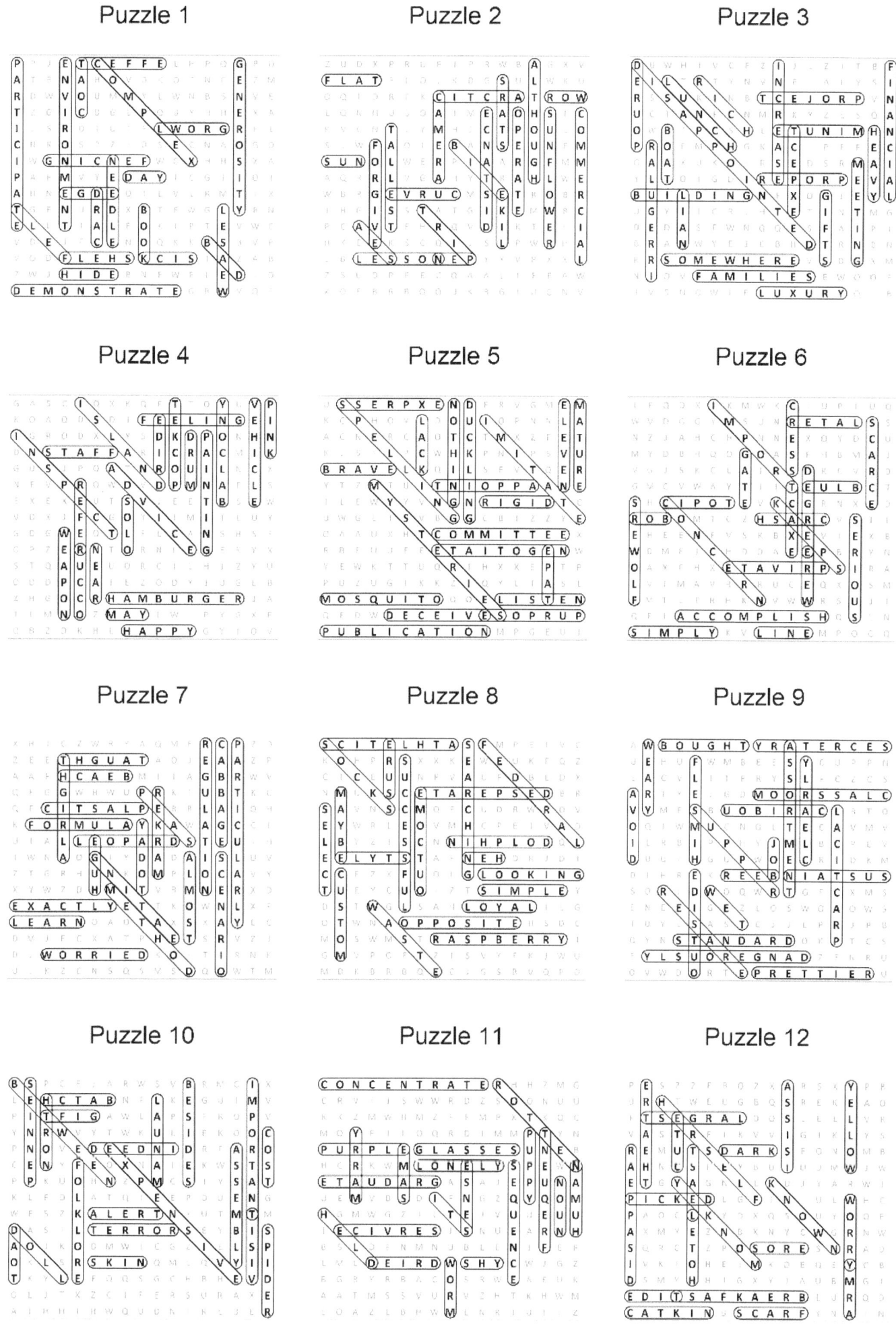

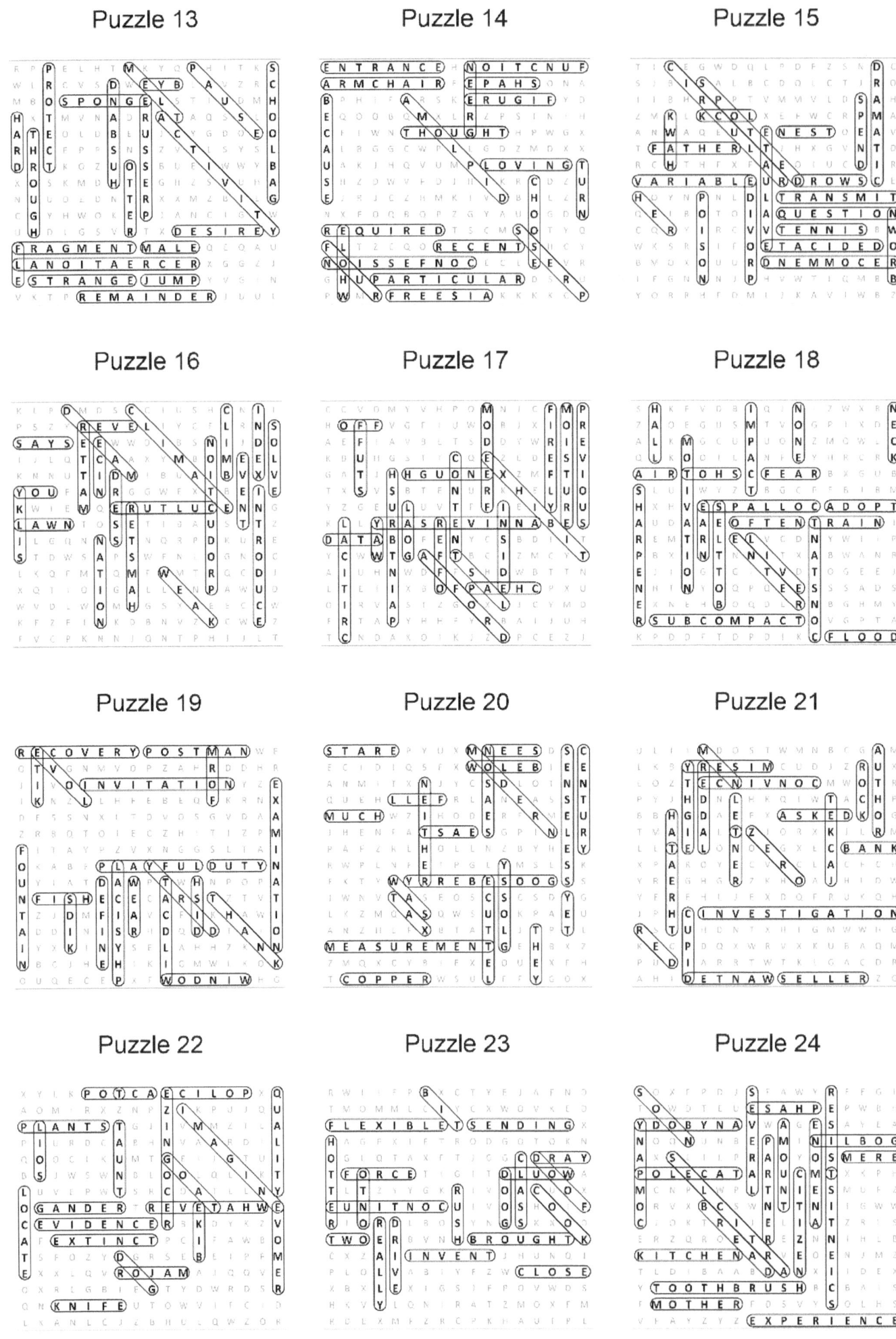

Puzzle 13

Puzzle 14

Puzzle 15

Puzzle 16

Puzzle 17

Puzzle 18

Puzzle 19

Puzzle 20

Puzzle 21

Puzzle 22

Puzzle 23

Puzzle 24

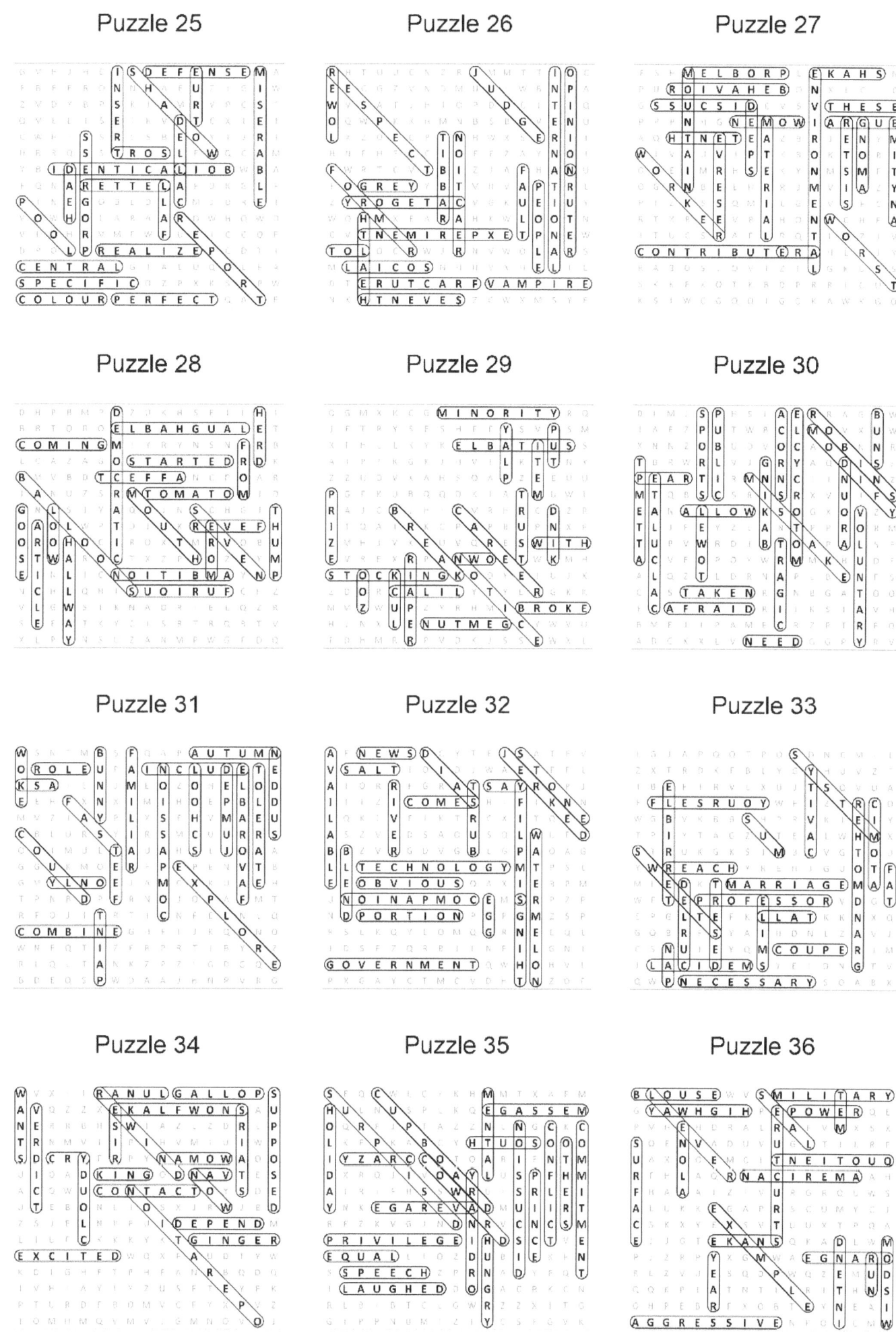

Puzzle 25

Puzzle 26

Puzzle 27

Puzzle 28

Puzzle 29

Puzzle 30

Puzzle 31

Puzzle 32

Puzzle 33

Puzzle 34

Puzzle 35

Puzzle 36

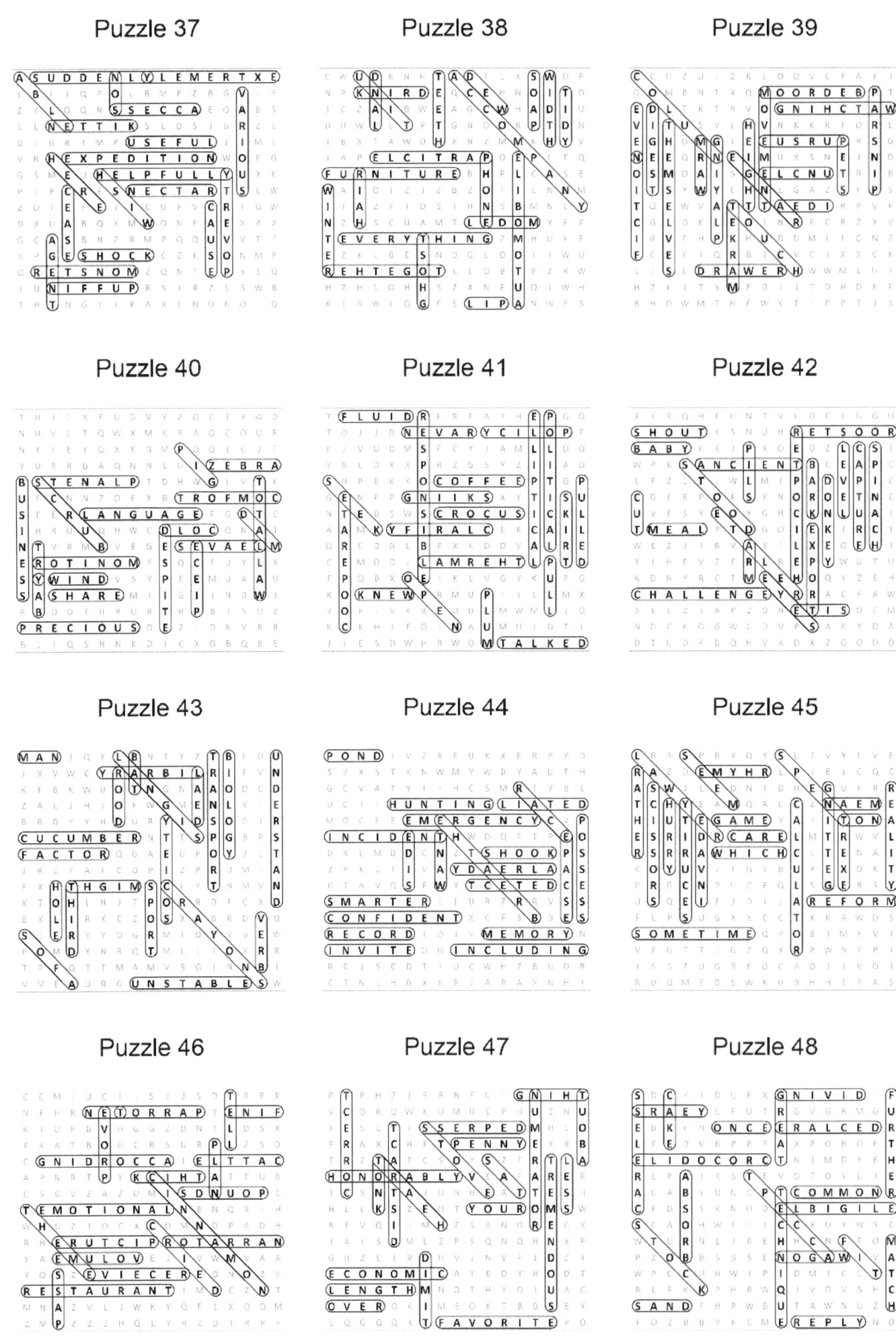

Puzzle 37

Puzzle 38

Puzzle 39

Puzzle 40

Puzzle 41

Puzzle 42

Puzzle 43

Puzzle 44

Puzzle 45

Puzzle 46

Puzzle 47

Puzzle 48

Puzzle 49

Puzzle 50

Puzzle 51

Puzzle 52

Puzzle 53

Puzzle 54

Puzzle 55

Puzzle 56

Puzzle 57

Puzzle 58

Puzzle 59

Puzzle 60

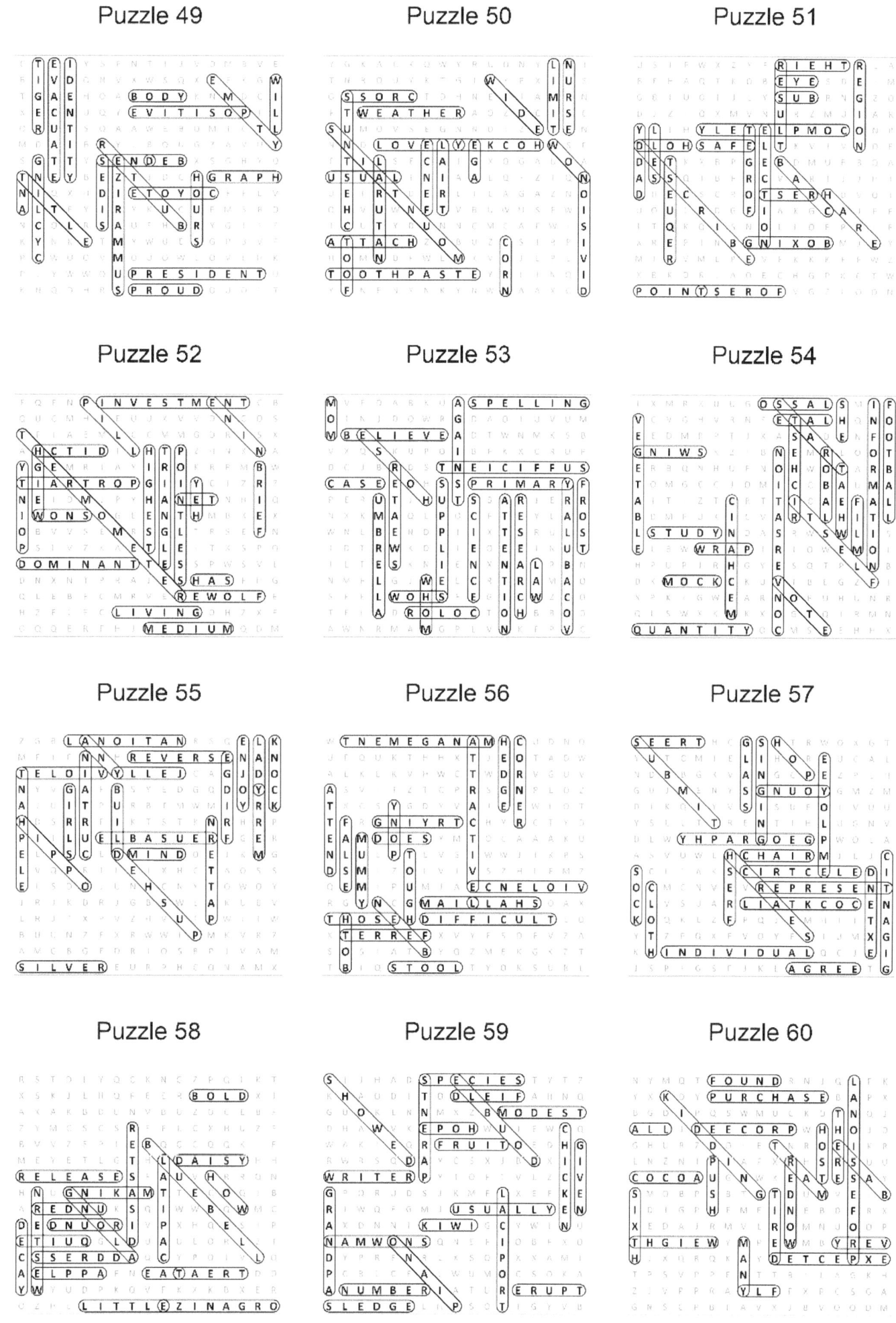

Puzzle 61

Puzzle 62

Puzzle 63

Puzzle 64

Puzzle 65

Puzzle 66

Puzzle 67

Puzzle 68

Puzzle 69

Puzzle 70

Puzzle 71

Puzzle 72

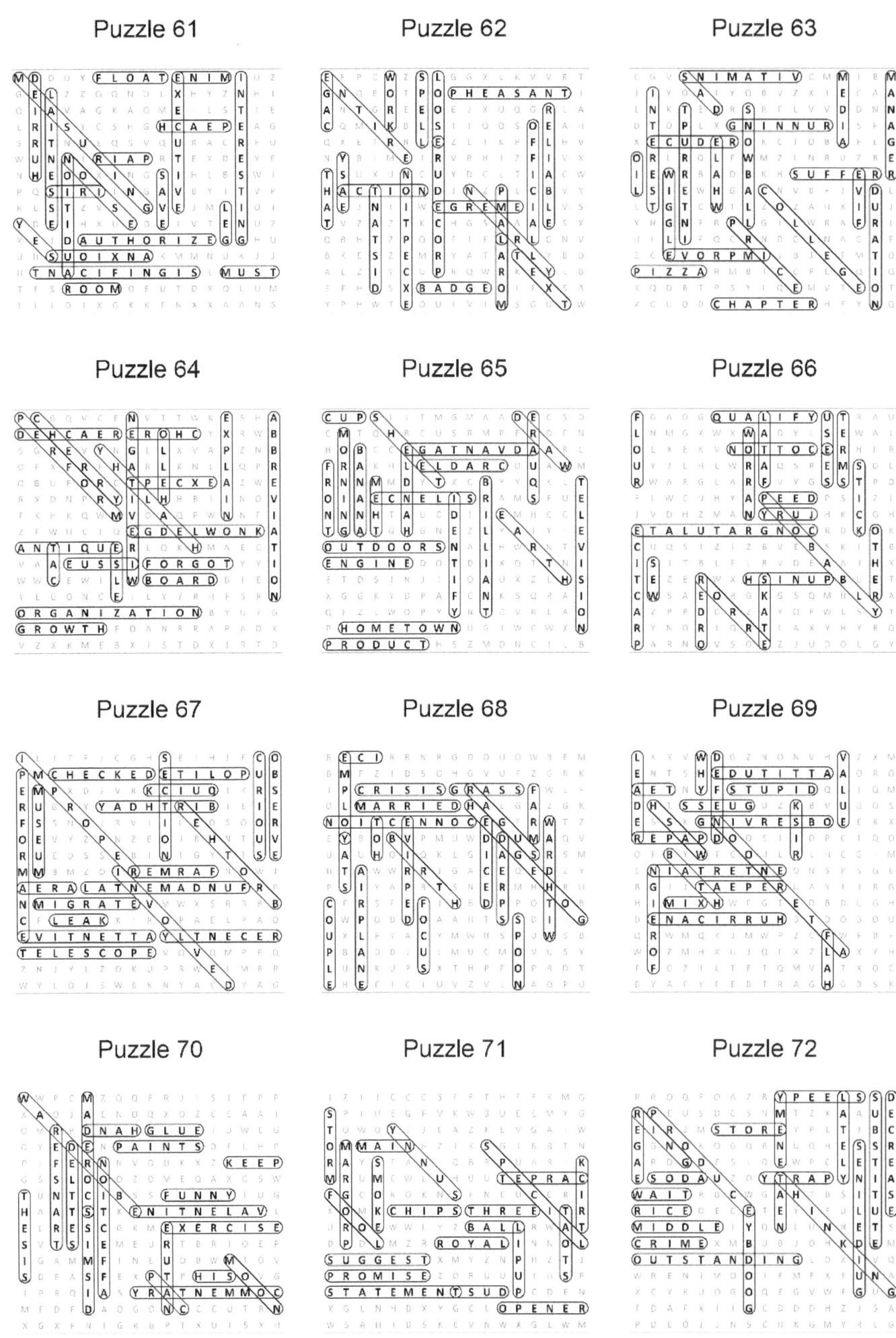

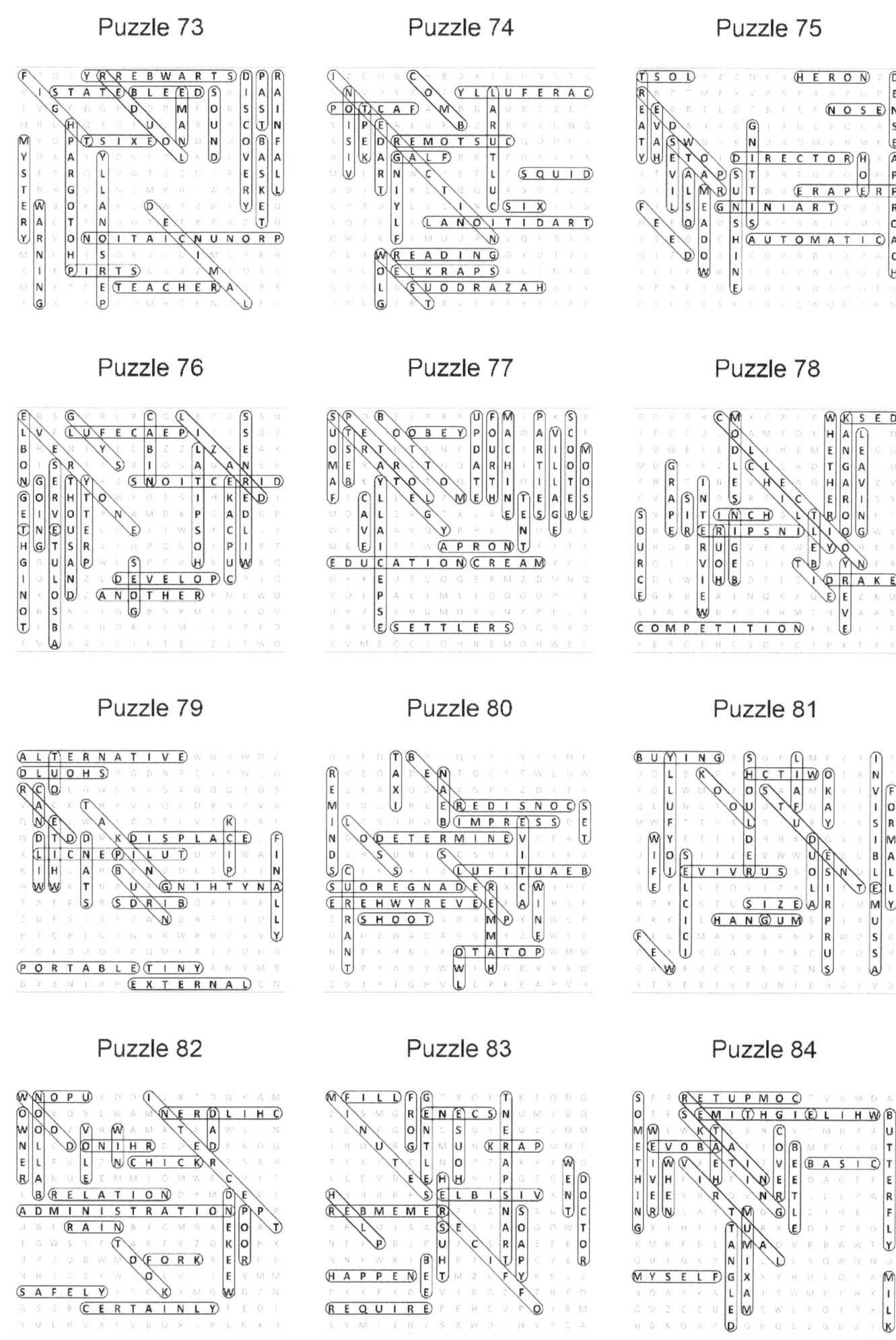

Puzzle 73

Puzzle 74

Puzzle 75

Puzzle 76

Puzzle 77

Puzzle 78

Puzzle 79

Puzzle 80

Puzzle 81

Puzzle 82

Puzzle 83

Puzzle 84

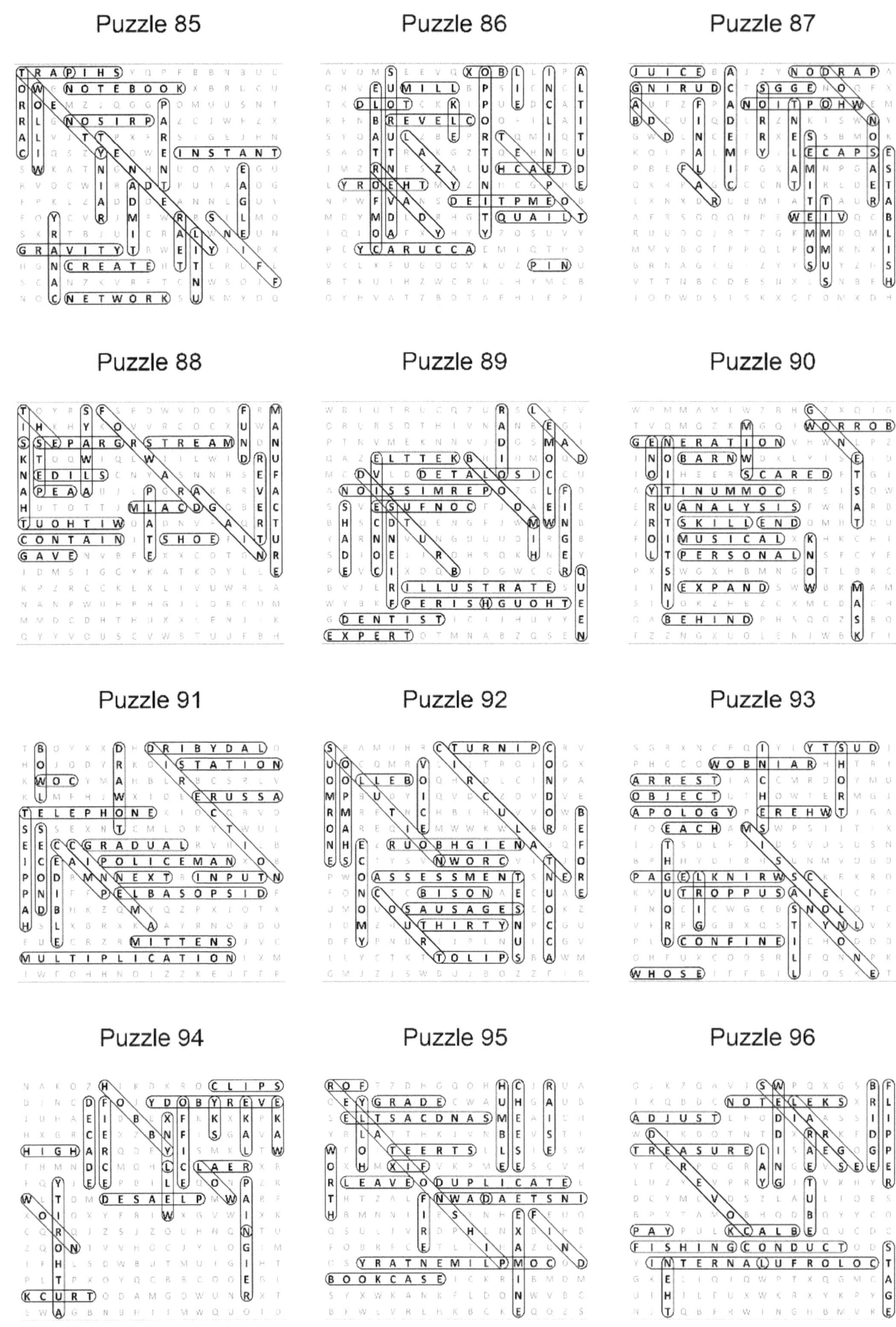

Puzzle 85

Puzzle 86

Puzzle 87

Puzzle 88

Puzzle 89

Puzzle 90

Puzzle 91

Puzzle 92

Puzzle 93

Puzzle 94

Puzzle 95

Puzzle 96

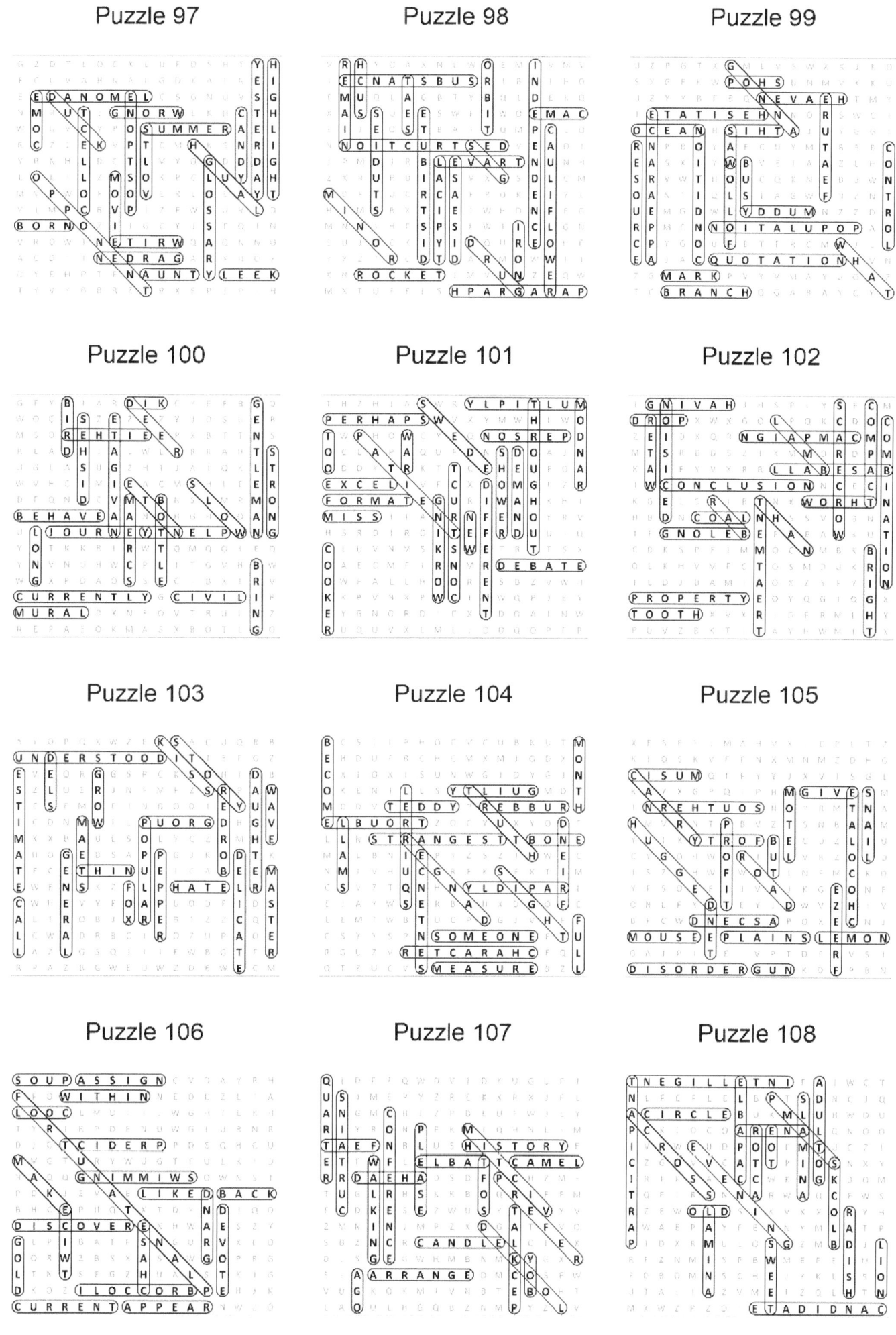

Puzzle 97

Puzzle 98

Puzzle 99

Puzzle 100

Puzzle 101

Puzzle 102

Puzzle 103

Puzzle 104

Puzzle 105

Puzzle 106

Puzzle 107

Puzzle 108

Puzzle 109

Puzzle 110

Puzzle 111

Puzzle 112

Puzzle 113

Puzzle 114

Puzzle 115

Puzzle 116

Puzzle 117

Puzzle 118

Puzzle 119

Puzzle 120

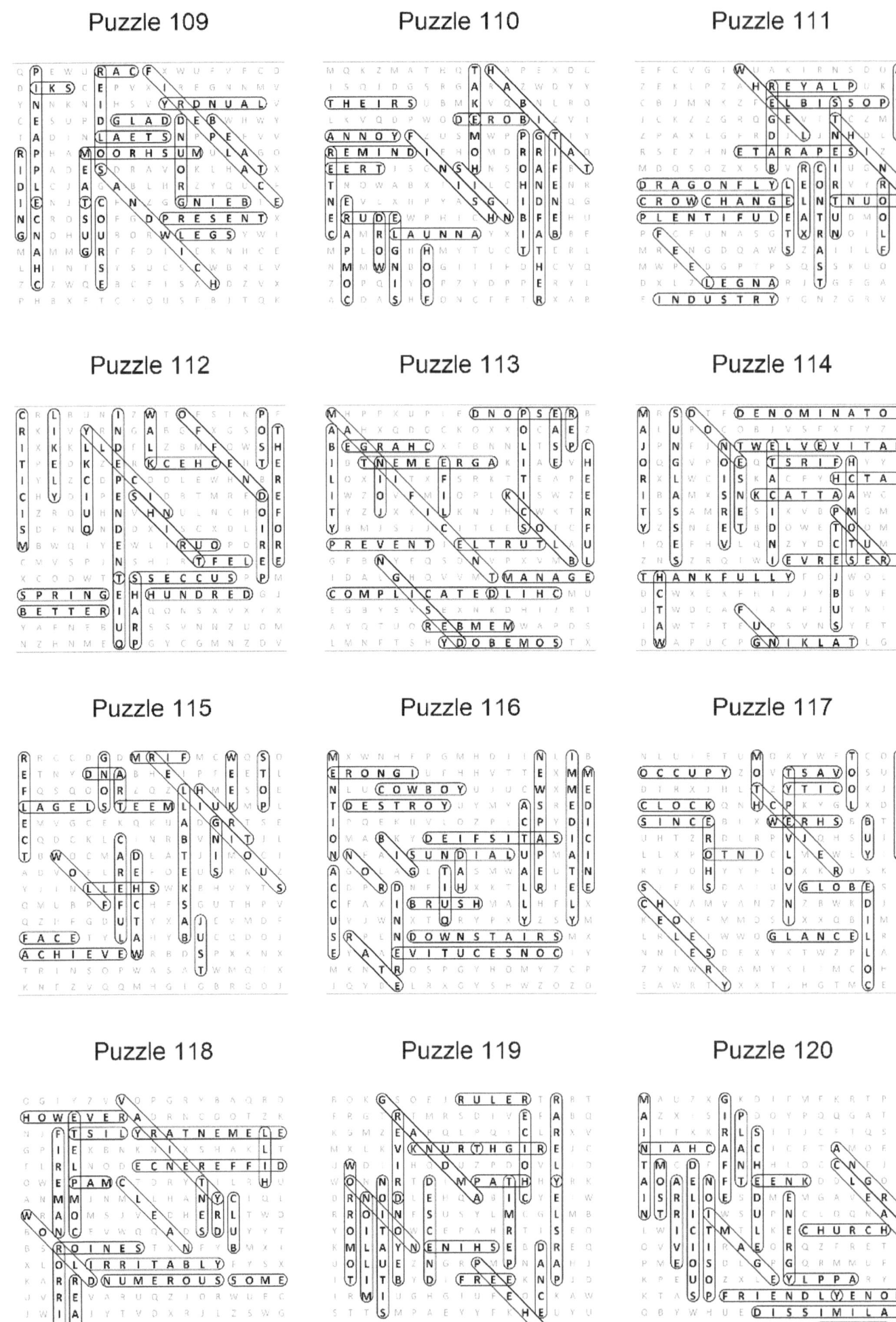

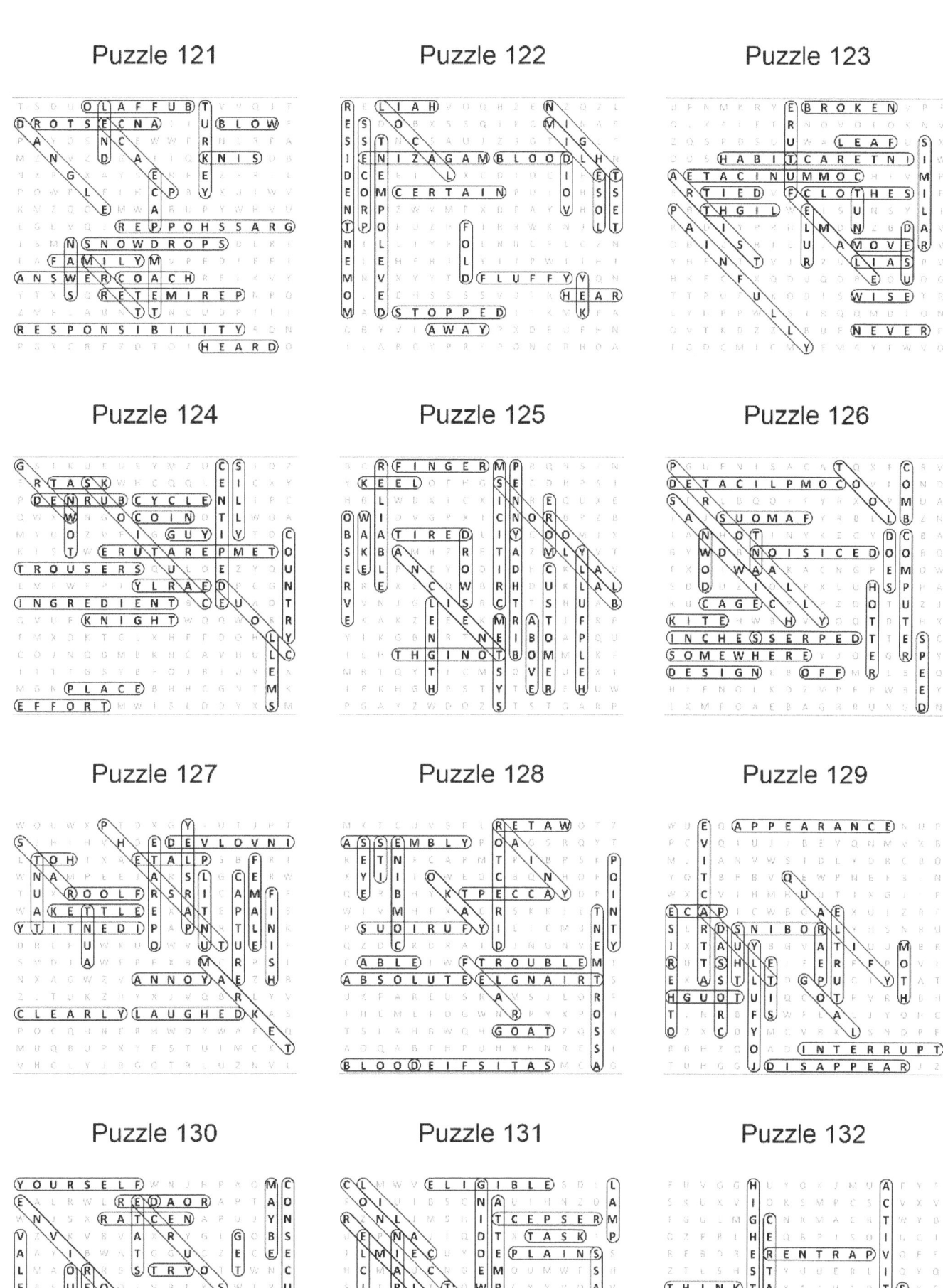

Puzzle 121

Puzzle 122

Puzzle 123

Puzzle 124

Puzzle 125

Puzzle 126

Puzzle 127

Puzzle 128

Puzzle 129

Puzzle 130

Puzzle 131

Puzzle 132

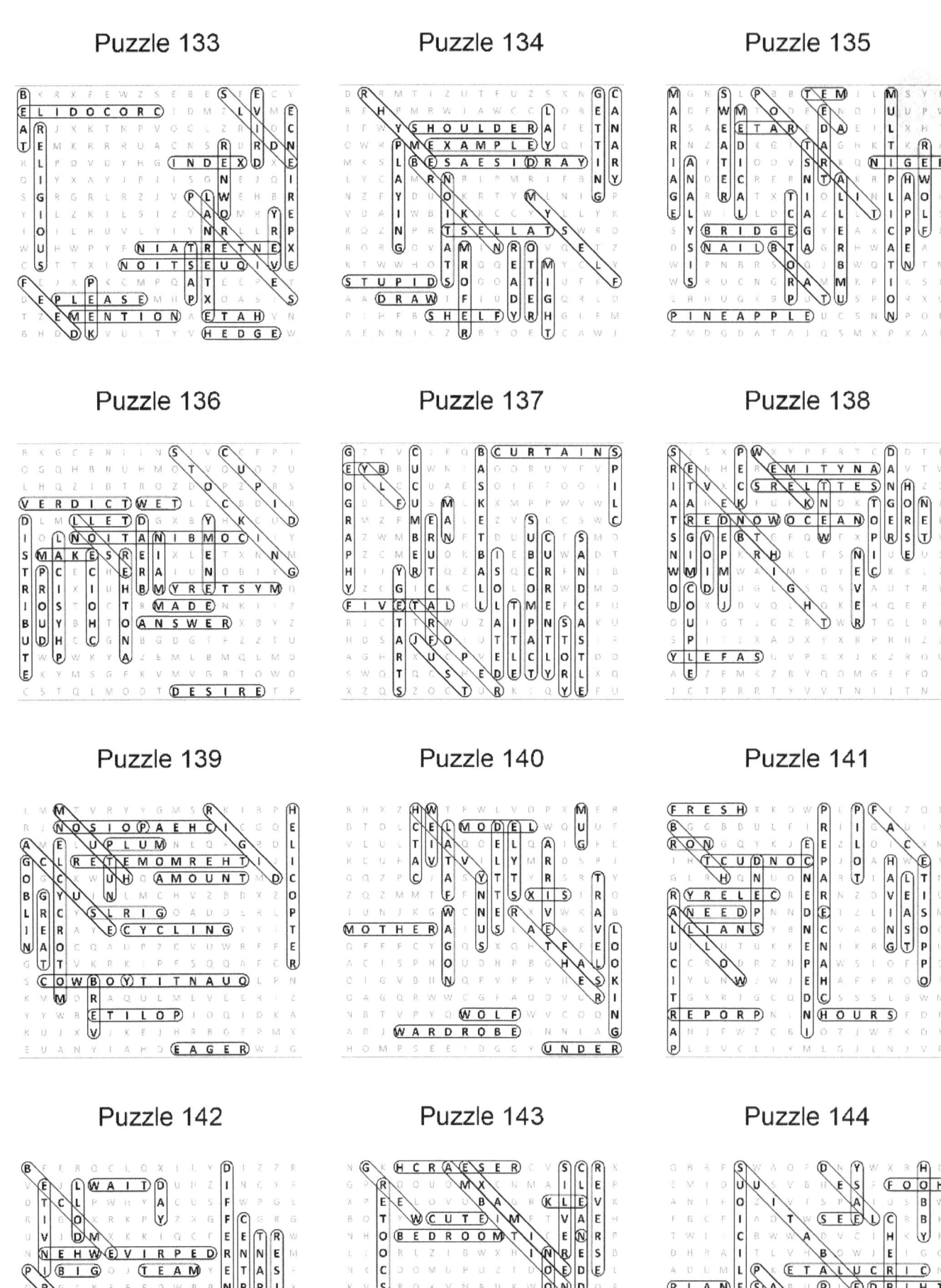

Puzzle 133

Puzzle 134

Puzzle 135

Puzzle 136

Puzzle 137

Puzzle 138

Puzzle 139

Puzzle 140

Puzzle 141

Puzzle 142

Puzzle 143

Puzzle 144

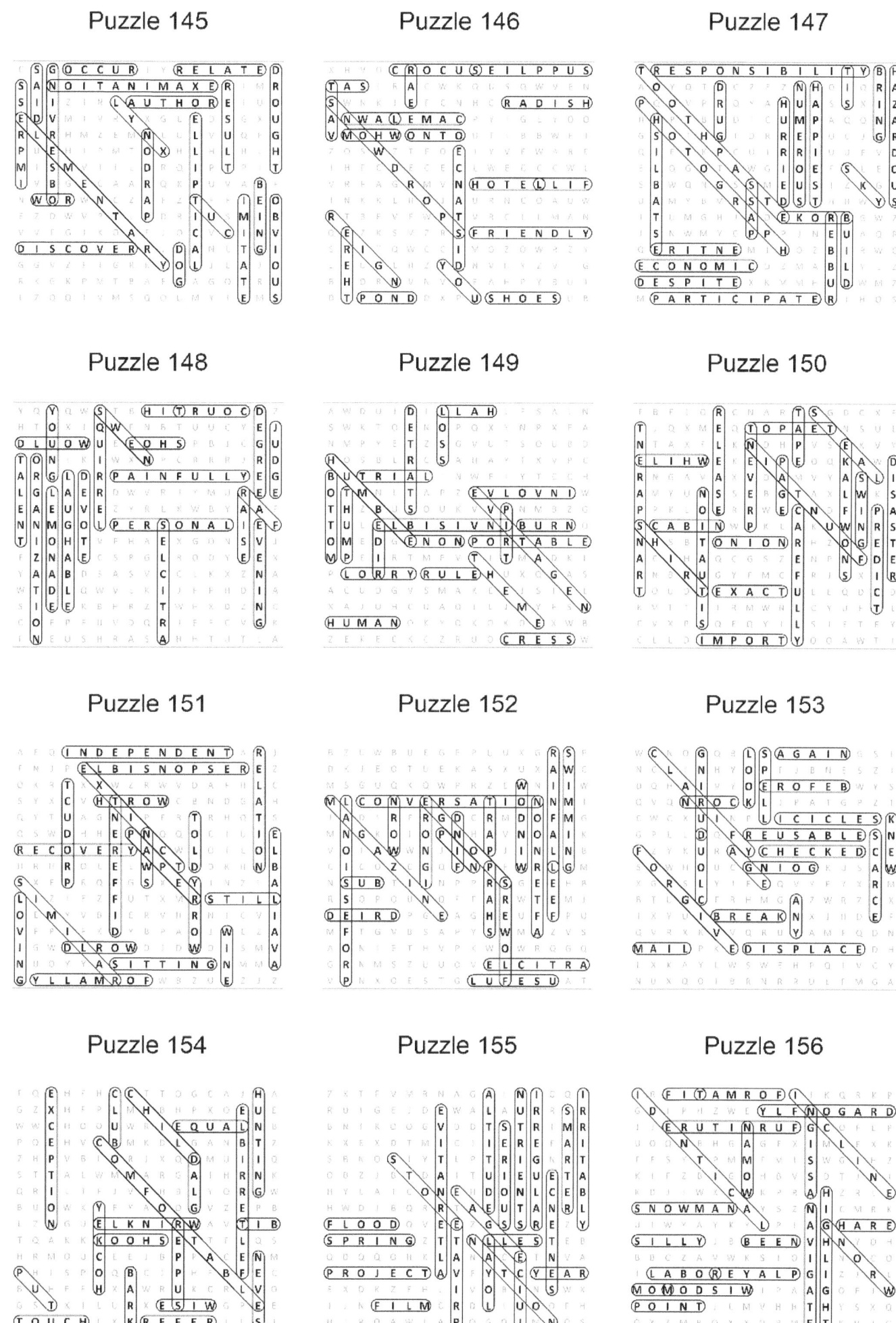

Puzzle 145
Puzzle 146
Puzzle 147
Puzzle 148
Puzzle 149
Puzzle 150
Puzzle 151
Puzzle 152
Puzzle 153
Puzzle 154
Puzzle 155
Puzzle 156

Puzzle 157

Puzzle 158

Puzzle 159

Puzzle 160

Puzzle 161

Puzzle 162

Puzzle 163

Puzzle 164

Puzzle 165

Puzzle 166

Puzzle 167

Puzzle 168

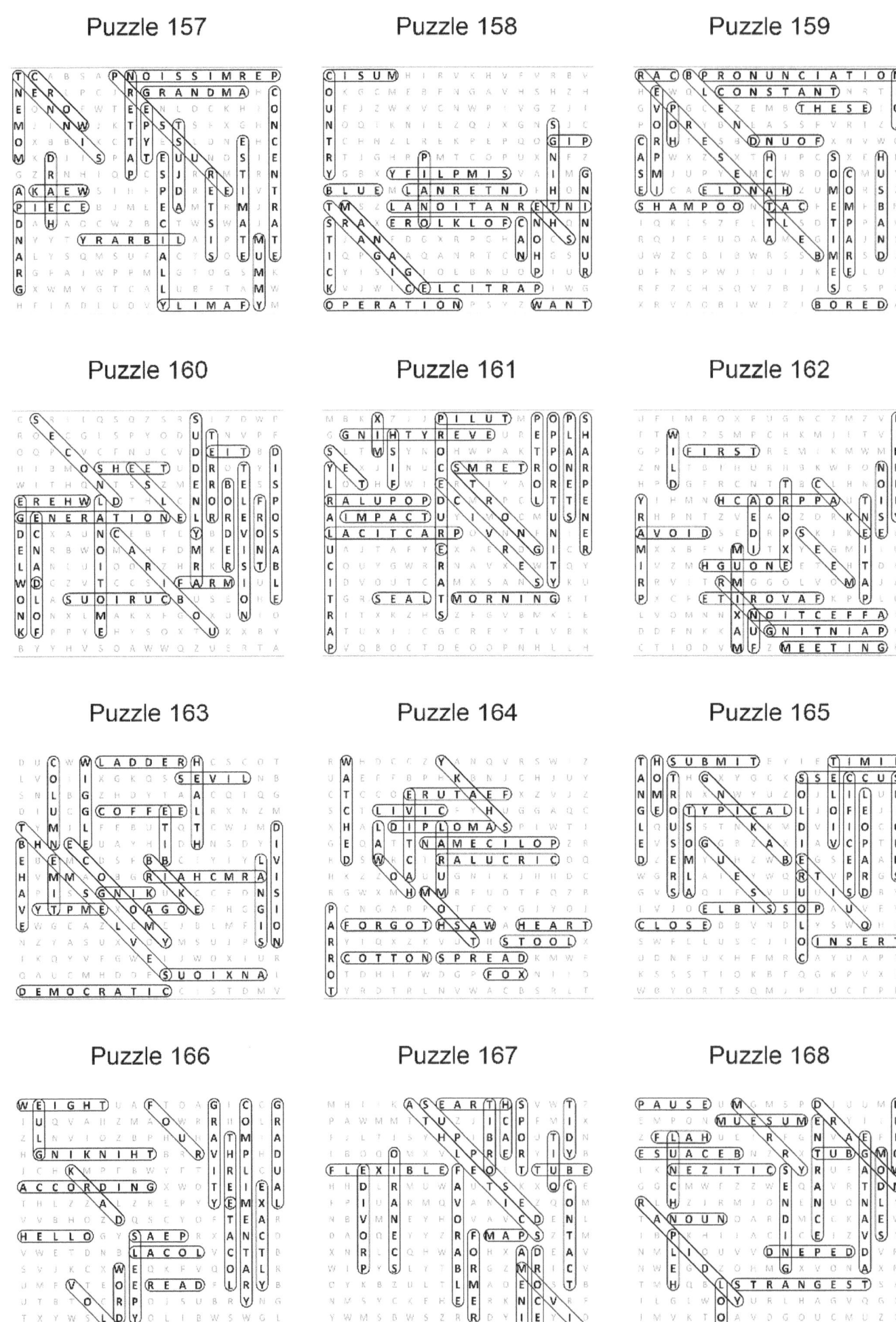

Puzzle 169

Puzzle 170

Puzzle 171

Puzzle 172

Puzzle 173

Puzzle 174

Puzzle 175

Puzzle 176

Puzzle 177

Puzzle 178

Puzzle 179

Puzzle 180

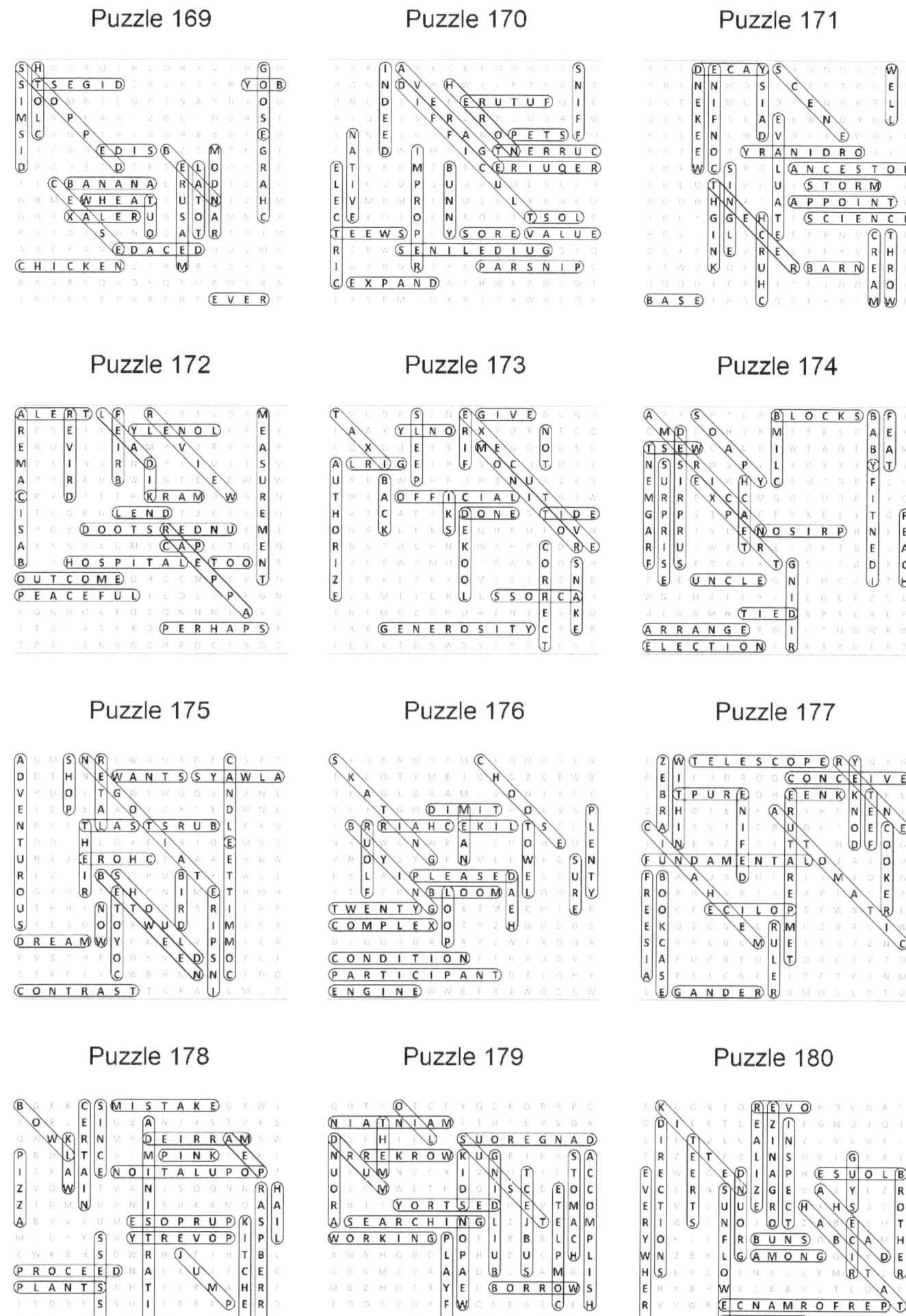

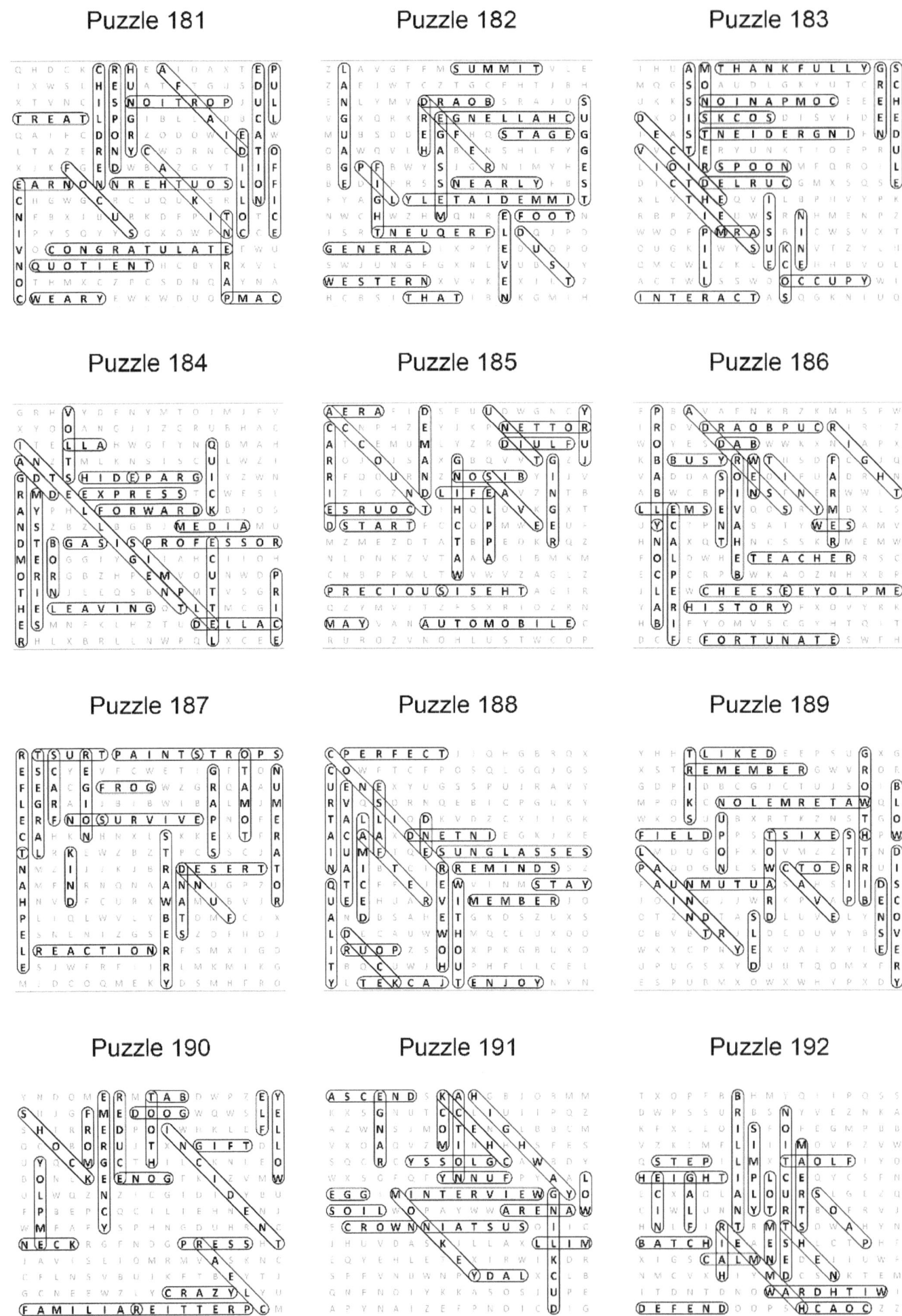

Puzzle 181

Puzzle 182

Puzzle 183

Puzzle 184

Puzzle 185

Puzzle 186

Puzzle 187

Puzzle 188

Puzzle 189

Puzzle 190

Puzzle 191

Puzzle 192

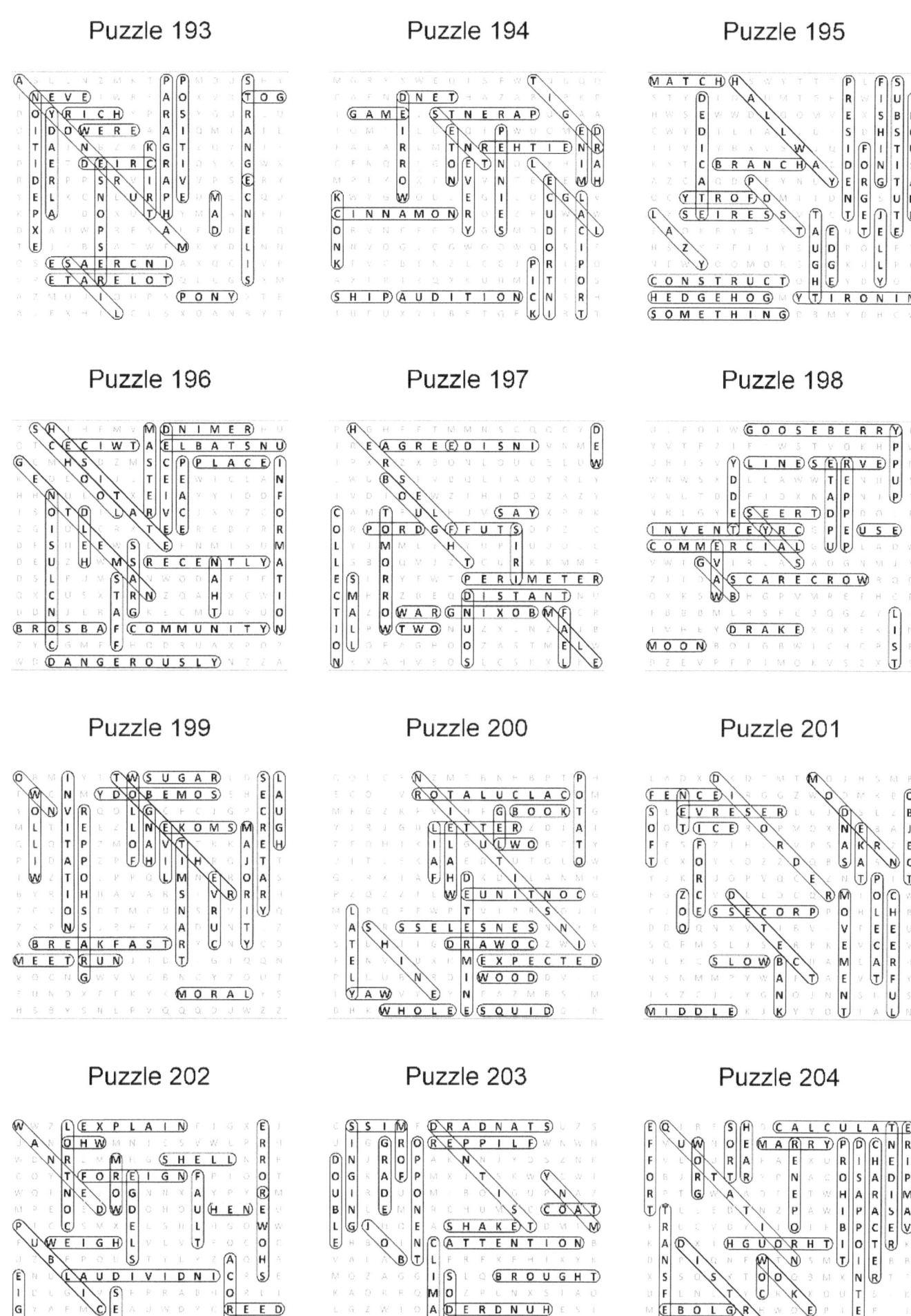

Puzzle 193

Puzzle 194

Puzzle 195

Puzzle 196

Puzzle 197

Puzzle 198

Puzzle 199

Puzzle 200

Puzzle 201

Puzzle 202

Puzzle 203

Puzzle 204

Puzzle 205

Puzzle 206

Puzzle 207

Puzzle 208

Puzzle 209

Puzzle 210

Puzzle 211

Puzzle 212

Puzzle 213

Puzzle 214

Puzzle 215

Puzzle 216

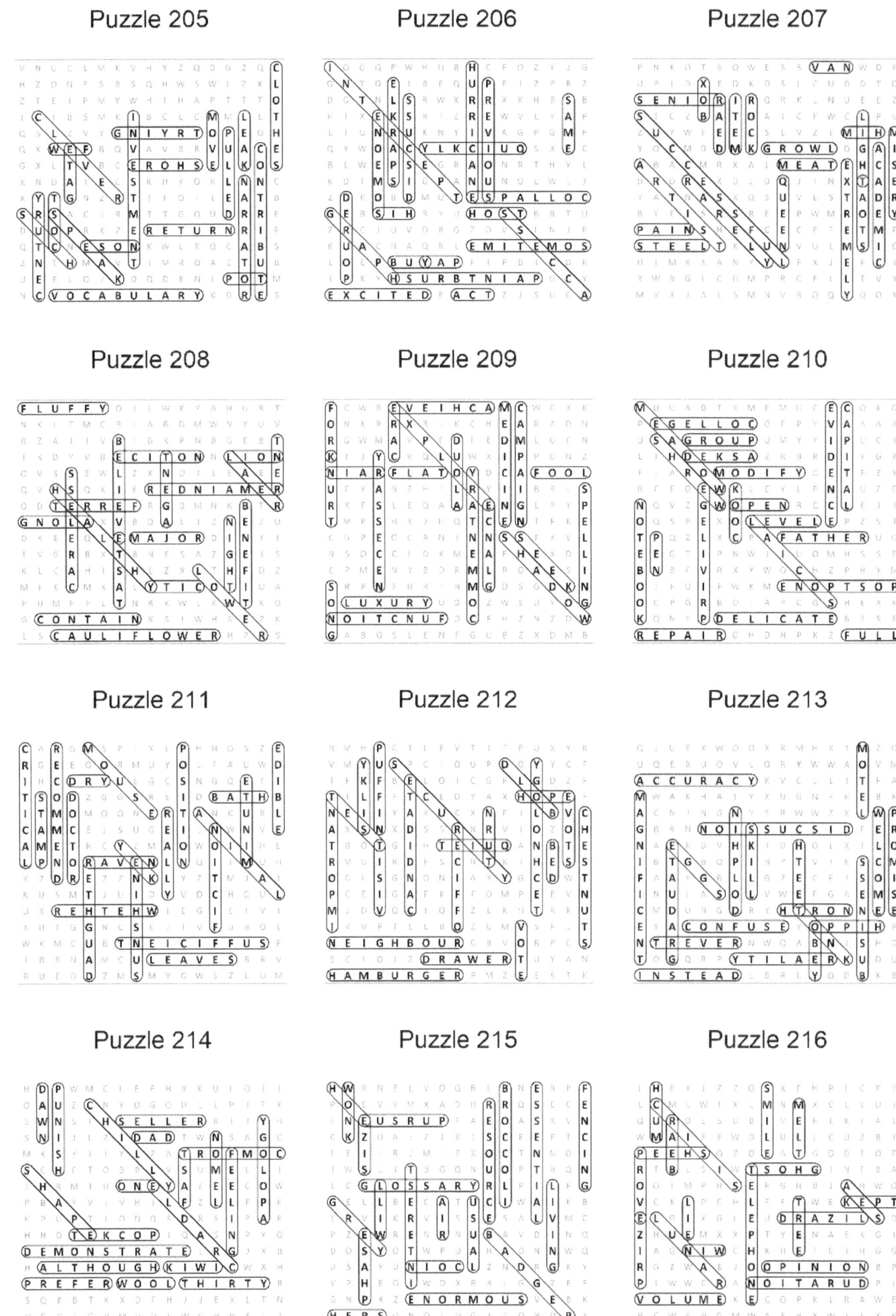

Puzzle 217

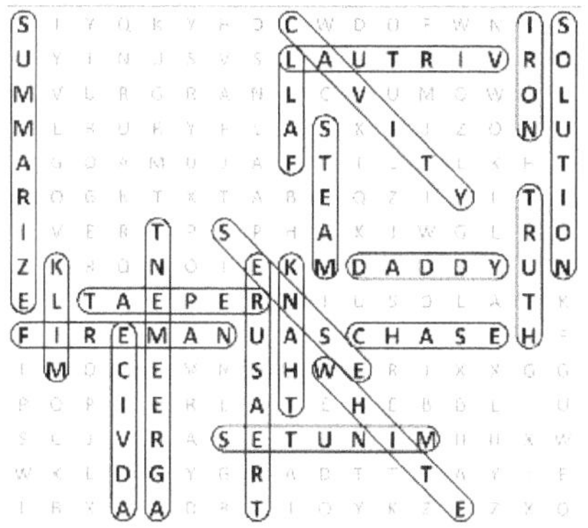

VIRTUAL, CITY, STEAM, IRON, SOLUTION, TRUTH, DADDY, REPEAT, CHASE, FIREMAN, MANUAL, MINUTES, SUMMARIZE

Puzzle 218

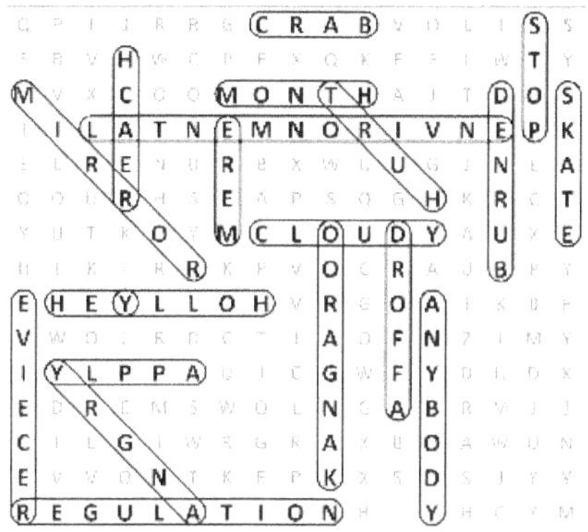

CRAB, MONTH, STOP, SKATE, ENVIRONMENTAL, CLOUDY, HELLO, APPLY, REGULATION

Puzzle 219

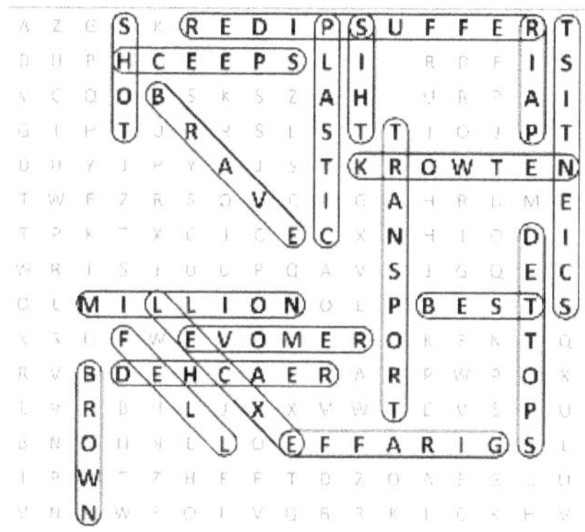

REDIP, SUFFER, SPEECH, PLASTIC, NETWORK, TRANSPORT, MILLION, REMOVE, BEST, REACHED, STOP, BROWN, GIRAFFE

Puzzle 220

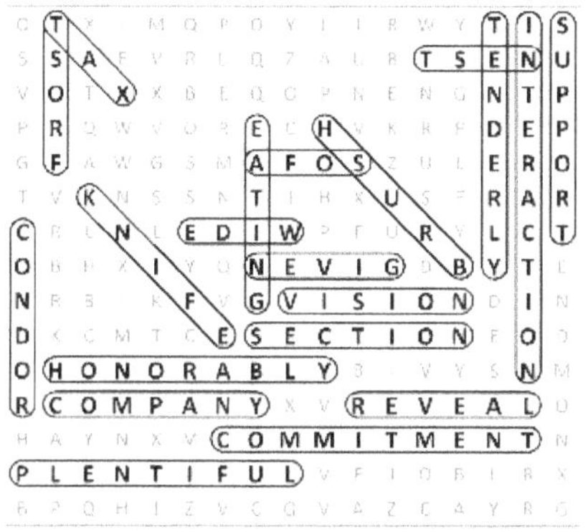

SORT, SENT, SUPPORT, INTERACTION, SOFA, WIDE, GIVEN, VISION, SECTION, HONORABLY, COMPANY, REVEAL, COMMITMENT, CONDOR, PLENTIFUL

Puzzle 221

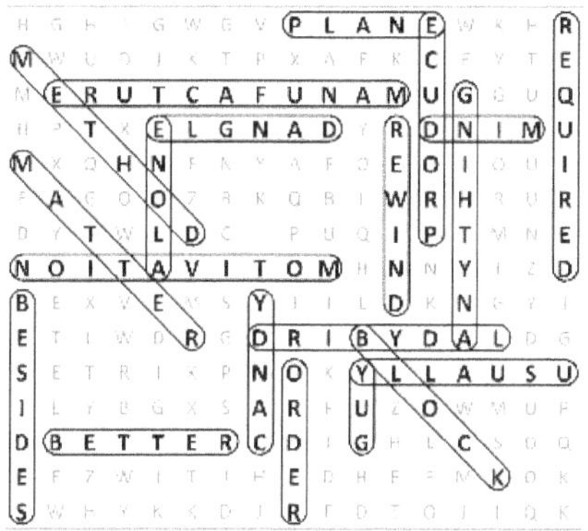

PLANE, REQUIRE, MANUFACTURE, DANGLE, MIND, RIGHT, MOTIVATION, LADYBIRD, USUALLY, BESIDES, BETTER

Puzzle 222

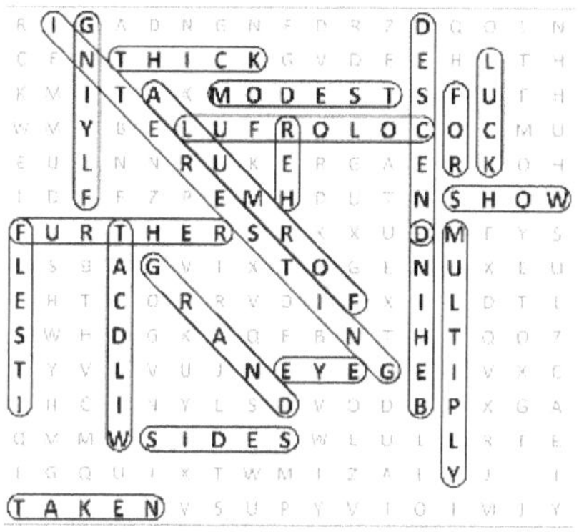

THICK, MODEST, LUCK, FOR, SHOW, COLORFUL, RULE, FURTHER, TO, MULTIPLY, STRANGE, EYE, SIDES, TAKEN

Puzzle 223

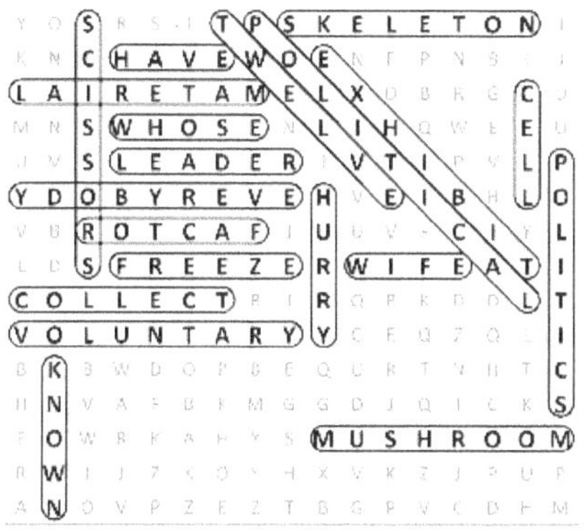

SKELETON, HAVE, MATERIAL, WHOSE, LEADER, BYREVE, FACTOR, FREEZE, HURRY, WIFE, COLLECT, VOLUNTARY, POLITICS, CELL, KNOWN, MUSHROOM

Puzzle 224

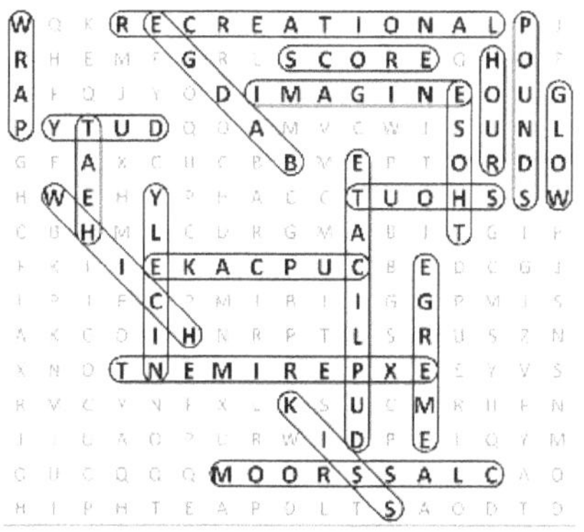

WRAP, RECREATIONAL, SCORE, IMAGINE, POUND, GLOW, STUDY, SHOUT, WHY, CUPCAKE, EXPERIMENT, MOORS, CLASS

Puzzle 225

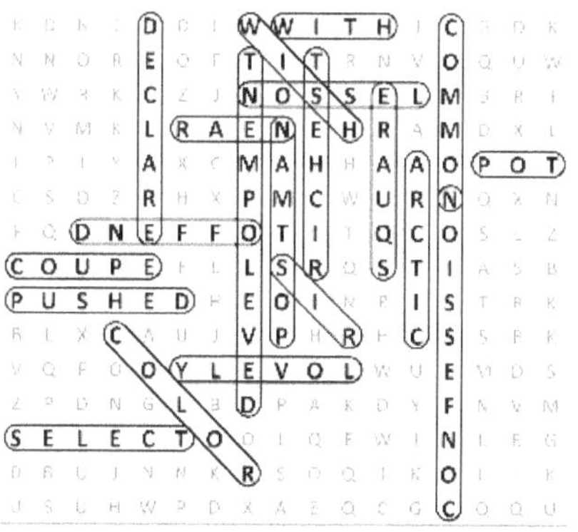

WITH, TITLE, LESSON, LEARN, POT, OFFEND, COUPE, PUSHED, LOVELY, COMMON, ARCTIC, SELECTOR

Puzzle 226

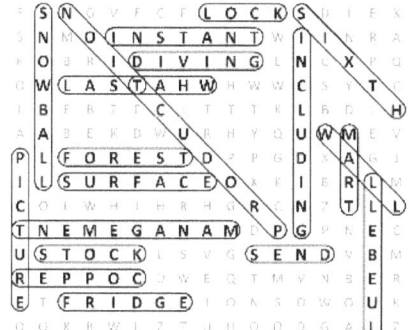

LOCK, INSTANT, DIVING, NEXT, LAST, WHAT, FOREST, SURFACE, INCLUDING, WARM, MANAGEMENT, STOCK, SEND, COPPER, FRIDGE, SNOWBALL, PICK

Puzzle 227

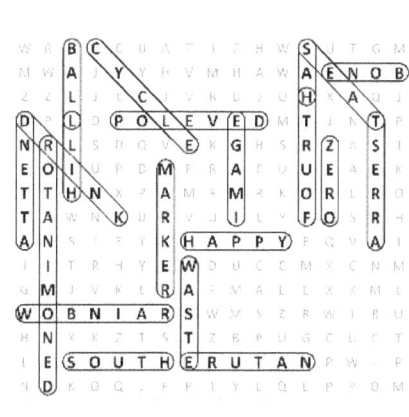

BCC, BONE, BALL, DEVELOP, MARKER, TRUE, ZERO, SERRA, HAPPY, ROTTEN, RAINBOW, SOUTHERN, NATURE

Puzzle 228

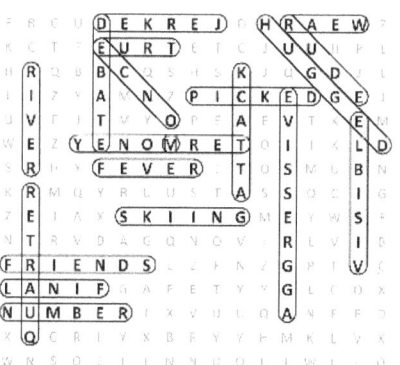

JERKED, WEAR, TRUE, BAN, PICKED, EDGE, RIVER, RETTA, OVERMONEY, FEVER, SCISSORS, SKIING, FRIENDS, FINAL, NUMBER

Puzzle 229

Puzzle 230

Puzzle 231

Puzzle 232

Puzzle 233

Puzzle 234

Puzzle 235

Puzzle 236

Puzzle 237

Puzzle 238

Puzzle 239

Puzzle 240

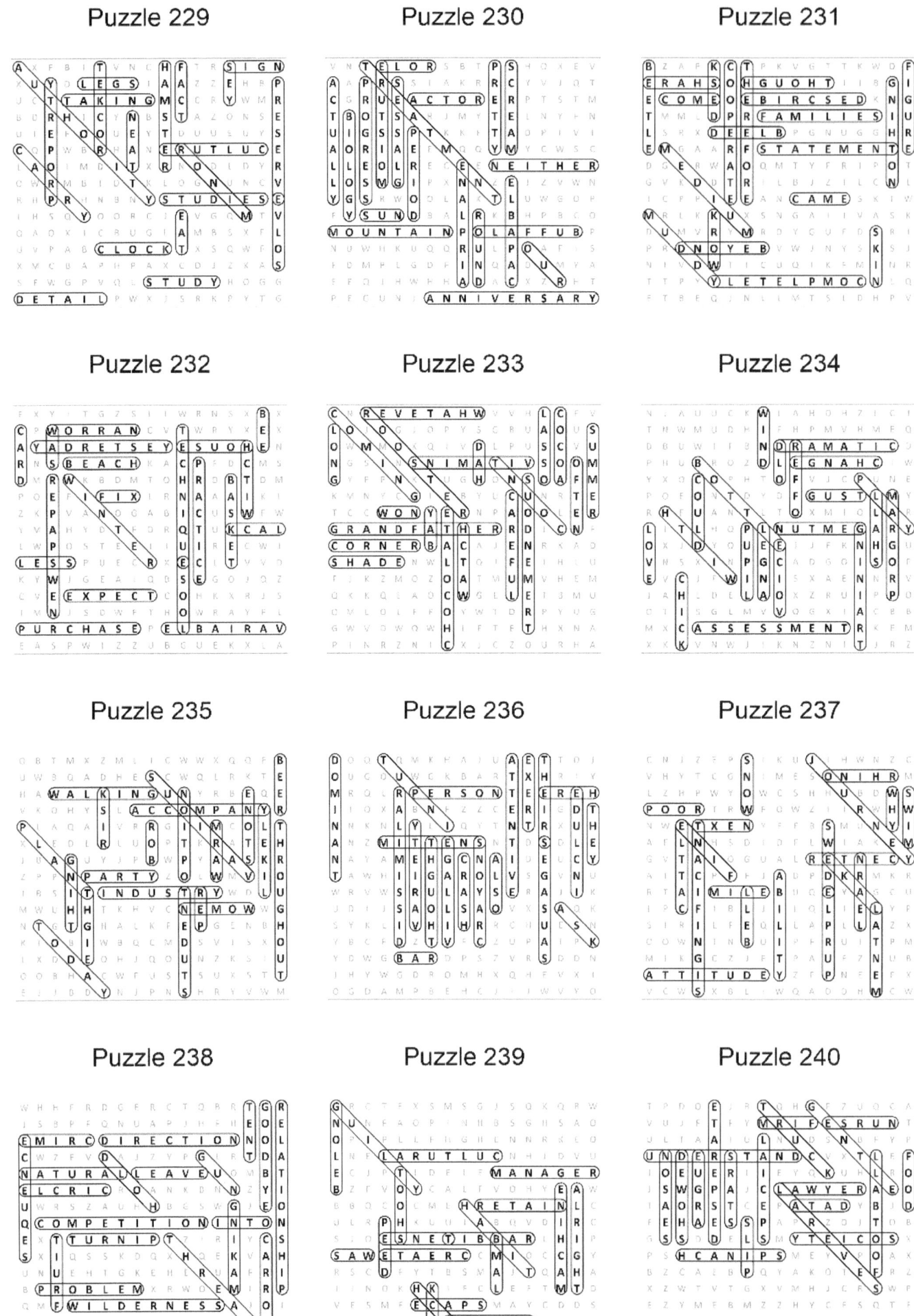

Puzzle 241

Puzzle 242

Puzzle 243

Puzzle 244

Puzzle 245

Puzzle 246

Puzzle 247

Puzzle 248

Puzzle 249

Puzzle 250

Puzzle 251

Puzzle 252

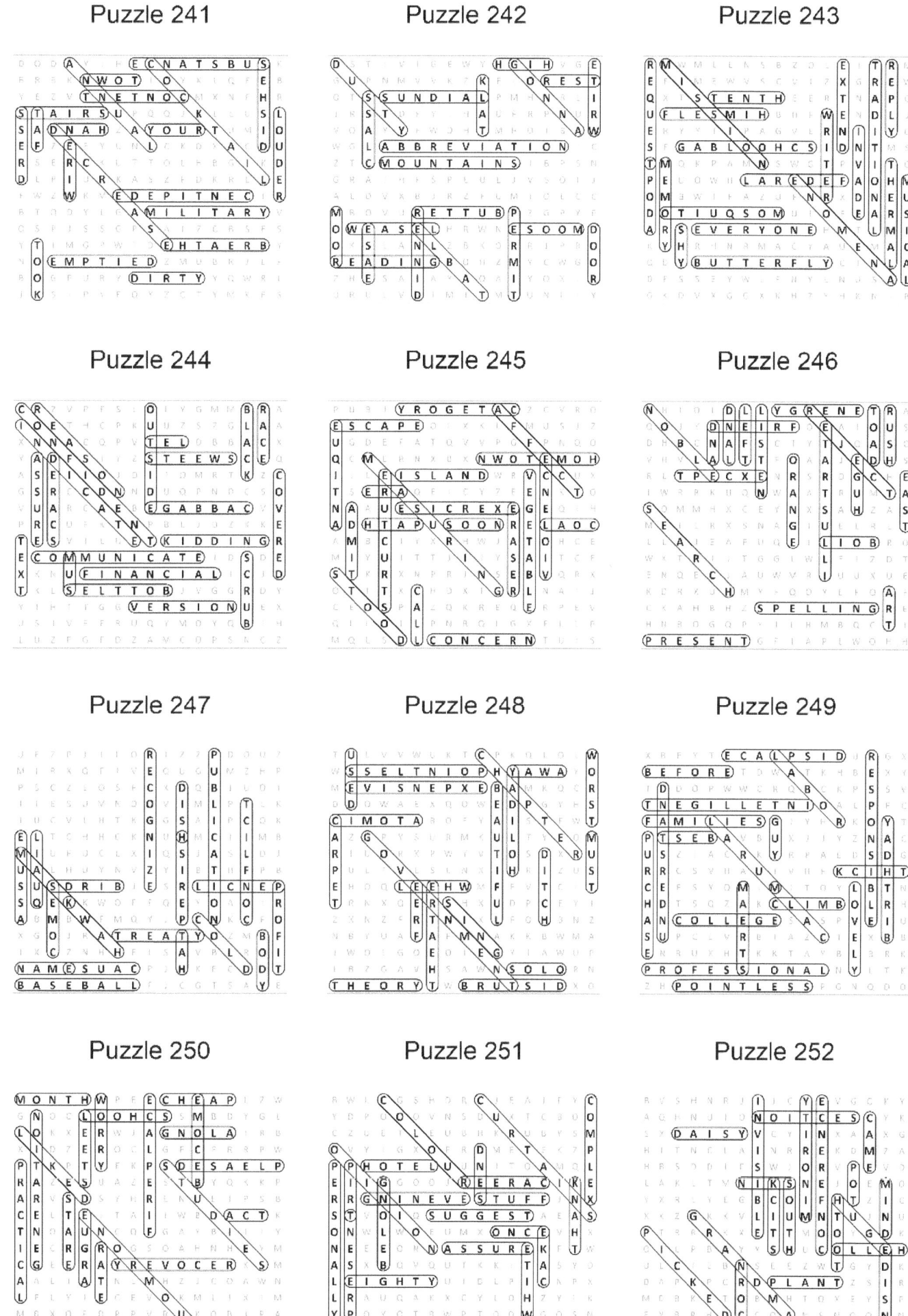

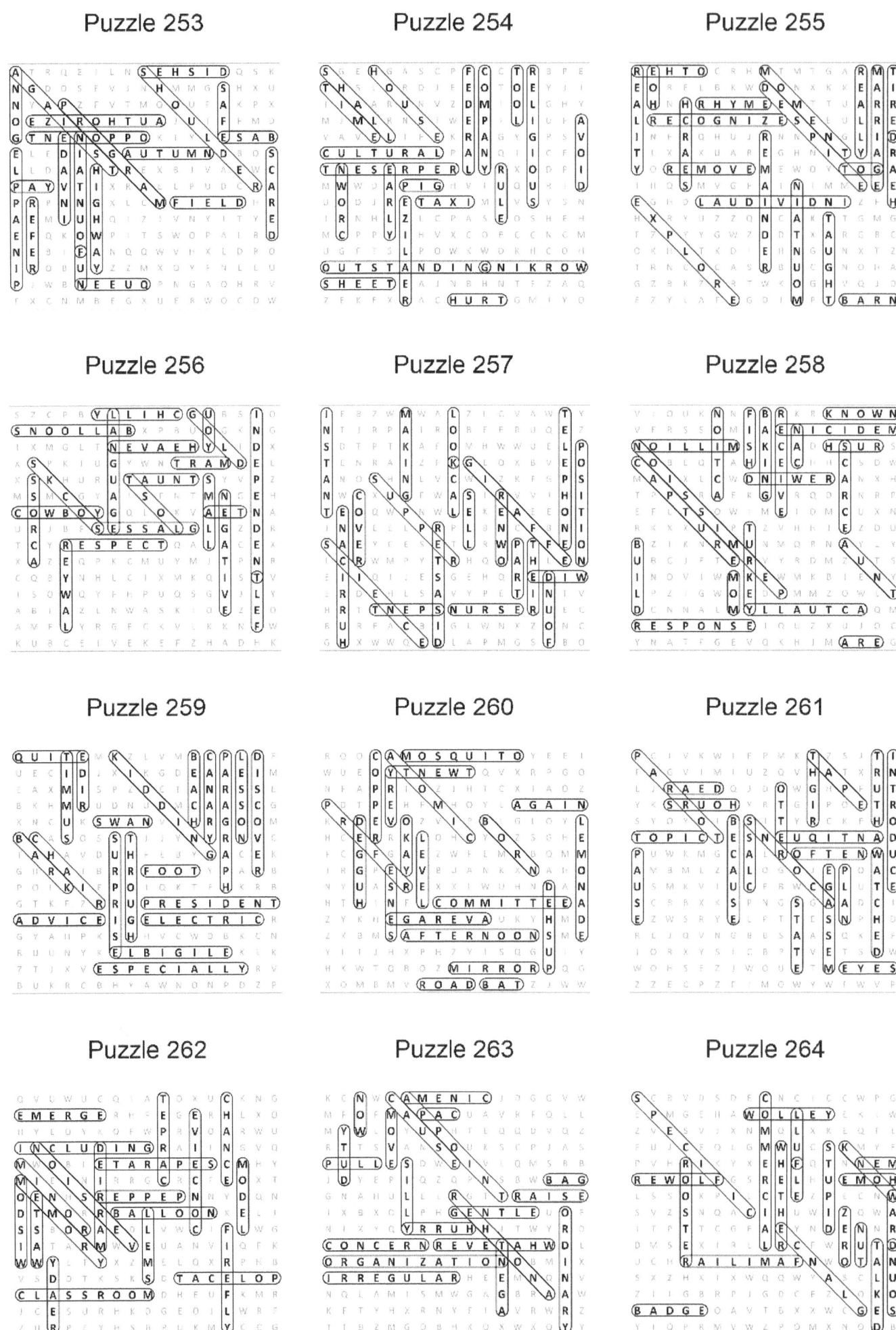

Puzzle 253

Puzzle 254

Puzzle 255

Puzzle 256

Puzzle 257

Puzzle 258

Puzzle 259

Puzzle 260

Puzzle 261

Puzzle 262

Puzzle 263

Puzzle 264

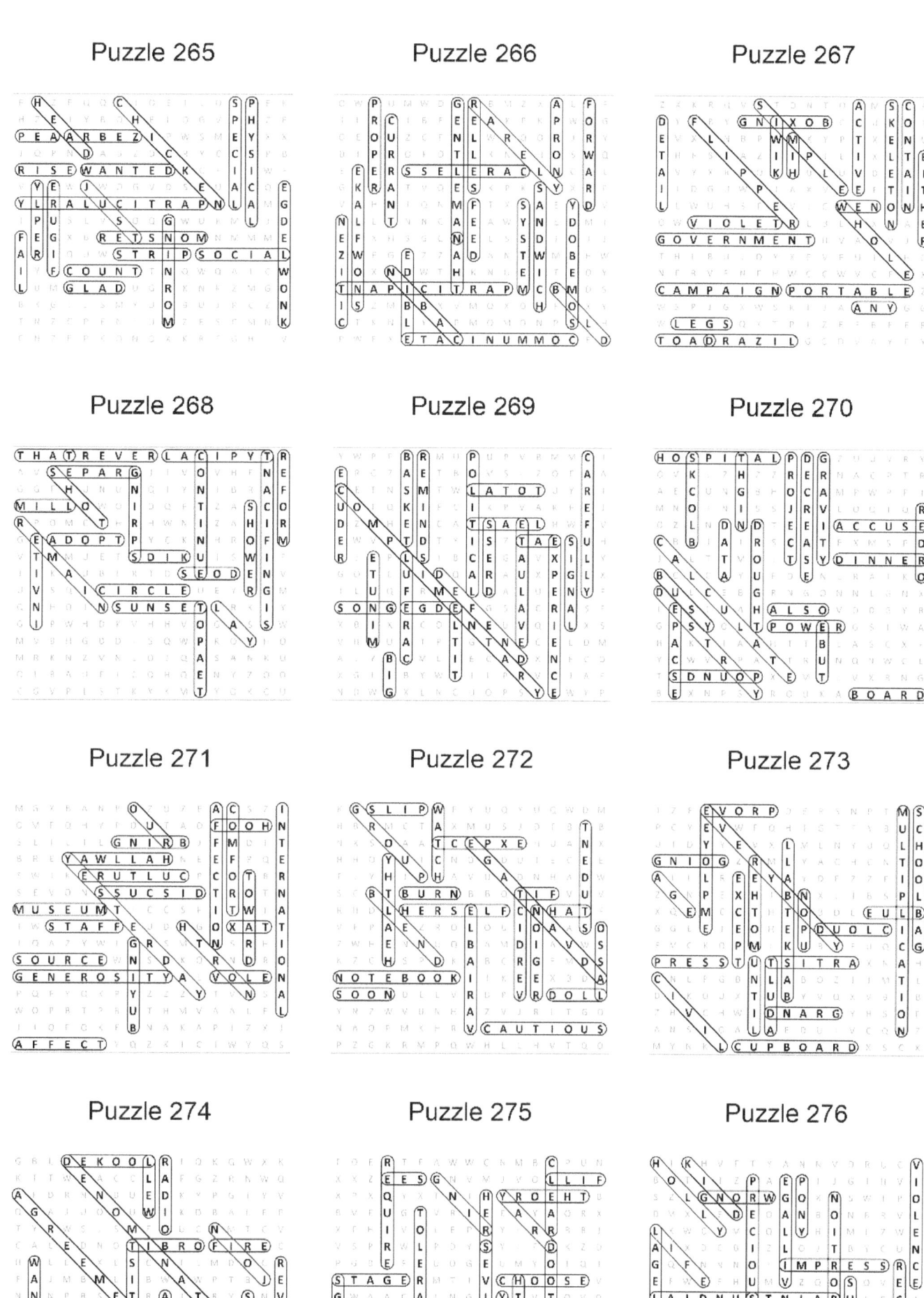

Puzzle 265

Puzzle 266

Puzzle 267

Puzzle 268

Puzzle 269

Puzzle 270

Puzzle 271

Puzzle 272

Puzzle 273

Puzzle 274

Puzzle 275

Puzzle 276

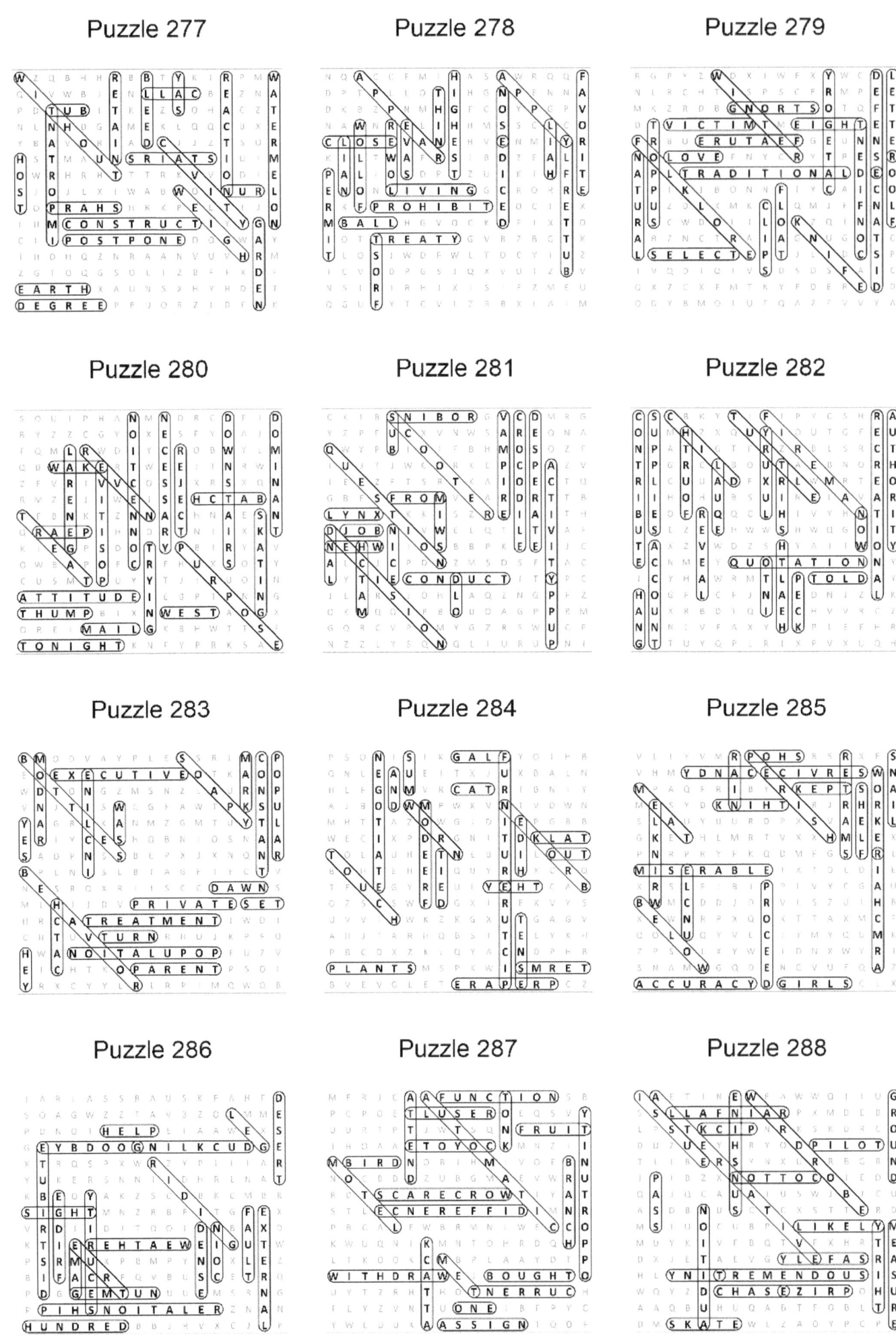

Puzzle 277

Puzzle 278

Puzzle 279

Puzzle 280

Puzzle 281

Puzzle 282

Puzzle 283

Puzzle 284

Puzzle 285

Puzzle 286

Puzzle 287

Puzzle 288

Puzzle 289

Puzzle 290

Puzzle 291

Puzzle 292

Puzzle 293

Puzzle 294

Puzzle 295

Puzzle 296

Puzzle 297

Puzzle 298

Puzzle 299

Puzzle 300

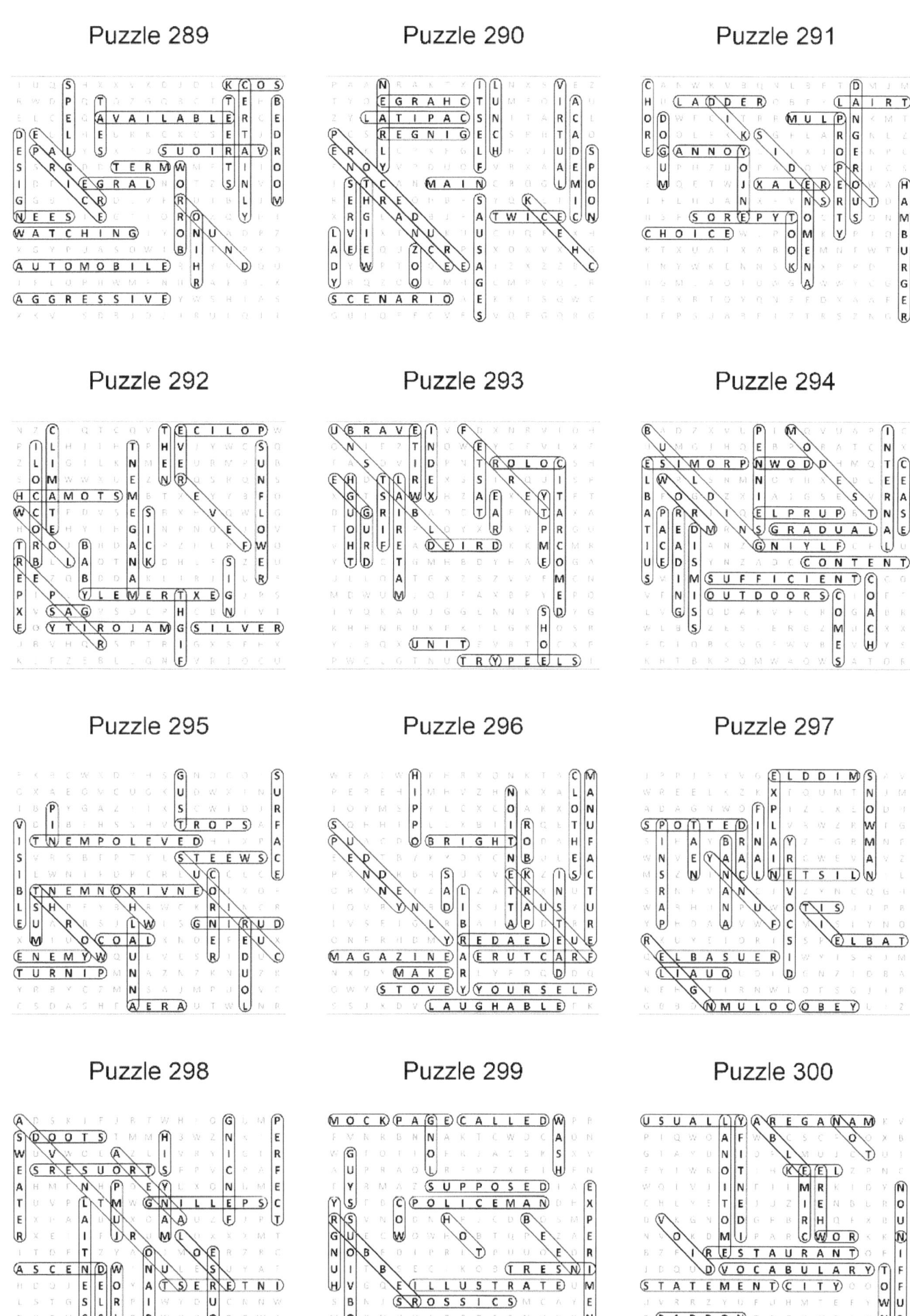

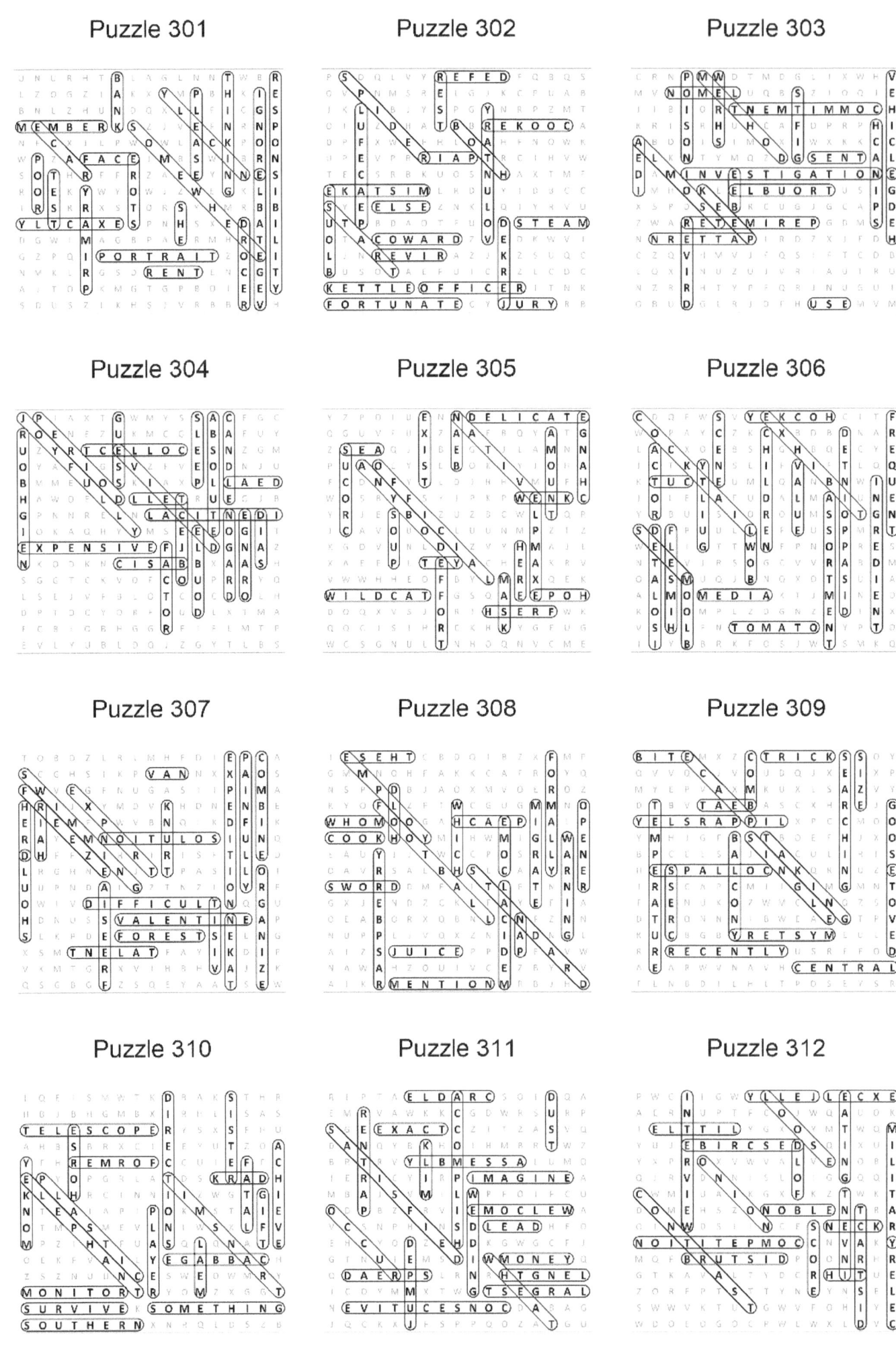

Puzzle 301

Puzzle 302

Puzzle 303

Puzzle 304

Puzzle 305

Puzzle 306

Puzzle 307

Puzzle 308

Puzzle 309

Puzzle 310

Puzzle 311

Puzzle 312

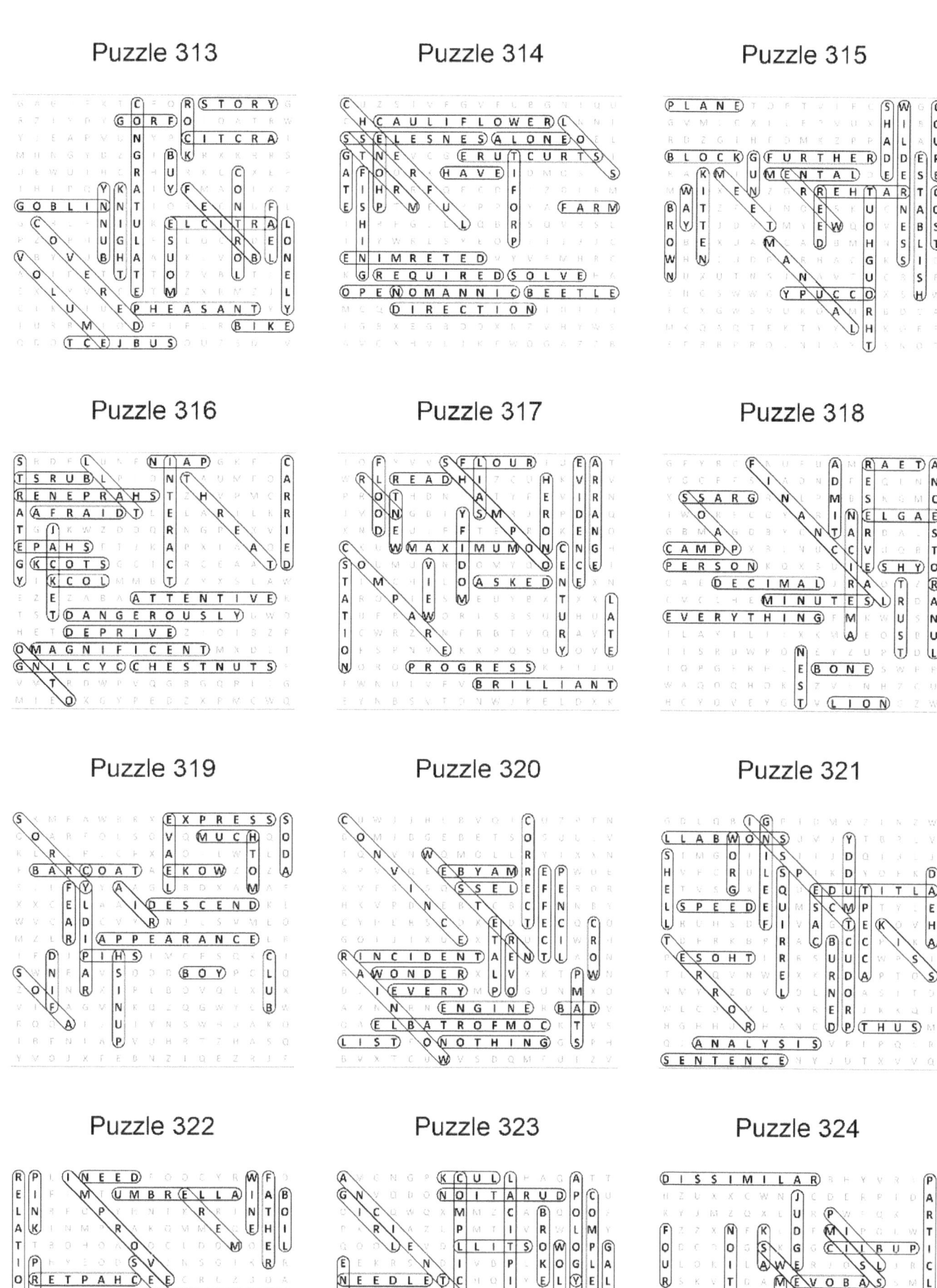

Puzzle 325

Puzzle 326

Puzzle 327

Puzzle 328

Puzzle 329

Puzzle 330

Puzzle 331

Puzzle 332

Puzzle 333

Puzzle 334

Puzzle 335

Puzzle 336

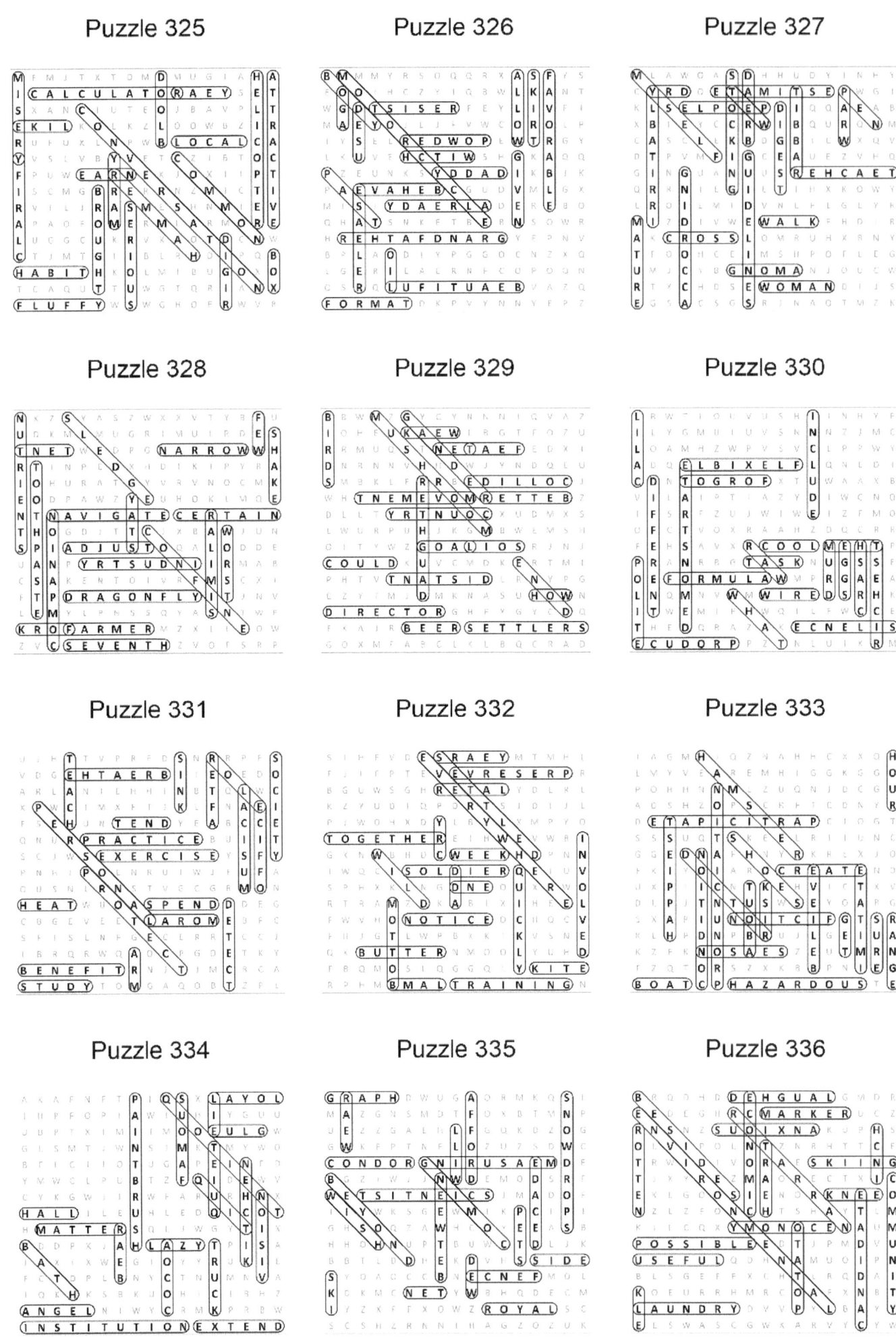

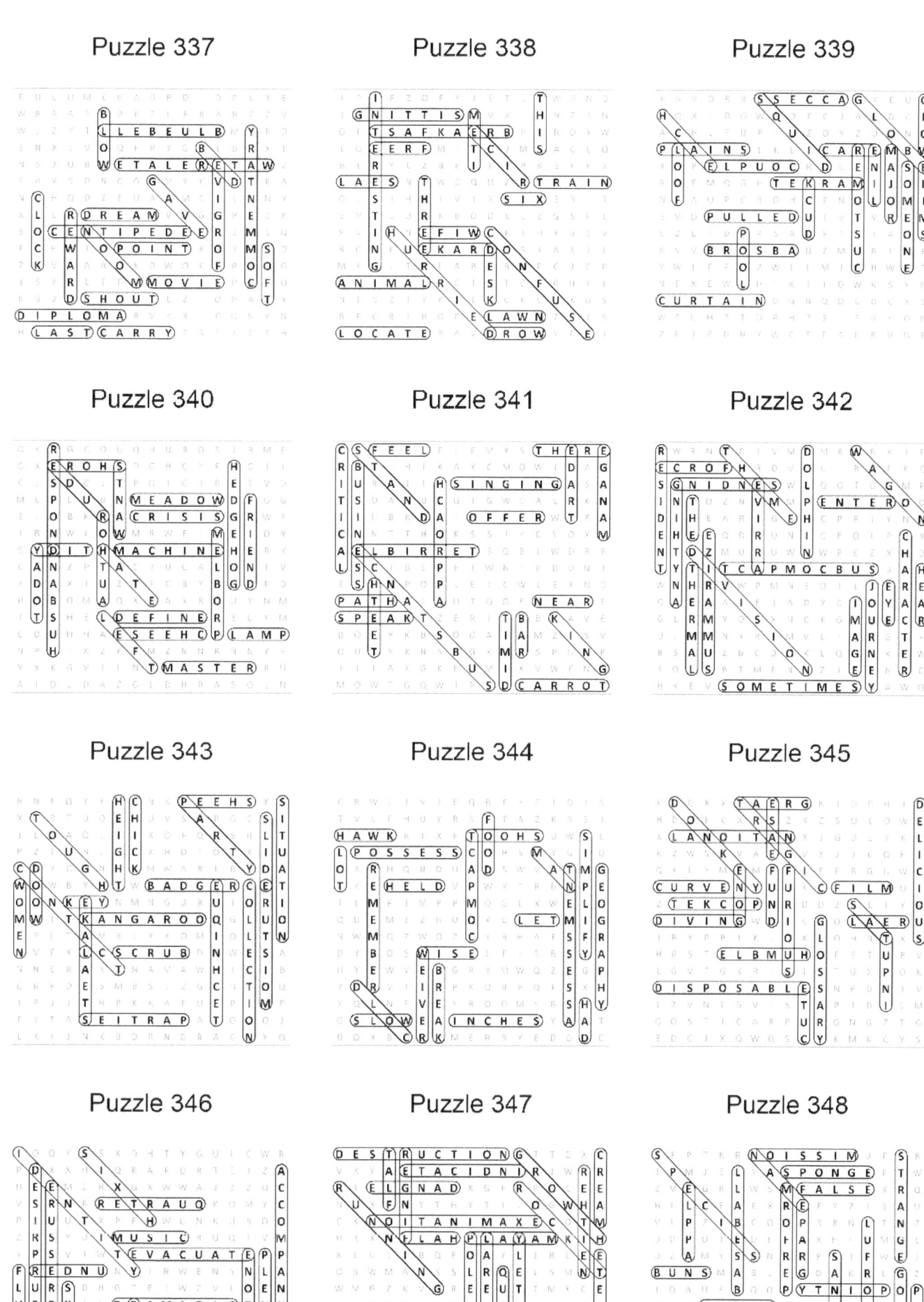

Puzzle 337

Puzzle 338

Puzzle 339

Puzzle 340

Puzzle 341

Puzzle 342

Puzzle 343

Puzzle 344

Puzzle 345

Puzzle 346

Puzzle 347

Puzzle 348

Puzzle 349

Puzzle 350

Puzzle 351

Puzzle 352

Puzzle 353

Puzzle 354

Puzzle 355

Puzzle 356

Puzzle 357

Puzzle 358

Puzzle 359

Puzzle 360

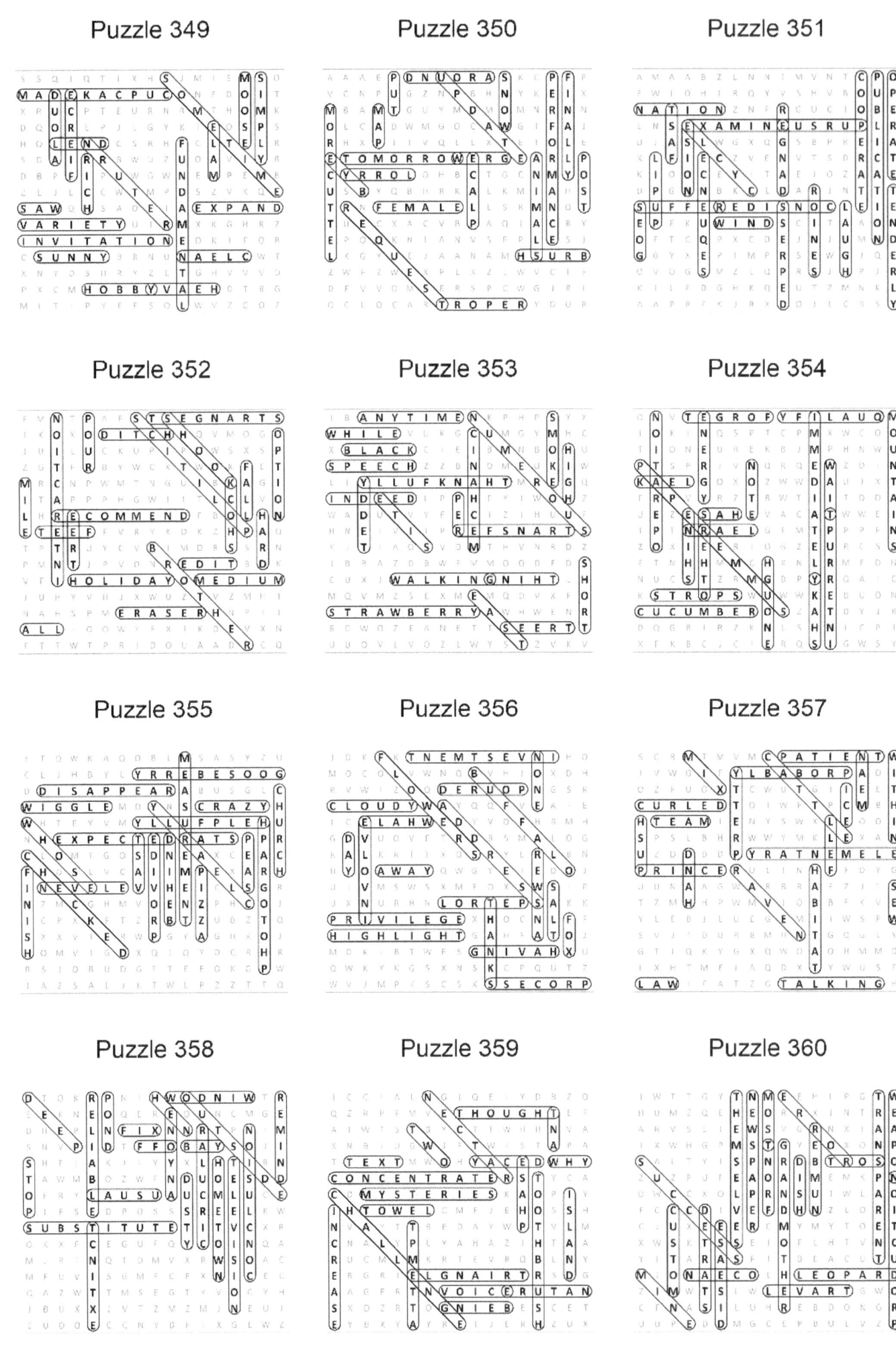

Puzzle 361

Puzzle 362

Puzzle 363

Puzzle 364

Puzzle 365

Puzzle 366

Puzzle 367

Puzzle 368

Puzzle 369

Puzzle 370

Puzzle 371

Puzzle 372

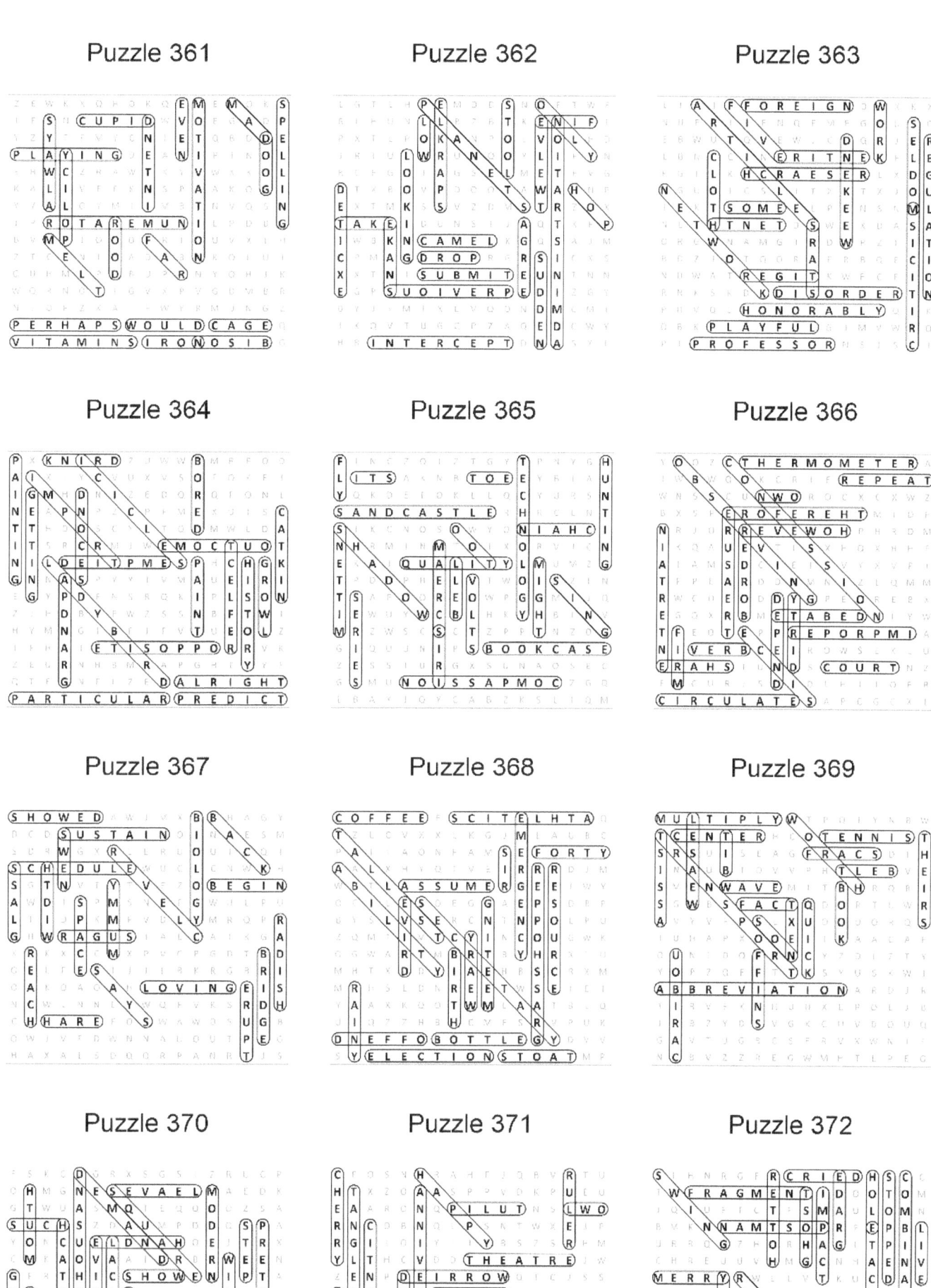

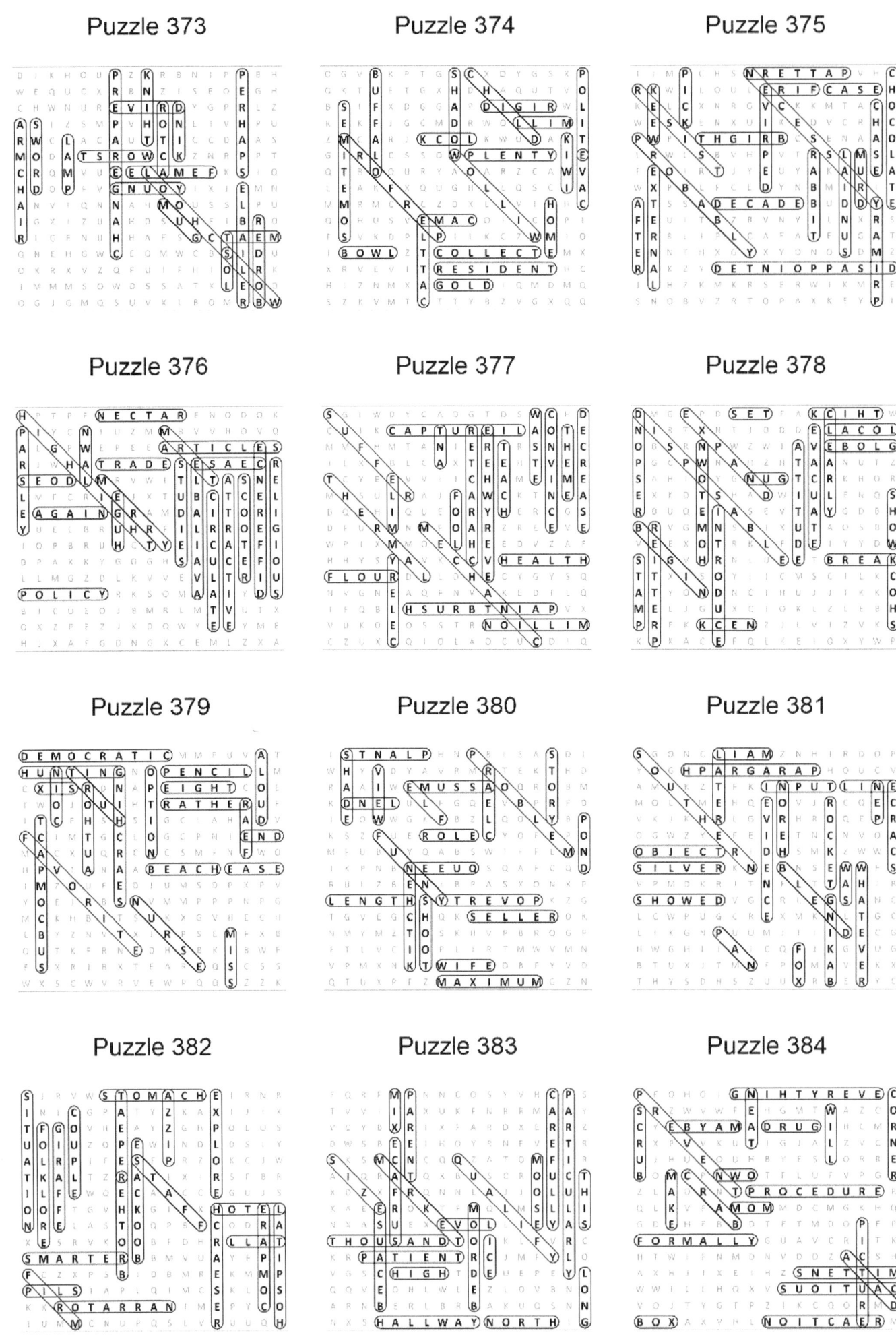

Puzzle 373

Puzzle 374

Puzzle 375

Puzzle 376

Puzzle 377

Puzzle 378

Puzzle 379

Puzzle 380

Puzzle 381

Puzzle 382

Puzzle 383

Puzzle 384

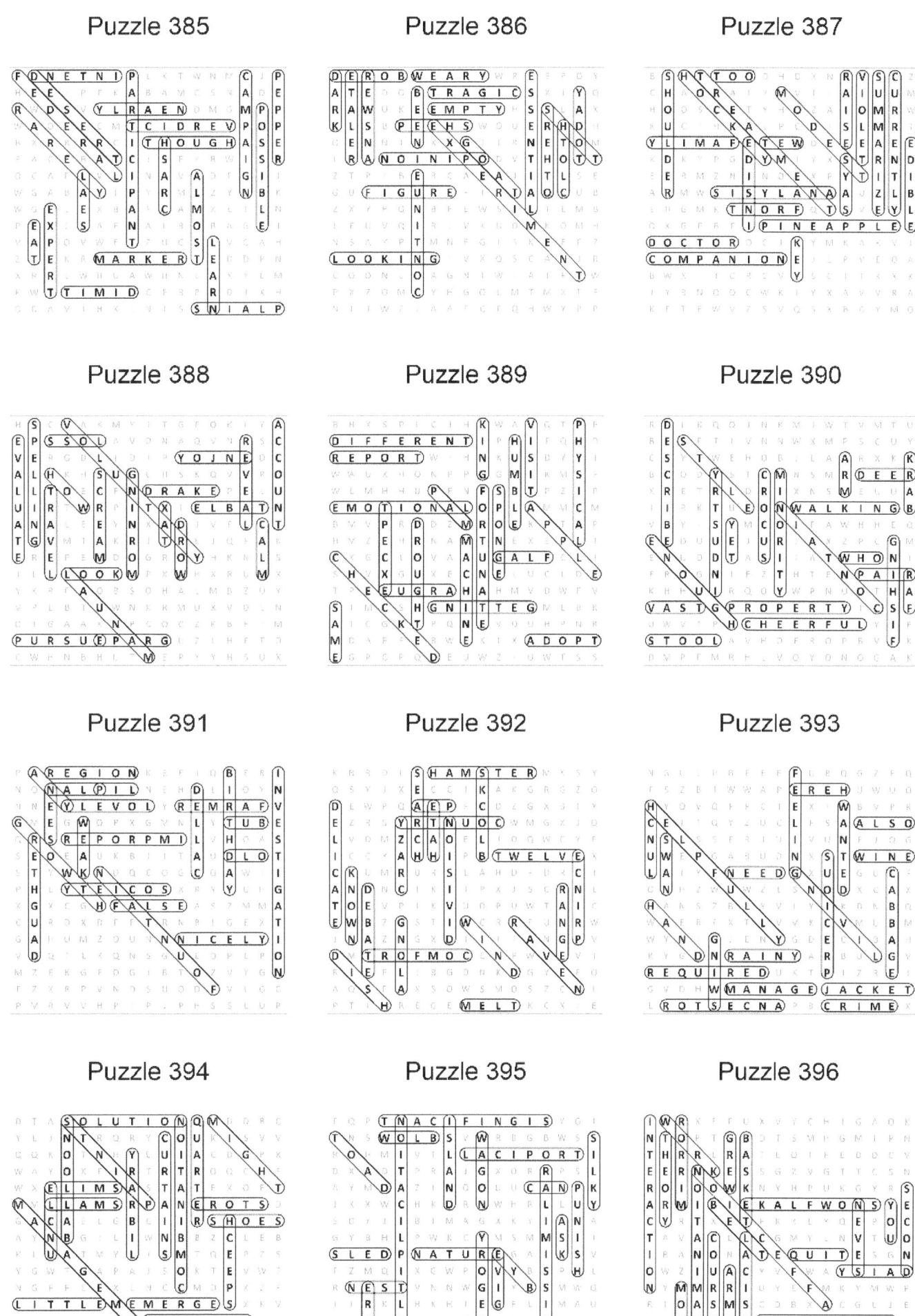

Puzzle 385

Puzzle 386

Puzzle 387

Puzzle 388

Puzzle 389

Puzzle 390

Puzzle 391

Puzzle 392

Puzzle 393

Puzzle 394

Puzzle 395

Puzzle 396

Puzzle 397

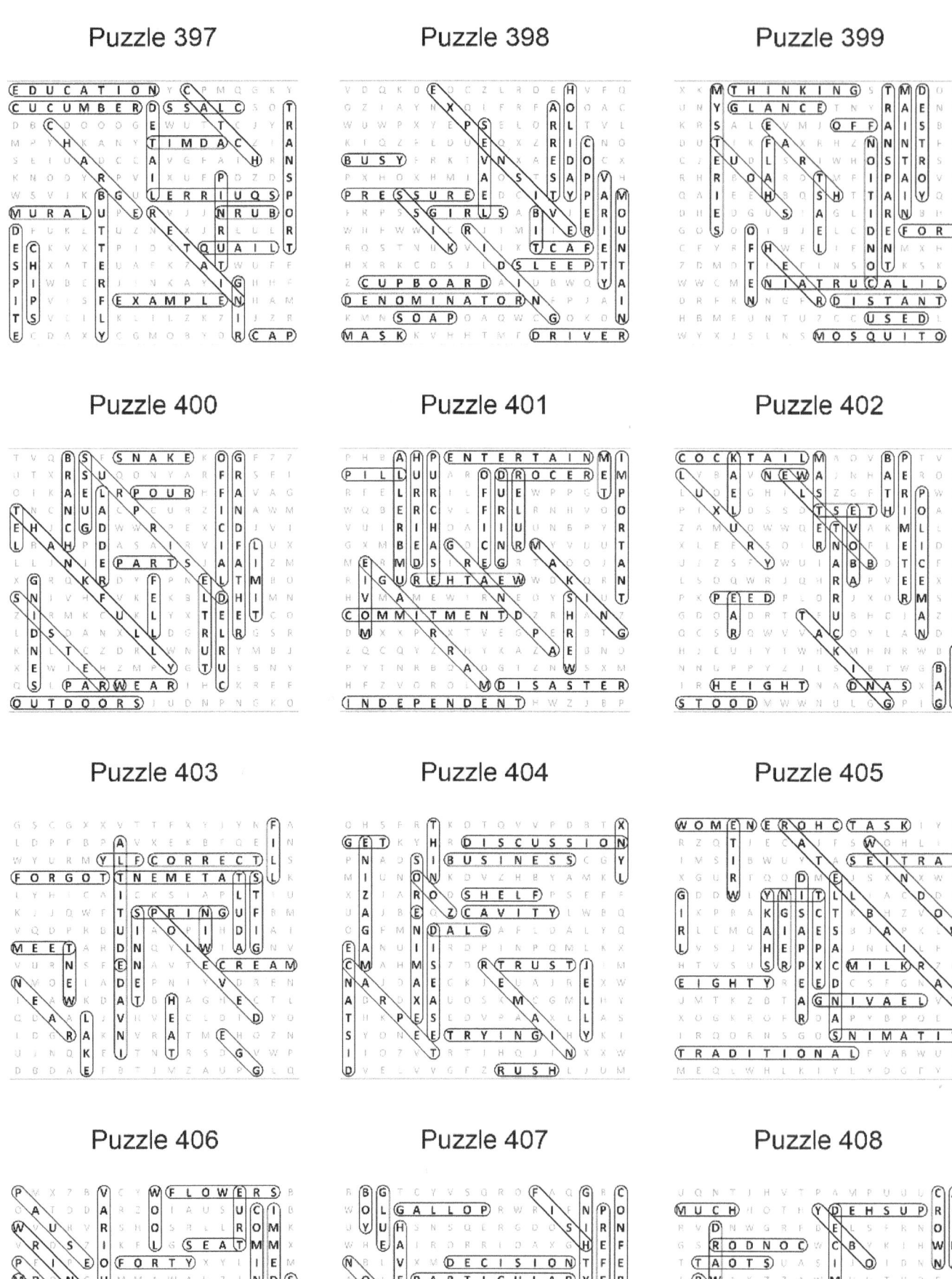

Puzzle 398

Puzzle 399

Puzzle 400

Puzzle 401

Puzzle 402

Puzzle 403

Puzzle 404

Puzzle 405

Puzzle 406

Puzzle 407

Puzzle 408

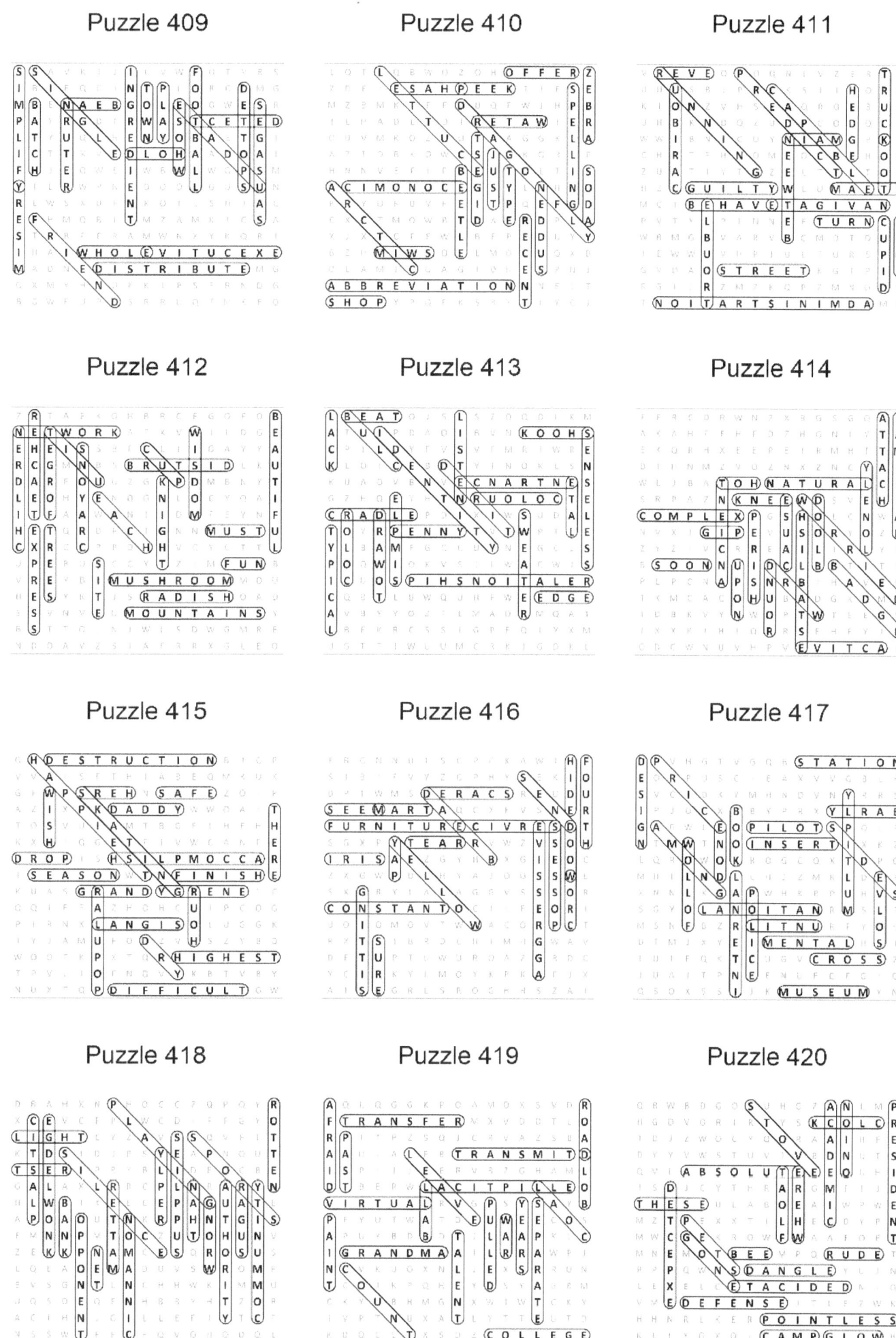

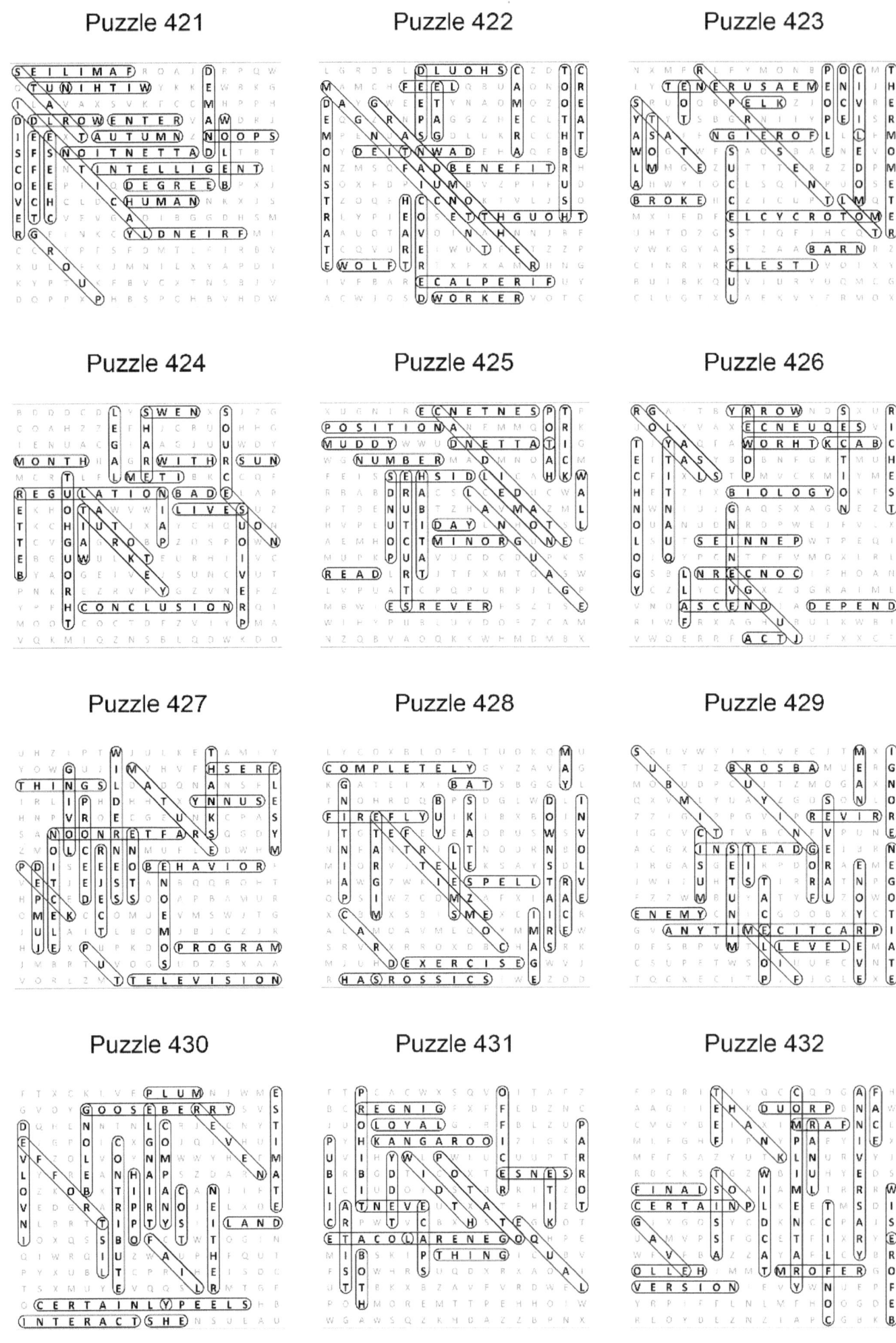

Puzzle 421

Puzzle 422

Puzzle 423

Puzzle 424

Puzzle 425

Puzzle 426

Puzzle 427

Puzzle 428

Puzzle 429

Puzzle 430

Puzzle 431

Puzzle 432

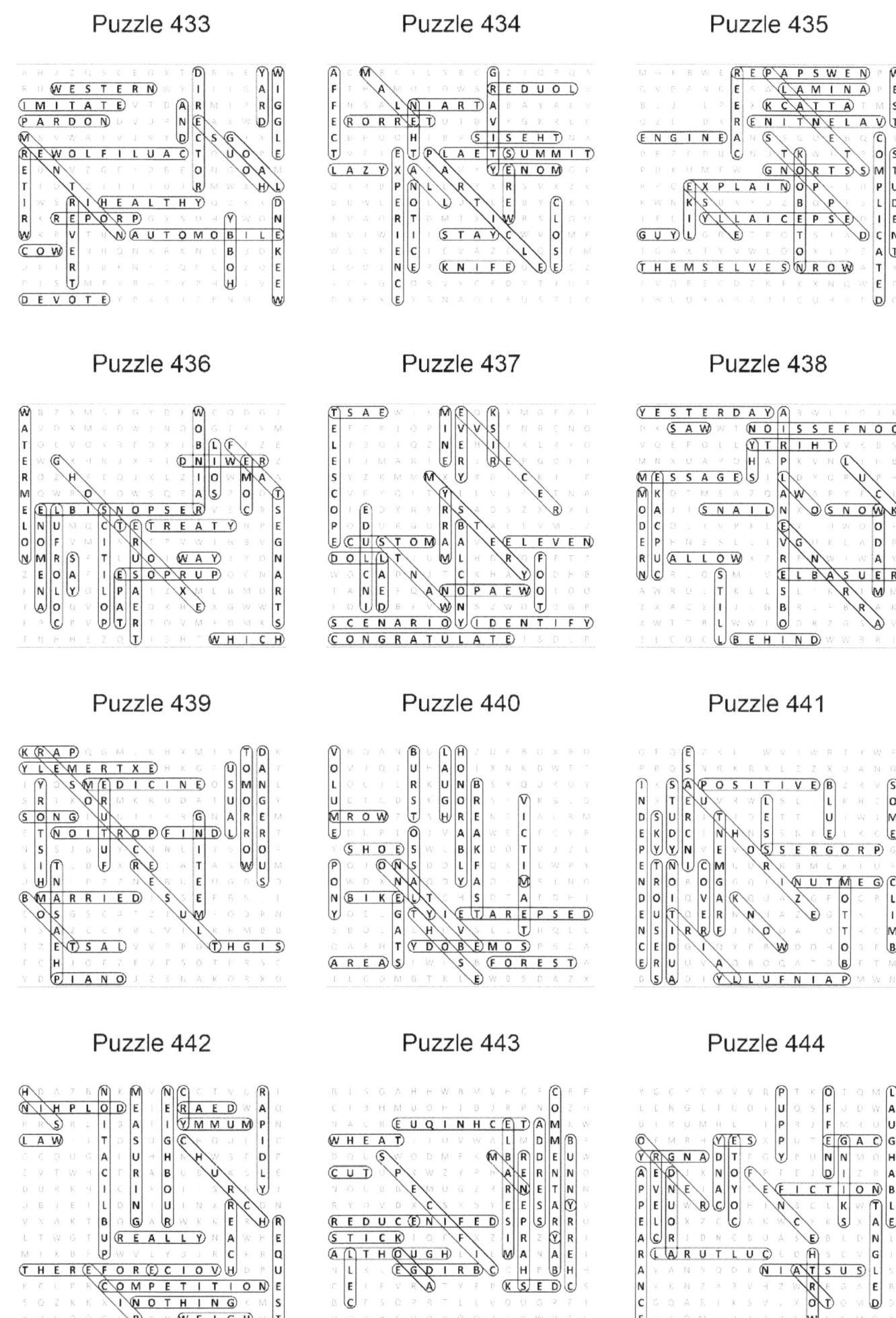

Puzzle 433

Puzzle 434

Puzzle 435

Puzzle 436

Puzzle 437

Puzzle 438

Puzzle 439

Puzzle 440

Puzzle 441

Puzzle 442

Puzzle 443

Puzzle 444

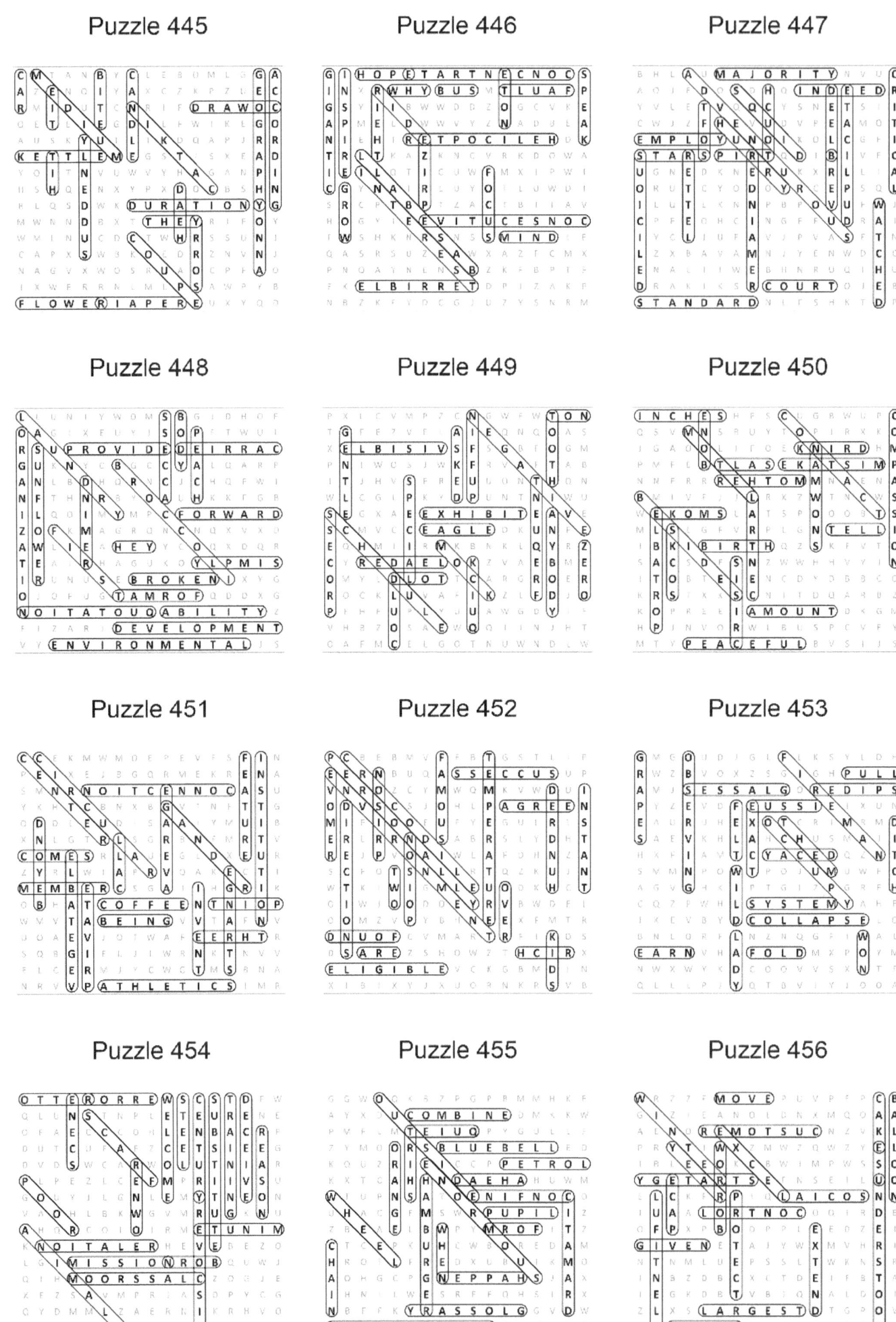

Puzzle 445

Puzzle 446

Puzzle 447

Puzzle 448

Puzzle 449

Puzzle 450

Puzzle 451

Puzzle 452

Puzzle 453

Puzzle 454

Puzzle 455

Puzzle 456

Puzzle 457

Puzzle 458

Puzzle 459

Puzzle 460

Puzzle 461

Puzzle 462

Puzzle 463

Puzzle 464

Puzzle 465

Puzzle 466

Puzzle 467

Puzzle 468

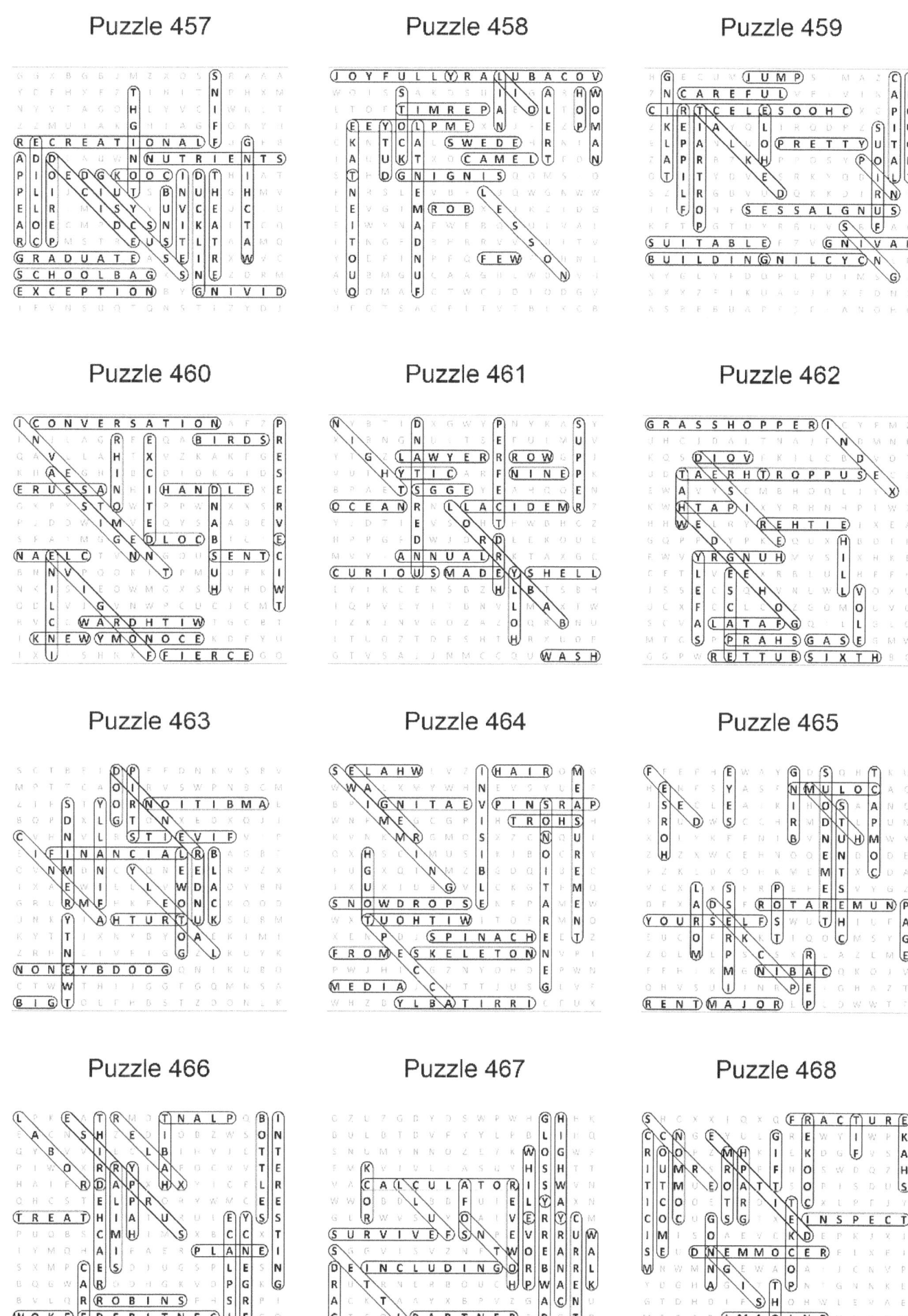

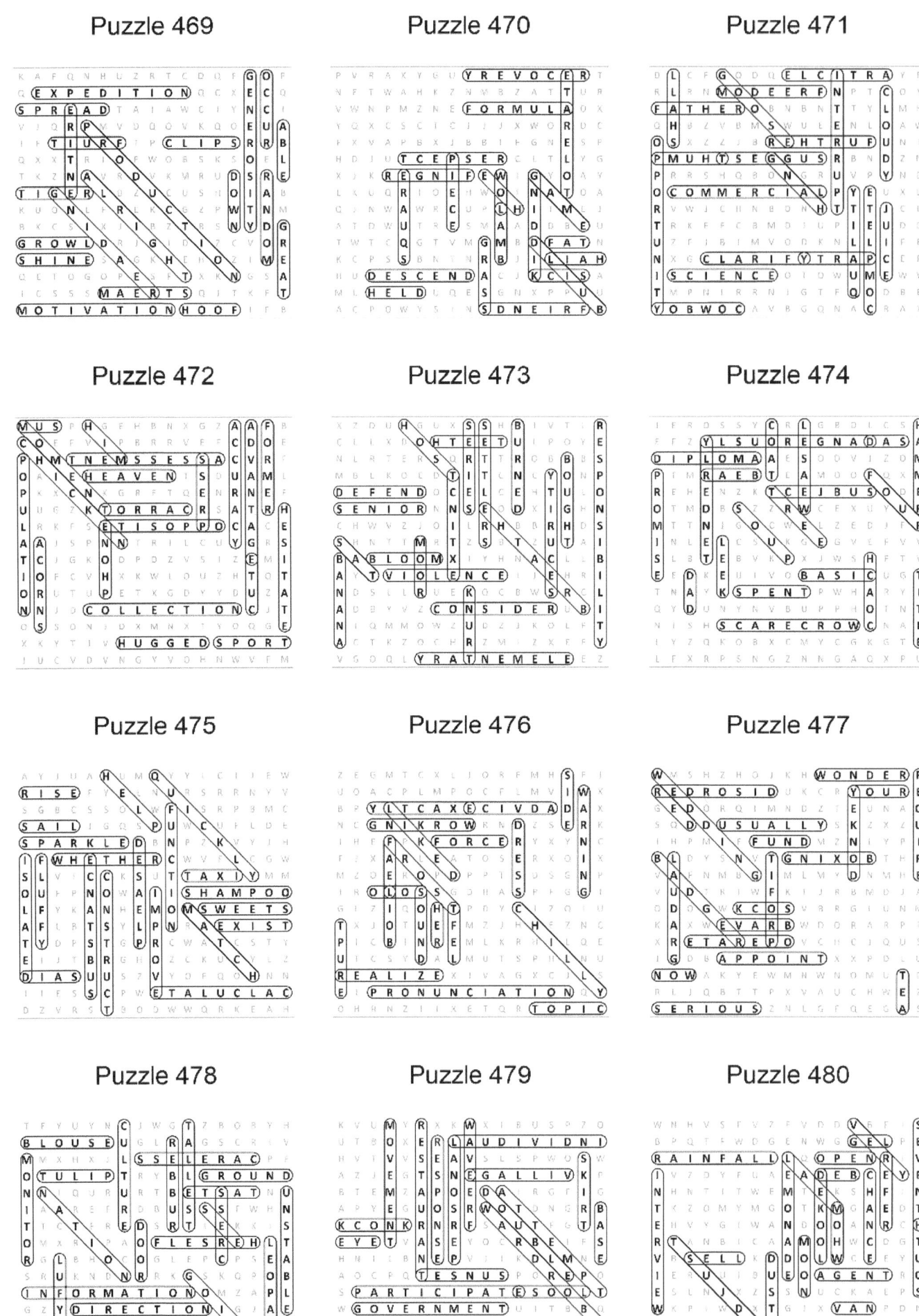

Puzzle 469

Puzzle 470

Puzzle 471

Puzzle 472

Puzzle 473

Puzzle 474

Puzzle 475

Puzzle 476

Puzzle 477

Puzzle 478

Puzzle 479

Puzzle 480

Puzzle 481

Puzzle 482

Puzzle 483

Puzzle 484

Puzzle 485

Puzzle 486

Puzzle 487

Puzzle 488

Puzzle 489

Puzzle 490

Puzzle 491

Puzzle 492

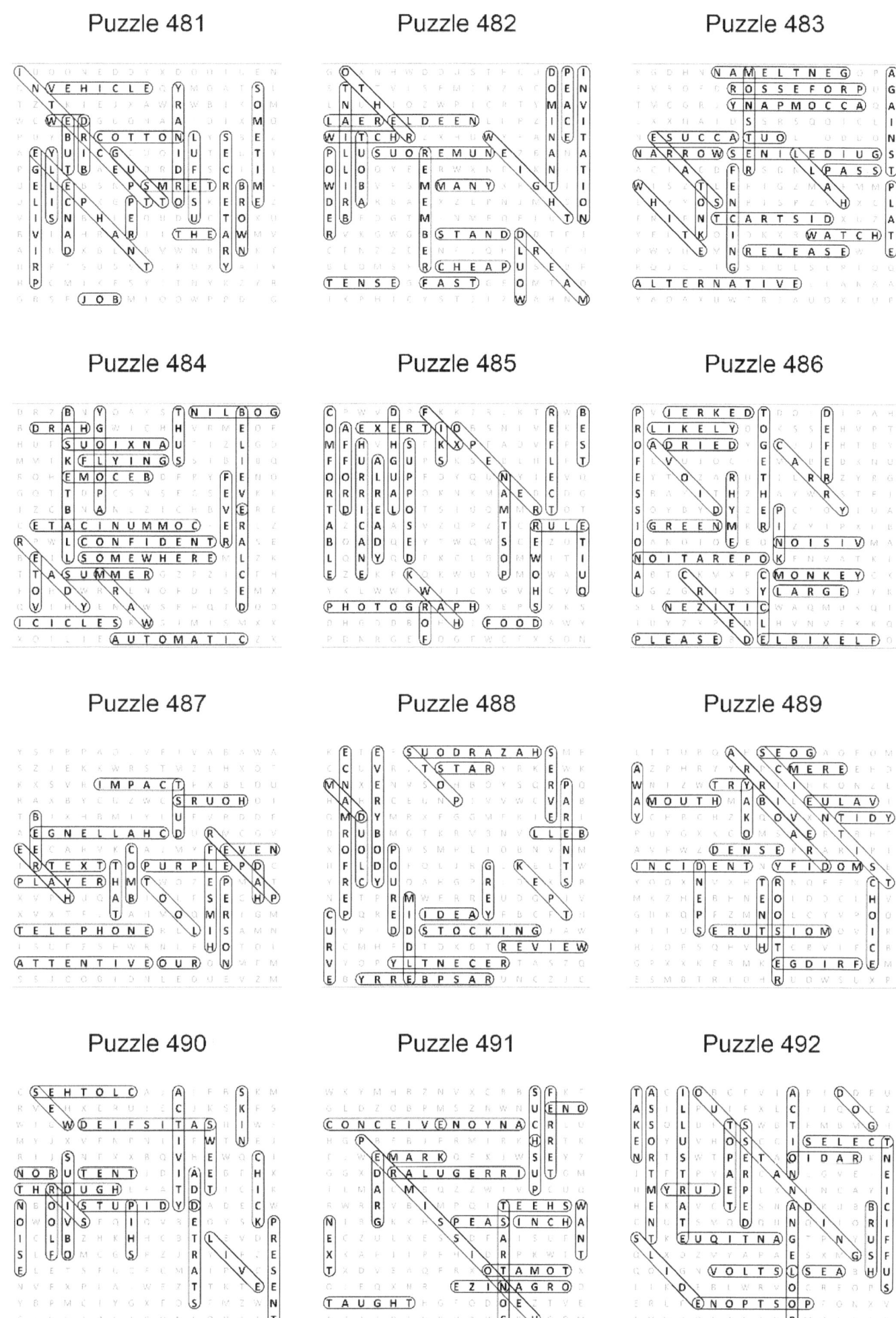

Puzzle 493

Puzzle 494

Puzzle 495

Puzzle 496

Puzzle 497

Puzzle 498

Puzzle 499

Puzzle 500

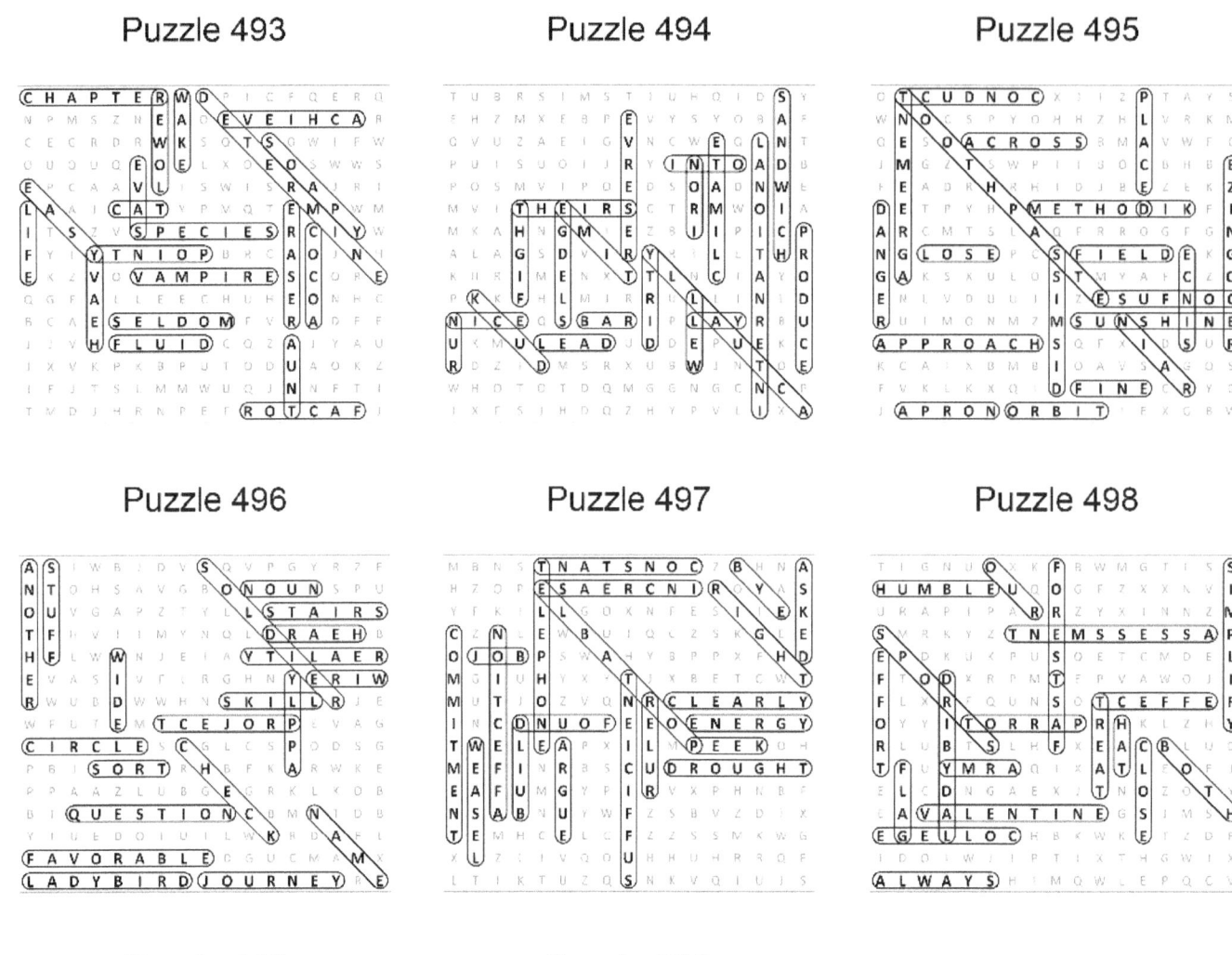

Félicitations

Vous avez réussi !

Nous espérons que vous avez apprécié ce livre autant que nous avons pris plaisir à le concevoir. Nous faisons de notre mieux pour créer des livres de la meilleure qualité possible. Ces jeux de mots mêlés sont conçus de façon intelligente pour stimuler le cerveau et le rendre plus vif et rapide ! Vous avez aimé ce livre ?

Une Simple Demande

Nos livres existent grâce aux avis que vous publiez sur Amazon.fr - Pourriez-vous nous aider en laissant un avis maintenant ?

Voici un lien rapide qui vous mènera à votre page d'évaluation de vos commandes Amazon.fr

BestBooksActivity.com/Avis50

CHALLENGE FINAL !

Défi n°1

Êtes-vous prêt pour votre jeu bonus ? Nous les utilisons tout le temps mais ils ne sont pas si faciles à trouver. Voici les **Synonymes** !

Notez 5 mots que vous avez trouvés dans les puzzles notés ci-dessous (n°21, n°36, n°76) et essayez de trouver 2 synonymes pour chaque mot.

Notez 5 Mots du **Puzzle 21**

Mots	Synonyme 1	Synonyme 2

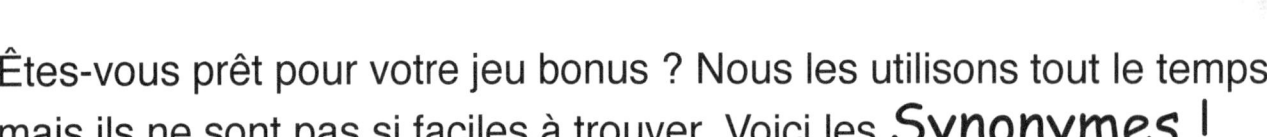

Notez 5 Mots du **Puzzle 36**

Mots	Synonyme 1	Synonyme 2

Notez 5 Mots du **Puzzle 76**

Mots	Synonyme 1	Synonyme 2

Défi n°2

Maintenant que vous vous êtes échauffé, notez 5 mots que vous avez découverts dans les Puzzles n° 9, n° 17, n° 25 et essayez de trouver 2 antonymes pour chaque mot. Combien pouvez-vous en trouver en 20 minutes ?

Notez 5 Mots du **Puzzle 9**

Mots	Antonyme 1	Antonyme 2

Notez 5 Mots du **Puzzle 17**

Mots	Antonyme 1	Antonyme 2

Notez 5 Mots du **Puzzle 25**

Mots	Antonyme 1	Antonyme 2

Défi n°3

Formidable ! Ce défi monstre  n'est rien pour vous.

Prêt pour le dernier défi ? Choisissez 10 mots que vous avez découverts parmi les différents puzzles et notez-les ci-dessous.

1.	6.
2.	7.
3.	8.
4.	9.
5.	10.

Maintenant, composez un texte en pensant à une personne, un animal ou un lieu que vous aimez !

Astuce: Vous pouvez utiliser la dernière page de ce livre comme brouillon !

Votre Composition :

CARNET DE NOTES :

À TRÈS BIENTÔT !

Toute l'équipe

BESTACTIVITYBOOKS.COM/FREEGAMES

www.ingramcontent.com/pod-product-compliance
Lightning Source LLC
Chambersburg PA
CBHW082141120626
46553CB00010B/2729